Wer regiert die Welt?

Des Griffin

Wer regiert die Welt?

Im Anhang die Protokolle der Weltdiktatur
»Das neue Testament Satans«

Lebenskunde Verlag GmbH

Titel der amerikanischen Originalausgaben:
»Descent into Slaver?«
und »The Missing Dimension in World Affairs«
© Copyright 1976, 1979, 1980, 1981 by Emissary Publications,
South Pasadena, Ca., U.S.A.

© Copyright 1996 für die 2., unveränderte deutschsprachige Ausgabe by Lebenskunde Verlag GmbH — Düsseldorf

Jeder Nachdruck, jede Wiedergabe, Vervielfältigung und Verarbeitung, auch von Teilen des Werkes, jede Abschrift, auch auf fotomechanischem Wege oder im Magnettonverfahren, in Vortrag, Funk, Fernsehsendung, Telefonübertragung sowie Speicherung in Datenverarbeitungsanlagen, Internet, Datenautobahnen oder ähnlichen Verbreitungsverfahren, bedarf der ausdrücklichen Genehmigung des Verlages.

Umschlagentwurf: Grafik Design Team, Reutlingen

ISBN 3-921179-41-6

Inhalt

I. Wer regiert die Welt?
Kontakt mit einer durch und durch bösen Macht – Satan ihr Führer – Die wahre Macht hinter dem Thron Satans – Adam gehorchte Satan, nicht Gott – Sie nannten ihn Befreier und Erlöser – Nimrod war gegen den Herrn – Sonnenkult als Satanskult – Gehorsam gegenüber der Hierarchie – Der Kampf zwischen Jesus und Satan – Satan als Gott dieser Welt – Simon Magus der Magier – Amalgam aus Heidentum und Christentum – Der heilige Gott Simon – In Rom herrschten die Mysterien   9

II. Der Orden der Illuminaten
Der einzige Gott ist der Mensch – Ziel ist die Errichtung einer Weltregierung – Agenten der Geldbarone – Die Menschheit frei und glücklich machen – Allianz zwischen Illuminaten und Freimaurern – Die größte Stärke liegt in der Vergangenheit – Vorahnungen einer heraufziehenden Gefahr – Sympathien für Terrorregime – Spenden zur Auslösung von Kriegen und Revolutionen – Es gibt keinen gerechten Gott – Orgien der Grausamkeit – Ein Genie des Bösen – Die satanische Doktrin ist Ketzerei – Reif für die wahre Lehre Luzifers – Sie regieren die Welt – Die äußeren Ringe des Bundes der Helfenden – Rockefellers General Education Board – Ausmerzung von Tradition – Stiftungen für Eine-Welt-Sozialisten – Das beginnende Zeitalter des Kollektivismus – Brutkästen der Degeneration – Karl Marx als Aushängeschild – Die wirkliche Macht haben die Bankiers – Der Coup der Coups – Es spielt keine Rolle mehr, wer die Gesetze macht – Krieg bringt Zinsen – 20 Millionen Dollar für den Sieg der Revolution – Profite der Revolution – Die Weltwirtschaftskrise und Roosevelt – Es war kein Zufall, es war ein geplantes Ereignis – Der Sieg der schmeichlerischen Brüder   27

III. Die Rothschild-Dynastie
Sie rauben das Volk aus – Der Erste der Rothschilds – Die Taktik macht sich bezahlt – Ein Buch, das es nicht gibt – Der Anfang des Riesenvermögens – Viele Dinge kamen unter den Familien-Teppich – Rothschilds finanzierten beide Seiten – Die Schlacht bei Waterloo – Der ganz große Coup – Aufräumen in Frankreich – Ihr Spiel ist Kontrolle – Gepflegte Unhörbarkeit und Unsichtbarkeit – Die Rothschilds und Amerika – Der Zerstörungsplan der Verschwörer – Mord wegen zinsfreier US-Noten – Die Ziele werden weiter verfolgt – Die Insider machen

wieder einmal Beute – Die unsichtbare Regierung der Geldbarone – Plan für die Welteroberung – Teuflisches Meisterwerk satanischer Genialität 72

IV. Tribute für internationale Bankers
Die City gibt den Ton an – Die sichtbaren und hörbaren Führer sind Puppen – Mit Rothschild regierte Britannien die Meere – Zwei getrennte Imperien – Der internationale Handel gehört uns – Die Welt zahlt ihnen Tribut – Krieg zum Eintreiben von Schulden – Gleichgewicht der Mächte – Prinzipien der Stadtsanierung – Gewinne in astronomischen Höhen – Der Glanz von Visionen 95

V. Krieg der Welt
Die Krone fürchtete um ihre Interessen – Alle Nationen mußten auf die Knie gezwungen werden – Ein sinnloses Blutbad – Ein blindes Völkermorden – Rußland materiell unterlegen – Die Krone verrät Rußland – Bühne frei für die Revolution – Bande außergewöhnlicher Persönlichkeiten – Die ehrenwerten Warburgs – Die Rote Armee der Bankers – Der Plan der Illuminaten erfüllt sich – Amerikas Eintritt in den Krieg – Amerika als Werkzeug der Banker – Ruinen und Schulden und nur Verlierer – Beherrschung der Wirtschaft der Welt – Die Banken machten das Geld – Lügen wie zu keiner anderen Zeit der Weltgeschichte 107

VI. Verrat in Versailles
Der Mann, der die Würfel rollen ließ – Berater waren die Bankers – Wilson ein gebrochener Mann – Die Erklärung eines weiteren Krieges – Der Vertrag zinkte die Karten – Chronische Inflation – Der Dawes-Plan – Der Young-Plan – Vorbereitung des Zweiten Weltkrieges 127

VII. Hitler und die Drahtzieher des Zweiten Weltkrieges
Hitler bietet Abhilfe – Hitler als lukratives Geschäft – Öl aus Kohle – Standard Oil heiratet I.G. Farben – Hitler kommt an die Macht – Aus dem Tagebuch des Botschafters Dodd – Immer mehr Geld für die Kriegsvorbereitungen – Der ergebene Roosevelt – »Wir sind intellektuelle Huren« – Die Wallstreet-Bande – Dunkle Machenschaften der Finanzpiraten – Colonel House und die illuministische Philosophie – Rabbi Stephen Wise – Kein lebenslänglicher Demokrat – Chamberlain mußte gehen – Die Wiedergeburt von Churchill – Endlich standen die Kulissen 138

VIII. Sanierung als Zerstörung der Welt
Eine Feder im Bewußtsein der Nation zersprungen – »Er will das Elend abschaffen« – Fabian'sche Fabeln – Die Liquidierung

des Empires – Sanierung einer christlichen Nation – Der sicherste Weg ist die Währung zerstören – Die verheerenden Auswirkungen – Zerstörung durch progressive Erziehung – Lügen werden zu Wahrheiten – Wie sah die Wahrheit aus? – Die gezinkte Energiekrise – Finanziell im Himmel sitzend   162

IX. Sieg über Europa
Auf dem Weg zur Welteroberung – Seit 1936 Luftoffensive geplant – Sieg um jeden Preis – Keine andere Alternative als Krieg – Der Nordafrika-Feldzug – Eine Erklärung wird gesucht – Blick hinter die Kulisse – Gespräche mit Canaris und Papen – Washington schwieg – Eine Marionette der Machtelite – An der Halskrause erhängt – Warum die Versklavung der Welt? – Rußland marschiert gen Westen – Erleuchtende Tatsachen – Das Massaker von Dresden – Früchte des Sieges – Verratenes Vertrauen – Der Mord an Vlasow – Operation Keelhaul   178

X. Sieger ist der Profit
Einfuhr von Opium nach China – Militärische und politische Demütigungen – Der Polizist Asiens – Nationalismus lebt wieder auf – Japans Kode geknackt – Keine Hoffnung auf Sieg – Kapitulationsangebot abgelehnt – Mit Kriegsschulden und Riesenprofiten – Unsichtbarer Krieg der USA   199

XI. Konsequenzen des Zweiten Weltkrieges
Der Kommunismus als Schwarzer Mann – Lenins Plan für die Welteroberung – Wildwuchernder Sozialismus als Krankheit – Brennpunkt Nahost – Attentate als politisches Instrument – Die Teilung Palästinas – Die Nachkommen kämpfen für einen Staat Palästina – Jerusalem als Sitz des Obersten Gerichtshofes   212

XII. Siegen die Illuminaten?
Engstirnigkeit infolge Unaufgeklärtheit – Bruder Zbig und der Marxismus – Ein Elite kontrolliert und steuert – Bruder Zbig und die Bankers – Was bringt die Reagan-Regierung? – Kanonen und Butter-Politik – Monetisierung von Schulden – Mißachtung der Gesetze – Amerikas Schicksalsdekade   221

XIII. Neuer Star für eine alte Clique
Das Phänomen Reagan – Vision eines wunderbaren Amerikas – Die Roten von Hollywood – Reagans rote Märchen – Reagans Polit-Show – Erste Schatten zeigen sich – Rhetorik und Wirklichkeit – Das Attentat – ein Komplott? – Einladung zur Ermordung – Politik macht merkwürdige Bettgenossen   231

XIV. Generalplan für eine Weltdiktatur
Der Geheimorden der Illuminaten – Novus Ordo Saeculorum – Plagiat als Vorwand für Rassismus – Wer schrieb das neue Testament Satans? – Terror mit Sachkenntnis – Voraussagen werden Wirklichkeit 242

Anhang
Protokolle der Weltdiktatur:
Das neue Testament Satans 250

Weiterführende Bücher zu diesem Thema 325

I. Wer regiert die Welt?

Kritiker der »Verschwörungstheorie« in der Geschichte weisen zu Recht darauf hin, daß es, falls eine solche Verschwörung viele Jahrhunderte hindurch zusammengehalten haben soll, notwendigerweise eine jahrhundertealte »führende Kraft« geben muß, die die Verschwörung durch die verschiedenen Zeitalter hindurchlenken und sicherstellen mußte, daß sie trotz sich wandelnder Moralvorstellungen, Kulturen und Gesellschaften erfolgreich blieb.

Bis heute ist den Befürwortern der Verschwörungstheorie der Nachweis nicht gelungen, daß in der Tat ein geistiges, unsterbliches Element seit ewigen Zeiten diesen mysteriösen Plan angeregt und weitergeführt haben muß. Einige Hinweise auf diese Theorie stammen von dem konservativen Gelehrten Revilo P. Oliver in seinem Buch »Conspiracy or Degeneracy«.

Kontakt mit einer durch und durch bösen Macht

Oliver schrieb, die Theorie, »seit Jahrhunderten sei ununterbrochen eine Verschwörung im Gange, ist nicht sehr plausibel, wenn man ihr nicht einen religiösen Hintergrund nachweisen kann. Ein solcher Hinweis kommt der Behauptung gleich, sie seien Jünger Satans, die der Verehrung und dem Dienst des übernatürlichen Bösen frönen, was wiederum bedeutet, daß heutzutage – in einem Zeitalter, dessen vorherrschende intellektuelle Strömung der Unglaube an das Übernatürliche ist – die Anführung der Verschwörung Erscheinungen sehen oder anderweitig wahrnehmen müssen, die sie von der Existenz und der Macht Luzifers überzeugen. Und weil derart subtile Verschwörer äußerst scharfsinnig sein müssen, so daß man sie nicht mit Autosuggestion, Hypnose oder Drogen beeinflussen kann, sollten wir davon ausgehen, daß sie höchstwahrscheinlich mit einer durch und durch bösen Macht in Kontakt sind. Diese Folgerung wird den Ungläubigen und Skeptikern zu denken geben.«

Lassen Sie uns diese Möglichkeit näher untersuchen: »Am Anfang erschuf Gott den Himmel und die Erde«, heißt es in der Bibel. Der folgende Vers lautet: »Die Erde war wüst und leer.« Leider ist dies eine Fehlübersetzung, die viele Menschen von einer wesentlichen Wahrheit abgelenkt hat, durch die ein helles Licht auf vergangene und gegenwärtige Weltereignisse geworfen wird. In der Rotherham-Bibelübersetzung aus dem Hebräischen finden wir die korrekte Fassung: »Jetzt war die Erde wüst und leer geworden.« Sie »war« nicht einfach so – sie wurde wüst und leer gemacht.

Zwischen dem Ereignis, das in Genesis 1,1 beschrieben wird,

und dem Zustand von Genesis 1,2 muß also ein furchtbares Ereignis mit verheerenden Folgen stattgefunden haben. Die Lösung dieses Rätsels wird später im Alten Testament auf dramatische Weise enthüllt (Hesekiel 28 und Jesaja 14).

Satan war ihr Führer

Die Wahrheit über diesen gewaltigen Machtkampf entfaltet sich im 14. Kapitel Jesaja. Sie beginnt mit Vers 4, in dem der König von Babel als habgieriger, eroberungssüchtiger Tyrann dargestellt ist, der wie ein Fluch auf seinen Untertanen lastet. Er hat dieselbe Haltung, dieselbe Philosophie wie die aufrührerischen Engel des Judasbriefes. In der Tat repräsentiert der König von Babel Satan: er ist Satans Werkzeug – eine Figur im Schachspiel.

Das wird völlig klar, wenn wir die Verse 12–14 lesen. Hier wird aus dem Menschen der große Antityp Satan, der den Menschen kontrollierte. Sie werden feststellen, daß in diesen Versen über den großen ehemaligen Erzengel Satan oder Luzifer Aussagen gemacht werden, die auf einen Menschen nicht zutreffen würden: »Wie bist du vom Himmel gefallen, o Luzifer, Sohn des Morgens . . . der du die Völker schwächtest?«

Der Name Luzifer bedeutet der »Schimmernde« oder »schimmernder Stern (Engel) der Abenddämmerung«. Er war der Lichtbringer – der mit unglaublicher Wahrheit, Wissen und Verstehen Versehene. Ihm war die Herrschaft über viele Engel verliehen, und es oblag ihm, sie zu lehren und zu unterrichten. Er war der Illuminator seiner Zeit.

Die wahre Macht hinter dem Thron Satans

Mit welcher Haltung verwaltete er die Verantwortung und die Macht, die ihm vom Schöpfer verliehen worden waren? Er wollte mehr Macht. Er trachtete nach ihr mit Eifersucht, Stolz, Lust und Gier. Er wollte das gesamte Universum in die Gewalt bekommen. Er sagte: »Zum Himmel will ich steigen (wo Gottes Thron steht) und meinen Thron (Herrschaftssymbol) über Gottes Sterne (Engel) setzen, auf dem Versammlungsberg im höchsten Norden will ich wohnen.« »Ich will zu den Wolkenhöhen mich erheben, gleich sein dem Allerhöchsten.« Er wollte Gott sein – der unumschränkte Beherrscher des Universums.

So wurde Luzifer zu Satan, dem Teufel. Es war Gott, der Luzifers Namen änderte, als dessen Charakter andere Züge annahm.

Weiteren Einblick in diese erstaunliche Wahrheit finden wir in Hesekiel 28. Wieder hören wir von einem Despoten (diesmal dem Fürsten von Tyrus), der ein menschliches Instrument in den Händen Satans, des wirklichen Weltherrschers, ist. Die Verse 2 bis 6 zeigen deutlich, daß der Fürst ein geschickter

Machtpolitiker war, der unerhörten Reichtum und eine riesige Machtfülle angehäuft hatte. In den Versen 12 bis 16 erkennen wir die wahre Macht hinter dem Thron – Satan. Bitte beachten Sie, daß die verwendeten Worte – wie in Jesaja 14 – in keiner Weise auf ein nur menschliches Wesen zutreffen können.

»Du warst ein Muster der Vollendung, voll der Weisheit und vollendet schön. In Eden, dem Gottesgarten (hier auf Erden) warst du. Von Gold gearbeitet waren deine Tamburine und Flöten, am Tage deiner Erschaffung wurden sie bereitet.« Dies war ein geschaffenes Geisteswesen, kein Mensch.

Im Vers 14 lesen wir: »Zu einem schimmernden Cherub stellte ich (der allmächtige Gott spricht hier) dich.« Gott hatte ihn hier in diese außerordentlich hohe Stellung berufen als einen der drei ranghöchsten Engel.

Vers 15: »Du warst ohne Tadel in deinem Tun von dem Tage an, da du geschaffen wurdest, bis sich deine Missetat in dir gefunden hat.«

Seine Sünde wird in Jesaja 14 beschrieben. Er begehrte etwas, das ihm nicht zustand – Gottes Macht und Autorität. Aufgrund seiner Auflehnung sagt Gott zu ihm (Hesekiel 18,16): »Ich will dich entheiligen von dem Berg Gottes, denn du bist hochmütig geworden, weil du schön bist, du hast deine Klugheit mißbraucht aufgrund deiner Pracht.«

Vers 18: »Du hast dein Heiligtum verderbt durch deine zahlreichen Sünden.«

Ein Drittel der Engel konspirierte mit Luzifer/Satan bei seinem Versuch, Gottes Thron zu stürmen. Es war eine gigantische Schlacht, die sich nach Auffassung einiger Interpreten auf das Universum auswirkte und dazu führte, daß die Erde wüst und leer wurde. Diese Schlacht wurde von Geisteswesen geschlagen, vor der Erschaffung des Menschen.

Adam gehorchte Satan, nicht Gott

Übrigens wurde es Luzifer – jetzt Satan – weiterhin gestattet, die Erde zu beherrschen und die Geschicke der Erden zu lenken. Diese Macht und Autorität wurden ihm mit einem bestimmten Zweck, mit einem bestimmten Grund überlassen.

Adam erhielt die Chance, Satans Nachfolger zu werden und Gottes Herrschaft auf Erden zu führen, aber er disqualifizierte sich selbst, als er sich Satan unterwarf. Er gehorchte Satan, nicht Gott. Und seitdem ist die menschliche Rasse Satans Wegen – seiner Philosophie – gefolgt.

Als sich die Erdbevölkerung vermehrte, trugen die Menschen gewissenhaft Sorge, Satans »Weg« zu folgen. Das führte dazu, daß »Gott sah, daß der Menschen Bosheit auf Erden groß war und alles Dichten und

Trachten ihres Herzens immer nur auf das Böse gerichtet war, denn alles Fleisch hatte seinen Weg verdorbt auf Erden.« Die Bibel berichtet, daß Gott daraufhin eine Flut über die Erde gehen ließ. Alle Erdenbewohner, außer Noah und seiner Familie wurden vernichtet.

Nach der Sintflut wußte jeder Mensch, was von Gott zu erwarten war. Zunächst lebten alle in Furcht, Böses zu tun. Aus der Geschichtsschreibung wissen wir, daß »die Menschen lange Zeit unter Jehovas Herrschaft lebten, ohne daß Städte oder Gesetze nötig waren, und sie hatten alle dieselbe Sprache. Dann breitete sich Zwietracht aus«. Eine opponierende Gruppe bildete sich, sie gewann Einfluß und verließ schließlich die Gegend des Araratgebirges, auf dessen höchstem Gipfel die Arche gelandet war. »Es hatte aber die ganze Erde die gleiche Sprache und die gleichen Worte. Als sie im Osten aufbrachen, fanden sie eine Ebene im Land Schinear und ließen sich dort nieder.« Schinear – heute unter dem Namen Alt-Babylon bekannt – war ein überaus fruchtbares Land, in dem keinerlei Mangel zu befürchten war.

Dieses Volk hätte unter Gottes Gesetzen und im ursprünglichen Überfluß in Glück und Frieden weiterleben können. Statt dessen entschied es sich, dem verderblichen Beispiel Adams und Evas zu folgen und »das zu tun, was ihm gut dünkt« – was katastrophale Folgen hatte.

Obwohl das Land weiterhin fruchtbar blieb und Wohlstand gewährte, vermehrten sich die wildlebenden Tiere viel schneller als die Menschen, von denen bald viele in Todesfurcht vor den Raubtieren lebten.

Dies war Nimrods Stunde, der in dieser kritischen Situation als »Retter« der verschreckten Bevölkerung auftrat. Dieser Sohn Kuschs war ein hünenhafter schwarzer Mann, als der »gewaltige Jäger« bekannt und wegen seiner Stärke berühmt. Er befreite die Erdbevölkerung von ihrer Furcht vor den wilden Tieren und wurde daraufhin zu ihrem Führer.

Sie nannten ihn Befreier und Erlöser

Der Historiker Alexander Hislop schreibt in seinem Buch »Die beiden Babylons«: »Das erstaunliche Ausmaß der Verehrung, die diesem Mann entgegengebracht wurde, beweist, daß er einen sehr außergewöhnlichen Charakter gehabt haben muß; es steht außer Zweifel, daß er zu seinen Lebzeiten unerhört populär war. Obwohl er sich zum König ernannte, dadurch das bis dahin herrschende Prinzip der Herrschaft des Ältesten brach und die Freiheiten der Menschheit beschnitt, waren die meisten Menschen der Ansicht, er habe ihnen so viel Gutes erwiesen, daß der Verlust ihrer Freiheiten dagegen als unbedeutend einzustufen sei. Sie überhäuften ihn mit Ruhm und Ehren. Als er in Erscheinung trat,

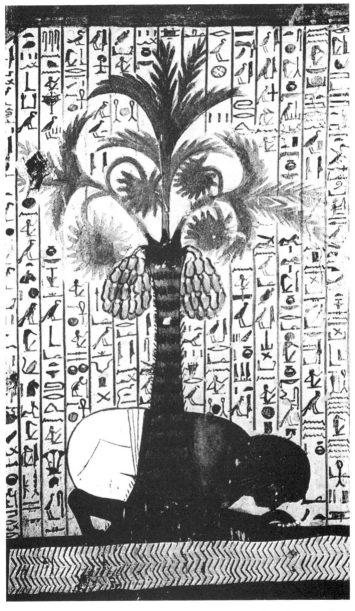

Mysterien des Osiriskultes beherrschen nach wie vor das Denken der Illuminierten, der Insider, des Geldadels.

müssen die wilden Tiere derartige Verwüstungen über die verstreut und nomadenhaft lebende Erdbevölkerung gebracht haben, daß sie überwiegend in Angst und Schrecken lebten.

Nimrods Heldentaten als Jäger müssen ihm den Ruf eines herausragenden Wohltäters der Menschheit eingetragen haben.

Dieser Ruf ebenso wie die von ihm ausgebildeten Jägerbanden erwarb ihm seine Macht, die er später festigte. Durch die Zusammenziehung von Menschen in befestigten Städten tat er noch mehr für die Sicherheit; jetzt konnten sie auch ihre früher notwendige Alarmbereitschaft aufgeben. Innerhalb der Befestigungsanlagen waren von den Raubtieren keine Gefahr mehr zu befürchten. Die Menschen fühlten sich Nimrod zu großer Dankbarkeit verpflichtet. Es nimmt nicht Wunder, daß der Name des ›gewaltigen Jägers‹, der zugleich der erste ›Gott der Festungen‹ war, berühmt wurde.

Hätte es nur diesen Grund für sein Ansehen gegeben, wäre alles gut gewesen. Aber Nimrod war mit seinen Erfolgen nicht zufrieden und ging nun daran, die Menschen von ihrer Furcht Gottes, die der Anfang der Weisheit ist und allein zu wahrem Glück führt, zu emanzipieren. Für dieses Unterfangen scheint er als einen der Ehrentitel, die die Menschen ihm gaben, den Namen ›Befreier‹ oder ›Erlöser‹ erhalten zu haben.«

Hislop fährt fort: »Von frühester Zeit an bezeugen alle Überlieferungen den Abfall Nimrods sowie einen erfolgreichen Versuch, die Menschen vom patriarchalischen Glauben abzubringen und sie von der Gottesachtung und der Furcht des himmlischen Gerichts zu befreien, die ihnen innewohnte, solange die Erinnerung an die Sintflut noch frisch war. Wenn man alle Faktoren menschlicher Entartung berücksichtigt, war dieser letzte Punkt zweifellos ein herausragendes Merkmal seines Ruhms; denn die Menschen werden jedem nur zu bereitwillig folgen, der irgendeiner Lehre den geringsten Anschein von Glaubwürdigkeit geben kann, die besagt, daß sie des Glücks sicher sein können, obwohl ihre Herzen und ihre Natur sich nicht geändert haben und sie ohne Gott in der Welt leben. Dadurch, daß er den Abfall von Gott herbeiführte, daß er seinen Anhängern ein freies Leben ermöglichte, und daß er sie der heiligen Einflüsse beraubte, durch die ihr Leben bis dahin mehr oder weniger kontrolliert worden war, half er ihnen, Gott und die strikte Geistlichkeit seines Gesetzes beiseitezustellen. Die Menschen fühlten und handelten, als sei der Himmel weit von der Erde entfernt und als könne der Gott des Himmels ›nicht durch die dunkle Wolke sehen‹ beziehungsweise als betrachte er die Brecher seines Gesetzes nicht mit Mißfallen. Alle hatten jetzt das Gefühl, als könnten sie tief durchatmen und frei ihrer Wege ziehen. Dafür achteten sie Nimrod natürlich als großen Wohltäter.

Nimrod war gegen den Herrn

Aufgrund des Systems, das sich auf Nimrods Veranlassung durchsetzte, begannen die Menschen zu glauben, daß eine wirkliche, von Herzen kommende geistige Veränderung nicht erforderlich war, und daß zu einer Wiedergeburt rein äußerliche Mittel genügten. Nimrod brachte sie so weit, daß sie ihr Wohl hauptsächlich im Fleischlichen suchten, und er zeigte ihnen, wie sie die Lust der Sünde genießen könnten, ohne den Zorn des heiligen Gottes befürchten zu müssen. Bei seinen verschiedenen Jagdzügen war er immer von Scharen von Frauen begleitet; durch Musik und Lieder, Spiele und Orgien – alles, was die natürlichen Bedürfnisse befriedigte – gewann er die Gunst der Menge.«

Alles, was Nimrod tat, erschien den meisten seiner Zeitgenossen schlechthin als großartig, da sie die Gesetze ihrer Natur gemäß haßten und den Weg des geringsten Widerstandes bevorzugten. Sie wollten »leben« und »nach ihrem eigenen Gutdünken handeln«. Sie sagten: ». . . laßt uns eine Stadt bauen und einen Turm, der bis zum Himmel reicht; wir wollen uns einen Namen machen, damit wir uns nicht über die ganze Erde zerstreuen« (Genesis 11,4).

Sie schützten sich nicht nur vor den wilden Tieren, indem sie eine mit Ringmauer umgebene Stadt bauten, sondern erhoben Anspruch auf und verliehen sich eine eigene Autorität – »wir wollen uns einen Namen machen«. Es sollte ein Zentrum menschlicher Autorität errichtet werden, in dem der Notwendigkeit, Gott gehorsam zu sein, keiner Erwähnung zu tun sei. Nimrod war ihr Herr. Sie machten sich daran, einen Turm zu bauen, »der bis zum Himmel reichen« sollte. Mit einem so hohen Turm konnten sie nach ihrem eigenen Gutdünken verfahren, Gott mißachten und dennoch vor einer Strafe, die die früheren Erdbewohner hatte ertrinken lassen, sicher sein.

Nimrods Macht wuchs immer mehr, aber das den Menschen eingeborene Verlangen nach Anbetung war noch zu befriedigen. So setzte er sich selbst als Priester dessen ein, was die Menschen verehrten, um sie noch besser in den Griff zu bekommen. Nach und nach nahm er die Position des wahren Gottes ein. Die Bibel sagt: »Nimrod war ein gewaltiger Jäger vor dem Herrn.«

Wessen Verehrung wandten sich die Leute zu, als sie ihren Schöpfer zurückgewiesen hatten? Es heißt, »sie vertauschten die Herrlichkeit des unvergänglichen Gottes mit dem Abbild von Gewürm«.

Sonnenkult als Satanskult

Sie entsannen sich der Schlange im Garten Eden (des Menschen Feind) und sie hielten sie in Ehren, denn hatten sie nicht ihre

Erkenntnis vom Guten und Bösen durch die Schlange erlangt? Die Schlange hatte sie zu nichts gezwungen. So kam es, daß die Schlange (Satan) zuletzt als Erleuchter (Illuminator) der Menschheit verehrt und angebetet wurde.

Auch die Sonne wurde zu einem bevorzugten Gegenstand der Anbetung, denn sie spendete Licht und Wärme. Diese beiden Illuminatoren wurden miteinander verknüpft – die Schlange war der Illuminator der geistigen Welt, die Sonne der Illuminator der weltlichen. Eines der am häufigsten vorkommenden Symbole der Sonne oder des Sonnengottes ist eine Scheibe, um die sich eine Schlange windet. Die Schlange wird weltweit als Symbol für die Sonne anerkannt.

In Offenbarung 12,9 wird Satan eindeutig als Schlange identifiziert: Sonnenkult ist Satanskult. In arglistiger Täuschung assoziierte Satan sich mit bestimmten Gegenständen, die von den Menschen verehrt wurden, und lenkte so die Kulthandlungen auf sich.

»Obwohl sie Gott erkannten, vertauschten sie die Herrlichkeit des Unvergänglichen mit dem Abbild der Gestalt vom vergänglichen Menschen und Gewürm und verehrten die Kreatur mehr als den Schöpfer« (Römer, 1,21 bis 1,25).

Dies waren also einige der falschen Glaubensvorstellungen, zu denen Nimrods Zeitgenossen, die den wahren Schöpfergott nicht verehren wollten, verleitet wurden. Es waren die Glaubensvorstellungen, die Nimrod verbreiten ließ und die ihm noch mehr Macht über die Menschen einräumten. Er wurde Priester des Sonnengottes, Bolkhan, das heißt der Priester von Baal. Er war also der Priester der Teufelsverehrung.

Nimrod war maßlos ehrgeizig. Es ist geschichtlich belegt, daß er alle Länder von Babylon bis Libyen, als einen großen Teil der damals bekannten Welt, eroberte. Er war der erste Herrscher, der eine Armee formte und wirtschaftliche, bürgerliche und soziale Ordnung errichtete. Allen eroberten Völkern zwang er seine satanische Religion auf. Bald errangen seine heidnischen Lehren in allen Völkern der Erde die Vorherrschaft.

Allerdings ließen sich nicht alle Menschen von Nimrod und seinen falschen Lehren blenden. Es gab immer solche, die wie Noah fest standen und den wahren Gott verehrten. In Wilkinsons »Ägyptern« lesen wir, daß Sem, einer von Noahs Söhnen, von einer Gruppe Ägypter unterstützt wurde, um Nimrod zu stürzen.

Als dieser ermordet war, wurde sein Körper zerstückelt und jeder Teil in viele Städte der bekannten Welt gesandt als schreckliche Warnung für jeden, der »handelt, wie Osiris (Nimrod) handelte: er würde dasselbe Schicksal erleiden und zerstückelt werden«.

Gehorsam gegenüber der Hierarchie

Wer meint, Nimrods Tod habe das Ende der Heidenverehrung mit sich gebracht, täuscht sich. Die Warnung vor dem Heidentum hatte jedoch eine starke Auswirkung auf Möchtegern-Renegaten. Wenn ein so mächtiger Herrscher wie Nimrod auf so schreckliche Weise ums Leben kommen konnte, war es sehr wohl möglich, daß ihnen dasselbe Schicksal widerfuhr, wenn es bekannt wurde, daß sie dieselben Gegenstände – Götzenbilder – anbeteten. Sie hatten Angst, Götzendienste zu leisten, obgleich sie es gern getan hätten. Es ist leicht einzusehen, daß der »Götzendienst, falls er weiterbestehen und sich gar weiterentwickeln sollte, notwendigerweise im Geheimen operieren mußte. Unter diesen Umständen begann zweifellos das ›Mysterium‹, das von Babylon die Welt eroberte«.

Diese »Mysterien« waren der Deckmantel, unter dem die verbotenen Gegenstände der Verehrung durch andere Dinge ersetzt wurden. Wer neu in die »Mysterien« eingeweiht wurde, wußte bald, daß er in Wirklichkeit die verbotene Sonne oder Schlange anbetete, wenn er die neuen Symbole verehrte; Außenstehende wußten das aber nicht. Das Ganze war für sie ein »Mysterium«. Nach Hislop hatten diese »Mysterien« zum Ziel, »alle Menschen in blindem und absolutem Gehorsam gegenüber einer Hierarchie zu halten, die den Monarchen von Babylon untertan war«.

Den größten Nutzen aus diesen »Mysterien« zog Semiramis, Nimrods verkommene Frau. »Es ist bekannt, daß sie dem Volk ihre entarteten, verdorbenen Ideen einimpfte. Die schöne, aber unbeherrschte Königin von Babylon war nicht nur ein Muster zügelloser Lust und Ausschweifung, sondern wurde auch in den Mysterien, auf deren Gestaltung sie entscheidenden Einfluß hatte, als Rhea, die große ›Göttermutter‹ verehrt; es gab Riten, die sie mit Venus, der Mutter aller Unanständigkeit, identifizierten.«

Inspiriert von ihrem wahren Meister Satan, wob Semiramis ein kompliziertes Muster heidnischer Verehrung, das die Bevölkerung in Bann hielt. Es ist wichtig festzuhalten, daß nicht alle ihre Lehren irrig waren. Viele beruhten auf Wahrheit, waren aber höchst geschickt so verdreht worden, daß sie die Aufmerksamkeit der Leute vom Schöpfergott ab- und auf Semiramis und ihre babylonischen Mysterien hinlenkte. Daß sie und ihre Genossen außerordentlich erfolgreich wären, steht außer Frage. Das ganze System profitierte von allen niedrigeren menschlichen Trieben – eine bombensichere »Erfolg«formel für jede Unternehmung.

Später fielen selbst die zwölf Stämme Israels den babylonischen Mysterien zum Opfer. Im Buch der Richter 2,13 heißt es: »Sie verließen Gott, um Baal und Astarte zu dienen.«»Haben sie doch sogar ihre Scheusale in dem Haus aufgestellt, das nach meinem (Gottes) Namen benannt ist, um es zu beschmutzen, und sie haben die Baalshöhen erbaut«, um ihre heidnischen Götzendienste feiern zu können (Jeremia 32,34).

Der Kampf zwischen Jesus und Satan

Die Verworfenheit ging so weit, daß Elias – ein Diener des wahren Gottes – sagte: »Die Israeliten haben Dich (Gott) verlassen, Deine Altäre haben sie niedergerissen, Deine Propheten haben sie mit dem Schwert umgebracht. Ich allein bin übriggeblieben, und nun stellen sie auch meinem Leben nach.«

Elias glaubte, er sei der Einzige, der noch den wahren Gott verehrte. Er irrte sich. Ein wenig später sagt Gott zu ihm: »Aber siebentausend will ich in Israel am Leben lassen, alle Knie nämlich, die sich nicht vor Baal gebeugt haben, und jeden Mund, der ihn nicht geküßt hat.« Das neue Testament konnte dann weiter nichts hinzufügen, als daß der Trend angehalten hatte. Im 2. Korintherbrief wird Satan (Baal) beschrieben als »der Gott dieser Welt, der den Ungläubigen den Sinn verblendet hat«. In Offenbarung 12,9 heißt er »Satan, der die ganze Welt verführt« und im 2. Korintherbrief 11,14 »Gibt sich doch der Satan selber das Aussehen eines Lichtengels«; auch hat er an der religiösen Front Diener, »die sich das Aussehen von Dienern der Gerechtigkeit geben«. Das heißt, Satans Diener maskieren sich als Diener Gottes, um die große Mehrheit der Menschen zu täuschen. In Offenbarung 9,11 wird Satan beschrieben als »König mit dem Namen Abaddon (Zerstörer)«.

Viertausend Jahre nach Adam betrat mit Jesus Christus jemand den Schauplatz, der Satan als Herrscher über die Welt abzulösen in der Lage war. Lukas beschreibt im 4. Kapitel den Willenskampf zwischen Jesus und Satan.

Nachdem Christus vierzig Tage gefastet hatte, zeigte ihm Satan »in einem Augenblick alle Reiche des Erdkreises« und spielte dann seinen vermeintlichen Trumpf aus: »Dir will ich all diese Macht und ihre Herrlichkeit geben; denn mir ist sie verliehen, und ich gebe sie, wem ich will. Wenn du mir also huldigst, soll sie ganz dein sein.«

Beachten Sie Satans Anspruch, daß er die Kontrollgewalt über die ganze Erde habe – und daß Christus diese Tatsache nicht einen Moment in Frage stellte. Er wußte, daß es so war.

Beachten Sie ferner, daß Christus nicht auf menschliche Vernunft zurückgriff, um Satans Angebot zurückzuweisen. Er zitierte die Schrift und befahl Satan: »Weiche von mir, Satan, denn es steht geschrieben: Du sollst dem Herrn, Deinem Gott, huldigen und ihm allein dienen.« Satans nächster Ball kam mit Ef-

Gott Baal, Nebenbuhler von Jahwe. Lehren und Riten in »christlicher Hülle« bestimmen noch heute den Glauben.

fekt. Er zitierte Psalm 91,11 allerdings mit einem subtilen satanischen Dreh: »Wenn du Gottes Sohn bist, stürze dich von hier hinab, denn es steht geschrieben: seinen Engeln wird er dich anbefehlen, dich zu behüten, und auf den Händen werde sie dich tragen, damit du deinen Fuß an keinem Stein stoßest.«

Christi Antwort macht deutlich, daß Gottes Schutzversprechen nur für den Fall eines Unfalles gelte: »Du sollst den Herrn, deinen Gott, nicht versuchen.«

Satan als Gott dieser Welt

Zuletzt also hatte Satan seinen Meister gefunden. Der geistige Zauberbann, den er seit dem Schöpfungstag über die Menschheit gehalten hatte, war von Jesus Christus gebrochen worden. Damit war für Christus die Probe bestanden: er wurde Satans Nachfolger, weil er sich Gottes Herrschaft trotz vieler Versuchungen völlig unterordnete.

Christus nahm diese Autorität nicht sofort in Anspruch. Um die Menschheit zu erlösen, mußte er sich ans Kreuz schlagen lassen. Er mußte von den Toten auferstehen, um unser Retter zu werden, und zum Himmel auffahren, um vor dem allmächtigen Gott Fürbitte für uns zu sprechen, während wir so wie er auf unsere Eignung, nach seiner Rückkehr zur Erde an seiner Regierung teilzuhaben, geprüft werden.

Nach der Kreuzigung Christi glaubten viele, das »Christentum« – oder wie immer es damals genannt wurde – sei etwas, das der Vergangenheit angehöre. »Ich gehe wieder fischen«, sagte der impulsive Petrus. »Wir gehen mit dir«, stimmten die anderen Jünger zu.

Nach den Anweisungen des Auferstandenen, den sie kurz nach der obigen Begebenheit trafen, blieben sie in Jerusalem, um auf ein »Versprechen« zu warten.

Das Christentum »zündete« am Pfingsttag 31 nach Christus, als die Jünger mit Fähigkeiten ausgestattet wurden, die die Norm bei weitem überstiegen. Etwa dreitausend Menschen wurden an dem Tag bekehrt. »Viele Wunder und Zeichen geschahen durch die Apostel.«

Der neue, pulsierend lebendige Glaube breitete sich rasch in Palästina aus und griff weiter um sich. Es hieß sogar, »diese Menschen bringen die ganze Welt in Aufruhr«. Wir müssen aber im Auge behalten, daß zuvor Satan – der Gott dieser Welt – diese durch seine verräterischen Machenschaften in Aufruhr versetzt hatte. Die Apostel machten sich unter der Anleitung des auferstandenen Jesus Christus daran, aus dem Chaos wieder Ordnung zu machen.

Die Kirche wuchs und gewann großen Einfluß. Das Evangelium wurde gepredigt, das Leben der Menschen auf dramatische Weise verändert. Zumindest konnten sie das »große Bild« klar und deutlich sehen und brauchten das Leben nicht verkehrt herum zu betrachten. Sie führen »ein Leben in Fülle . . .«

Simon Magus der Magier

Es ist nur logisch, daß »die alte Schlange, die Teufel heißt und der Satan, der die ganze Welt verführt«, bei einer für sie so katastrophalen Wende der Ereignisse nicht untätig zusehen würde. Statt des totalen Sieges, als der ihm die Kreuzigung Christi erschienen war, sah sich Satan vor der endgültigen Vernichtung durch die neu vom auferstandenen Christus geleiteten und inspirierten Kirche. Hier war schließlich das wirkliche Licht – die Wahrheit des Geistes, die das Leben der Völker revolutionierte und all das spendete, nach dem so viele Menschen verlangen, dessen aber nur so wenige teilhaftig werden: Liebe, Freude, Frieden, Güte, Vertrauen, Sanftmut, Selbstbeherrschung – und einen echten Lebenssinn.

Eine derartige logische Folgerung ist kein Hirngespinst, sondern hat historische Grundlagen. Satan hatte einen ergebenen Diener, einen Trumpf in der Hinterhand, den er für einen solchen Fall aufgehoben hatte: der Name dieses Mannes war Simon Magus (»der Magier«), der zum erstenmal im achten Kapitel der Apostelgeschichte erwähnt wird.

Simon war ein Priester der babylonischen Religion, die von Samaria aus operierte. Die Bibel läßt keinen Zweifel daran, daß die Samaritaner keine Israeliten waren, sondern Babylonier, die der König von Assyrien statt der Kinder Israels in den Städten von Samaria angesiedelt hatte: »Sie nahmen Samaria in Besitz und ließen sich in dessen Städten nieder.« Die folgenden Verse machen deutlich, daß diese Menschen als hartgesottene Heiden in keiner Weise daran interessiert waren, dem Schöpfer zu dienen und zu gehorchen.

Apostelgeschichte 8 erwähnt, daß Simon Magus, sich in Samaria ein beachtliches religiöses »Imperium« errichtet hatte. Er »trieb Zauberei und setzte das Volk Samaria in Erstaunen; er sagte, er sei ein Großer«. Alle, groß und klein, hingen an ihm und sagten:»Dieser ist die Kraft Gottes – also Gott selbst«.

Als der Apostel Philippus den Samaritanern das Evangelium zu predigen begann, lauschte das Volk »willig und einmütig den Worten des Philippus, da es von den Wundern, die er wirkte, hörte und sie sah«. Sie waren von den Wundertaten sehr beeindruckt.

Wenig später erkannte Simon – unter dem Einfluß seines Meisters Satan –, daß er die ehrfurchtgebietende Kraft des Christentums als Mittel seiner eigenen Erhöhung und Machtvermehrung benutzen könnte.

Ohne Reue zu zeigen oder sein Leben zu ändern und der heidnischen Götzenverehrung abzuschwören, versuchte Simon, das Aposteltum zu kaufen. Er wollte

»diese Macht« beziehungsweise die offizielle Sanktionierung, Gesetzlosigkeit und ausschweifendes Heidentum im Namen Jesu Christi öffentlich predigen.

Amalgam aus Heidentum und Christentum

Nirgendwo wird erwähnt, daß Simon Mitglied der Kirche – des Leibes Christi – geworden sei. Er übernahm jedoch Christi Namen und einige seiner Lehren und vermixte sie mit seinem babylonischen Mysterienkult. Er versah seine neue Organisation mit einem »christlichen« Etikett und machte sich daran, sie als weltweite Religion zu etablieren, deren oberster Priester er sein würde.

Das alles läßt sich historisch belegen. In Hastings Lexikon der Apostolischen Kirche steht: »Man braucht nicht davon auszugehen, daß Simon, als er mit den Christen brach, alles widerrief, was er gelernt hatte. Wahrscheinlicher ist, daß er an einigen christlichen Vorstellungen festhielt und sie in ein eigenes System einverleibte. So wurde er das Oberhaupt einer rückschrittlichen Sekte, die vielleicht dem Namen nach christlich war und sicherlich auch einige christliche Begriffe verwendete, die aber eigentlich antichristlichen Charakter hatte und Simon in die herausragende Stellung erhob, die im Christentum Christus vorbehalten war.«

»Das Amalgam aus Heidentum und Christentum, das besonders augenfällig im Simonischen System hervortrat, findet seinen deutlichsten Niederschlag in den Lehren des Simon Magus, der mit den christlichen Lehren in engen Kontakt gekommen war, ohne ein echtes Mitglied zu werden.«

In einer anderen Quelle lesen wir: »Der Begründer oder erste Vertreter dieses gekauften Heidentums ist Simon Magus, der das Christentum ohne Frage mit heidnischen Ideen und Praktiken verfälschte.«

Es ist ganz deutlich, daß Simon Satans Vorstellungen oder Haltungen verkörperte, er war ein Lügner, ein Betrüger und strebte nach absoluter Macht.

Die apostolischen Schriften sind unzweideutig in ihren Warnungen und Verdammungen des Simonischen heidnischen »Christentums«, das wiederholt als in voller Blüte stehend und als tödliche Bedrohung für echte Christen bezeichnet wird. Im 2. Korinther 11,4 finden wir eine Warnung vor denen, die »einen anderen Jesus« predigen oder »einen anderen Geist« empfangen.

Satans Diener wurden – unter der persönlichen Leitung des Simon Magus – »umgewandelt in Diener der Gerechtigkeit« – wahre Vertreter Christi – und führten die Massen in die Irre. Es ist den Menschen – deren Natur dem Willen ihres Schöpfers diametral entgegengesetzt ist – schon immer leichter gefallen, dem Weg Satans zu folgen. Dem Durchschnittsmenschen

Hethitische Göttin mit ihrem Kind. Sie beten die Sonne und die Schlange an und damit Satan.

mit seinem fleischlichen Verstand erscheinen die Lehrsätze Luziferianismus oder Illuminismus völlig »einsichtig« und »richtig«. Gift in einer Honigdose ist noch immer Gift. Ein Heidentum mit dem Etikett »christlich« ist noch immer giftig, es gibt nur eine Art, ein Christ zu sein – Christi Weg zu folgen.

Der heilige Gott Simon

Simons babylonisches Pseudochristentum (Taufheidentum) trat im Jahr 33 nach Christus auf – zwei Jahre nach der Bildung der wahren christlichen Kirche.

Die Apostelgeschichte ist die wahre Geschichte der christlichen Kirche bis zum Jahre 69 nach Christus. Was sich in der Zeit danach zutrug, wird in der Geschichtswissenschaft »das verlorengegangene Jahrhundert« oder »das Jahrhundert der Schatten« genannt. Es ist historisch erwiesen, daß »wir von allen Perioden der Kirchengeschichte über diese am wenigsten wissen. Nach Paulus' Tod verhüllt fünfzig Jahre lang ein Vorhang die Kirche, hinter den wir nicht blicken können. Als er sich um 120 nach Christus mit den Schriften der ersten Kirchenväter schließlich hebt, finden wir eine in vielen Aspekten andere Kirche vor, als es die Kirche der Tage Petrus' und Paulus' war«.

Der Historiker Edward Gibbon läßt an Deutlichkeit nichts zu wünschen übrig, wenn er schreibt: »Die kärglichen Unterlagen der Kirchengeschichte lassen es selten zu, die über dem Kindesalter der Kirche hängenden dunklen Wolken zu zerstreuen.«

Beachten Sie die Worte »Schatten«, »Vorhänge« und »Wolke«. Das »verlorengegangene Jahrhundert« ist das direkte Ergebnis einer massiven Verdunkelung, in deren Schutz die Beweise ihrer wahren Natur und Bestimmung vernichtet wurden. Wir haben gesehen, daß Satan der Fürst der Dunkelheit und der Zerstörer der Wahrheit ist. Simon und seine von Satan inspirierten Jünger waren krampfhaft bemüht, die Welt aufs Neue zu täuschen.

Wenn wir noch tiefer in die Kirchengeschichte eindringen, werden wir auf weitere Tatsachen stoßen, die viele sorgsam gehegte Vorstellungen über den Haufen werfen.

Im »Wörterbuch Christlicher Biographie« können wir lesen: »Als Justinian der Märtyrer seine ›Apologie‹ schrieb (152 nach Christus), scheint die Sekte der Simonier eine imposante Verbreitung gehabt zu haben, denn er erwähnt den Gründer Simon viermal. Er weist darauf hin, daß dieser in der Regierungszeit des Kaisers Claudius (45 nach Christus) nach Rom gekommen sei und durch seine magischen Fähigkeiten ein solches Aufsehen erregt habe, daß er als Gott verehrt wurde. Eine Statue Simons wurde zwischen den Tiberbrük-

Die Sonnen-Anbetung als Satans Trugreligion hat die Rückkehr zum echten Christentum erschwert.

ken am Flußufer errichtet; sie trug die Inschrift ›Simoni Deo Sancto‹. (der heilige Gott Simon).«

Hat Justinian das erfunden? Sicher nicht. Es gibt »sehr wenige Gegenbeweise, aufgrund derer man eine derart präzise Äußerung wie die Justinians zurückweisen könnte; er hätte sie in einer an Rom gesandten Verteidigungsschrift sicher nicht gewagt, wenn dort jeder ihn der Unwahrheit hätte zeihen können. Hätte er sich geirrt, wäre das sofort bemerkt – und nicht von anderen Schriftstellern so häufig wiederholt worden«.

In Rom herrschten die babylonischen Mysterien

Als Simon Magus nach Rom kam, bestrickte er die Römer mit seinen »magischen« Kräften und wurde bald als Simon Petrus

– Simon der Interpret der babylonischen Mysterien – bekannt.

Wie wir gesehen haben, hatte er den Namen Jesu Christi und große Teile der christlichen Terminologie übernommen und benutzte sie, um seinen eigenen Einfluß zu vergrößern.

Petrus- oder Pethor-Verehrung kann bis Mesopotamien zurückdatiert werden, wo der Götzenkult seinen Ursprung hatte und wo Nimrod den Turm zu Babel bauen ließ. In Deuteronomium lesen wir, daß Bileam »aus Pethor in Mesopotamien« gedungen wurde, um das Volk Israel zu verfluchen. Aus der Geschichte wissen wir, daß Pethor ein sehr heiliger Ort war, »an dem es einen Orakeltempel gab und der daher Pethor und Pethora genannt wurde – was Ort der Interpretation oder Orakeltempel hieß. Hier befand sich zweifellos ein Priesterkollegium, dessen Leiter Bileam war«.

Bileam war der Haupt-Pator (Petrus) des Pethor (Petrus-Tempel) von Mesopotamien, dem Zentrum der Götzenkulte und der falschen Religion. Bileams Name (aus dem Semitischen: »Eroberer des Volkes«) läßt sich als sicher annehmen, daß Bileam sich als Nachfolger Nimrods, des Begründers der babylonischen Mysterien verstand. Die Griechen nannten Nimrod Nikolaus, was ebenfalls »Eroberer des Volkes« bedeutet.

Nimrod war in anderen Ländern der damals bekannten Welt unter verschiedenen Namen bekannt – Janus und Mithras gehörten dazu. Janus, ein »Gott« der Petrus-Kategorie, wurde »mit einem Schlüssel in der Hand« von den alten Römern »Türhüter des Himmels und der Erde« genannt.

Ovid schrieb von ihm (Janus), »daß sein Kopf doppelgesichtig war, was seine Doppelherrschaft über Himmel und Erde bezeichnete: alle Dinge öffnen oder schließen sich nach seinem Willen, er regiert das Universum und ist der Hüter der Himmelstore«.

II. Der Orden der Illuminaten

In Deutschland wurde ein teuflischer Plan ausgebrütet, der unzählige Millionen Menschen täuschte – und der heute die Existenz der westlichen Zivilisation bedroht. In den Jahren nach der Reformation kam in gebildeten Kreisen eine neue Denkrichtung in Mode, die als »Aufklärung« bekannt wurde. Dieser Rationalismus entwickelte sich zuerst in Deutschland, weil dies das einzige Land mit relativer Religions- und Gedankenfreiheit war. In anderen Staaten war das Denken zensiert, und Kirchenführer verfolgten oder töteten jeden, der seine Gedanken frei äußerte. Die Studierenden wurden von den stickigen Zwängen befreit, die im dunklen Zeitalter auf jeglichen akademischen Beschäftigungen gelastet hatten – und die Brise der Forschung und der intellektuellen Neugier wehte frisch durch die »geheiligten Hallen« der Gelehrsamkeit. Viele fühlten sich ermutigt, langgehegte Glaubenswerte, die ohne Prüfung allgemein für wahr gehalten worden waren, zu hinterfragen.

Von Beginn an war Satan einer der eifrigsten Anführer dieser »Emanzipatoren«. Da es ihm nicht gelungen war, die Gesamtmenschheit mit seiner simonischen Spielart des »Taufheidentums« gefangenzuhalten, versuchte er es jetzt mit einem anderen Trick.

Der einzige Gott ist der Mensch selbst

Die einst so mächtige Kirche, deren Verfall durch Korruption und moralische Verdorbenheit eingeleitet worden war, hatte viele Ideen verkündigt, die sich längst als völlig irrig erwiesen hatten. Das war den Aufklärern ebenso klar wie die Tatsache, daß die Kirche – von der ja allgemein angenommen wurde, sie sei der Leib Christi – ihre Anhänger durch Einschüchterung und mit abergläubischen Riten in Abhängigkeit hielt. Sie gingen fälschlicherweise davon aus, daß die Mythen und abergläubischen Vorstellungen des dunklen Zeitalters auf der Bibel beruhten. Da sie den Aberglauben als falsch widerlegen konnten, nahmen sie – ohne einen wirklichen Beweis dafür zu haben – an, sie hätten die Bibel widerlegt. Wir wissen aber, daß die Lehren jener Kirche auf den von Satan inspirierten babylonischen Mysterienkult zurückgingen – nicht auf die Bibel.

Die deutschen Aufklärer attackierten alle überlieferten Glaubensinhalte in der unerschütterlichen Überzeugung, daß jede Art Religion irrig, töricht und seltsam sei. Einer ihrer Wortführer gab arrogant kund: »Der Wendepunkt der Geschichte ist gekommen, wenn der Mensch sich bewußt wird, daß der einzige Gott des Menschen der Mensch selbst ist.« Ein anderer Wortführer definierte den Rationalismus als »die Denkart, nach der die menschliche Vernunft die alleinige Quelle und das einzige Richtmaß aller Wissensgebiete ist«. Durch nicht endenwollendes Trommelfeuer einer »aufgeklärten« Gelehrsamkeit wurde die europäische Intelligentsia in der zweite Hälfte des 18. Jahrhunderts auf das Illuminatentum – den Geheimorden der Illuminaten – vorbereitet.

Illuminaten. Was sagt dieser Name heute? Die meisten Menschen beantworten diese Frage mit dem starren Blick völligen Unverständnisses. Einige reagieren mit kaum verhohlenem Grinsen und einer abfälligen Bemerkung.

Dessen ungeachtet gibt es eine Tatsache, über die kein Zweifel besteht: der Illuminatenorden wurde am 1. Mai 1776 von Dr. Adam Weishaupt, Professor für katholisches Kirchenrecht an der Universität Ingoldstadt, gegründet. Weishaupt – von Geburt Jude, der später zum Katholizismus konvertierte – brach mit dem Jesuitenorden, dem er als Priester angehört hatte, und gründete seine eigene Organisation. Viele Gebildete meinen, daß die Illuminaten beziehungsweise die satanische Philosophie hinter ihnen, nur weil sie keine offen anerkannte Organisationen mehr sind, für die westliche Welt keine Bedrohung mehr darstellen. Eine solche Annahme ist äußerst naiv.

Es wäre sowohl naiv als auch töricht zu glauben, daß die große religiöse Renegatenbewegung, die unter Satans Leitung von Simon Magus 33 nach Christus ins Leben gerufen wurde, sich irgendwie in Luft aufgelöst hätte. Wir sollten im Gegenteil davon ausgehen, daß Simons Bewegung in unserer heutigen Gesellschaft, die so offensichtlich irregeleitet und so eindeutig von Satan beeinflußt wird, sehr rührig ist. Natürlich verkauft die moderne Ausprägung von Satans Simonischer Kirche ihre falschen Waren nicht unter dem Banner der »geistlichen Verführungsgesellschaft Simons«, der »Unerschütterlichen Kirche der babylonischen Mysterien« oder der »Satanskirche des babylonischen Taufheidentums«. Solche Namen würden kaum jemanden davon überzeugen, daß es sich um wahres Christentum handelt.

Seit Jahrhunderten ist wohlbekannt, daß diese Kirche im 17. Kapitel der Offenbarung an Johannes als die große Kirche (die Bibel nennt sie die große Hure) definiert ist, die unzählige »Töchter« ausgebrütet und »die Bewohner der Erde (geistig) trunken gemacht hat vom Wein ihrer (geistlichen) Unzucht«.

Diese mächtige weltweite Organisation hat also die Völker getäuscht und korrumpiert. Wer getäuscht wird, merkt davon nichts, sonst hätte er ja nicht getäuscht werden können. Wer getäuscht ist, mag absolut gutgläubig sein – recht hat er deshalb nicht.

Ziel ist die Errichtung einer Weltregierung

Es gibt Beweise dafür, daß simonische Kräfte sich mit den Il-

Adam Weishaupt, ehemaliger Jesuit, gründete am 1. Mai 1776 die Geheimgesellschaft der Illuminaten.

luminaten auf höchster Ebene vereinigt haben, um gemeinsam beider höchstes Ziel zu erreichen – die restlose Eroberung der Welt.

Es ist wichtig, daß wir die wahre Bedeutung des Namens von Weishaupts Geheimgesellschaft klären. Der Namen »Illuminaten« impliziert, daß Mitglieder des Ordens die einzigen wirklich aufgeklärten Menschen sind und wissen, »um was es wirklich geht«. Weishaupt und seine Anhänger hielten sich für die Créme de la créme der Intelligentsia, für die einzigen Menschen mit der Fähigkeit, dem Wissen, der Einsicht und dem Verstehen, die notwendig sind, wenn man die Welt regieren und ihr den Frieden bringen will. Ihr erklärtes Ziel war die Errichtung eines »Novus Ordo Saeclorum«, einer neuen Weltordnung beziehungsweise einer Weltregierung.

Der Name »Illuminati« leitet sich von dem Wort Luzifer her, das »Lichtbringer« bedeutet oder ein Wesen von außerordentlicher Brillianz.

Die direkte Parallele zwischen der vermessenen, eitlen, egoistischen Haltung Weishaupts und seiner Anhänger einerseits und der Haltung, die Satan an den Tag legte, als er und die von ihm geführten Engel ihrem Schöpfer die Herrschaft über das Universum zu entreißen versuchten, andererseits ist offenkundig. Das Illuminatentum ist eindeutig Satanismus in einer seiner modernen Spielarten: die Ziele sind praktisch identisch. Tatsächlich war Satan der erste Illuminat.

Die Öffentlichkeit wurde zum erstenmal auf die Existenz der Illuminaten und ihres teuflischen Plans zur Welteroberung aufmerksam, als sich 1785 ein merkwürdiger Unfall ereignete. Die Geschichte berichtet, daß ein berittener Kurier der Illuminaten mit Namen Lanze über Frankfurt nach Paris jagte, um Dokumente über Aktivitäten der Illuminaten im allgemeinen und ins Einzelne gehende Instruktionen für die geplante französische Revolution im besonderen zu überbringen. Die Dokumente stammten von Illuminaten in Deutschland und waren für den Großmeister der G. O. M. (die Großloge von Frankreich) in Paris bestimmt. Als der Kurier bei Regensburg galoppierte, erschlug ihn ein Blitz. Alle Papiere fielen in die Hand der Polizei, die sie an die bayerische Regierung weiterleitete. Diese ordnete eine Razzia des Illuminaten-Hauptquartieres an, bei der weitere Dokumente sichergestellt wurden. So wurde entdeckt, daß die Verschwörer weltweite Ziele hatten.

Alle die sorgfältig dokumentierten Beweise wurden den Regierungen Englands, Deutschlands, Österreichs, Frankreichs, Polen und Rußlands überbracht. Aus welchem Grund auch immer, vermutlich aufgrund des Einflusses von Insider-Illuminaten, beschlossen die genannten Regierungen, den Warnungen kein Gehör zu schenken. Vier Jahre danach explodierte die französische Revolution, die die ganze europäische Szenerie ins Wanken brachte.

Agenten der Geldbarone

Sir Walter Scott hebt im zweiten Band seines Werkes »Das Leben Napoleon Bonapartes« die Tatsache hervor, daß alle Ereignisse, die in die französische Revolution mündeten, von den Geldbaronen – den Illuminaten – herbeigeführt wurden, deren Agenten den Mob zur Etablierung des berüchtigten Terroristenregimes anstifteten.

Der erste echte Umschwung, was Insider-Informationen über die Illuminaten betrifft, ereignete sich, als diese »großen Intellektuellen« töricht genug waren, John Robison zum Beitritt aufzufordern. Robison, Professor der Naturphilosophie an der Universität Edingburgh, war Generalsekretär der angesehenen »Royal Society« der Stadt.

Seine Zeitgenossen und besonders Adam Weishaupt hielten ihn für einen der führenden Intellektuellen jener Tage. Als Weishaupt Robison einlud, in die Reihen der Verschwörer einzutreten, wird er geglaubt haben, der britische Professor könnte sein Trumpf-As bei der Ausdehnung seiner Organisation auf die britischen Inseln sein.

Weishaupt schätzte Robisons Charakter allerdings völlig falsch ein. Er hatte mit einem dünkelhaften, eingebildeten Menschen mit einem unersättlichen Machttrieb gerechnet; statt dessen bekam er es mit einem Mann zu tun, der am Schicksal seiner Mitmenschen und seines Volkes aufrichtig Anteil nahm. Robison war nicht käuflich.

Er fiel auch nicht auf die Lüge herein, die Ziele der Illuminaten seien rein und ehrenhaft. Darüber sagte er jedoch nichts, sondern ging zum Schein auf die Verschwörer ein. So wurden ihm hochvertrauliche Dokumente zugänglich gemacht, aufgrund derer er die Aktivitäten an der Spitze des Geheimordens aus nächster Nähe untersuchen konnte.

Das Ergebnis war ein aufsehenerregendes Buch, das er 1797 unter dem Titel »Proofs of a Conspiracy« (Beweise für eine Verschwörung) veröffentlichte.

Alles, was wir heute über die Anfänge der Illuminaten wissen, stammt von Robisons Buch sowie von einem Werk, das der Priester Barruel ein Jahr später schrieb: »Memoirs – Illustrating the History of Jacobinism«. Obwohl beide Autoren nichts voneinander wußten, geben beide Werke uns einen klaren Überblick über die Organisation. Beide stützen sich weitgehend auf die Originalschriften des Ordens und der Sekte der Illuminaten, den offiziellen Bericht der bayerischen Regierung, den sie 1786 nach einer längeren Untersuchung herausgegeben hatte.

Das sind die Fakten

Adam Weishaupt wurde am 6. Februar 1748 geboren. Seine Erziehung durch die Jesuiten hatte in ihm einen starken Widerwillen gegen diesen Orden erweckt. Als er mit ihm brach, vertiefte er sich in die subversiven und antichristlichen Lehren der französischen Philosophen und anderer Schriftsteller, die sein angeborenes Überlegenheitsgefühl ansprachen.

Die nächsten fünf Jahre widmete er sich der Meditation. In dieser Zeit entwarf er den Plan, die Zivilisation umzustürzen und eine – wie er es nannte – »Novus Ordo Saeclorum« – eine neue Weltordnung – zu errichten. Er entwickelte den Ablauf der Revolution selbst.

Am 1. Mai 1776 gründete Weishaupt die Geheimgesellschaft der Illuminaten als das Werkzeug, mit dem er sein Ziel erreichen wollte. Alle Mitglieder mußten Namen der klassischen Antike annehmen. Weishaupt nannte sich Spartacus, nach dem Anführer einer Erhebung von Sklaven im alten Rom; sein erster Assistent, Herr von Zwack, Berater des Prinzen von Salm, hieß Cato; aus Baron Meggenhoff wurde Sulla, aus Adolph Freiherr von Knigge wurde Philo.

In der 81. Edition der »Encyclopaedia Britannica« von 1910 wird erwähnt, daß der Orden in drei Hauptklassen eingeteilt war; die erste bestand aus »Novizen«, »Minervalen« und »geringeren Illuminaten«; die zweite Klasse bestand aus Freimaurern – »gewöhnlichen« und »schottischen Rittern«; der dritten oder Mysterienklasse gehörten »Priester« und »Regenten«, »Magier« und »der König« an. Der König war natürlich Weishaupt selbst.

Den Novizen, die die äußeren Ringe ausmachten, wurde erzählt, der große Zweck der Illuminaten sei es, »aus der menschlichen Rasse ohne Unterscheidung von Nation, Zustand oder Beruf, eine gute und glückliche Familie zu machen«.

Alle Novizen mußten einen Eid schwören, mit dem sie dem Orden in Gestalt seiner Oberen »immerwährendes Schweigen, unerschütterliche Treue und Ergebenheit« schworen; sie verpflichteten sich, »meiner Urteilskraft, meinem Willen und der kleinlichen Ausübung meiner eigenen Fähigkeit und meines Einflusses gewissenhaft und vollständig abzuschwören, das Wohl des Ordens zu meinem Wohl zu machen, und bin bereit, ihm mit meinem Vermögen, meiner Ehre und meinem Blut zu dienen. Die Freunde und Feinde des Ordens sollen meine Freunde und Feinde sein; beiden gegenüber will ich mich so verhalten, wie der Orden es gebietet. Ich will mich seiner Verbreitung und seinem wachsenden Ansehen widmen und ohne jede verborgenen Vorbehalte alle meine Fähigkeiten darin setzen, dies zu erreichen.«

PROOFS
OF A
CONSPIRACY
AGAINST ALL THE
RELIGIONS AND GOVERNMENTS
OF
EUROPE,
CARRIED ON
IN THE SECRET MEETINGS
OF
FREE MASONS, ILLUMINATI,
AND
READING SOCIETIES.

COLLECTED FROM GOOD AUTHORITIES
BY
JOHN ROBISON, *A. M.*
PROFESSOR OF NATURAL PHILOSOPHY, AND SECRETARY
TO THE ROYAL SOCIETY OF EDINBURGH.

Nam tua res agitur paries cum proximus ardet.

EDINBURGH:
Printed for WILLIAM CREECH; — and
T. CADELL, Junior, and W. DAVIES,
LONDON.
1797.

Beweise für eine Verschwörung gegen alle Religionen und Regierungen Europas.

Die Menschheit frei und glücklich machen

Als Warnung vor den Folgen eines Verrats nahm der Novize an einer Zeremonie teil, während der ihm mitgeteilt wurde: »Wenn du ein Verräter bist und einen Meineid geschworen hast, sollst du wissen, daß unsere Brüder aufgefordert sind, die Waffen gegen dich zu erheben. Hoffe nicht zu fliehen oder einen sicheren Ort zu finden. Wo immer du sein wirst, Scham, Reue und der Zorn unserer Brüder wird dir bis in die letzten Schlupfwinkel deines Innern folgen und sie zerfressen.«

Wenn ein Mitglied den »inneren Kreis« erreicht hat, war sein Eid absoluter Geheimhaltung und fraglosen Gehorsams zu einer todernsten Angelegenheit geworden. Erst jetzt durfte er die letzten Ziele des Ordens erfahren: 1. Abschaffung jeder ordentlichen Regierung; 2. Abschaffung des Privateigentums; 3. Abschaffung des Erbrechts; 4. Abschaffung des Patriotismus; 5. Abschaffung aller Religionen; 6. Abschaffung der Familie und 7. die Errichtung einer Weltregierung.

Selbstverständlich wurden diese eigentlichen Ziele des Ordens vor den meisten Mitgliedern geheimgehalten. Ihnen wurde versichert, der alleinige Zweck der Gesellschaft sei die Sicherstellung »des Glücks der Menschheit«.

Weishaupt hatte einen subtilen, scharf umrissenen Plan zur Zerstörung der Religion: »Ich habe eine in jeder Hinsicht vorteilhafte Erklärung ersonnen; sie ist für jede christliche Religionsgemeinschaft verlockend; sie löst sich nach und nach von jeder Art religiösen Vorurteils; sie pflegt soziale Tugenden; und sie regt sie an durch die große, machbare, baldige Aussicht auf universales Glück in einem Staat der Freiheit und moralischen Gleichheit, frei von den Barrieren, die Untertänigkeit, Klassenordnung und Reichtum für uns bedeuten. Meine Erklärung ist präzise und vollständig, meine Mittel sind wirksam und unwiderstehlich. Unsere Geheimorganisation arbeitet so, daß ihr nichts widerstehen kann, und bald wird die Menschheit frei und glücklich sein.«

Dieser Plan erwies sich nicht nur bei den Novizen, sondern auch bei Menschen aller Stellungen und jeden Alters als äußerst erfolgreich: »Die Bewundernswürdigste von allem«, schrieb Weishaupt an Cato, »ist, daß bedeutende protestantische und reformierte Theologen (Lutheraner und Calvinisten), die unserem Orden angehören, wirklich der Ansicht sind, der Orden sei die wahre, unverfälschte Verkörperung der christlichen Religion. O Mensch, was kann man dich nicht glauben machen?«

Weishaupt war ein Meisterverbrecher des Typs, der in der Weltgeschichte nur selten vorkommt; der allein nach der Weltherrschaft streben kann und dabei vor dem Äußersten nicht zurückschreckt. Jedem Menschen versprach er die Erfüllung seiner Wünsche, wie gegensätzlich diese auch waren. Weishaupt war der König unter den Hochstaplern.

Allianz zwischen Illuminaten und Freimaurern

Er forderte blinden Gehorsam gegenüber der »Parteilinie«, so wie er sie selbst festgelegt hatte. Lügen, Widersprüche und Betrug waren an der Tagesordnung. Er hatte keine Skrupel zuzugeben, daß er sich bemühte, Leichtgläubige in die Organisation zu locken. Er schrieb: »Diese Leute bedeuten Zuwachs für uns und bringen Geld in unsere Kassen; werft unsere Köder aus und laßt so viele Menschen wie möglich anbeißen, aber sagt ihnen nichts über unsere Geheimnisse, sie dürfen nicht über die ›Geheimgrade‹ und die Verschwörung informiert werden, mit deren Hilfe sie getreu der Zielsetzung des Ordens versklavt werden sollen. Sie müssen glauben, daß der niedrige Grad, den sie erreicht haben, der höchste ist.«

Die protestantischen Fürsten in Deutschland und Europa waren von Weishaupts Plan, die katholische Kirche zu zerstören, derart angetan, daß sie danach strebten, dem Orden beizutreten. Über diese Männer wurde die Kontrolle des Freimaurer-Ordens möglich, in den sie Weishaupt und seine Mitverschwörer 1777 einführten. Um den wahren Zweck der Illuminaten vor ihnen zu verschleiern, ließ Weishaupt die Fürsten nur für die unteren Grade zu.

Am 16. Juli 1782 wurde auf dem Kongreß von Wilhelmsbad die Allianz zwischen Illuminaten und Freimaurern endgültig besiegelt. Mit diesem Pakt vereinigten sich die führenden Geheimgesellschaften der damaligen Zeit. Die neue Allianz hatte »weltweit nicht weniger als drei Millionen Mitglieder«. Kein Historiker hat die tatsächlichen Auswirkungen dieses Zusammenschlusses auf die Weltgeschichte gebührend gewürdigt.

»Was bei diesem schrecklichen Kongreß beschlossen wurde, wird der Außenwelt nie bekannt werden, denn selbst die Männer, die unwissentlich Mitglieder der Bewegung geworden waren und jetzt zum erstenmal von ihren Führern über die wirklichen Pläne unterrichtet wurden, standen unter Eid, nichts verlauten zu lassen. Ein aufrichtiger Freimaurer, der Comte de Virieu, antwortete auf die Frage nach den ›tragischen Geheimnissen‹, die er mit sich gebracht hatte: ›Ich werde Ihnen darüber nichts anvertrauen. Ich kann nur soviel sagen: dies ist alles erheblich ernster, als Sie glauben. Die geplante Verschwörung ist derart geschickt geplant, daß es Monarchie und Kirche gewissermaßen unmöglich sein wird, ihr zu entrinnen‹. Seit diesem Tag, so der Biograph M. Costa de Beauregard, ›konnte der Comte de Vi-

Albert Pike, vermutlich Bruder Piccolo Tiger, übernahm die theosophischen Aspekte des Illuminaten-Ordens.

rieu vom Freimaurertum nur noch mit Schrecken sprechen‹.«

In den folgenden Jahren existierte eine starke Bewegung, die die Emanzipation der europäischen Juden erreichte. Während Juden bis zu diesem Zeitpunkt die Mitgliedschaft bei den Freimaurern versagt war, wurde der Bann jetzt aufgehoben. Es wurde beschlossen, die Zentrale des illuminierten Freimaurertums nach Frankfurt, dem Hauptsitz des jüdischen Kapitals, zu verlegen.

Die größte Stärke liegt in der Verborgenheit

Obwohl der Orden rasch größer wurde, gab es bald erste Meinungsverschiedenheiten. Knigge, einer von Weishaupts Handlangern, der Vorsteher der Provinzen, versuchte, einen Teil von Weishaupts Ruhm für sich zu beanspruchen. Er wurde seiner Stellung enthoben und verließ den Orden.

Das Interesse an den Aktivitäten der Illuminaten wurde stärker, je mehr Informationen über ihre teuflischen Pläne bekannt wurden. 1785 verließen vier leitende Mitglieder die Gesellschaft und sagten vor einem Untersuchungsgericht aus, das der bayerische Kurfürst einberufen hatte. Ihre überraschenden Enthüllungen räumten jeden Zweifel an der satanischen Natur des Illuminatentums aus. Am 11. Oktober 1785 wurden bei einer Razzia in Zwacks Haus Unmengen von Dokumenten sichergestellt, die überdeutlich zeigten, daß geplant war, eine »weltweite Revolution anzufachen, die der Gesellschaft den Todesstoß versetzen sollte. Diese Revolution wird das Werk der Geheimgesellschaft sein, und das ist eines unserer großen Geheimnisse.«

Der bayerischen Regierung war die tödliche Gefahr bewußt. Sie entschied, die Dokumente selbst sprechen zu lassen, indem sie sie veröffentlichte und in weitestmöglichem Rahmen zirkulieren ließ. Das offizielle Dokument trug den Titel »Originalschriften des Ordens und der Sekte der Illuminaten«. Die europäischen Regierungen ignorierten diese Warnung. Wenig später verließ Zwack Deutschland. Weishaupt, auf dessen Kopf eine Belohnung ausgesetzt war, nahm Zuflucht bei einem seiner adligen Schüler, dem Herzog von Sachsen-Coburg und Gotha.

Dieser scheinbare Zusammenbruch des Ordens diente der Sache der Verschwörer, die sich sofort daran machten, die Nachricht zu verbreiten, daß das Illuminatentum ein Ding der Vergangenheit sei. Diese Lüge ist seitdem von »Historikern« immer wiederholt worden, die die Wahrheit über die nun folgenden Aktivitäten der Illuminaten sorgsam verhüllten.

Es wurde nun wichtiger als je zuvor, die Namen »Illuminaten« oder »Illuminatentum« aus dem öffentlichen Sprachschatz zu entfernen. Die Instruktionen für den Rang eines Regenten lauteten: »Die größte Stärke unseres Ordens liegt in seiner Verborgenheit; laß ihn bei keiner Gelegenheit, an keinem Ort unter seinem Namen erscheinen, sondern immer unter einem anderen Namen und Gewerbe.«

Da der amerikanische Unabhängigkeitskrieg schon begonnen hatte, als der Illuminatenorden entstand, konnte dieser auf Amerika keinen entscheidenden Einfluß mehr nehmen. Aber noch bevor die Kolonien sich vereinigten, die Verfassung verkündet und die amerikanische Republik gegründet wurde, bildeten sich schon fünfzehn Logen des Illuminatenordens in den dreizehn Kolonien. Die Columbia-Loge wurde 1785 in New York City gegründet; Mitglieder waren unter anderem Gouverneur DeWitt Clinton, später Clinton Roosevelt, Charles Dana und Horace Greeley. Ein Jahr darauf wurde eine Loge in Virginia aus der Taufe gehoben, der Thomas Jefferson angehörte. Als Weishaupts diabolische Pläne von der bayerischen Regierung aufgedeckt wurden, verteidigte ihn Jefferson nachdrücklich als einen »begeisterten Menschenfreund«.

Vorahnungen einer heraufziehenden Gefahr

Es gab viele unüberhörbare Warnungen hinsichtlich der Illuminaten-Tätigkeit in Amerika. Am 19. Juli 1798 wies David Pappen, der Präsident der Harvard-Universität, in seiner Rede vor der Abschlußklasse betont auf den verderblichen Einfluß des Illuminatenordens hin. Eine ähnliche Warnung sprach der Präsident der Yale-Universität, Timothy Dwight, aus.

Im selben Jahr sandte George Washington einen Brief an G. W. Snyder, in dem er schrieb: »Es ist nicht meine Absicht zu bezweifeln, daß die Doktrin der Illuminaten und die Prinzipien des Jakobinertums in den Vereinigten Staaten keine Verbreitung gefunden haben. Es gibt im Gegenteil niemanden, der darüber glücklicher ist als ich.

Ich wollte vielmehr meine Überzeugung zum Ausdruck bringen, daß die Freimaurer in diesem Lande in Form von Gesellschaften die teuflichen Lehrsätze nicht zu verbreiten versuchten.

Daß einzelne von ihnen das vielleicht getan haben, ohne daß der Gründer beziehungsweise die Einrichtungen, die in den Vereinigten Staaten demokratische Gesellschaften gründen sollten, dieses Ziel hatten und tatsächlich das Volk von der Regierung entfremden wollten, ist zu offensichtlich, als daß man es bestreiten könnte.«

Daß Washington über die Bedrohung der Vereinigten Staaten seitens der Illuminaten ernstlich besorgt war, kommt in seiner Abschiedsrede vom 19. September 1796 sehr deutlich zum Ausdruck. Diesem Dokument gebührt nach der Verfassung der zweite Platz in der nationalen Bedeutung.

Washington äußerte seinen Herzenswunsch, daß »der Himmel Ihnen weiterhin die vorzüglichsten Zeichen seiner Gnade spenden möge« und »daß die freie Verfassung, das Werk Ihrer Hände, heilig gehalten werde: daß jede Abteilung der Regierung und Verwaltung mit Weisheit und Tugend geprägt werden mögen«. Dann erklärte er, ihn treibe die Vorahnung einer heraufziehenden Gefahr dazu, »Ihnen zum ernsten Nachsinnen und häufigen Überdenken einige Gedanken mitzuteilen, die langer Reflexion und sorgfältiger Beobachtung entsprungen sind und die mir für den Fortbestand Ihres Glücks als eines Volkes überaus wichtig erscheinen.

Da leicht vorherzusehen ist, daß von verschiedenen Quellen, aus verschiedenen Richtungen viel Mühe aufgewandt, viel List in Anschlag gebracht werden wird, um Ihr Überzeugtsein von dieser Wahrheit ins Wanken zu bringen; da dies die Stelle Ihrer politischen Festung ist, die die inneren wie die äußeren Feinde am häufigsten und aktivsten (wenn auch oft versteckt und hinterhältig) angreifen werden, ist es unendlich bedeutsam, daß Sie den unermeßlichen Wert, den Ihre nationale Einheit für Ihr kollektives und individuelles Wohlbefinden hat, richtig beurteilen.

Jede Obstruktion der Ausübung von Gesetzen, alle Kombinationen und Vereinigungen, die – mit noch so plausibel erscheinenden Gründen – in Wahrheit die reguläre Planung und Arbeit der verfassungsmäßigen Autoritäten lenken, kontrollieren, bekämpfen oder zu etwas Heiligem erheben wollen, sind für dieses grundlegende Prinzip zerstörerisch und todbringend.«

Washington weiter: »Von solchen Kombinationen und Vereinigungen muß angenommen werden, daß sie im Lauf der Zeiten und Geschehnisse machtvolle Werkzeuge werden, mit denen schlaue, ehrgeizige und skrupellose Menschen die Macht des Volkes untergraben und ihrerseits die Zügel der Regierung übernehmen können, um dann die Werkzeuge, die ihnen zu ungerechter Herrschaft verhalfen, zu vernichten.

Eine ihrer Methoden könnte die Änderung der Verfassung sein, wodurch unserem System die Kraft entzogen würde. So könnte, was nicht zu überwältigen ist, unterminiert werden. Das Mißtrauen eines freien Volkes sollte ständig wach sein, denn Geschichte und Erfahrung haben bewiesen, daß ausländische Beeinflussung der verderblichste Feind einer republikanischen Regierung ist.

Die vorrangige Verhaltensregel im Umgang mit fremden Nationen ist: Ausweitung unserer Handelsbeziehungen mit geringstmöglicher politischer Verbindung. Soweit wir bereits Verpflichtungen eingegangen sind, sollen sie in bestem Vertrauen erfüllt werden. Dann aber laßt uns damit aufhören.

Warum sollen wir auf die Vorteile unserer besonderen Situation verzichten? Warum uns selbst aufgeben, um auf fremden Boden stehen zu können? Warum – indem wir unser Schicksal mit dem irgendeines Teils von Europa verknüpfen – unseren Frieden und Wohlstand von europäischen Interessen, europäischer Intrige beeinflussen lassen? Es ist eine rechtmäßige Politik, uns auf kein permanentes Bündnis mit irgendeiner fremden Macht einzulassen.«

120 Jahre lang bildete dieses Dokument die Grundlage der amerikanischen Außenpolitik; das Ergebnis war ein Wohlstand, der in der Geschichte keine Parallelen hat.

Sympathien für Terrorregime

Zwei Jahre nach Washingtons Abschiedsadresse veröffentlichte Professor John Robison sein berühmtes Buch »Proofs of a Conspiracy« (Beweis für eine Verschwörung), in dem er die Welt vor der Illuminaten-Invasion der Maurerlogen warnte.

1796 entschied sich John Adams, ein Wegbereiter der

neuentstehenden Maurerlogen in Neu-England, im Kampf um die Präsidentschaft gegen Thomas Jefferson anzutreten. Eines seiner Hauptargumente gegen Jefferson war, daß dieser als Botschafter in Frankreich in den Jahren 1785 bis 1789 offene Sympathien für das von den Illuminaten begünstigte Terrorregime gezeigt hatte und Maurerlogen für subversive Zwecke benutzte.

John Adams Sohn John Quincy Adams schrieb drei Briefe an Colonel William L. Stone, in denen er die Anschuldigungen im Detail formulierte. Er implizierte, daß die Informationen seinem Vater die Präsidentschaft gewinnen helfen würden. Von der Existenz dieser Briefe wurde die Öffentlichkeit zum erstenmal durch Commander William Guy Carr's Buch »Pawns in the game« (Schachfiguren) in Kenntnis gesetzt. Bis vor kurzem waren sie in der Ritterburg Square Library in Philadelphia aufbewahrt. Mysteriöserweise sind sie heute dort nicht mehr aufzufinden.

1826 hielt es William Morgan für seine Pflicht, seine freimaurerische Mitbrüder und die amerikanische Öffentlichkeit über die Illuminaten und ihre geheimen Pläne zu informieren. Morgan, »der alle Freimaurer-Grade durchlaufen und eine sehr hohe Position innerhalb des Ordens eingenommen hatte«, begann mit einer Niederschrift eines Buches über das Thema. Mit einem Drucker in Batavia hatte er sich über die Herausgabe bereits geeinigt.

»Das Buch war fertiggeschrieben, als er unter die (falsche) Anklage des Diebstahls gestellt und verhaftet wurde. Sein Haus wurde durchsucht, seine Manuskripte beschlagnahmt und vernichtet.« Wenige Tage später wurde er »auf Intervention eines Verschwörers« aus dem Gefängnis entlassen und auf dem Heimweg gekidnappt. Bei einem Treffen nach weiteren Tagen wurde Morgan zum Tode verurteilt.

Fünf Männer wurden ausgewählt, das Urteil zu vollstrecken. Nach dem Bericht eines Augenzeugen handelte es sich »ausschließlich um Männer mit korrektem Benehmen und gutem Charakter; alle waren zweifellos von einem enthusiastischen, aber höchst irregeleiteten Pflichtgefühl beseelt«. Sie luden Morgan in einen Kahn, und als sie auf dem Ontario-See hinausgerudert waren, »schlangen sie ein Seil um ihn, an dessen Ende sie schwere Gewichte befestigten, und warfen ihn über Bord. Morgans Leichnam wurde Jahre später aufgefunden. Keiner der Mörder wurde je vor Gericht gestellt«.

Der durch William Morgans Ermordung einsetzende öffentliche Skandal bedeutete einen schweren Rückschlag für die Maurerbewegung in den USA. Fast vierzig Prozent der Mitglieder im Norden wurden abtrünnig. Interessanterweise ist dieses hochwichtige historische Ereignis aus den »Geschichtsbüchern« getilgt worden. Wir werden sehen, daß solche Tilgungen nicht zufällig sind.

Spenden zur Auslösung von Kriegen und Revolutionen

Es ist schwer, wenn nicht unmöglich, ein klares Bild der Aktivitäten der Illuminaten zu Beginn des letzten Jahrhunderts zu zeichnen. Das hat seinen Grund darin, daß die Jünger Adam Weishaupts mit vollem Herzen an die Wahrheit seines Satzes glaubten, daß »die große Stärke unseres Ordens in seiner Verborgenheit liegt; laß ihn nie unter seinem richtigen Namen erscheinen, sondern immer nur unter einem Decknamen mit einem angeblich anderen Zweck«.

Wenn wir ihre Aktivitäten weiterverfolgen wollen, müssen wir nach bedeutenden Persönlichkeiten und Gruppen Ausschau halten, die den satanischen Lehrsätzen des Illuminatentums anhängen. An ihren Taten werden wir sie erkennen. Sie alle werden auf das Illuminaten-Ziel hinarbeiten, nämlich die Zerstörung nationaler Souveränität und die Errichtung einer Weltregierung, eines »Novus Ordo Saeclorum«.

Im Jahre 1829 finanzierten amerikanische Illuministen in New York eine Vortragsreihe der englischen Illuministin Frances »Fanny« Wright. Sie verkündete das gesamte Weishaupt-Programm ihrer Hilfstruppe des Illuminatenordens, einschließlich Kommunismus – der unter dem Namen »gleiche Chancen, gleiche Rechte« schmackhafter gemacht wurde –, Atheismus, Frauenemanzipation und freie Liebe. Die Anwensenden wurden darüber informiert, daß es die Absicht der Illuminaten sei, nihilistische und atheistische Gruppen mit allen anderen subversiven Organisationen zu einem internationalen Verband zusammenzuschließen, der Kommunismus heißen sollte. Diese neue destruktive Kraft würde dann von den Illuminaten zur Auslösung von Kriegen und Revolutionen verwendet werden. Clinton Roosevelt – ein direkter Vorfahr von Franklin Delano Roosevelt –, Charles Dana und Horace Greeley bildeten ein Komitee, das Spenden für die neue Sache sammeln sollte.

Roosevelt und seine Gruppe traten als Vertreter der Arbeiterklasse auf. Sie führten »edle und ehrenwerte« Gründe an und gaben, zumindest in ihren früheren Schriften, vor, daß es ihnen darum gehe, die Verfassung der USA aufrecht zu erhalten. Sie erklärten ihren Vorsatz, die »Geldwechsler aus dem Tempel zu jagen«, und ihre Gegnerschaft gegen Monopole. Alle diese erklärten Ziele fanden bei der gutmeinenden Mentalität der »Bauern« Anklang.

Clinton Roosevelt war von seiner »Wichtigkeit« derart eingenommen, daß er 1841 ein Buch mit dem Titel »The Science of Government Founded on Natural Law« (Die Wissenschaft des Regierens auf der Grundlage der Naturgesetze) veröffentlichte.

Im Vorwort des schmalen Bandes läßt Roosevelt den Leser keinen Augenblick über seine überlegene Weisheit und Unfehlbarkeit im Ungewissen. Er schreibt: »Ein umfangreiches Werk hätte sicher einen imposanteren Eindruck gemacht, aber dicke Bücher und lange Reden stammen selten von Geistesgrößen. Der Riese reißt den Baum an der Wurzel aus, an der die Pygmäen ihr Leben lang herumhacken. Der Riese sagt: Das Werk ist getan und blickt auf den niedergestürzten Feind.« Ein wahrhaft Illuminierter, der hier spricht.

Es gibt keinen gerechten Gott

Roosevelts Buch stimmt völlig mit Weishaupts Anordnungen überein, daß die Ordensoberen der Illuminaten »als die perfektesten und erleuchtesten Menschen anzusehen sind; sie dürfen Zweifel an ihrer Unfehlbarkeit nicht einmal dulden«.

Der Titel dieses Buches ist ebenfalls interessant, denn auch er stützt sich auf die Lehren Weishaupts. Weishaupt verfügte, daß alle Künste, Wissenschaften und Religionen abzuschaffen und durch die »sozialistische Wissenschaft des Regierens« zu ersetzen seien, wie er sie selbst lehre und die die einzig wahre Wissenschaft sei. Weishaupt hatte ferner gesagt, daß diese Wissenschaft im Naturgesetz verankert sein müsse.

In seinem Buch beschreibt Roosevelt die Pläne der Illuminaten für die Organisierung der Menschheit unter der Kontrolle derer, die wie er selbst, »erleuchtet« sind. Er erläutert, wie die Verfassung, die er mit einem »leckgeschlagenen Boot« vergleicht, »das hastig zusammengezimmert wurde, als wir die britische Flagge verließen«, aufgeweicht und dann zerstört werden soll.

Er bekundet seine Verachtung für den Schöpfer durch die Erklärung, daß »es keinen gerechten Gott gibt, der die Erdendinge richtet; wenn es einen Gott gibt, dann ist er ein bösartiges und rachsüchtiges Wesen, der uns zum Leiden erschaffen hat«.

Wie sehr sich spätere Roosevelt-Generationen der Pläne für die Schaffung einer »neuen Weltordnung« bewußt waren, wird durch die folgende Passage aus dem Buch »Roosevelt, the Story of Friendship« (Roosevelt, die Geschichte einer Freundschaft) von Owen Wister, erschienen bei McMillan, 1930, deutlich. Sie gibt eine Unterhaltung wieder, die in den späten neunziger Jahren des letzten Jahrhunderts stattfand:

»Wie lange geben Sie der Regierung in Washington noch? fragte ich (Teddy) Roosevelt und (Cabot) Lodge beim Essen.

Die beiden Studenten, Schriftsteller und Gestalter der Ge-

32

mit ich indeſſen ſpeculiren, und die Leute geſchickt rangieren kann; denn davon hängt alles ab. Ich werde in dieſer Figur mit ihnen operieren.

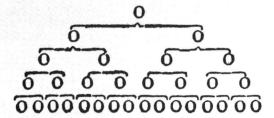

Ich habe zwey unmittelbar unter mir, welchen ich meinen ganzen Geiſt einhauche, und von dieſen zweyen hat wieder jeder zwey andere, und ſo fort. Auf dieſe Art kann ich auf die einfachſte Art tauſend Menſchen in Bewegung und Flammen ſetzen. Auf eben dieſe Art muß man die Ordres ertheilen, und im Politiſchen operieren.

Es iſt eine Kunſt babey, dem Pythagoras etwas aus dem Ill. min. vorzuleſen. Ich habe ihn ja nicht: ich habe keinen einzigen Grad in Händen, nicht einmal meine eigene Aufſätze.

Ich habe auch in des Philo Provinzen eine Art von Eid, Verſicherung oder Betheuerung: bey der Ehre des ⊙o: beym ⊙, eingeführt. Man gebraucht ſie nur, um ſie nicht zu profaniren, bey den wichtigſten Vorfällen.

Wer

Darstellung des Weishaupt'schen Systems aus: »Nachtrag von weiteren Originalschriften der Illuminatensekte«, 1787.

Das Zeichen der Illuminaten auf der amerikanischen Ein-Dollar-Note mit dem Gründungsdatum des Illuminatenordens.

schichte, als solche wohlvertraut mit den Ursachen, die zum Niedergang von Weltreichen, Königreichen und Republiken geführt haben, verstummten einen Augenblick lang. Dann sagte einer von Ihnen: Ungefähr fünfzig Jahre.

Wer von beiden diese Grenze setzte, weiß ich nicht mehr. Ich erinnere mich aber, daß der andere ihm nicht widersprach.«

Orgien der Grausamkeit

1830 starb Weishaupt im Alter von 82 Jahren. In dem Bemühen, die Welt davon zu überzeugen, daß das Illuminatentum gestorben und keine Gefahr mehr war, inszenierte er eine eindrucksvolle »Reue« auf dem Totenbett und kehrte in den Schoß der katholischen Kirche zurück.

1834 wurde Guiseppe Mazzini, der italienische Revolutionsführer, von den Illuminaten zum Leiter ihres weltweiten Revolutionsprogrammes ernannt. Diese Position hatte er bis zu seinem Tod 1872 inne.

Etwa zur selben Zeit trat ein obskurer Intellektueller mit Namen Mordechai Marx Levy alias Karl Marx, einer der Zweigorganisationen der Illuminatenverschwörung bei, dem Bund der Gerechten. 1847 erhielt er den Auftrag, ein Werk zu schreiben, das später unter dem Titel »Das Kommunistische Manifest« bekannt wurde. Im Grunde handelt es sich dabei um eine politische Niederlegung der Gesamtplanung für die Zukunft. Marx spielte eine so untergeordnete Rolle, daß sein Name zwanzig Jahre lang nicht auf dem Manifest erschien. Er war lediglich ein Bauer in dem Schach»spiel«, das die wirklichen Mächte hinter den Kulissen spielten. Unvoreingenommene Historiker haben längst festgestellt, daß das Kommunistische Manifest nichts »Neues« oder »Ursprüngliches« enthielt. Es ist weiter nichts als ein wiederaufgewärmtes Plagiat der Schriften Adam Weishaupts und seines Schülers Clinton Roosevelt.

Die nächste wichtigste Persönlichkeit, die auf der amerikanischen Szene als ein Führer der satanischen Verschwörung auftrat, war Albert Pike. Mazzini ernannte ihn zum Leiter der Operationen in den Vereinigten Staaten.

Pike wurde am 29. Dezember 1809 in Boston geboren. Obwohl seine Eltern aus bescheidenen Verhältnissen stammten, machten sie es möglich, daß er in Harvard studieren konnte. Später zog er zu ihnen nach Newbury, wo er in einer Grundschule unterrichtete.

Während des Bürgerkrieges diente Albert Pike als Brigadegeneral in der Armee der Konföderierten. Seine Regierung ernannte ihn zum Indianerbevollmächtigten, und als solcher war er für die Verhandlungen mit den grausamsten Stämmen verantwortlich, um aus ihren Kriegern eine Armee auszuheben.

Um ihm seine Arbeit zu erleichtern, machte man ihn zum Gouverneur des indianischen Territoriums. Als sich die Armee aus Chickasawas, Komantschen, Creeks, Cherokees, Miamis, Osagen, Kansas und Choktawa bildete, übernahm er ihr Kommando. Bei diesen Stämmen war er als »der treue bleichgesichtige Freund und Beschützer bekannt«.

Pike und seine Armee von Wilden verübten unter dem Deckmantel legitimer Kriegsführung wahre Orgien der Grausamkeit. Ihre Barbareien waren so schreckerregend, daß das Ausland intervenierte. Vorhaltungen Englands, das drohte, aus humanitären Gründen einzuschreiten, zwangen Jefferson Davis schließlich, seine indianischen Hilfstruppen zu entlassen.

Giuseppe Mazzini bestimmt weltweit das Revolutionsprogramm der Illuministen.

Ein Genie des Bösen

Albert Pike war ein Genie des Bösen. Er hatte viele Talente, die er ausschließlich destruktiv einsetzte. Außerordentlich belesen, beherrschte er sechzehn antike Sprachen in Rede und Schrift. Er bekannte sich öffentlich zur Satansverehrung und praktizierte schwarze Kunst und alle Formen der Zauberei.

Als Top-Illuministen arbeiteten Pike und Mazzini zusammen. Pike übernahm die theosophischen Aspekte ihrer Operationen, Mazzini die Politik. Als die Freimaurerlogen des »Großen Orient« aufgrund Mazzinis revolutionärer Aktivitäten in Europa in Verruf kamen, präsentierte der Italiener Pike, der mittlerweile der Meister vom alten und angenommenen Schottenritus der Freimaurer geworden war, einen genialen Plan. Mazzinis Plan war einfach. Als Mann der Praxis erkannte er, daß man nicht einen Ritus zur Ausschließlichkeit erheben konnte.

In einem Brief an Pike schrieb er am 22. Januar 1870: »Wir müssen allen Verbänden gestatten, wie bisher weiterzuexistieren, mit ihren Systemen, ihren zentralen Organisationen und den verschiedenen Arten der Korrespondenz zwischen hohen Graden derselben Riten, in ihren gegenwärtigen Organisationsformen. Aber wir müssen einen Superritus schaffen, der unbekannt bleiben soll und in den wir die Maurer hoher Grade nach unserer Wahl berufen werden. Aus Rücksicht auf unsere Mitbrüder müssen sich diese Männer der strengsten Geheimhaltung unterwerfen. Mit diesem obersten Ritus werden wir das gesamte Freimaurertum regieren; er wird die internationale Zentrale werden, die um so mächtiger ist, weil seine Leitung unbekannt sein wird.«

Der Historiker Dominico Margiotta berichtet: »Es wurde ver-einbart, daß die Existenz dieses Ritus streng geheimgehalten und daß er in den Versammlungen der Logen und inneren Schreine anderer Riten nie erwähnt werden sollte, selbst dann nicht, wenn die Versammlung aufgrund eines Zufalls ausschließlich aus Brüdern der perfekten Weihen bestehen sollte, denn das Geheimnis der neuen Institution dürfte nur unter größten Vorsichtsmaßregeln einigen wenigen Auserwählten aus den gewöhnlichen hohen Graden offenbart werden.«

Pike formte diese ultrageheime Organisation und gab ihr den Namen »Der neue und reformierte palladische Ritus«. Er schuf drei oberste Räte, einen in Charleston, South Carolina, einen zweiten in Rom und einen dritten in Berlin.

Der Historiker Dr. Bataille schreibt: »Dieser Super-Ritus freimaurerisch-luziferischen Spiritismus darf nicht mit dem Räderwerk des Hochmaurertums verwechselt werden. Palladismus ist der Kult des Satans in den inneren Schreinen eines Ritus, der allen anderen Riten übergeordnet ist. Er ist ein Kult, eine Religion.«

Die satantische Doktrin ist Ketzerei

Das theologische Dogma Albert Pikes ist in den »Instruktionen« niedergelegt, die von ihm am 4. Juli 1889 für die 23 Höchsten Räte der Welt erlassen wurden:

»Folgendes müssen wir der Menge sagen: ›Wir verehren einen Gott, aber unser Gott wird ohne Aberglauben angebetet«.

Euch, den souveränen großen Generalinstruktoren, sagen wir, was ihr den Brüder der 32., 31. und 30. Grade wiederholen sollt: Die Maurer-Religion sollte von uns allen, die wir Eingeweihte des höchsten Grades sind, in der Reinheit der Luziferischen Doktrin erhalten werden.

Wäre Luzifer nicht Gott, würde Adonai (der jüdische Gott), dessen Taten Beweise für seine Grausamkeit, Verschlagenheit, seinen Menschenhaß, sein Barbarentum und seine Ablehnung der Wissenschaft sind, würden dann Adonai und seine Priester ihn verleumden?

Ja, Luzifer ist Gott; unglücklicherweise ist Adonai auch Gott. Denn nach dem ewigen Gesetz gibt es Licht nicht ohne Schatten, Schönheit nicht ohne Häßlichkeit, Weiß nicht ohne Schwarz. Das Absolute kann nur in Gestalt zweier Gottheiten existieren: das Dunkel dient dem Licht als Hintergrund, die Statue bedarf des Sockels, die Lokomotive braucht die Bremse.

Die satanische Doktrin ist Ketzerei. Die wahre und reine philosophische Religion ist der Glaube an Luzifer, den Adonai Gleichgestellten. Aber Luzifer, der Gott des Lichtes und des Guten, kämpft für die Menschlichkeit gegen Adonai, den Gott des Dunklen und Bösen« (»La Femme et l'enfant dans la Franc-Maconnerie Universelle« – Weib und Kind im französischen Universalmaurertum – von A. C. de la Rive; sowie »Occult Theocrasy« von Lady Quenesborough).

Die illuministische Propaganda will uns glauben machen, daß alle Gegner des Christentums Atheisten seien. Das ist eine Lüge, vorsätzlich ins Spiel gebracht, um die geheimen Pläne derer zu maskieren, die die luziferische Verschwörung leiten. Sie bleiben hinter den Kulissen – ihre Identität und ihr wahres Ziel sind selbst den meisten Menschen verborgen, die nach ihrem Willen handeln. Sie wissen, daß der endgültige Erfolg ihrer diabolischen Pläne – die Weltregierung zu stellen – von ihrer Fähigkeit abhängt, die Wahrheit vor den Menschen verborgen zu halten, bis die Entwicklung nicht mehr aufgehalten werden kann. Die Illuminaten gehen Schritt für Schritt nach einem ausgearbeiteten Plan vor, mit dem sie die Zivilisation systematisch zerstören wollen, um ihre eigene despotische Herrschaft zu errichten.

Reif für die wahre Lehre Luzifers

In einem bemerkenswerten Brief vom 15. August 1871, der bis vor kurzem in der Bibliothek des Britischen Museums in London ausgestellt war, schildert Pike Mazzini Details des luziferischen Plans für drei Weltkriege. Nach seinen Worten »werden wir (im dritten dieser Kriege) die Nihilisten und Atheisten loslassen; wir werden einen gewaltigen gesellschaftlichen Zusammenbruch provozieren, der in seinem ganzen Schrecken den Nationen die Auswirkungen von absolutem Atheismus, dem Ursprung der Grausamkeit und der blutigsten Unruhen klar vor Augen führen wird.

Dann werden die Bürger – gezwungen, sich gegen die Minderheit der Revolutionäre zur Wehr zu setzen – jene Zerstörer der Zivilisation ausrotten, und die Mehrheit der Menschen wird, gottgläubig wie sie ist, nach der Enttäuschung durch das Christentum und daher ohne Kompaß (Führung), besorgt nach einem neuen Ideal Ausschau halten, ohne jedoch zu wissen, wen oder was sie anbeten soll.

Dann ist sie reif, das reine Licht durch die weltweite Verkündigung der reinen Lehre Luzifers zu empfangen, die endlich an die Öffentlichkeit gebracht werden kann. Sie wird auf die allgemeine reaktionäre Bewegung, die aus der gleichzeitigen Vernichtung von Christentum und Atheismus hervorgehen wird, folgen.«

Sie regieren die Welt

Lady Queensborough schrieb vor etwa fünfzig Jahren: »Ein positiver Geist kann nicht kontrolliert werden. Wenn man eine okkulte Herrschaft errichten will, muß man den Geist der Menschen passiv und negativ ausrichten. Ein bewußt auf ein genau ins Auge gefaßtes Ziel hinarbeitender Geist ist eine Macht und kann als solche einer anderen Macht – zu gutem oder bösem Zweck – trotzen. Das Streben nach Weltherrschaft kann allein durch die Aufdeckung dieses Prinzips verurteilt werden; da das Prinzip leider unentdeckt blieb, bleibt jenes Streben ohne Gegnerschaft, Zerstörung, Materialismus, Täuschung – dies sind Albert Pikes drei Ziele. Sie scheinen die heutige Welt zu regieren.«

Vor einigen Jahren hörte der Verfasser den Präsidenten eines kleinen, unabhängigen College sagen, daß seit der Jahrhundertwende das »Erziehungssystem vom Kurs der Vernunft abwich und in Strudel und Untiefen geriet, und daß seitdem die Erzieher Gift in den verformbaren, arglosen Geist« der ihnen Anvertrauten geträufelt haben. Das ist völlig zutreffend – bis auf einen Punkt: das Erziehungswesen »wich nicht ab«, es »geriet« nicht in Untiefen, sondern es wurde bewußt in sie hineingesteuert.

In seinem Buch »Tragedy and Hope« brüstet sich Professor Carroll Quigley offen, daß er viele Jahre lang ein Top-Insider gewesen sei und über Informationen aus erster Quelle darüber verfüge, wie die Verschwörung sich weltweit entwickelt habe. Über das englische Erziehungswesen schreibt er: »Bis 1870 gab es in Oxford keinen Lehrstuhl für die Künste, aber in jenem

Jahr wurde die Einrichtung dieses Lehrstuhls durch die Slade-'sche Schenkung ermöglicht. John Ruskin wurde auf diesen Lehrstuhl berufen. Er schlug in Oxford wie eine Bombe ein – nicht weil er über die schönen Künste las, sondern weil er außerdem über das Empire und Englands heruntergekommene Massen sprach und vor allem deshalb, weil er dabei einen moralisierenden Standpunkt einnahm.«

John Ruskin (1819 bis 1890) wurde in London als Sohn eines wohlhabenden Weinhändlers geboren, von dem er ein riesiges Vermögen erbte. Sein Biograph Kenneth Clark schreibt in dem Buch »Ruskin Today« über Ruskin: »Er sah, daß der Staat die Kontrolle über die Produktions- und Verteilungsmittel übernehmen mußte, um sie zum Wohl der Bürger zu organisieren; aber er wollte diese Staatskontrolle in die Hände eines einziges Mannes legen. ›Es ist immer mein Ziel gewesen zu zeigen, daß einige Menschen – manchmal auch nur ein Mensch – anderen ewig überlegen sind‹. Von der Demokratie hielt er nur sehr wenig. Ich glaube, er hätte den Kommunismus trotz der materialistischen Philosophie gutgeheißen; speziell die Bauernkommunen in China entsprechen genau seinem Modell. Er hätte die Kur nicht für übler als die Krankheit gehalten, weil er sich keine üblere Krankheit vorstellen konnte als die kapitalistische Gesellschaft des 19. Jahrhunderts.«

Kurz, Ruskins Philosophie war reinster Illuminismus. Diese Tatsache ist hinter einer sorgfältig errichtete Fassade verborgen geblieben. »Ruskin sprach zu den Oxford-Studenten als Angehöriger der privilegierten herrschenden Schicht. Er sagte ihnen, sie seien im Besitz einer großartigen Tradition in Hinsicht auf Erziehung, Schönheit, Gesetz und Recht, Freiheit, Anstand und Selbstbeherrschung. Diese Tradition könne aber nicht bewahrt werden – und verdiene das auch nicht –, wenn sie nicht auch den untersten Schichten der englischen Gesellschaft und den nicht-englischen Massen überall in der Welt zugänglich gemacht würde. Wenn die kostbare Tradition nicht auf diese beiden großen Mehrheiten ausgedehnt werde, würden diese die Minderheit der oberen zehntausend in England ein für allemal überwuchern, was das Ende der Tradition wäre. Um diese Entwicklung zu verhindern, müßten die Massen und das Empire der Tradition teilhaftig werden.«

Ruskin und seine verborgenen Hintermänner hatten einen verlockenden Köder ausgelegt, der von seinen Studenten, die alle aus der »obersten Schublade« der englischen Gesellschaft stammten, gierig verschlungen wurde.

Die äußeren Ringe des Bundes der Helfenden

Quigley schreibt dazu: »Ruskins Botschaft hatte eine sensationel-

Lenins Hauptgeldgeber waren die internationalen Bankers.
Allein Jacob Schiff half mit 20 Millionen Dollar.

le Wirkung. Seine Antrittsvorlesung wurde von einem der Studenten, Cecil Rhodes, der sie dreißig Jahre lang aufbewahrte, wörtlich mitgeschrieben. Cecil Rhodes (1853 bis 1902) beutete die Diamant- und Goldvorkommen Südafrikas aus, stieg bis zum Premierminister der Kapkolonie auf (1890 bis 1896), unterstützte politische Parteien mit Geld und kontrollierte Parlamentarier in England und Südafrika. In beiden Ländern gelang es ihm, begeisterte Unterstützung für seine Ziele zu erlangen. Mit der finanziellen Hilfe Lord Rothschilds und Alfres Beits gelang es ihm, die südafrikanischen Diamantenfelder unter dem Namen Debeers Consolidates Mines zu monopolisieren und ein riesiges Goldschürf-Unternehmen ›Consolidated Gold Field‹ zu errichten. Mitte der 90er Jahre hatte Rhodes ein jährliches Privateinkommen von mindestens einer Million Pfund Sterling, die er so freigebig für seine mysteriösen Vorhaben ausgab, daß sein Konto in der Regel überzogen war. Sein Hauptziel war es, die englischsprechenden Völker zu vereinigen und alle bewohnbaren Gegenden der Erde unter ihre Kontrolle zu bringen. Zu diesem Zweck steckte Rhodes Teile seines Riesenvermögens in die Gründung der Rhodes-Stipendien in Oxford, um so die Tradition der englischen herrschenden Klasse im Sinne Ruskins über die gesamte englischsprechende Welt zu verbreiten.«

Professor Quigley zählt im folgenden auf, wieviele Mitglieder der britischen Oberklasse »ergebene Schüler« Ruskins wurden und ihr ganzes Leben dem Verfolg seiner Ideen widmeten.

Am 5. Februar 1891 schloß sich Rhodes' Gruppen mit einer von William Stead, »einem glühenden Sozialreformer«, in Cambridge angeführten Gruppe zusammen, um die »Geheimgesellschaft zu gründen, von der Rhodes seit sechzehn Jahren geträumt hatte«. Diese Geheimgesellschaft hatte wie Adam Weishaupts Illuminaten »äußere Ringe«, die als »Bund der Helfenden« bekannt waren. In den Gruppen von 1909 bis 1913 organisierte Lord Alfred Milner halbgeheime Gruppen, die als Round-Table-Gruppen bekannt wurden, in den bedeutendsten britischen Kolonien und den Vereinigten Staaten. Sie blieben miteinander in Verbindung durch persönliche Korrespondenz, häufige Besuche und eine einflußreiche vierteljährlich erscheinende Zeitschrift »The Round Table«, die 1910 gegründet und hauptsächlich mit Sir Abe Baileys Geld finanziert wurde. 1919 gründeten sie das königliche Institut für Internationale Angelegenheiten (Chatham House), dessen Haupt-Sponsoren Sir Abe Bailey und die Astor-Familie (Besitzer der »Times«) waren.

Nach 1925 wurde eine ähnliche Organisationsform, das Institut für Beziehungen im Pazifischen Raum, in zwölf pazifischen Ländern etabliert, deren Sektionen in jeder britischen Kolonie mit der dortigen Round-Table-Gruppe und dem Königlichen Institut für Internationale Angelegenheiten verzahnt waren.

Die Macht und der Einfluß dieser Rhodes-Milner-Gruppe auf Angelegenheiten des Empire und die Außenpolitik nach 1889 sind, obwohl sie nicht allgemein erkannt wurden, kaum zu überschätzen.

Ähnliche Institute für internationale Angelegenheiten wurden von 1919 bis 1927 in den wichtigsten britischen Kolonien und in den Vereinigten Staaten errichtet, wo sie als Rat für äußere Beziehungen – Council on Foreign Relations, CFR – bekannt wurden.

Rockefellers General Education Board

Um die Jahrhundertwende war einer der verachtetsten Namen Amerikas der Name Rockefeller. Der alte John D. Rockefeller hatte diesen Ruf mit unerhörter Schläue, Falschheit und Gier erworben. Sein Name war Synonym für skrupellose Ausbeutung. Er sagte oft: »Konkurrenz ist Sünde.«

In einem Versuch, sein Image – nicht seinen Charakter – zu verbessern, heuerte John D. mit Ivy Lee einen der führenden amerikanischen Werbefachleute an. Auf dessen Vorschlag trug Mr. Standard Oil von nun an immer eine Handvoll 10-Cent-Stücke mit sich herum, um sie an Kinder zu verteilen, wenn er einmal – was selten genug vorkam – in der Öffentlichkeit auftrat.

Teil des Programms zur Verbesserung seines Images war die Gründung einer Reihe von Stiftungen und Konzernen. Nach außen wurden sie der Öffentlichkeit als ein Versuch Rockefellers präsentiert, das Los des amerikanischen Volkes durch die Finanzierung von Forschungsprojekten auf erzieherischem, medizinischem und religiösem Gebiet zu erleichtern. Aber bei John D.'s zutiefst verschwörerischer Natur gab es dabei natürlich immer einen Haken.

Garry Allen schreibt in seinem Bestseller »Die Rockefeller-Papiere«: »Er hatte noch etwas im Hinterkopf, das dem alten Machiavelli mehr entsprach. Er wollte sein Geld an Stiftungen ›verschenken‹, die seiner Kontrolle unterstanden, und dann sollten diese Stiftungen das Geld wieder auf eine Art und Weise ausgeben, die dem Rockefeller-Imperium noch mehr Macht und Gewinn verschaffte. Das ›verschenkte‹ Geld sollte sozusagen Brot sein, das als Köder ins Wasser geworfen wurde. Brot mit einem Haken darin. John D. Junior entwickelte dafür später den ›Grundsatz des wissenschaftlichen Schenkens‹.«

Diese Tatsache trat ganz deutlich zutage, als Rockefeller sich auf dem Erziehungssektor zu engagieren begann. John D. stellte Fred Gates ein, der vorher als Repräsentant des Pillsbury Mehlunternehmens unerhört erfolgreich gewesen war und der nun das Rockefellersche »General Education Board« organisieren sollte. Der wirkliche Zweck dieser Einrichtung war nicht, wie man glauben machen wollte, eine Erhöhung des Standards des amerikanischen Erziehungswesens zum Nutzen der Nation. Wie bei Clinton Roosevelt und Albert Pike traten die eigentlichen Absichten der neuen Institution in ihrer ersten Veröffentlichung zutage. Sie folgten einem Muster, das mehr als hundert Jahre zuvor von Adam Weishaupt niedergelegt wurde, als er schrieb: »Es ist notwendig, das gemeine Volk für unseren Orden zu gewinnen. Das beste Mittel zur Erreichung dieses Ziels ist die Beeinflussung der Schulen.«

Ausmerzung von Tradition

Es ist fast unmöglich, die Bestrebungen der Weishauptschen Verschwörung auf dem Feld der Erziehungspropaganda präziser auszudrücken, als das im »Gelegenheitsbrief Nr. 1« des Rockefellerschen General Education Board im Jahre 1904 geschah.

In ihm heißt es: »In unseren Träumen haben wir unbegrenzte Mittel, und die Leute fügen sich mit völliger Hingabe unseren formenden Händen. Die gegenwärtigen Erziehungs-Konventionen entschwinden ihren Geistern und, ungehindert durch Tradition, breiten wir unseren guten Willen über ein dankbares und ansprechendes ländliches Volk. Wir werden nicht versuchen, diese Leute oder eines ihrer Kinder zu Philosophen oder zu Menschen der Lehre oder Männer der Wissenschaft zu machen. Wir haben aus ihnen nicht Autoren, Publizisten, Dichter oder Männer der Schrift zu ziehen. Wir werden weder nach werdenden großen Künstlern, Malern und Musikern suchen, noch nach Anwälten, Doktoren, Predigern, Politikern, Staatsmännern, von welchen wir über ein großes Potential verfügen. Die Aufgabe von uns wird eine sehr einfache und ebenso schöne sein, diese Leute so, wie wir sie vorfinden, für ein vollkommen ideales Leben dort, wo sie sind, auszubilden. Wir werden daher unsere Kinder organisieren und sie lehren, was ihre Väter und Mütter auf imperfekte Weise tun, in ihren Heimen, den Geschäften und auf den Farmen perfekt zu tun.«

Alle wesentlichen Elemente von Weishaupts Illuminismus finden sich in diesem Brief. Zunächst die Pose der Menschenfreundlichkeit; dann die Absicht, die Leute einer Gehirnwäsche zu unterziehen – sie zu »formen«; drittens die Ausmerzung von Tradition, Wissenschaft und echtem Lernen; viertens der diktatorische Anspruch; fünftens der Plan, die Bauern in ein Kastensystem einzuteilen – »wie wir sie vorfinden«; sechstens der Plan, die nationale Intelligenz auf den kleinsten gemeinsamen Nenner hinabzudrücken und den Einfluß des Elternhauses zu zerstören (was einer Abschaffung der Familie gleichkommt); siebtens die völlige Verachtung der Bauern; achtens das Element der Subversion und des Un-Amerikanismus – die erklärte Absicht, anerkannte Sitten und Gebräuche über Bord zu werfen für die Rockefellerschen Bestrebungen; und schließlich der »Perfektionismus«, die »Vervollkommnung des menschlichen Lebens«, die auch Weishaupts vorgebliches Ziel war.

Stiftungen für Eine-Welt-Sozialisten

Der korrumpierende Einfluß, den die Rockefeller-Stiftungen auf das amerikanische Schulsystem hatten, ist ausführlich dokumentiert. Als ein Untersuchungsausschuß des Kongresses unter Vorsitz von Carroll Reece aus Tennessee versuchte, den Aktivitäten der Stiftungen offen nachzugehen, stieß er bei allen einflußreichen Stellen in Washington auf unüberwindlichen Widerstand und mußte aufgelöst werden.

Vier Jahre darauf schrieb der Generalanwalt des Ausschusses, René A. Wormser, ein höchst aufschlußreiches Buch über das Thema »Macht und Einfluß von Stiftungen«. Nach seinen Worten führen die von dem Ausschuß zutage geförderten Fakten »zu dem Schluß, daß es unter einigen führenden Erziehern in den Vereinigten Staaten in der Tat so etwas wie eine echte Verschwörung mit dem Ziel gibt, über unser Schulsystem den Sozialismus einzuführen.«

Über die Jahre entstand ein mächtiges Netzwerk von Stiftungen mit ihren verbündeten Organisationen, das. das Erziehungswesen in hohem Maße kontrollierte. Teil dieses Netzwerkes und in letzter Instanz verantwortlich dafür sind die Rockefeller- und Carnegie-Stiftungen.

Rockefeller und seine »Verbündeten« wußten, daß die Kontrolle des Schulsystems nur über die Kontrolle der Lehrerausbildung möglich war. Das wurde erreicht, indem an die führenden Universitäten Subventionen mit dem angeblichen Zweck ausgeschüttet wurden, ihr Wachstum und ihre Entwicklung zu fördern. Aber nach Rockefellers Prinzip der wissenschaftlichen Zuwendungen enthielt jede Subvention einen Haken. Rockefellers Strohmänner erschienen immer im Vorstand der »unterstützten« Institutionen, was ihnen natürlich einen großen Einfluß auf den Gang der Entwicklung einräumte.

Der »fortschrittliche« Erzieher John Dewey war eine führende Figur in ihren Gesamtplanungen. Er wurde als Vorsteher des Teachers College der Columbia Universität bekannt und war später der einflußreichste Mann im amerikanischen Erziehungswesen. 1919 gründete er mit Rockefeller-Mitteln den »Fortschrittlichen Erziehungsverband«, um die Ideen seiner Meister zu verbreiten. Nach einiger Zeit schlossen sich Ruggs, Counts, Kilpatrick und andere

»Eine-Welt«-Sozialisten Dewey an. Es gelang ihnen, sich in einflußreichen Positionen einzunisten, und sie begannen, das Erziehungssystem als Mittel für die Erreichung ihrer politischen Ziele zu benutzen.

In ihren Schriften und Reden machten sie kein Hehl daraus, daß es ihr Hauptbestreben war, die amerikanische Nation wie eine Herde dummer, ahnungsloser Schafe – nach dem Vorbild des Rattenfängers von Hameln – in eine sozialistische »Eine-Welt«-Utopie zu führen, in der sie, wie das in jedem Märchen der Fall ist, »glücklich und zufrieden lebten bis zu ihrem Tod«.

Das beginnende Zeitalter des Kollektivismus

Es genügt, dies mit einigen Zitaten zu belegen. 1933 legte Dr. Harold Ruggs in seinem Buch »The Great Technology« dar, wie sie planten, Amerika zu einem sozialistischen Staat zu machen:

»Ein neues öffentliches Bewußtsein ist zu schaffen. Wie? Nur so, daß zig Millionen neue individuelle Bewußtseine geformt und zu einem neuen gesellschaftlichen Bewußtsein verschmolzen werden. Alte Denkvorstellungen sind zu zerbrechen und neue ›Meinungsklimas‹ in den Amerika beeinflussenden Staaten sind zu schaffen.

Über die Schulen der Welt werden wir ein neues Konzept der Regierung verbreiten, das alle kollektiven Aktivitäten der Menschen umgreifen und die Notwendigkeit wissenschaftlicher Kontrolle und ökonomischer Aktivitäten im Interesse aller Menschen postulieren soll.«

Rasputin, von Madame Wyrubowa (links) am Zarenhof eingeführt, gehörte zu den Mächten hinter den Kulissen.

Dr. George Counts, ein Professor für Erziehung und führendes Mitglied von Dewey's »Plandenkern«, schrieb: »Die Lehrer sollten nach Macht streben und dann das Beste aus ihr machen. In dem Maße, wie sie den Lehrplan und die Lernverfahren der Schule gestalten dürfen, werden sie die gesellschaftlichen Einstellungen, Ideen und Verhaltensnormen der kommenden Generation beeinflussen.«

In dem 1934 von der amerikanischen Historischen Vereinigung veröffentlichten und von der Carnegie-Stiftung geförderten Erziehungsbericht schrieb Counts: »Das Zeitalter des Individualismus und des laissez-faire in Wirtschaft und Regierung geht zu Ende, und eine neue Ära des Kollektivismus zieht herauf.«

In einem Artikel in der »New Republic« vom 29. Juli 1936 schrieb der führende britische Sozialist Harold Laski: ». . . wenn man seine sorgfältig neutral gehaltene Formulierung beiseite läßt, entpuppt sich der Bericht als ein Erziehungsprogramm für ein sozialistisches Amerika.«

Counts und seine Freunde leugneten das nie ab. Sie sagten, zur Erreichung ihres Zieles seien grundlegende »Änderungen unserer Ideale« notwendig.

Wie ändert man die Ideale einer Nation? Nun, man braucht lediglich zu verändern, was in Schulen, Colleges und Universitäten, in Kirchen und Massenmedien gelehrt wird.

Also wurden die grundlegendsten Lehrbücher ausgemerzt oder umgeschrieben, um sie der neuen sozialistischen Linie anzupassen. Viele neue Lehrbücher tauchten in den Klassenzimmern auf – alle mit dem Zweck, traditionelle Werte zu unterminieren und den Studenten vermittels dieser Gehirnwäsche den Sozialismus näherzubringen, durch den »der große Bruder« (die Regierung) praktisch jede Phase des Lebens der Bürger beeinflussen oder kontrollieren konnte.

Brutkästen der Degeneration

Die Schlacht um den Geist der Jugend hatte begonnen, und die Sozialisten setzten in ihrem blitzkriegartigen Überfall alle Mittel des totalen Krieges ein. Von Linken infiltrierte Zeitungen, Zeitschriften und Radiosender machten sich die sozialistische Sache zu eigen und unterwarfen die Öffentlichkeit einem subtilen Propaganda-Bombardement, um »die Schaffung eines neuen gesellschaftlichen Bewußtseins« voranzutreiben.

Zunächst erhoben diejenigen, die wach genug waren, um zu erkennen, daß etwas völlig schieflief, lauten Einspruch. Die »fortschrittlichen« Erzieher änderten ihre Taktik: ihre Attacken auf die nationalen Helden, Sitten und Gebräuche wurden nicht mehr offen vorgetragen, sondern nur noch angedeutet, wodurch sie viel schwerer zu entdecken waren, wenn man nicht jedes Wort analysierte und abwog. Aus nationbildenden Institutionen, Säulen einer von Grund auf gesunden Gesellschaft, wurden die Schul- und College-Systeme zu etwas umgeformt, das man zu Recht »Brutkästen der Degeneration« genannt hat.

Wenn wir einen Blick auf die heutige »Erziehung« werfen, sehen wir ein Bild, das sehr ermutigend, sogar inspirierend ist – für unsere Feinde! Die Schöpfer eines »neuen gesellschaftlichen Bewußtseins« haben gründliche Arbeit geleistet.

Nehmen wir als Beispiel das Vordringen der Pornographie in unserer Gesellschaft. »Was sind die wirklichen Motive der intellektuellen Pornophilen? Es scheint mehrere zu geben. Es gibt zweifellos Leute, die der Ansicht sind, Pornographie sollte einer freien Gesellschaft ›gerechterweise‹ als ›harmloses Stimulans‹ verfügbar sein.«

Weiter heißt es in dem Buch von Gordon Muir »The Plain Truth Magazine«: »Ebensowenig ist allerdings zu bezweifeln, daß andere die Pornographie als Mittel verteidigen, das die freie Gesellschaft, die es ausbrütete, letztlich zerstören soll. Wenn diese Leute die Pornographie benutzen können, um die Kraft der Gesellschaft, deren gegenwärtige Struktur sie hinwegfegen wollen, zu unterminieren und zu schwächen, um so besser für sie. Die Pornographie ist eine ideale Waffe zur Schwächung der westlichen Zivilisation, zur Unterminierung unserer gesellschaftlichen Fundamente und zur Wegbereitung einer neuen – wahrscheinlich marxistischen – Gesellschaft.

Wie kommt es, daß sich die Millionen aufrechten, gesetzestreuen Bürger, die nicht auf der pornographischen Welle mitschwimmen wollen, zurücklehnen und tatenlos zusehen, wie eine einst stabile Gesellschaft von den Medien zerfleischt wird, während die Ignoranten intellektueller Couleur und die Verschwörer der äußersten Linken dem Schauspiel applaudieren?«

Man braucht sich nur mit »dem Mann oder der Frau auf der Straße« zu unterhalten und sie nach ihren Überzeugungen zu befragen, um den Grund zu erfahren und sich über den verblüffenden und beängstigenden Erfolg des verschwörerischen Ansturms über die Schulen und andere Medien Gewißheit zu verschaffen.

Karl Marx als Aushängeschild

Zumeist ist ihr logischer Sinn dadurch, daß ihrem formbaren, unvorbereiteten Geist von frühester Kindheit an freizügige Propaganda eingetrichtert wurde, derartig verdreht und funktionsunfähig gemacht worden, daß sie keine Grundlage mehr haben, auf die sie das wirkliche Leben beeinflussende Entscheidungen stellen können. Es wurde ihnen nicht beigebracht, das Leben so zu sehen, wie es wirklich ist. Durch ihre Erziehung und Ausbildung haben sie gelernt, ihren Lebensunterhalt zu verdienen, aber nicht wie man lebt – und das ist ein gewaltiger Unterschied.

Admiral Hyman Rickover faßte die Situation mit den folgenden Worten treffend zusammen: »Amerika erntet jetzt die Folgen der Zerstörung traditioneller Erziehung durch die Experimentalphilosophie der Dewey und Kilpatrick. Deweys Idee haben zur Abschaffung vieler akademischer Lehrfächer geführt. Der heutige Student erhält daher weder eine intellektuelle Ausbildung noch das Faktenwissen, die er braucht, um die Welt, in der er lebt, zu verstehen oder um wohlabgewogene Entscheidungen in seinem Privatleben oder als Bürger zu treffen.«

Die furchtbare Wahrheit der Worte des Admirals sollte uns vollends klar werden, wenn wir die Gesellschaft, »wie sie ist«, genau betrachten. Die in Rockefellers »Gelegenheitsbrief Nr. 1« genannten Ziele nähern sich der Erfüllung.

Mit Karl Marx als Aushängeschild versuchten die Illuminaten, ihren Plan für eine weltweite gesellschaftliche Revolution in die Wirklichkeit umzusetzen. Dieses Vorhaben schlug völlig fehl. Marx's Lehren entzündete die Vorstellungskraft der Menschen keiner Gesellschaftsschicht – und am allerwenigsten die der Arbeiterklasse.

Im Jahre 1864 organisierte Marx die Internationale Arbeitervereinigung, die später unter dem Namen Sozialistische Internationale bekannt wurde. Acht Jahre später wurde das Hauptquartier nach New York verlegt. Kurz darauf schloß sie sich mit der dort 1868 gegründeten Sozialistischen Partei zusammen.

Marx's persönliches Leben war eine endlose Kette von Fehlschlägen. Er war ein Parasit, der von anderen lebte; es ist zu bezweifeln, daß er nur einmal in seinem Leben ehrliche Arbeit leistete. Aus seiner Ehe gingen sechs Kinder hervor. Marx war jedoch so beschäftigt damit, Theorien über »die Erhebung der Massen« zu schreiben, daß er nie Zeit fand, seine eigene Familie zu ernähren. Drei seiner Kinder verhungerten im Säuglingsalter. Zwei begingen Selbstmord. Nur einem gelang es, erwachsen zu werden. Als er 1883 starb, nahmen sechs Menschen an seiner Beerdigung teil.

Die wirkliche Macht haben die Bankiers

Die Gründung der »Zweiten Sozialistischen Internationale« am 14. Juli 1889 in Paris entsprang der Erkenntnis, daß die »Arbeiter aller Länder« dem Ruf der sozialistischen Führung nicht Folge leisteten, sondern durch überall zu errichtende Gewerkschaftsverbände manipuliert

Von links: Clemenceau, Wilson und Lloyd George. Der Erste Weltkrieg war für die Bankiers eine wahre Goldgrube.

werden mußten. Auch diesem Versuch war sehr geringer Erfolg beschieden. Das war der Zeitpunkt, als die Gesellschaft der Fabier und Lenins Bolschewiken die Weltbühne betraten und echte Fortschritte in Richtung auf die von Weishaupt, Roosevelt, Marx und Pike entworfenen Ziele machten. Der einzige wirkliche Unterschied zwischen diesen beiden Gruppen lag in den Methoden, die sie zur Erreichung des Gesamtziels – der Schaffung einer klassenlosen sozialistischen Eine-Welt-Gesellschaft, wie sie von Marx beschworen worden war – anwandten.

Seitdem haben die Bolschewiken (Kommunisten) nicht davon abgelassen, ihr Ziel mit Gewalt und Revolution zu verwirklichen. Über die Fabier schreibt die »Encyclopaedia Britannica«: »Der Name leitet sich von dem römischen General Fabius, dem Zögerer, her, der für seine berechnende, lange Zeiträume einkalkulierende Strategie bekannt war.«

Von Beginn an setzten sich die Fabier für eine »neue Weltordnung« ein, die durch Indoktrinierung junger Schüler und Studenten erreicht werden sollte. Sie gingen davon aus, daß diese intellektuellen Revolutionäre schließlich in den verschiedenen meinungsbildenden und Macht ausübenden Gremien der Welt entscheidenden Einfluß gewinnen und so ihre Ziele erreichen könnten. Ihre Taktik wurde als »Doktrin der Unaufhaltsamkeit des stufenweisen Fortschritts« bekannt.

Man darf nicht übersehen, daß diese beiden Organisationen lediglich zwei der vielen Tarnorganisationen waren, deren sich die internationale Verschwörung bediente. Die wirkliche Macht ist immer von den Bankiers ausgeübt worden. Professor Quigley schreibt, daß die internationalen Bankiers und ihre amerikanischen Kollegen des angehenden 19. Jahrhunderts sich »einerseits auf Commerzbank- und Versicherungsgeschäfte und andererseits auf Eisenbahn und Schwerindustrie verlegten«; »sie waren in der Lage, unermeßliche Reichtümer anzuhäufen und eine enorme wirtschaftliche, politische und gesellschaftliche Macht auszuüben. Allgemein bekannt als ›die Gesellschaft‹ oder ›die 400‹ führten sie ein Leben strahlenden Glanzes. Sie besegelten den Ozean in großen Privatjachten, sie fuhren in Privatzügen über Land, sie wechselten zeremoniell von einem ihrer spektakulären Landgüter und Stadthäuser in Palm Beach, Long Island, den Berkshires, Newport und Bar Harbor zum nächsten und versammelten sich in ihren burgartigen New Yorker Residenzen, um unter Mrs. Astors kritischen Blick die Metropolitan Opera zu besuchen; oder sie trafen sich zu geschäftlichen Besprechungen auf höchster strategischer Ebene in der ehrfurchtgebietenden Gegenwart J. P. Morgans persönlich.

Der Coup der Coups

Die Struktur der von den Tycoons der Großbanken und des big business geschaffenen Finanzkontrollen war unerhört komplex; ein Unternehmen beruhte auf dem anderen, beide waren wiederum mit halbunabhängigen Partnern verbunden, das ganze überragt von zwei Türmen wirtschaftlicher und politischer Macht, deren einer – der in New York – von J. P. Morgan und deren anderer – in Ohio – von der Rockefeller-Familie geleitet wurde. Als diese beiden Gruppen schließlich zusammenarbeiteten, waren sie in der Lage, die Wirtschaft des Landes zum Teil zu beeinflussen und das politische Leben – zumindest auf Bundesebene – fast ausschließlich zu kontrollieren.«

Zu Beginn dieses Jahrhunderts war die amerikanische Wirtschaft derart dynamisch gewachsen, daß die internationalen Bankiers große Mühe hatten, die Entwicklung unter Kontrolle zu halten. Ihre Macht und ihre Autorität wurden in Frage gestellt. Ein Weg mußte gefunden werden, um sicherzustellen, daß sie ihrer Macht nie verlustig gehen könnten. Sie beschlossen, daß »der Weg« die Gründung einer Zentralbank war, die sie selbst besitzen und leiten würden.

Es darf nicht vergessen werden, daß die internationalen Bankierfamilien seit mehr als zweihundert Jahren Europa beherrschten, nachdem es ihnen gelungen war die »Bank von England« und andere Zentralbanken in Deutschland, Frankreich, Italien und der Schweiz zu begründen. Seit dem »Coup der Coups« von 1815, als sie für einen lächerlich geringen Betrag die Kontrolle über England erkauften, beherrschten die Rothschilds das Bankwesen. Alle ihre Bemühungen, auch den Vereinigten Staaten eine Zentralbank aufzuhalsen, waren fehlgeschlagen. Die US-Verfassung verlieh allein dem Kongreß die Autorität, »Geld zu prägen und seinen Wert zu bestimmen«.

Die künstlich hervorgerufene »Panik von 1907« diente als »Beispiel« für die Unumgänglichkeit einer amerikanischen Zentralbank. Eine riesige Propagandakampagne sollte den Amerikanern diese Idee nahebringen.

Einige der führenden amerikanischen Bankiers schienen gegen diesen Plan zu sein, aber das war nur eine List. William McAdoo, Außenminister und Schwiegersohn Präsident Wilsons, sprach mit den »Gegnern« einer Zentralbank: »Diese Gespräche mit Bankiers führten mich zu einer interessanten Schlußfolgerung. Nach und nach lichtete sich der Nebel der Widersprüche, und es wurde mir klar, daß die Finanzwelt durchaus nicht so sehr gegen den Gesetzentwurf war, wie es den Anschein hatte.«

Das Federal Reserve System (eine Zentralbank) entstand mit

Arbeitslose in New York. Die Weltwirtschaftskrise war ein geplantes Ereignis der illuminierten Bankiers.

der Verabschiedung des Bundesrücklagengesetzes (Federal Reserve Act) durch das Repräsentantenhaus und den Senat Ende Dezember 1913. Mit diesem Gesetz erhielten die Bankiers das Privileg zugesprochen, Geld ohne Gegenwert zu schaffen und es der amerikanischen Regierung gegen Zinsen zu leihen. Der Weg für die Plünderung der amerikanischen Nation durch die internationalen Bankers war frei.

Es spielt keine Rolle mehr, wer die Gesetze macht

Etwa in dieser Zeit betrat der geheimnisvoll »Colonel« Edward Mandell House die politische Szenerie. Er war ein Agent der Internationalisten. Präsident Wilson sagte von ihm: »Mr. House ist mein zweites Ich. Er ist mein unabhängiges Selbst. Seine und meine Gedanken sind eins. Wäre ich an seiner Stelle, würde ich so handeln, wie er sagt.«

Im Herbst 1912, unmittelbar nach Wilsons erstem Wahlsieg, erschien anonym ein Buch mit dem Titel »Philip Dru – Administrator«. Colonel House war der Autor.

In diesem Buch erläuterte House Pläne für eine Zentralbank, Einkommensteuer (beides Programmpunkte des Kommunistischen Manifests) und für einen »Sozialismus, wie er von Karl Marx erträumt wurde«. Es steht außer Frage, daß »Sozialismus« und »Kommunismus« die Begriffe sind, die von den Illuministen verwendet werden, um den entscheidenden Schritt zu tun zur Eroberung der Welt.

In den vergangenen Jahrhunderten hatten die internationalen Bankiers riesige Vermögen zusammengerafft, indem sie die Kriege der verschiedenen Nationen gegeneinander finanzierten. Es ist geschichtlich erwiesen, daß diese Nationen aufgrund ihrer Kriegsschulden bei den Bankiers geplündert, ausgeraubt und ausgeblutet wurden. Nur eine Gruppe gewann jeden Krieg: die Großbankiers.

»Geben Sie mir die Kontrolle über das Geld, und es spielt keine Rolle, wer die Gesetze macht«, sagte Mayer Amschel Rothschild. Mit der etwa gleichzeitigen Einführung des Federal Reserve Systems und der Einkommensteuer war der Weg frei. Das Konto jedes Amerikaners und die riesigen Bodenschätze der Vereinigten Staaten waren von nun an manipulierbar im Rahmen der letzten Schritte zur Erreichung des teuflischen Ziels.

Viele amerikanische Patrioten erkannten die ernsten Gefahren der neuen Regelung. Der konservative Henry Cabot Lodge Sen. sagte, sie ermögliche den Bankiers, »den Goldwert in nicht einlösbarem Papiergeld zu ertränken«. Charles A. Lindbergh Sen., der Vater des berühmten Fliegers, sagte: »Die unsichtbare Regierung der Finanzmacht wird eine Inflation erzeugen, wann immer den Konzernen eine Inflation gelegen kommt.« Aber anscheinend wollte niemand hören. Die Richtigkeit dieser Warnungen wird durch die Tatsache erhärtet, daß die nationalen Schulden der USA zum Zeitpunkt der Begründung des Federal Reserve Systems eine Milliarde Dollar betrug. Heute steht die Verschuldung bei 1 060 237 928 516 US-Dollar.

Krieg bringt Zinsen

Was als nächstes geschah, ist eine Demonstration der zunächst betrügerischen Taktiken der Verschwörer und ihrer völligen Verachtung des amerikanischen Volkes. Während Woodrow Wilson für seine Wiederwahl mit dem Slogan warb: »Er hielt uns den Krieg vom Leib«, war sein alter ego »Col.« House damit beschäftigt, hinter den Kulissen Vereinbarungen mit England zu treffen, die Amerikas Kriegseintritt sicherten.

Sobald Wilson wiedergewählt war, legten die Insider eine andere Platte auf und begannen, die Idee zu verbreiten, daß der Krieg unvermeidlich sei. Die Versenkung des britischen Munitionsschiffes »Lusitania« wurde hervorgeholt und – ebenso wie der U-Boot-Krieg – zu einer entscheidenden Frage erhoben.

In seinem explosiven Bestseller »The Lusitania« beweist Colin Simpson auf der Grundlage britischer Regierungsunterlagen, daß das berühmte Schiff bereits in der Anfangsphase des Krieges in ein Munitionsschiff umgerüstet wurde, obwohl man das zu jener Zeit und auch noch viele Jahre später heftig verneinte. Bevor die Lusitania New York am 1. Mai 1915 mit einer großen Ladung hochexplosiven Sprengstoffs an Bord verließ, warnten die deutschen Vertreter in den Vereinigten Staaten potentielle Passagiere immer wieder vor der Gefahr, in die sie sich bringen würden, wenn sie die Reise mitmachten. Als die Passagiere an Bord gingen, wurden die Warnungen mündlich wiederholt.

Sechs Tage später wurde die »schwimmende Bombe« von einem deutschen U-Boot-Torpedo getroffen. Sie sank innerhalb von 20 Minuten. 1201 Menschen, darunter viele Amerikaner, kamen ums Leben.

Die Anwesenheit amerikanischer Staatsbürger auf einem britischen Kriegsschiff war selbstverständlich illegal. Jeder, der die Reise antrat, wußte, welches Risiko er auf sich nahm. In der darauffolgenden Propagandawelle wurden die Deutschen als mörderische Ungeheuer dargestellt, und das Ereignis wurde benutzt, um Amerika in den Krieg hineinzuziehen, den die Insider scheinheilig als den Krieg bezeichneten, »der allen Kriegen ein Ende machen« würde. Amerika erklärte ihn am 6. April 1917.

Er stellte sich für die Bankiers und ihre Freunde als wahre Goldgrube heraus. Die Kriegsunkosten zwangen die Regierung, von den Bankiers gegen hohe Zinsen Geld zu borgen. Männer wie Bernard Baruch und Eugene Meyer verdienten als Leiter von Schlüsselprojekten Unsummen.

Am 8. Januar 1918 forderte Präsident Wilson vor dem Kongreß die Bildung eines Völkerbundes. Dieser Schachzug hatte ohne Zweifel den Zweck, Amerika von seiner seit George Washington aufrechterhaltenen Isolationspolitik abzubringen. »Colonel« House und seine unsichtbaren Hintermänner waren eifrig an der Arbeit, um den nächsten Schritt in Richtung auf ihr Ziel tun zu können.

Die Finanzierung der russischen Revolution

In dieselbe Zeit fiel ein weiteres historisch bedeutendes Ereignis. Nach seiner Ausweisung aus Frankreich und Spanien traf Trotzki mit seiner Familie an Bord des Dampfers »Monserrat« am 13. Januar 1917 in New York ein. Obwohl nichts davon bekannt ist, daß er eine feste Anstellung hatte, lebten die Trotzkis in einer Luxuswohnung und fuhren in einer chauffierten Limousine herum. Die Quelle seines Wohlstandes blieb eine zeitlang unbekannt.

Trotzki verließ New York an Bord der SS. »Kristianafjord«, um in Rußland die bolschewikische Phase der Revolution zu organisieren. Als das Schiff am 3. April 1917 in Halifax, Neuschottland, festmachte, wurde Trotzkis Gruppe von kanadischen Beamten auf Anordnung der britischen Admiralität in London festgehalten.

Innerhalb weniger Stunden sahen sich die Kanadier beträchtlichem Druck von hohen Regierungsbeamten in Washington und in London ausgesetzt, die Trotzkis Freilassung erwirken wollten. Offizielle Unterlagen über das Geschehnis, die unlängst von der kanadischen Regierung freigegeben wurden, bestätigen, daß die Beamten wußten, daß Trotzkis Gruppe »Sozialisten waren, die Amerika verließen, um eine Revolution gegen die derzeitige russische Regierung zu entfesseln«. Trotzki und seine Reisegefährten wurden rasch entlassen.

Antony A. Sutton vom Hoover Institut der Standford Universität wirft in seinem Buch »Wall Street and the Bolshevik Revolution« ein helles Licht auf diese Geschichtsperiode. Über das Hoover Institut hatte er Zugang zu Regierungsunterlagen: »Präsident Wilson war die märchenhafte Patentante, die Trotzki mit einem Paß versorgte, damit er die Revolution in Rußland ›vorantreiben‹ konnte. Dieser amerikanische Paß war mit einem russischen Einreisevisum versehen. Jennings C. Wise kommentiert in ›Woodrow Wilson: Schüler der Revolution‹ entsprechend: ›Die Geschichte darf nie vergessen werden, daß Woodrow Wilson es Leon Trotzki trotz der Bemühungen der britischen Polizei ermöglichte, Rußland mit einem amerikanischen Paß zu betreten.‹

Im April 1917 reisten Lenin und eine Gruppe von 32 russischen Revolutionären per Bahn von der Schweiz über Deutschland und Schweden nach Petrograd in Rußland. Sie wollten sich mit Trotzki treffen, um ›die Revolution zu Ende zu führen‹. Ihre Reise durch Deutschland war vom deutschen Generalstab gebilligt, ermöglicht und finanziert worden.«

Der Kaiser wußte davon nichts. Zu dieser Zeit bekleidete Max Warburg, der Bruder von Paul und Felix Warburg, die bei der Gründung des amerikanischen Federal Reserve System eine führende Rolle gespielt hatten, einen hohen Posten im deutschen Geheimdienst. Außerdem war er der Vorstand der Rothschild-Warburg-Bank in Frankfurt. Kann man bei diesen Tatsachen bezweifeln, daß die internationalen Bankiers das Ganze heimlich steuerten?

20 Millionen Dollar für den Sieg der Revolution

Lenin und Trotzki vereinigten ihre Kräfte und waren innerhalb von sieben Monaten durch List, Korruption und Betrug soweit, daß sie zusätzliche Kriminelle in ausreichender Menge anheuerten und dem Staat das Prinzip aufzwingen konnten, das Lenin »alle Macht den Räten« nannte. Die Bolschewiken übernahmen die Kontrolle in einigen Städten, deren wichtigste Petrograd war.

Das war Jahre vor der endgültigen Machtübernahme in Rußland durch Lenin und seine Horde.

In seinem Buch »Czarism and the Revolution« schreibt der russische General Arsene De Gulewitsch: »Die Hauptgeldgeber der Revolution waren aber weder verrückte russische Millionäre noch Lenins bewaffnete Banditen. Das ›wirkliche‹ Geld kam hauptsächlich aus gewissen britischen und amerikanischen Kreisen, die schon seit langem die revolutionäre Sache in Rußland unterstützt hatten. Die wichtige Rolle, die der begüterte amerikanische Bankier Jacob Schiff bei den russischen Emigranten spielte, ist kein Geheimnis mehr.«

Das wurde vom »New York Journal American« vom 3. Februar 1949 bestätigt: »Jacobs Enkel John Schiff schätzt heute, daß sein Großvater ungefähr 20 Millionen Dollar für den endgültigen Triumph des Bolschewismus in Rußland aufwandte.«

De Gulewitsch erwähnt einen anderen russischen General, der behauptet, die Revolution sei »von den Engländern, genauer gesagt von Sir George Buchanan und Lord Alfred Milner in die Wege geleitet worden. In Privatgesprächen wurde mir mitgeteilt, daß Lord Milner mehr als 21 Millionen Rubel für die Finanzierung der russischen Revolution aufgewandt hat.«

Milner, ein Strohmann der Rothschilds, war ein führendes

Mitglied der geheimen »Round-Table«-Organisation, deren »Einfluß kaum überschätzt werden kann«, schreibt Quigley. Es ist keine Frage, daß die wirklichen Mächte hinter den Kulissen die russische Revolution ins Leben riefen und finanzierten.

Bei Quigley heißt es weiter: »1919 war es dieselbe Gruppe, die für die Gründung des Königlichen Instituts für Internationale Angelegenheiten in England und den Rat für Auswärtige Beziehungen in den Vereinigten Staaten verantwortlich zeichnete«. Beide Organisationen sind seit ihrer Gründung nie müde geworden, das Konzept einer »neuen Weltordnung« zu verkünden. Sofort nach Beginn der bolschewistischen Revolution wurden in der amerikanischen Presse zahlreiche kritische Stimmen zu Ursache und Auswirkungen der Revolution laut.

Am 28. November 1917 – zwei Wochen nach Beginn der russischen Revolution – kabelte »Colonel« House, »der kein offizielles Regierungsamt bekleidete und nie in irgendeine Position gewählt worden war, an Präsident Wilson: ›Es ist von allerhöchster Wichtigkeit, daß solche Kritik unterdrückt wird‹.«

Profite der Revolution

Winston Churchill erkannte die wahre Kraft hinter der bolschewistischen Revolution – die Illuminaten! In einem Artikel des »Illustrated Sunday Herald« vom 8. Februar 1920 schrieb er: »Seit den Tagen Spartacus Weishaupts über Karl Marx, Trotzki, Bela-Kuhn, Rosa Luxemburg und Emma Goldmann ist diese weltweite Verschwörung stetig angewachsen. Sie spielte in der Tragödie der französischen Revolution eine klare erkennbare Rolle. Sie war die Triebfeder jeder subversiven Bewegung des 19. Jahrhunderts; und jetzt hat diese Gruppe außergewöhnlicher Persönlichkeiten aus der Unterwelt der großen Städte Europas und Amerikas das russische Volk beim Schopf gepackt und ist praktisch der unbeschränkte Herrscher dieses Riesenreichs geworden.«

Die Auswirkungen des Krieges und der Revolution auf die russische Nation waren verheerend. Als die Feindseligkeiten aufhörten, war Rußland in jeder Beziehung ein Schlachtfeld. Die toten Theorien von Marx und seinen Jüngern erwiesen sich als völlig unbrauchbar bei dem Versuch, den Wiederaufbau zu leisten. Der Zusammenbruch des gesamten Systems schien unabwendbar.

In den auf die Revolution folgenden Jahren pumpten amerikanische Industrielle, Bankiers und ihre Geschäftspartner aus anderen Ländern Kapital nach Rußland. Nach Dokumenten, die in einem Senat-Hearing über den Export strategischer Güter in die UdSSR am 23. Oktober 1961 vorgelegt wurden, sandten die großen amerikanischen Ölgesellschaften Techniker und Maschinen in die UdSSR, um die dortigen Ölfelder zu erschließen. Außerdem wurden zahlreiche amerikanische Experten hinübergeschickt, um den Bolschewiken zu helfen, durch den Bau von Eisenbahnen, Stahl- und anderer Industrie ihre Position zu festigen.

Die Weltwirtschaftskrise und Roosevelt

Während die Bankiers und Industriellen eifrig daran arbeiteten, das Sowjetregime aufzubauen, planten sie heimlich die Schröpfung des amerikanischen Volkes. Nach einem Probelauf im Jahr 1920 waren sie für den Zusammenbruch von 1929 und die »große Depression« der folgenden Jahre gut gerüstet.

Am 6. Februar traf Montagu Norman, Vorstand der Bank von England, in Washington ein, um mit dem amerikanischen Finanzminister Andrew Mellon zu konferieren. Kurz darauf änderte das Federal Reserve System seine Politik des leicht erhältlichen Geldes, die mehr als sechs Jahre lang in Kraft gewesen war, und begann, den Diskontsatz anzuheben.

An die »Aufgeklärten« erging am 9. März 1929 eine rechtzeitige Warnung. Paul Warburg wurde in der »Financial Chronical« wie folgt zitiert: »Wenn Orgien ungezügelter Spekulationen zu weit ausgedehnt werden dürfen, ist der endgültige Zusammenbruch sicher.« In den nächsten sechs Monaten hatten die Eingeweihten Zeit, ihre Aktien zu hohen Preisen zu verkaufen und ihr Geld in Silber und Gold anzulegen.

»Als alles vorbereitet war, begannen die New Yorker Geldgeber, den Brokern die Tagesdarlehen zu kündigen. Das hatte zur Folge, daß die Börsenbroker ihre Aktien auf den Markt werfen mußten, um die Kredite zahlen zu können. Dadurch brach natürlich der Aktienmarkt zusammen, was wiederum den Kollaps vieler Banken im ganzen Land nach sich zog, da die nicht der Oligarchie gehörenden Banken fast nur mit Tagesdarlehen arbeiteten und schließen mußten, als der Run auf die Banken ihren Bargeldvorrat sehr bald erschöpft hatte. Das Federal Reserve System kam ihnen nicht zu Hilfe, obwohl es laut Gesetz genötigt war, eine elastische Währung aufrechtzuerhalten.«

Es war kein Zufall, es war ein geplantes Ereignis

Der freimütige Vorsitzende des Banken- und Währungsausschusses im Kongreß, Louis T. McFadden, erkannte die Ursache für die große Depression: »Das war kein Zufall. Es war ein sorgfältig geplantes Ereignis. Die internationalen Bankiers legten es darauf an, hier eine allgemeine Verzweiflung zu wecken, aus der sie als die absoluten Herrscher hervorgehen wollten.«

Nach dem Zusammenbruch war das Geschäftsleben ein einziges

Mit der Vereidigung Roosevelts siegten weltweit die schmeichlerischen Brüder des Illuminaten-Ordens.

Chaos. Zehntausende Unternehmen mußten schließen. Millionen Menschen verloren ihren Job und mußten sich in die Essenausgabeschlangen einreihen. Einige Millionäre verloren alles, was sie hatten, und begingen verzweifelt Selbstmord.

1932 gab es eindeutige Anzeichen für eine wesentliche Verbesserung der Lage. Eine Brise der Hoffnung und des Vertrauens zog durch das Land. Obwohl die wirtschaftlichen Aussichten rosig waren, hatten die Insider andere Pläne mit dem amerikanischen Volk. Während des Präsidentenwahlkampfes von 1932 präsentierte sich Franklin D. Roosevelt den Wählern als außerordentlich konservativ. Aber bald hörte man überall im Land Gerüchte, daß seine Wahlplattform nicht seinen wirklichen Ansichten entsprach, und daß mit radikalen Änderungen der gesamten Wirtschafts-, Gesellschafts- und Regierungsstruktur zu rechnen sei.

Als Roosevelt im November gewählt war, nahmen diese Gerüchte immer mehr zu. Der gewählte Präsident nahm zu ihnen keine Stellung. Die 1932er Wahl war die letzte, nach der die eigentliche Amtseinführung des Präsidenten erst im folgenden März – statt im Januar – stattfand. Die lange Wartezeit und die wachsende öffentliche Unsicherheit führte zu einer – politisch herbeigeführten – »zweiten Depression«, die stark lähmende Wirkung hatte. Die daraus entstehende öffentliche Panik führte zu einem nationalweiten Run auf die Banken, von denen viele schließen mußten, als Roosevelt sein Amt antrat.

Roosevelt kam also in einer ausgeprägten Krisenatmosphäre zur Macht, die er und die hinter ihm stehenden Kräfte vorsätzlich geschaffen hatten. Sofort setzte er die lang erwarteten Veränderungen des gesamten amerikanischen Regierungssystems und des Lebensstils ins Werk. Bundeskommissionen und Ausführungsbehörden wurde die Macht verliehen, fast jede geschäftliche Transaktion in Amerika nach Belieben zu kontrollieren und ihren Willen mit Zivil- und Strafprozessen durchzudrücken. Verfassungsmäßige Einschränkungen derartiger Autoritätsübungen wurden weggewischt. Der Kongreß wurde mehr als je zuvor in der amerikanischen Geschichte ein Werkzeug der Unterwürfigkeit und tat genau, was ihm der Präsident vorschrieb, weil die Krisenatmosphäre, die der Präsident selbst erzeugt hatte, ihn dazu zwang und weil die Fabier und die von ihnen geschulten Politiker, die der Präsident in so vielen Bundesministerien eingesetzt hatte, einen wohldosierten Druck ausübten.

Der Sieg der schmeichlerischen Brüder

Kurz, die Franklin D. Roosevelt-Administration versuchte, der amerikanischen Nation die letzte Phase von Clinton Roosevelts illuministischen Plan der Zerstörung von Verfassung und Regierung aufzubürden – unter dem Vorwand, eine »neue Gesellschaftsordnung« oder, wie sie es ironisch nannten, einen »New Deal« zu errichten. Sie prägten sofort das Zeichen der Illuminaten auf die amerikanische Währung (die ein-Dollar-Noten), womit sie offen erklärten, das Ziel ihrer Verschwörung – ihren »Novus Ordo Seclorum« oder New Deal – erreicht zu haben.

Dieses Zeichen wurde von Weishaupt übernommen, als er den Illuminatenorden am 1. Mai 1776 gründete. Auf dieses Ereignis wird durch die römischen Ziffern MDCCLXXVI am Fuß der Pyramide hingewiesen, nicht auf das Jahr der Unabhängigkeitserklärung, wie Uneingeweihte angenommen haben. Weiterhin muß man wissen, daß das Zeichen erst nach der Vereinigung der Illuminaten mit den Freimaurern auf dem Wilhelmsbader Kongreß von 1782 für die letzteren Bedeutung erlangte.

Von Bedeutung ist die Inschrift des Zeichens: »Annuit coeptis«

bedeutet »unsere Unternehmung (Verschwörung) ist vom Erfolg gekrönt«. Unter der Pyramide stehen die Worte »Novus Ordo Seclorum«. Sie erklären die Natur der Unternehmung, die Schaffung einer »neuen Weltordnung« oder des New Deal.

Es ist von Bedeutung, daß der »Grundeckstein«, die Spitze der Pyramide fehlt. An ihrer Stelle erscheint das »allsehende Auge«, das die terroristische Spionageagentur symbolisiert, die Weishaupt unter dem Namen der »Schmeichlerischen Brüder« einrichtete.

In der Bibel wird Jesus Christus als »Grundeckstein« bezeichnet.

Er ist das Haupt der Kirche, die ebenfalls in pyramidischer Form organisiert ist.

Christus wird in Markus und Lukas der »Stein, den die Bauleute verworfen haben« genannt. Die Illuminatenführer, die Bauleute der neuen Weltordnung, verwarfen Jesus Christus und wählten Satan, den Teufel, als ihr Oberhaupt, ihren Chef. Kein Wunder, daß sie den »Grundeckstein« aus dem Zeichen entfernten und ihn durch das satanische allsehende Auge ersetzten.

III. Die Rothschild-Dynastie

Seit vielen Jahren üben die Begriffe »Internationale Bankiers«, »Rothschild«, »Geld« und »Gold« eine Art mystische Faszination auf viele Menschen in der ganzen Welt, insbesondere in Amerika, aus. Im Laufe der Jahre sind die internationalen Bankiers in den USA einer ganz erheblichen Kritik ausgesetzt worden, und zwar von seiten der verschiedensten Leute in hohen Stellungen des öffentlichen Lebens – Männer, deren Meinungen Beachtung verdienen und deren Verantwortungsbewußtsein sie in Positionen gebracht haben, wo sie Kenntnis von den Dingen hatten, die sich hinter den Kulissen der Politik und Hochfinanz abspielen.

Präsident Andrew Jackson, der einzige amerikanische Präsident unter dessen Regierung die Staatsverschuldung vollständig beseitigt wurde, verdammte die internationalen Bankiers als »Natterngezücht«, welches er entschlossen sei, aus dem amerikanischen Lebensgefüge »auszurotten«. Jackson behauptete, wenn das amerikanische Volk nur verstehen würde, wie diese »Vipern« auf der amerikanischen Bühne arbeiteten, »eine Revolution noch vor Anbruch des Morgens ausbrechen würde.«

Sie rauben das Volk aus

Der Kongreßabgeordnete Louis T. McFadden, der mehr als 10 Jahre Vorsitzender des Banken- und Währungsausschusses war, erklärte, daß die internationalen Bankiers »eine dunkle Mannschaft von Finanzpiraten« sind, die »einem Mann die Kehle durchschneiden würden, nur um einen Dollar aus seiner Tasche zu kriegen. Sie rauben das Volk dieser Vereinigten Staaten aus.«

Der ehemalige Bürgermeister der Stadt New York, John F. Hylan, erklärte 1911,»die wirkliche Bedrohung unserer Republik ist die unsichtbare Regierung, die wie eine Riesenkrake ihre schleimigen Schlingarme über unsere Stadt, unser Land und unsere Nation ausstreckt. Der Kopf ist eine kleine Gruppe von Bankhäusern, die allgemein als ›Internationale Bankers‹ bezeichnet wird.«

Hatten diese im öffentlichen Leben führenden Personen mit ihrer Beurteilung der Situation Recht oder waren sie Opfer einer exotischen Form von Paranoia?

Untersuchen wir die Geschichte analytisch und emotionsfrei und decken wir die Fakten auf. Die Wahrheit, wie sie mehr und mehr auftauchen wird, wird sich als augenöffnend erweisen und als lehrreich für alle diejenigen, die versuchen, die unfaßbaren Ereignisse besser zu verstehen, die auf nationaler und internationaler Bühne stattgefunden haben und stattfinden.

Der Erste der Rothschilds

Das Europa des ausgehenden 18. Jahrhunderts beziehungsweise zur Zeit der amerikanischen Revolution unterschied sich in höchstem Maße von dem, was wir heute kennen. Es setzte sich aus vielen größeren und kleineren Königreichen, Herzogtümern und Staaten zusammen, die ständig miteinander in Streitigkeiten verwickelt waren. Die Menschen waren in der Mehrheit auf die Stufe von Leibeigenen gesunken – mit keinerlei politischen Rechten. Die dürftigen »Privilegien«, die ihnen von ihren »Herren« gewährt wurden, konnten ihnen jederzeit wieder entzogen werden.

Es geschah zu jener Zeit, daß ein junger Mann auf der europäischen Bildfläche erschien, der einen ungeheuren Einfluß auf den Verlauf der zukünftigen Weltgeschichte haben sollte: sein Name war Mayer Amchel Bauer. In späteren Jahren wurde sein Name, den er umänderte, gleichbedeutend mit Reichtum, Macht und Einfluß. Er war der Erste der Rothschilds – der erste wahrhafte Bankier.

Mayer Amchel Bauer wurde 1743 in Frankfurt am Main in Deutschland geboren. Er war der Sohn von Moses Amchel Bauer, einem wandernden Geldwechsler und Goldschmied, der seines Herumwanderns in Osteuropa müde, beschloß, sich in der Stadt niederzulassen, in dem sein erster Sohn geboren worden war. Er eröffnete einen Laden oder ein Kontor in der Judenstraße. Über der Eingangstür zu seinem Laden brachte er ein großes rotes Schild an.

Schon im frühesten Kindesalter zeigte Mayer Amchel Bauer, daß er eine immense intellektuelle Fähigkeit besaß, und sein Vater verbrachte einen Großteil seiner Zeit damit, dem Jungen alles über das Geldleihen beizubringen, was er selbst wußte sowie die Lehren, die er aus vielerlei Quellen bezogen hatte. Vater Bauer hatte ursprünglich gehofft, seinen Sohn zum Rabbi auszubilden, aber sein früher Tod machte diesen Plänen ein Ende.

Wenige Jahre nach dem Tod seines Vaters fing Mayer Amchel Bauer als Bankgehilfe bei den Oppenheimers in Hannover an. Seine überragende Begabung wurde rasch erkannt und sein Aufstieg in der Firma wurde schnell gefördert: er wurde Juniorpartner.

Kurz danach kehrte er nach Frankfurt zurück, wo er das im Jahre 1750 gegründete Geschäft seines Vaters erwarb. Das große rote Schild hing noch immer darüber. Die wahre Bedeutung des roten Schildes (sein Vater hatte es zu seinem Wappen aufgrund der roten Flagge erhoben, die das Siegeszeichen für die revolutionsbewußten Juden in Osteuropa war) erkennend, änderte Mayer Amchel Bauer seinen Namen um in Rothschild: auf diese Weise wurde das Haus Rothschild gegründet.

Die Taktik machte sich bezahlt

Der Grundstein für die Bildung eines unermeßlichen Reichtums wurde im Jahre 1760 und danach gelegt, als Amchel Rothschild seine Bekanntschaft mit General von Estorff auffrischte, für den er während seiner Tätigkeit bei der Bank Oppenheimer Botendienste erledigt hatte.

Als Rothschild entdeckte, daß der General, der nun am Hofe von Prinz Wilhelm von Hanau verweilte, eine Vorliebe für ausgesuchte Münzen hatte, beschloß er, diese Gelegenheit beim Schopfe zu packen. Seine zu einem günstigen Preis angebotenen kostbaren Münzen und Medaillen machten ihn bald bei dem General und sonstigen einflußreichen Mitgliedern des Hofes sehr beliebt.

Eines Tages wurde er von Prinz Wilhelm persönlich bestellt. Seine Hoheit kaufte ein Dutzend seiner schönsten Medaillen und Münzen. Es war dies die erste Transaktion zwischen einem Rothschild und einem Staats-

Mit der Schlacht bei Waterloo gewann Rothschild durch schnelles Handeln die Kontrolle über die englische Wirtschaft. Die Rothschilds hatten bei dieser Schlacht beide Seiten finanziert: die Franzosen und auch die Engländer.

oberhaupt. Bald tätigte Rothschild auch mit anderen Prinzen Geschäfte.

Es dauerte nicht lange, bis Rothschild einen weiteren Köder auswarf, um sich bei verschiedenen dortigen Prinzen »in« zu bringen – und seine eigenen Ziele voranzutreiben. Er schrieb ihnen Briefe, in denen er ihrer prinzlichen Eitelkeit schmeichelte und sie gleichzeitig um ihre Gönnerschaft bat.

Seine Taktik machte sich bezahlt. Am 21. September 1769 konnte Rothschild eine Plakette mit dem Wappen des Hauses von Hessen-Hanau an seinem Ladeneingang anbringen, auf der in goldenen Lettern zu lesen stand: »M. A. Rothschild, Hoflieferant Seiner Erlauchten Hoheit, Prinz Wilhelm von Hanau«.

Im Jahre 1770 heiratete Rothschild die 17 Jahre alte Gutele Schnaper. Sie gründeten zusammen eine große Familie: 5 Söhne und 5 Töchter. Die Söhne hießen Amchel, Salomon, Nathan, Kalmann und Jakob.

Die Geschichtsschreibung notiert, daß Wilhelm von Hanau, »dessen Familienwappen seit dem Mittelalter in Deutschland berühmt war«, mit menschlicher Ware handelte. Gegen Geld verlieh der Prinz, der eng mit den verschiedenen Königshäusern Europas verwandt war, seine Truppen an jede beliebige Regierung. Sein bester Kunde war die englische Regierung, die Truppen unter anderem dafür brauchte, die amerikanischen Kolonisten in Schach zu halten.

Wilhelm war mit diesem Geschäft der »Truppenvermietung« höchst erfolgreich. Als er starb, hinterließ er das größte, bis dahin in Europa angehäufte Vermögen: 200 000 000 Dollar. Der Rothschild-Biograph Frederic Morton bezeichnete Wilhelm als »Europas kaltblütigsten Finanzhai blauen Geblüts«.

Ein Buch, das es nicht gibt

Rothschild wurde ein Agent dieses »Menschenvieh«-Händlers. Er muß seine neuen Aufgaben sehr beflissen wahrgenommen haben, denn als Wilhelm sich gezwungen sah, nach Dänemark zu fliehen, ließ er 600 000 Pfund (damals 3 Millionen Dollar) bei Rothschild zur Aufbewahrung zurück.

Wie der ehemalige Commandeur William Guy Carr, Nachrichtenoffizier in der Königlich Kanadischen Marine, der weltweit über ausgezeichnete Verbindungen mit Nachrichtendiensten verfügte, berichtet, entwarf der Begründer des Hauses Rothschild die Pläne zur Gründung der Illuminaten und beauftragte anschließend Adam Weishaupt mit deren Aufbau und Weiterentwicklung.

Sir Walter Scott schreibt in dem zweiten Band seines Werkes »Das Leben Napoleons«, daß die Französische Revolution von den Illuminaten vorbereitet und von den Geldwechslern Europas finanziert wurde. Interessanterweise ist das obige Buch (vom Autor selbst gesehen und gelesen) das einzige Buch von Scott, das in den »maßgebenden Quellenverzeichnissen« nicht unter dessen Namen angegeben wird. Es ist heute ein »Buch, das es nicht gibt«.

Zwecks Berichterstattung der nachfolgenden Geschehnisse schlagen wir die »Jüdische Enzyklopädie«, Ausgabe 1905, Band 10, Seite 494, auf: »Im Volksmund hieß es, daß dieses Geld in Weinkisten versteckt, und nachdem es der Durchsuchung durch die Soldaten Napoleons bei ihrem Einmarsch in Frankfurt entgangen war, in denselben Kisten unangetastet im Jahre 1814 zurückgegeben wurde, als der Kurfürst in sein Kurfürstentum zurückkehrte. Die Tatsachen sind weniger romantisch und mehr geschäftlicher Art.«

Hier erklärt das führende jüdische Organ, daß das, was Rothschild tatsächlich mit den 3 Millionen Dollar gemacht hat, »mehr geschäftlicher Art« war. Die einfache Wahrheit ist, daß Rothschild das Geld vom Prinzen Wilhelm anders verwendete. Allerdings war das Geld, noch bevor es in die Hände Rothschilds kam, nicht »sauber«. Die Riesensumme war von der englischen Regierung an Wilhelm von Hessen für den Dienst seiner Truppen bezahlt worden. Also hatte ursprünglich Wilhelm das Geld seinen Truppen unterschlagen, die einen moralischen Anspruch darauf hatten.

Mit diesem Geld als solide Grundlage beschloß Mayer Amchel Rothschild, seine Geschäftsunternehmungen im großen Stil auszuweiten – und er wurde der erste internationale Banker.

Einige Jahre zuvor hatte Rothschild seinen Sohn Nathan nach England geschickt, wo er die Familiengeschäfte wahrnehmen sollte. Nach einem kurzen Aufenthalt in Manchester, wo er sich als Kaufmann betätigte, zog Nathan auf Anordnung seines Vaters nach London und errichtete ein Geschäft als Handelsbank.

Damit die Sache gut ging, spendete Vater Rothschild seinem Sohn die drei Millionen Dollar, die er von Wilhelm von Hessen hatte.

Der Anfang des Riesenvermögens

Die »Jüdische Enzyklopädie« von 1905 erzählt, daß Nathan die Beute in »Gold der Ostindischen Gesellschaft« investierte, »wohlwissend, daß dies für Wellingtons Feldzug auf der Halbinsel benötigt werden würde.« Mit diesem Geld machte Nathan »nicht weniger als vierfachen Gewinn: bei dem Kauf der Wellington-Aktien, die er für 50 Cent je Dollar kaufte und zu Pari verkaufte; bei dem Verkauf des Goldes an Wellington; bei dessen Rückkauf; und bei dessen Versand nach Portugal. Dies war der Anfang des Riesenvermögens des Hauses«.

Mit Hilfe ihres aus diesen Gewinnen angehäuften Kapitals errichtete die Familie Zweigniederlassungen des Hauses Rothschild in Berlin, Wien, Paris und Neapel. An die Spitze einer jeder Niederlassung setzte Rothschild einen seiner Söhne: Amchel leitete die Berliner Bank, Salomon die Wiener Filiale, Jakob schickte er nach Paris und Kalmann eröffnete die Rothschildbank in Neapel. London blieb und ist der Hauptsitz des Hauses Rothschild.

Als Mayer Amchel Rothschild am 19. September 1812 starb, hinterließ der Begründer des Hauses Rothschild ein Testament, das nur wenige Tage alt war. Darin legte er genaue Gesetze fest, nach denen das Haus mit seinem Namen in Zukunft geführt werden sollte.

Die Gesetzte waren wie folgt:

1. Alle Schlüsselpositionen des Hauses Rothschild sind mit Familienmitgliedern zu besetzen und nicht mit fremden Angestellten. Es dürfen nur die männlichen Familienmitglieder an den Geschäften teilnehmen.

Der älteste Sohn des ältesten Sohnes soll das Familienoberhaupt sein, soweit nicht die Mehrheit der übrigen Familie ein anderes bescheidet. Aufgrund dieser Ausnahmebestimmung wurde Nathan, der ein besonders brillanter Kopf war, zum Oberhaupt des Hauses Rothschild im Jahre 1812 bestimmt.

2. Die Familie soll sich untereinander mit ihren Vettern und Kusinen ersten und zweiten Grades verheiraten und damit das unermeßliche Vermögen bewahren. Diese Regel wurde anfangs strikt eingehalten, aber später, als andere jüdische Bankhäuser auf die Bühne traten, wurde sie gelockert, so daß einige Rothschilds ausgesuchte Mitglieder der neuen Elite heiraten konnten.

3. Amchel verbot seinen Erben »ganz ausdrücklich und unter gar keinen Umständen durch das Gericht oder sonstwie eine Bestandsaufnahme meines Nachlasses vornehmen zu lassen. Auch verbiete ich jedwege Rechtsschritte und jedwede Veröffentlichung des Wertes der Hinterlassenschaft. Wer diese Bestimmungen mißachtet und irgendwie ihnen zuwiderlaufende Handlung begeht, wird sofort als Anfechter dieses meines letzten Willens angesehen und wird die Folgen zu tragen haben.«

Viele Dinge kamen unter den Familien-Teppich

4. Rothschild ordnete eine ewige Familienpartnerschaft an und bestimmte, daß die weiblichen Familienmitglieder, ihre Ehemänner und Kinder ihren Anteil am Nachlaß unter der Bedingung erhalten, daß die Verwaltung bei den männlichen Mit-

gliedern bleibt. Frauen sollten nicht an der Verwaltung des Vermögens beteiligt werden. Ein jeder, der dies anfechten würde, sollte seinen Anteil am Erbe verlieren.

Letzteres sollte insbesondere alle jenen den Mund versiegeln, die auf den Gedanken kommen könnten, mit der Familie zu brechen. Rothschild war sich offensichtlich bewußt, daß es unter dem Familien-»Teppich« eine Menge Dinge gab, die niemals ans Tageslicht kommen sollten.

Die imposante Stärke des Hauses Rothschild beruhte auf einer Reihe wichtiger Faktoren: Absolute Geheimhaltung aufgrund der totalen Familienkontrolle über sämtliche Geschäftsvorgänge; eine unbegrenzte, man kann fast sagen, übernatürliche Fähigkeit, die Zukunft vorauszusehen und vollen Nutzen daraus zu ziehen. Die gesamte Familie wurde von einer unersättlichen Lust nach Ansammlung von Reichtum und Macht getrieben; sowie totale Rücksichtslosigkeit in allen geschäftlichen Unterfangen.

Frederic Morton berichtet in seinem Buch »The Rothschilds«, daß »Samstag abends, nach einem in der Synagoge verrichtetem Gebet, Mayer gewöhnlich den Rabbi in sein Haus einlud, wo man sich auf grünen Polstern gegenüber saß, genüßlich ein Gläschen Wein trank und sich über dies und das bis tief in die Nacht ereiferte. Auch an Werktagen kam es häufig vor, daß Mayer das schwere Buch des Talmud herunternahm und daraus vorlas, unterdessen die gesamte Familie mucksmäuschenstill sitzen und zuhören mußte.«

Es ließe sich über die Rothschilds zu recht sagen, daß die »Familie, die gemeinsam betet, zusammenhält«. Und gebetet wurde. Morton zufolge war es für den Durchschnittsmenschen schwierig, »Rothschild zu verstehen noch den Grund, warum er, der soviel besaß, noch mehr erobern wollte«. Alle fünf Brüder waren von demselben Geist der Schläue und Eroberung beseelt.

Die Rothschilds sind keine wahren Freundschaften und Bündnisse eingegangen. Ihre Teilhaber waren lediglich Bekanntschaften, die man benutzte, um die Interessen des Hauses Rothschild zu fördern und warf sie auf den Müllhaufen der Geschichte, wenn sie ihren Zweck oder ihre Nützlichkeit verloren hatten.

Rothschilds finanzierten beide Seiten

Wie wahr diese Aussage ist, beweist eine weitere Passage aus Frederic Mortons Buch. Er erzählt, wie im Jahre 1806, Napoleon erklärt, daß es sein »Ziel sei, das Haus Hessen-Kassel von den Regierungsgeschäften auszuschließen und von der Liste der Mächte zu streichen«.

»Damit befahl der mächtigste Mann Europas, den Felsen niederzureißen, auf dem die neue Rothschildfirma gegründet worden war. Aber merkwürdigerweise ließ die Geschäftigkeit im Hause des roten Schildes nicht nach ...«

»Der Staub wirbelte hinter den Kutschen auf, in denen diese rundgesichtigen Rothschilds immer noch saßen, gierig und unerforschlich, die Aktentaschen unter die Arme geklemmt.«

»Sie sahen weder Krieg noch Frieden, weder Schlagzeilen noch Manifeste, die die Welt verblendeten. Sie sahen nur ihre Sprungbretter. Prinz Wilhelm war eines gewesen, Napoleon würde das nächste sein.«

»Bizarr«? Im Grunde nicht. Das Haus Rothschild half den französischen Diktator zu finanzieren, und folglich hatten sie jederzeit freien Zugang zu den französischen Märkten. Einige Jahre später, als Frankreich und England sich gegenseitig blockierten, waren die einzigen Kaufleute, die unbehelligt durch die Blockade liefen die Rothschilds. Sie finanzierten beide Seiten.

»Dieses Nutzwertdenken, das die Söhne Mayers antrieb, brachte einen gründlichen wirtschaftlichen Frühjahrsputz; ein Auskehren von steuerlichem Unterholz; eine Renovierung der alten Kreditstrukturen und die Erfindung neuer; eine Schaffung neuer Geldkanäle – schon allein deshalb, weil es fünf verschiedenen Rothschildbanken in fünf verschiedenen Ländern gab – über ein Clearing-house; eine Methode, die das altmodische, unhandliche Verschiffen der Goldbarren durch ein weltweites Schuld- und Kreditsystem ablöste.

Eine der großartigsten Beiträge war Nathans neues Verfahren zur Auflegung internationaler Anleihen. Vorher hatten sich die englischen Anleger nur zögernd an ausländischen Emissionen beteiligt. Es lag ihnen nichts daran, in allen möglichen fremden und unhandlichen Währungen Dividende zu erhalten.

Nun hatte Nathan sie am Wickel – die mächtigste Investitionsquelle des 19. Jahrhunderts – indem er Auslandsanleihen in Pfund Sterling zahlbar machte.«

Die Schlacht bei Waterloo

Während einerseits Reichtum und Macht der Rothschilds an Umfang und Einfluß zunahmen, erweiterte sich andererseits ihr Nachrichtendienst. Sie hatten ihre »Agenten« in allen strategisch wichtigen Hauptstädten und Handelsplätzen sitzen, die Nachrichten einholten und verschiedene Typen dieses Dienstes entwickelten. Wie die meisten Unternehmungen der Familie beruhten sie auf sehr harter Arbeit und reiner List.

Ihr einzigartiges Spionagenetz fing damit an, daß die »Jungs« sich gegenseitig über ein Kuriernetz informierten. Schon bald entwickelte sich daraus eine sehr viel ausgetüfteltere, schlagkräftigere und weitreichende Angelegenheit. Es war ein Spionagesystem par excellence. Seine verblüffende Schnelligkeit und Leistungsfähigkeit gab den Rothschilds einen klaren »Vorsprung« bei all ihren Geschäftsaktionen auf internationaler Ebene.

»Rothschildkutschen galoppierten die Landstraßen entlang, Rothschildschiffe segelten über den Ärmelkanal, Rothschildagenten bewegten sich gleich huschenden Schatten auf den Straßen der Städte. Sie transportierten Bargeld, Wertpapiere, Briefe und Nachrichten. Vor allem Nachrichten – die neuesten, exklusivsten Nachrichten, die mit Nachdruck an den Aktien- und Warenterminbörsen verarbeitet werden würden.«

»Und es gab keine wertvollere Nachricht als den Ausgang bei Waterloo!«

Von der Schlacht bei Waterloo hing die Zukunft des europäischen Kontinents ab. Falls die Grande Armee Napoleons sieg-

Lincolns Ermordung im Ford-Theater in Washington durch den Schauspieler John Wilkes Booth durch einen Kopfschuß.

reich daraus hervorging, würde Frankreich unangefochten Herrscherin über all das sein, was sie an der europäischen Front abgesteckt hatte. Falls Napoleon in die Knie gezwungen wurde, würde England das Gleichgewicht der Mächte in Europa in der Hand halten und in der Lage sein, seinen Einflußbereich wesentlich zu erweitern.

Der Historiker John Reeves, ein Rothschild-Anhänger, enthüllt in seinem Buch »The Rothschilds, Financial Rulers of the Nations«, daß »ein Grund für seinen (Nathans) Erfolg war die Verschwiegenheit, mit der er sich umgab und die unlautere Politik, mit der er jene irreführte, die ihn am aufmerksamsten beobachteten.«

Riesige Reichtümer waren mit dem Ausgang der Schlacht bei Waterloo zu gewinnen – oder zu verlieren. An der Londoner Aktienbörse stieg die Erregung in fiebrige Höhe, während die Händler auf die Nachricht über den Ausgang dieser Schlacht der Giganten warteten. Wenn England verlor, würde der Kurs von English Consul in noch nie dagewesene Tiefen stürzen. Wenn England gewann, würde der Kurs der Consul in neue schwindelerregende Höhen steigen. Während sich die beiden Riesenarmeen in die Schlacht auf Leben und Tod stürzten, waren die Agenten von Nathan Rothschild auf beiden Seiten der Front fieberhaft dabei, den Verlauf der Schlacht so genau wie nur möglich in Erfahrung zu bringen. Weitere Rothschild-Agenten standen in der Nähe bereit, die Nachrichtenbulletins an einen strategischen Kommandoposten der Rothschilds zu überbringen.

Der ganz große Coup

Am späten Nachmittag des 19. Juni 1815 sprang ein Rothschild-Beauftragter in ein speziell angeheuertes Boot und machte sich eilends gen England über den Ärmelkanal. In seinem Besitz befand sich ein höchst geheimer Bericht des Rotschild-Geheimdienstes über den Fortgang der entscheidenden Schlacht. Diese Nachrichten sollten es Nathan erlauben, einige lebenswichtige Entscheidungen zu treffen.

Der Sonderagent wurde in Folkstone in der Morgendämmerung des nächsten Tages von Nathan Rothschild persönlich begrüßt. Nachdem dieser die wesentlichen Punkte des Berichtes überflogen hatte, war er schon wieder unterwegs, in rasanter Fahrt nach London und der Aktienbörse.

Angekommen an der Börse, inmitten fieberhafter Spekulationen über den Ausgang der Schlacht, begab sich Nathan auf seinen üblichen Posten an der »Rothschildsäule«. Ohne jedes Zeichen der Gemütsbewegung, ohne jede geringste Veränderung des Mienenspiels gab der Chef des Hauses Rothschild mit dem steinernen Gesicht und den Schlitzaugen seinen in der Nähe postierten Agenten ein vorher abgemachtes Zeichen. Daraufhin wurden von den Rothschild-Agenten sofort die Consul auf den Markt geworfen. Als nun diese Aktien im Wert von einigen hunderttausend Dollar angeboten wurden, begann ihr Kurs zu sinken. Dann stürzte er steil nach unten.

Nathan blieb an »seiner« Säule gelehnt, gefühllos, ausdruckslos. Er verkaufte weiter und verkaufte und verkaufte. Die Consul fiel weiter. Das Gerücht machte die Runde durch die Börse: »Rothschild weiß.« – »Wellington hat Waterloo verloren!«

Die Abgabe verwandelte sich in Panik, die Leute beeilten sich, ihre »wertlosen« Consul abzustoßen oder Papiergeld gegen Gold und Silber einzutauschen in der Hoffnung, wenigstens einen Teil ihres Vermögens zu retten. Die Consul setzten ihren Sturzflug in bodenlose Tiefe fort. Nach wenigen Stunden fieberhafter Umsätze war die Consul ruiniert. Sie hatte einen Wert von 5 Cents je Dollar.

Nathan Rothschild, nach wie vor unbewegt und ausdruckslos, lehnte sich noch immer gegen die Säule. Unmerklich wurden die Signale weitergegeben. Dennoch waren es andere Signale. Sie unterschieden sich auf so geringfügige Weise, daß nur die äußerst geschulten Rothschild-Agenten die Veränderung wahrnehmen konnten. Auf das Stichwort ihres Bosses hin machten sich ein Dutzend Rothschild-Agenten auf den Weg zum Orderschalter auf der anderen Seite der Börse und kauften sämtliche Consul für ein »Butterbrot«.

Aufräumen in Frankreich

Kurz darauf erreichte die »offizielle« Nachricht die englische Hauptstadt. England war der Beherrscher der europäischen Bühne. In Sekundenschnelle schoß der Kurs der Consul noch über den ursprünglichen Wert hinaus. Mit zunehmendem Bewußtsein der Öffentlichkeit über die Bedeutung des englischen Sieges stieg der Kurs der Consul sogar noch höher.

Napoleon hatte »sein Waterloo« gehabt. Nathan hatte die Kontrolle über die englische Wirtschaft erworben. Über Nacht hatte sich sein bereits erhebliches Vermögen mehr als verzwanzigfacht.

Nach ihrer vernichtenden Niederlage waren die Franzosen bemüht, finanziell wieder auf die Beine zu kommen. Im Jahre 1817 wurde mit der angesehenen französischen Bank Ouvrard und den bekannten Bankiers, Baring Brothers in London ein beträchtliches Kreditabkommen geschlossen. Die Rothschilds hatte man als Zuschauer draußen stehen lassen.

Im darauffolgenden Jahr benötigte die französische Regierung einen weiteren Kredit. Da die 1817 über Ouvrard und Baring Brothers ausgegebene Rentenanleihe am Pariser Rentenmarkt und anderen europäischen Kapitalmärkten im Kurs gestiegen war, schien es sicher, daß die französische Regierung die Dienste dieser beiden ausgezeichneten Bankhäuser beibehalten würde.

Die Gebrüder Rothschild probierten fast alle Tricks aus ihrem umfangreichen Repertoire aus, um die französische Regierung zu beeinflussen, das Geschäft ihnen zu überlassen. Ihre Bemühungen waren indessen vergebens.

Die französischen Aristokraten, die stolz auf ihre Eleganz und höhere Abkunft waren, sahen in den Rothschilds lediglich Bauern, Emporkömmlinge, die man auf ihren Platz verweisen mußte. Die Tatsache, daß die Rothschilds weitreichende finanzielle Ressourcen besaßen, in den mit größtem Luxus ausgestatteten Häusern residierten und sich in die elegantesten und teuersten Kleider, die es gab, kleideten, konnte die höchst standesbewußten französischen Adligen nicht aus der Reserve locken. Man hielt die Rothschilds für ungeschlacht – bar jeder gesellschaftlichen Anerkennung. Wenn wir der Mehrzahl der historischen Berichte Glauben schenken wollen, so war ihre Bewertung der ersten Rothschild-Generation wahrscheinlich richtig.

Aber eine wesentliche Waffe des Rothschild-Arsenals war von den Franzosen übersehen oder nicht bedacht worden – ihre einmalige Schläue in der Anwendung und Manipulation von Geld.

Ihr Spiel ist Kontrolle

Am 5. November 1818 trat etwas ganz Unerwartetes ein. Nachdem der Kurs der französischen Regierungsanleihe ein Jahr lang stetig gestiegen war, begann er zu fallen. Mit jedem weiteren Tag verstärkte sich die rückläufige Kursentwicklung. In kürzester Zeit wurden auch andere Regierungsanleihen davon betroffen.

Am Hofe Ludwig XVIII. herrschte eine gespannte Atmosphäre. Düsteren Gesichts grübelten die Aristokraten über das Schicksal ihres Landes. Sie hofften das Beste und mußten doch das Schlimmste befürchten. Die einzigen Leute in der Umgebung des Hofes, die nicht zutiefst besorgt waren, waren Jakob und Karl Rothschild. Sie lächelten und schwiegen.

Langsam begann sich ein schleichender Verdacht in den Köpfen einiger Zuschauer einzunisten. Wäre es möglich, daß diese Rothschild-Brüder die Ursache für die wirtschaftlichen Nöte der Nation wären? Könnten sie heimlich den Anleihemarkt manipuliert und die Panik inszeniert haben? Sie hatten!

Im Oktober 1818 hatten Rothschild-Agenten mit Hilfe der unbegrenzten Reserven ihrer Gebieter riesige Mengen der französischen Regierungsanleihe gekauft, die von ihren Rivalen Ouvrard und Baring Brothers emittiert worden war. Dadurch war der Anleihekurs gestiegen. Dann, am 5. November 1818, begannen sie, Unmengen der Anleihepapiere auf den offenen Markt in den Haupthandelsplätzen Europas zu werfen und dadurch den Markt in Panikstimmung zu versetzen.

Schlagartig veränderte sich die Szene im Palast Aix. Die Rothschilds, geduldig auf ihre Zeit und in einem Vorzimmer wartend, wurden nun eilends vor den König gebeten. Ihnen galt mit einmal die ganze Aufmerksamkeit. Ihre Kleidung wurde der neueste Modeschrei. »Ihr Geld war der Liebling der angesehensten Schuldner.« Die Rothschilds hatten die Kontrolle über Frankreich erlangt und das ist ihr Spiel: Kontrolle!

Benjamin Disraeli, einst Premierminister von England, schrieb einen Roman mit dem Titel »Coningsby«. Die »Jüdische Enzyklopädie« beschreibt das Buch als »ein ideales Porträt« des Rothschildimperiums. Disraeli charakterisiert Nathan (in Verbindung mit seinen vier Brüdern) als »der Herr und Meister der Geldmärkte der Welt und selbstverständlich so gut wie Herr und Meister über alles andere. Er hielt buchstäblich das Steueraufkommen Süditaliens als Pfand, und Monarchen und Minister aller Länder suchten seinen Rat und ließen sich von seinen Vorschlägen leiten«.

Gepflegte Unhörbarkeit und Unsichtbarkeit

Die von den Rothschilds in England im Jahre 1815 und drei Jahre später in Frankreich vollzogenen finanziellen Schachzüge sind nur zwei Beispiele für die vielen anderen, die sie im Lauf der Zeit in der ganzen Welt vollbracht haben.

Jedoch hat man die Methoden und Taktiken geändert, mit deren Hilfe man das öffentliche Publikum seines hartverdienten Geldes beraubte. Während man sie zunächst mit dreister Offenheit benutzt hatte, um Menschen und Nationen auszubeuten, haben die Rothschilds sich daraufhin aus dem Scheinwerferlicht zurückgezogen und sind nun dabei, auf dem Wege über und hinter einer breiten Vielzahl von Fronten die Fäden zu ziehen.

Ihre »modernen« Methoden erläutert der Biograph Frederic Morton: »Die Rothschilds lieben es zu glänzen. Aber zum Leidwesen der gesellschaftlich Ambitionierten glänzen die Rothschilds nur ›in camera‹, das heißt hinter verschlossenen Türen, für und vor ihren Artgenossen.«

»Ihr Hang zu Zurückgezogenheit scheint sich in den jüngsten Generationen verstärkt zu haben. Dem Begründer des Hauses war sie vor langer Zeit zu eigen, doch einige seiner Söhne, im Angriff auf Europas innerste Bastionen haben die Hand an jede Waffe gelegt, einschließlich schmutziger Propaganda. Heute pflegt die Familie sorgsam den Eindruck einer unhörbaren und unsichtbaren Existenz. Demzufolge glauben einige, daß außer einer großen Legende wenig übriggeblieben ist und die Rothschilds sind ganz zufrieden, ihr

Amerikas Eintritt in den Ersten Weltkrieg brachte die internationalen Bankers in ihrem Plan der Welteroberung weiter.

öffentliches Bild von der Legende tragen zu lassen.«

»Obwohl sie Kontrolle über unzählige Unternehmen in der Industrie, im Handel, im Bergbau und in der Touristik haben, trägt nicht eines den Namen Rothschild. Da es private Kommanditgesellschaften sind, waren die Familienunternehmen weder in der Vergangenheit noch in der Gegenwart jemals gezwungen, auch nur eine einzige Bilanz oder einen sonstigen Bericht über ihre finanziellen Umstände zu veröffentlichen.«

Seit ihrem Bestehen haben die Rothschilds keine Mühe gescheut, um den Eindruck zu erwecken, daß sie im Rahmen der »Demokratie« handeln. Mit dieser berechnenden Haltung sollen die Leute getäuscht und davon abgelenkt werden, daß ihr wahres Ziel die Beseitigung jeglichen Wettbewerbs und die Errichtung eines Weltmonopols ist. Sich hinter einer Vielzahl von »Fassaden« verbergend, ist ihnen ein Meisterwerk der Trugkunst gelungen.

Die Rothschilds und Amerika

Nach ihren Eroberungszügen in Europa zu Beginn des 18. Jahrhunderts warfen die Rothschilds ihre lüsternen Blicke auf den kostbarsten aller Erdteile – die Vereinigten Staaten.

Amerika war in der ganzen Weltgeschichte einzigartig. Es war die einzige Nation auf Erden, die jemals gegründet wurde, und zwar mit der Bibel als grundlegendem Rechtstext. Ihre einmalige, herrliche Verfassung hatte den spezifischen Zweck, die Machtbefugnisse der Regierung zu begrenzen und Freiheit und Wohlstand ihrer Bürger zu bewahren. Ihre Bürger waren in der Hauptsache schaffensfreudige Einwanderer mit dem »Verlangen, frei zu atmen«, die nichts anderes wünschten als die Chance, in einer so wunderbar anregenden Umgebung zu leben und zu arbeiten.

Die Ergebnisse – die »Früchte« dieses einmaligen Experiments waren so unbeschreiblich strahlend, daß Amerika zu einem Märchen für die ganze Welt wurde. Viele Millionen in den weitentfernten Kontinenten der Erde sahen in Amerika, dem Zauberhaften, das gelobte Land.

Die »Big Bankers« in Europa – unter anderem die Rothschilds – sahen die wunderbaren Ergebnisse, die dieser einzigartige Versuch gezeigt hatte, von einem ganz anderen Blickwinkel aus. Sie betrachteten es als eine einschneidende Bedrohung ihrer Zukunftspläne. Die konservative »Times« in London schrieb: »Wenn diese unselige Finanzpolitik, deren Ursprung in der Nordamerikanischen Republik liegt (das heißt ehrliches, verfassungsgemäß bewilligtes, schuldenfreies Geld), sich zu einer dauerhaften Einrichtung entwickelt, dann wird diese Regierung ihr Geld ohne Kosten bereitstellen. Sie wird ihre Schulden abbezahlen und keine Schulden mehr haben (bei den internationalen Bankers). Sie wird zu einem Wohlstand gelangen, der in der Geschichte der zivilisierten Regierungen dieser Welt absolut einmalig sein wird. Geist und Reichtum aller Länder werden nach Amerika wandern. Diese Regierung muß vernichtet werden oder sie wird jede Monarchie auf diesem Erdball vernichten.«

Die Rothschilds und ihre Freunde entsandten ihre Finanztermiten, damit sie Amerika zerstörten, weil es zu einem »einmaligen Wohlstand« gelangte.

Der erste belegbare Beweis für das Eingreifen der Rothschilds in die finanziellen Angelegenheiten der Vereinigten Staaten findet sich Ende der 20er und Anfang der 30er Jahre des 19. Jahrhunderts, als die Familie, über ihren Agenten Nicholas Biddle, darum kämpfte, die Gesetzesvorlage von Andrew Jackson niederzustimmen, die vorsah, die Befugnisse jenes »Natterngezüchts«, den internationalen Bankers, zu beschneiden.

Die Rothschilds verloren die erste Runde, als Präsident Jackson 1832 gegen die Vorlage zur Erneuerung der Charter der »Bank of the United States« (eine von den internationalen Bankers kontrollierte Notenbank) sein Veto einlegte. Im Jahre 1836 schloß die Bank die Türen.

Der Zerstörungsplan der Verschwörer

In den Jahren nach der Unabhängigkeit hatte sich zwischen der baumwollpflanzenden Aristokratie in den Südstaaten und den englischen Tuchfabriken ein enges Geschäftsverhältnis entwickelt. Die europäischen Bankers entschieden, daß diese Geschäftsverbindung die Achillesferse Amerikas sei, die Tür, durch die die junge amerikanische Republik erfolgreich angeschossen und überwunden werden könnte.

Die »Illustrated University History«, 1878, berichtet, daß die Südstaaten von englischen Agenten überschwemmt wurden. Diese verschworen sich mit den einheimischen Politikern, um gegen die eigenen Interessen der Vereinigten Staaten zu arbeiten. Die von ihnen sorgfältig ausgesäte und gehegte Propaganda wuchs zur offenen Rebellion aus und führte zur Abtrennung des Staates Süd-Karolina am 29. Dezember 1860. Innerhalb weniger Wochen traten sechs weitere Staaten der Verschwörung gegen die Union bei und sagten sich von ihr los, um die Konföderierten Staaten von Amerika unter Jefferson Davis als ihrem Präsidenten zu bilden.

Die Verschwörer stellten Armeen auf, besetzten Festungen, Arsenale, Geldprägeanstalten und sonstige Besitztümer der Union. Sogar Mitglieder im Kabinett des Präsidenten Buchanan waren mit von der Partie, die Union zu zerschlagen. Sie schädigten das öffentliche Ansehen und beteiligten sich an dem Bankrott der Nation. Zwar beklagte Buchanan die Session, aber er unternahm keine Schritte, sie unter Kontrolle zu bringen, nicht einmal, als Küstenbatterien in Süd-Karolina auf ein US-Schiff das Feuer eröffneten.

Kurze Zeit später wurde Abraham Lincoln Präsident. Er wurde am 4. März 1861 in sein Amt eingeführt. Lincoln ordnete sofort eine Blockade der Südstaaten an, um sie von den aus Europa kommenden Versorgungsmitteln abzuschneiden. Als »offizielles« Datum für den Beginn des Bürgerkrieges wird der 12. April 1861 angegeben, an dem das Fort Sunter in Süd-Karolina von den Konföderierten bombardiert wurde. Offensichtlich hat er aber sehr viel früher angefangen.

Im Dezember 1861 wurden europäische Truppen (Engländer, Franzosen, Spanier) in großer Zahl nach Mexiko verschoben, was eine Mißachtung der Monreo-Doktrine war. Dies sowie die umfassenden Hilfeleistungen aus Europa an die Konföderierten waren die Anzeichen dafür, daß sich die englische Krone auf den Eintritt in den Krieg vorbereitete. Die Aussichten für den Norden und die Zukunft der Union sahen in der Tat schwarz aus.

In dieser Stunde der äußersten Krise wandte sich Lincoln an den Erzfeind der Krone, Rußland, um Hilfe. Als der Brief mit Lincolns dringlichem Appell dem Zaren Nikolaus II. übergeben wurde, wog er ihn ungeöffnet in seiner Hand und sagte: »Bevor Wir diesen Brief gelesen und seinen Inhalt kennen, gewähren Wir jedwede Bitte, die er enthalten mag.«

Mord wegen zinsfreier US-Noten

Unangekündigt dampfte eine russische Flotte unter Admiral Liviski am 24. September 1863 in den Hafen von New York ein und ging dort vor Anker. Die russische Pazifikflotte unter Admiral Popov erreichte San Franzisco am 12. Oktober. Zu diesem Akt der Russen bemerkt Gideon Wells: »Ihre Ankunft erfolgte auf dem Höhepunkt der Konföderation und dem Tiefpunkt des Nordens und verursachte, daß England und Frankreich lange genug zögerten, um das Blatt sich zugunsten des Nordens wenden zu lassen.«

Die Geschichtsschreibung enthüllt uns, daß die Rothschilds kräftig dabei waren, beide Seiten des Bürgerkrieges zu finanzieren. Lincoln versetzte ihrer Tätigkeit einen Dämpfer, als er sich im Jahre 1862 und 1863 weigerte, die von den Rothschilds geforderten exorbitanten Zinsen zu zahlen und verfassungsmäßig zulässige, zinsfreie US-Noten herausgab. Wegen dieser und anderer patriotischer Handlungen wurde Lincoln kaltblütig von John Wilkes Booth am 14. April 1865 erschossen, nur fünf Tage nachdem sich Lee im Appomattox Court House, Virginia, Grant ergeben hatte.

Die Enkelin von Booth, Izola Forrester, berichtet in ihrem Buch »One Mad Act«, daß Lincolns Attentäter vor dem Mord in enger Verbindung mit unbekannten Europäern gestanden hat und wenigstens eine Reise nach Europa unternommen hatte. Nach dem Mord wurde Booth durch Mitglieder der Ritter des Goldenen Kreises spurlos in Sicherheit gebracht. Der Autorin zufolge hat Booth nach seinem Verschwinden noch viele Jahre gelebt.

Die Ziele werden weiter verfolgt

Unbeeindruckt von ihren ersten Mißerfolgen, die Vereinigten Staaten zu zerstören, setzten die internationalen Bankers die Verfolgung ihrer Zielsetzung mit unablässigem Eifer fort. Zwischen dem Ende des Bürgerkrieges und 1914 waren ihre Hauptagenten in den Vereinigten Staaten: Kuhn, Loeb and Co. sowie J. P. Morgen Co.

Am 1. Februar 1936 erschien eine kurze Chronik über Kuhn, Loeb and Co. in der Zeitschrift »Newsweek«: »Abraham Kuhn und Salomon Loeb waren Kolonialwarenhändler in Lafayette, Indiana, im Jahre 1850. Wie in allen neubesiedelten Regionen üblich, wurden die meisten Geschäfte auf Kredit getätigt. Bald stellten die beiden fest, daß sie Bankiers waren.

Im Jahre 1867 gründeten sie Kuhn, Loeb and Co., Bankiers, in der Stadt New York und nahmen einen jungen deutschen Auswanderer, Jacob Schiff als Teilhaber auf. Der junge Schiff hatte gewichtige Finanzbeziehungen in Europa. Zehn Jahre später stand Jacob Schiff an der Spitze von Kuhn, Loeb and Co., da Kuhn gestorben war und Loeb sich zurückgezogen hatte. Unter Schiffs Leitung brachte die Bank europäisches Kapital mit der amerikanischen Industrie zusammen.«

Die Insider machen wieder einmal Beute

Schiffs »gewichtige Finanzbeziehungen in Europa waren die Rothschilds und ihre deutschen Vertreter, die M. M. Warburg Gesellschaft in Hamburg und Amsterdam. Innerhalb von 20 Jahren hatten die Rothschilds über ihre Warburg-Schiff-Verbindung das Kapital bereitgestellt, mit dem John D. Rockefeller sein Standard Oil-Imperium ganz erheblich ausbauen konnte. Des weiteren wurden von ihnen die Aktivitäten von Edward Garriman (Eisenbahn) und Andrew Carnegie (Stahl) finanziert.

Um die Jahrhundertwende entsandten die Rothschilds, unzufrieden mit dem Fortschritt ihrer amerikanischen Manöver, einen ihrer Spitzenleute, Paul Moritz Warburg, nach New York, um so direkt die Führung ihres Angriffs auf den einzigen wahren Verfechter für individuelle Freiheit und Wohlstand zu übernehmen – die Vereinigten Staaten von Amerika.

Bei einem Hearing des Banken- und Währungsausschusses des Kongresses im Jahr 1913 gab Warburg zu, er sei »ein Mitglied des Bankhauses Kuhn, Loeb and Co. Ich bin 1902 in dieses Land gekommen, während ich in Hamburg, Deutschland, geboren wurde und dort das Bankgeschäft erlernt habe und danach in London und Paris das Bankfach studiert und die ganze Welt bereist habe.«

Im ausgehenden Jahrhundert war es nicht üblich, daß Leute »in London und Paris das Bankfach studieren« und »die ganze Welt bereisen«, wenn sie nicht eine spezielle Mission zu erfüllen hatten.

Zu Beginn des Jahres 1907 hob Jacob Schiff, der von Rothschild bezahlte Boß des Hauses Kuhn, Loeb and Co., in einer Rede vor der New Yorker Handelskammer warnend hervor, daß »wenn wir keine Zentralbank mit einer ausreichenden Kontrolle über die Kreditbeschaffung bekommen, dann wird dieses Land die schärfste und tiefgreifendste Geldpanik in seiner Geschichte erleben.«

Kurze Zeit später stürzten die Vereinigten Staaten in eine Währungskrise, die alle Zeichen einer geschickt geplanten Rothschild-»Arbeit« trugen. Die daraus resultierende Panik am Kapitalmarkt ruinierte das Leben zehntausender unschuldiger Menschen im ganzen Land – und brachte der Bankelite Milliarden ein.

Der Zweck dieser »Krise« war ein zweifacher: Erstens für die Insider finanzielle »Beute« zu machen und zweitens dem amerikanischen Volk die »große Notwendigkeit« einer Zentralbank vor Augen zu führen.

Die unsichtbare Regierung der Geldbarone

Paul Warburg erklärte vor dem Banken- und Währungsausschuß: »Bei der Panik des Jahres 1907 war mein erster Vorschlag, ›laßt uns eine nationale Clearing-Bank (Zentralbank) gründen‹. Der Aldrich-Plan (für eine Zentralbank) enthält viele Dinge, die einfach grundlegende Regeln des Bankgeschäftes sind. Ihr Ziel muß dasselbe sein.«

Tief in ihre Kiste oft geübter Praktiken greifend zogen die internationalen Bankers ihren bisher größten Coup ab – die Gründung des in Privathänden befindlichen »Federal Reserve System«, womit die Kontrolle über die Finanzen der Vereinigten Staaten in die Hände machtbesessener Geldmonopolisten gelegt wurde. Paul Warburg wurde der erste Vorsitzende des »Fed«.

Der Kongreßabgeordnete Charles Lindbergh legte den Finger genau auf die Wahrheit, als er im Ausschuß an die Verabschiedung des »Federal« Reserve-Gesetzes durch den halbleeren Kongreß am 23. Dezember 1913 sagte: »Mit diesem Gesetz wird der gigantischste Konzern auf dieser Welt gegründet. Wenn der Präsident (Wilson) diese Gesetzesvorlage unterzeichnet, wird die unsichtbare Regierung der Geldbarone legalisiert. Das schwerste Verbrechen des Kongresses ist sein Währungssystem. Das schlimmste gesetzgeberische Verbrechen aller Zeiten wird mit diesem Bank- und Währungsentwurf begangen.«

Plan für die Welteroberung

Nachdem sie in der Mitte des vergangenen Jahrhunderts die Nationen Europas finanziell fest in ihren Griff bekommen hatten, waren die internationalen Bankers fieberhaft dabei, ihren Einflußbereich in alle Himmelsrichtungen auszudehnen und damit den endgültigen Sturm auf die Vereinigten Staaten vorzubereiten – eine Nation, die dank ihrer einmaligen Verfassung frei geblieben war.

In den nun folgenden Jahrzehnten wurde deutlich, daß sie, um ihr Ziel der Weltherrschaft zu erreichen, eine Reihe von Weltkriegen würden anzetteln müssen, die zu einer Nivellierung der Weltordnung führen würden, so daß der Weg für die Errichtung einer »Neuen Weltordnung« frei sein würde.

Dieser Plan wurde in einem Brief an Giuseppe Mazzini vom 15. August 1817 in anschaulichen Einzelheiten von Albert Pike, dem souveränen Großmeister des Altertümlichen und Anerkannten Schottischen Ritus der Freimaurerei und obersten Illuminaten in Amerika, dargelegt. Pike schrieb, der Erste Weltkrieg sollte zusammengebraut werden, um das zaristische Rußland zu zerstören – und dieses weite Land unter die unmittelbare Kontrolle der Illuminaten-Agenten zu bringen. Rußland sollte dann als »Buhmann« benutzt werden, um die Ziele der Illuminaten weltweit zu fördern.

Weltkrieg Nummer 2 sollte über die Manipulation der zwischen den deutschen Nationalisten und den politischen Zionisten herrschenden Meinungsverschiedenheiten fabriziert werden. Daraus sollte sich eine Ausdehnung des russischen Einflußbereiches und die Gründung eines Staates Israel in Palästina ergeben.

Der Dritte Weltkrieg sollte dem Plan zufolge sich aus den Meinungsverschiedenheiten ergeben, die die Illuminaten-Agenten zwischen den Zionisten und den Arabern hervorrufen würden. Es wurde die weltweite Ausdehnung des Konfliktes geplant.

Wie der Brief sagt, planten die Illuminaten, »Nihilisten und

Atheisten aufeinander loszulassen« und »einen schrecklichen sozialen Umsturz zu provozieren, der in seinem ganzen Horror den Nationen die Wirkung des absoluten Atheismus deutlich vor Augen führen wird, Ursprung der Bestialität und der blutigsten Aufruhren.

Danach werden überall die Bürger gezwungen, sich gegen die Weltminderheit der Revolutionäre zu verteidigen, jene Zerstörer der Zivilisation zu vernichten und die Menge, über das Christentum enttäuscht, dessen deistische Geister von dem Moment an ohne Wegweiser sein werden, und sehnsüchtig nach einem Ideal, jedoch nicht wissend, wem Anbetung entgegenzubringen, wird das wahre Licht durch die universale Manifestation der reinen Doktrine Luzifers empfangen, die schließlich ins Licht der Öffentlichkeit gebracht wird, eine Manifestation, die ein Ergebnis der allgemeinen reaktionären Bewegung sein wird, die auf die Vernichtung des Christentums und Atheismus folgen wird, die damit beide mit einem Schlag besiegt und ausgelöscht worden sind.«

Zu der Zeit, da Pike diesen bemerkenswerten Brief schrieb, gab es auf der Weltbühne fünf verschiedene Ideologien, die in

Die russische Revolution brachte dieses Land unter die unmittelbare Kontrolle der Illuminaten-Agenten.

einen »Kampf um Raum und Macht« verstrickt waren. Es waren dies:

1. Die geheime Ideologie der internationalen Bankers beziehungsweise der Illuminati. Ihr Ziel war die Errichtung einer Eine-Welt-Regierung, die von den »Erleuchteten« an der Spitze ausgeübt werden sollte.

2. Die »Pan-Slawistische« Ideologie Rußlands, die ursprünglich von Wilhelm dem Großen aufgestellt und in seinem Testament niedergelegt war. Nach A. H. Granger, Autor von »England World Empire«, 1916, fordert diese Ideologie die Beseitigung Österreichs und Deutschlands, danach die Eroberung Indiens und Persiens und endet mit den Worten: »... was die Unterjochung Europas sicherstellt.«

3. Die Ideologie »Asien den Asiaten«, die von den Japanern verfochten wurde. Hierbei ging es um eine Konföderation der asiatischen Nationen unter japanischer Vorherrschaft.

4. Die Pan-Germanische Ideologie, die die politische Kontrolle des europäischen Kontinents durch die Deutschen vorsah, Befreiung von den Beschränkungen der englischen Krone auf hoher See und die Einführung einer Politik der »offenen Tür« in Handel und Gewerbe zu den übrigen Ländern der Welt.

5. Pan-Amerikanismus oder die Ideologie »Amerika den Amerikanern«. Sie sah vor, »Handel und Freundschaft mit allen, Bündnisse mit niemanden«.

Teufliches Meisterwerk satanischer Genialität

Der amerikanische Außenminister Root erklärte 1906, daß mit dieser Ideologie, die ihren Niederschlag in der Monroe-Doktrin des Jahres 1832 gefunden hatte, Amerikaner von »einer Beteiligung an den politischen Zielen, Interessen oder Zuständigkeiten in Europa ausgeschlossen sind, genauso wie die europäischen Mächte, aufgrund der gleichen möglichen Doktrin, nunmehr hundert Jahre alt, davon ausgeschlossen sind, sich an den politischen Angelegenheiten der souveränen Staaten der westlichen Hemisphäre zu beteiligen oder einzumischen.

Wenn die Pläne der internationalen Bankiers und damit der Illuminaten Früchte tragen sollten, dann mußten Rußland, Deutschland, Japan und die USA in die Knie gezwungen werden, und zwar in bedingungsloser Kapitulation, Armut und Schande.

Der Illuminatenplan zur Welteroberung, wie von Albert Pike zitiert, war ein teuflisches Meisterwerk satanischer Genialität, das etliche Millionen Menschen das Leben rauben und etliche Milliarden Dollar zu seiner Verwirklichung kosten würde.

Der Plan, den die Illuminaten zur Erreichung ihres Welteroberungszieles aufgestellt hatten, war sowohl einfach als auch effektiv.

Auf der Verwirklichung ihres Endzieles haben die internationalen Bankers und ihre Bundesgenossen rund um den Erdball diesen Plan aufgegriffen, um ein unermeßliches Vermögen an Grundbesitz zusammenzuraffen. Bisher ist die Durchführung des Planes so glatt vonstatten gegangen, daß sie häufig der Beifall derer gewonnen hat, die er vernichtet. Ihr Plan läßt sich als Stadtsanierung bezeichnen.

Man sagt, es gibt drei Arten von Menschen: 1. Solche, die etwas bewirken; 2. Solche, die den Geschehnissen zuschauen und 3. Solche, die sich wundern, was passiert ist.

Die große Mehrheit der Menschheit befindet sich in den beiden letzten Kategorien. Die meisten haben »Augen, um zu sehen«, doch sie »sehen nicht, was geschieht«. Die meisten haben »Ohren, um zu hören«, doch »sie verstehen nicht, was geschieht« – lokal, national und international.

IV. Tribute für internationale Bankers

Die »Krone« ist ein Ausschuß von 12 bis 14 Männern, die den unabhängigen souveränen Staat regieren, der als London beziehungsweise »die City« bekannt ist. »Die City« gehört nicht zu England. Sie untersteht nicht dem Monarchen. Sie unterliegt nicht der Regierung, durch die das britische Parlament bestimmt. Wie der Vatikan in Rom ist sie ein separater, unabhängiger Staat. Sie ist der Vatikan der gewerblichen Welt. »Die City«, die man oft »die reichste Quadratmeile der Welt« nennt, wird von einem Lord Mayor regiert. Hier befinden sich Englands mächtigste Finanz- und Wirtschaftsinstitutionen: reiche Banken, allen voran die ehemals von Rothschild kontrollierte Bank of England, Lloyd's of London, die Londoner Aktienbörse und die Büros aller führenden internationalen Handelskonzerne. Und hier liegt auch die Fleet Street, Herz- und Kernstück der Zeitungs- und Verlagswelt.

Der Lord Mayor, der für jeweils ein Jahr in sein Amt gewählt wird, ist der König der City. Wenn sich die Königin von England in die City zu einem Besuch begibt, wird sie vom Lord Mayor an der Temple Bar, dem symbolischen Tor der Stadt, abgeholt. Sie verneigt sich und bittet um Erlaubnis, seinen privaten, souveränen Staat betreten zu dürfen. Er gewährt ihr den Eintritt, indem er ihr das Staatsschwert überreicht. Bei solchen Staatsbesuchen »überstrahlt der Lord Mayor in seiner Robe und Kette seine mittelalterlich gekleidete Umgebung und die königliche Gesellschaft, deren Kleidung sich auf die einfache Dienstuniform beschränken muß.« Der Lord Mayor geleitet die Königin in seine Stadt.

Die City gibt den Ton an

Der Grund dafür dürfte klar sein. Der Lord Mayor ist der König. Die Queen sein Untertan. Der König führt immer den Weg an. Der Untertan bleibt immer ein oder zwei Schritte dahinter.

Die kleine Clique, die die City regiert, diktiert dem englischen Parlament. Sie sagt ihm, was es zu tun hat und wann. Theoretisch wird England von einem Premierminister und einem Kabinett enger Berater regiert. Diese »Fassaden« bemühen sich angestrengt, den Eindruck zu erwecken, sie würden bestimmen, was gespielt wird, während sie in Wirklichkeit bloß Marionetten sind, an deren Fäden die schattenhaften Personen ziehen, die hinter den Kulissen das Spiel lenken. Disraeli schrieb dazu: »So sehen Sie also, die Welt wird von ganz anderen Figuren regiert als es diejenigen träumen, die nicht hinter den Kulissen stehen.«

Aubrey Menen schreibt in seinem Buch »London«, erschienen bei Time-Life: »Der Premier, ein vielbeschäftigter Politiker, braucht nichts von den Geheimnissen der Hochfinanz zu verstehen und der Chancellor of the Exchequer (Finanzminister) soll diese nur dann verstehen, wenn er den Haushalt vorlegt. Beide werden von den Beamten des Finanzministeriums beraten. Diese hören auf die City. Wenn sie vermuten, daß eine Regierungspolitik ins Auge gehen könnte, so brauchen sie keinen englischen Botschafter anzurufen und zu fragen, ob dies zutrifft. Sie können es viel schneller in der City herausfinden. Wie sich ein Botschafter bei mir beklagt hat, sind die Diplomaten heutzutage nichts weiter als Bürodiener und dazu noch langsam.

Die sichtbaren und hörbaren Führer sind Puppen

›Die City‹ wird es wissen, sie wird es den Finanzminister wissen lassen und dieser wird es den Premierminister wissen lassen. Gnade sei mit ihm, wenn er nicht hört. Das augenfälligste Beispiel hierfür geschah in jüngster Vergangenheit. Im Jahre 1956 rief der damalige Premier, Sir Anthony Eden, einen Krieg aus, um den Suez-Kanal zurückzugewinnen. Er hatte kaum angefangen, als die City ihn wissen ließ, daß er kein Geld mehr für den Kampf haben werde: das englische Pfund stürzte. Der Krieg wurde abgeblasen und Eden trat am 9. Januar 1957 aus politischen und gesundheitlichen Gründen zurück. Wenn sich der Premierminister bei dem Bankett des Lord Mayor zur Festrede erhebt, hofft er, daß die City ihm mehr Unterstützung zukommen läßt als die goldenen Platten, die verschwenderisch die Anrichttische zieren.«

Die Geschichte zeigt eindeutig, daß die englische Regierung Leibeigentum der »unsichtbaren und unhörbaren« Macht im Herzen der City ist. Die City gibt den Ton an. Die »sichtbaren und hörbaren Führer« sind nur Puppen, die nach dieser Weise auf Befehl hin tanzen. Sie selbst haben keine Macht. Sie haben keine Befugnisse. Trotz der ganzen äußeren Show sind sie nur Bauern in einem Spiel, das von der Finanzelite gespielt wird.

Von der Zeit William des Eroberers bis zur Mitte des 17. Jahrhunderts waren die englischen Monarchen unumschränkte Herrscher – ihr Wort war Gesetz. Sie waren im wahrsten Sinne des Wortes echte Alleinherrscher.

Als die Stärke und der Einfluß Englands in der ganzen Welt zum Ende des 17. Jahrhunderts immer mehr wuchsen, nahm auch der Reichtum, die Stärke und der Einfluß der Kaufmannselite in der City zu – nur schneller. 1694 wurde die private Bank of England – eine Zentralbank – gegründet, um die verschwenderische Lebensführung von William III. zu finanzieren. Die

Bank wurde von einer Gruppe City-Kaufleuten finanziert, die William Paterson als »Strohmann« benutzten. Die Namen der Gründer dieser Bank sind niemals öffentlich bekannt geworden.

Mit Rothschild regierte Britannien die Meere

Hier ist der Zeitpunkt, an dem die Bank of England und die City begannen, die Wirtschaft Großbritanniens zu beherrschen und zu lenken. Ihr Einfluß und Reichtum ist in den folgenden Jahrhunderten in großen Sprüngen und hohem Bogen gewachsen. »The Illustrated Universal History« hält 1878 fest, daß »Großbritannien auf seinem langen Wettstreit mit Frankreich mit verstärkter Macht und nationalem Ruhm hervorgegangen ist. Sein Imperium hatte sich auf alle Teile der Welt ausgedehnt; seine Vorherrschaft zur See war unangefochten; sein Reichtum und Handel blühten. Aber bei allem staatlichen Wohlstand waren die unteren Klassen der englischen Bevölkerung in äußerstes Elend und Armut gesunken.« Die Elite kontrollierte alles. Die Massen lebten in Not, nachdem sie in den Kämpfen der letzten 20 Jahre ausgeblutet worden waren.

Und zu diesem Zeitpunkt – 1815 – ergriff das Haus Rothschild die Kontrolle über die englische Wirtschaft, die Bank of England und die City – und über seine anderen Filialen, die Kontrolle über die übrigen Nationen Europas.

Vor dieser Zeit hatte England Kolonien und Außenhandelsstationen in den entferntesten Winkeln der Welt gegründet. Nachdem es aus der westlichen Hemisphäre vertrieben worden war, konzentrierte sich England auf den Erwerb und Ausbau zusätzlicher Besitztümer andernorts.

In seinen glorreichen Tagen des 19. Jahrhunderts wurden rund 90 Prozent des gesamten internationalen Handelsvolumens auf englischen Schiffen transportiert. Andere Reeder mußten der Krone Lizenzgebühren oder Provisionen für das »Privileg« zahlen, Geschäfte zur See zu tätigen. In jenen Jahren »regierte Britannien die Meere«, und zwar mit Hilfe der modernsten und leistungsfähigsten Marine, die es bisher jemals gegeben hatte.

Zwei getrennte Imperien

Damit keine Mißverständnisse auftreten, muß der Leser erkennen, daß es zwei getrennte Imperien gab, die unter dem Mantel des British Empire agierten. Das eine war das Imperium der Krone und das andere war das britische Kolonialreich.

Alle kolonialen Besitztümer mit weißer Bevölkerung unterstanden dem König – das heißt der Autorität der englischen Regierung. Nationen wie die Union

Südafrika, Australien, Neuseeland und Kanada wurden nach englischem Gesetz regiert. Diese stellten jedoch nur 13 Prozent der Bevölkerung dar, die zu den Einwohnern des British Empire gehörten.

Sämtliche anderen Teile des britischen Imperiums – Nationen wie Indien, Ägypten, Bermuda, Malta, Zypern und die Kolonien in Zentralafrika, Singapur, Hongkong und Gibraltar (Gebiete mit braunen, gelben und schwarzen Rassen) waren alle Kronkolonien. Diese unterstanden nicht der englischen Regierung. Das englische Parlament hatte dort keine Befugnisse. Sie waren privates Eigentum und Herrschaftsdomäne eines Privatklubs in London, England, bekannt als die Krone.

Die Vertreter der Krone in diesen Gebieten hatten absolute Macht über Leben und Tod all der Menschen, die ihrer Rechtssprechung unterstanden. Es gab kein Gericht noch einen Weg der Berufung oder Verteidigung gegen eine von einem Vertreter der Krone getroffene Entscheidung. Selbst ein britischer Staatsbürger, der ein Verbrechen in einer Kronkolonie begangen hatte, unterstand dem Gesetz der Krone. Er konnte kein englisches Gericht anrufen, weil dieses nicht zuständig war.

Da der als englische Regierung bezeichnete Ausschuß der Krone hörig war, gab es keine Probleme, den englischen Steuerzahler für die Marine und Militärkräfte aufkommen zu lassen, mit deren Hilfe die Oberherrschaft der Krone in diesen Gebieten aufrechterhalten wurde. Sämtliche Aufstände wurden von der britischen Marine mit brutaler Gewalt niedergeschlagen, ohne daß es die Krone einen Pfennig kostete.

Die City strich unvorstellbare Gewinne aus ihren Unternehmungen ein, die unter dem Schutz der englischen Streitkräfte ausgeführt wurden. Diese gehörten nicht zum englischen Handel und englischen Wohlstand. Sie waren der Handel der Krone und der Wohlstand der Krone. Die internationalen Bankers, reiche Kaufleute und die englische Aristokratie, die zum Apparat der »City« gehörten, häuften Reichtümer auf Reichtümer, mit denen sie Prestige und Ansehen in der englischen Gesellschaft im großen Stil erwarben. Wäre der Reichtum unter alle Menschen der englischen Insel verteilt worden, hätte es Wohlstand in Hülle und Fülle geben können.

Der internationale Handel gehört uns

Trotz der Reichtümer, die aus aller Welt in die City flossen, hatte die Mehrheit des englischen Volkes seine liebe Not zu überleben. Viele waren hoffnungslos verarmt. Die Elite lebte in königlicher Pracht. Die armen englischen Bauern erhielten auch nicht eine Chance, sich eine Scheibe von diesem Kuchen abzuschneiden.

Simon Haxey weist seine Leser in »England's Money Lords Tory M. P.« auf die »totale Mißachtung und offene Verachtung, die der englische Adel gegenüber dem englischen Volk an den Tag legte« hin. Auch fragt er: »Welche Rolle spielen die Kolonialvölker in dem Kampf um die Demokratie, wenn sie selbst keine demokratischen Rechte besitzen und die herrschende Klasse Englands es ablehnt, ihnen solche Rechte zu gewähren.«

Es war David Lloyd George, ein zukünftiger Premier Englands, der die Machtstellung der City und ihre totale Verachtung für die »Armseligen«, die nicht zu ihrem »Club« gehörten, hervorhob. In einer Rede aus dem Jahr 1910 sagte er:

»Wir betreiben den Großteil der Geschäfte der Welt. Wir führen mehr internationalen Handel – wahrscheinlich zehnmal mehr – als Deutschland. Deutschland führt überwiegend seinen eigenen Handel. Der internationale Handel gehört uns. Nun, wir machen nichts umsonst. Tatsächlich bringt unsere Schiffahrt uns jährlich mehr als hundert Millionen Pfund ein, die zum größten Teil von diesen armseligen Ausländern bezahlt werden. Ich besteuere den Ausländer, so gut ich nur kann. Sie haben hier vermutlich schon viel über die Ausfuhr von Kapital ins Ausland gehört. Es gibt keinen anderen Weg, auf dem der Ausländer noch mehr bezahlen müßte. Dafür stecken wir den Ausländer auf vierfache Weise in die Tasche. Die erste überlassen wir Baron Rothschild.«

Vor rund einem halben Jahrhundert hat Vincent Cartwright Vikkes gesagt: »In Wirklichkeit haben die Finanziers, wenn nicht Verantwortung, so doch mit Sicherheit die Macht an sich genommen, die Märkte der Welt zu kontrollieren und somit die vielfachen Beziehungen unter den einzelnen Nationen, wobei es um internationale Freundschaft, aber auch Mißtrauen geht. Darlehen an ausländische Staaten werden von der City von London aufgebracht und arrangiert, ohne Rücksicht auf das Wohl der Nation, sondern allein mit dem Ziel, die Verschuldung zu erhöhen, von der die City lebt und reich wird. Dieser nationalen und vor allem internationalen Diktatur des Geldes, die ein Land gegen das andere ausspielt und die, über den Besitz eines großen Teils der Presse, die Verbreitung ihrer eigenen, privaten Meinung dazu benutzt, den Anschein einer allgemeinen öffentlichen Meinung entstehen zu lassen, darf nicht länger erlaubt werden, die demokratische Regierung zu einem bloßen Spitznamen zu machen. Heute sehen wir durch eine schwarze Brille, denn es gibt zu vieles, das zu veröffentlichen nicht im öffentlichen Interesse stehen würde.«

Jeder der genannten Punkte werden von Roland G. Usher in seinem 1913 verfaßten Buch »Pan Germanism« betont: »Die Londoner und Pariser Bankhäuser – die internationalen Bankers – kontrollieren jederzeit die verfügbaren Ressourcen der Welt und können daher praktisch die Geschäfte eines Unternehmens zulassen oder unterbinden, für die mehr als einhundert Millionen Dollar gebraucht werden.«

Die Welt selbst zahlt ihnen Tribut

Die internationalen Bankers »besitzen wahrscheinlich den größten Teil der schuldscheinmäßigen Verschuldung der Welt. Rußland, die Türkei, Ägypten, Indien, China, Japan und Südamerika gehören, soweit Nationen jemandem gehören können, wahrscheinlich London oder Paris. Die Zahlung der Zinsen auf diese riesenhaften Summen wird durch die Verpfändung des Steueraufkommens dieser Länder sichergestellt, und im Falle der schwächeren Nation durch die tatsächliche Übergabe des Vermögens an die Agenten der englischen oder französischen Bankers. Darüber hinaus werden ein sehr großer, wenn nicht der größte Teil der Aktien und Industriepapiere der Welt diesen beiden Ländern geschuldet und die Grundsätze vieler Weltkonzerne von ihren Finanzministern diktiert. Wahrlich die Welt selbst zahlt ihnen Tribut; am Morgen steht sie auf, um ihren Lebensunterhalt zu verdienen, wobei sie ihr Kapital benutzt, und die Tage damit verbringt, das Geld zu verdienen, mit dem sie ihnen die Zinsen zahlt, auf daß sie noch reicher werden.«

Im Jahre 1946 schrieb E. C. Knuth: »Das Bollwerk der englischen Finanzoligarchie besteht aus ihrer zeitlosen und selbstverewigenden Natur, ihrer langfristigen Planung und Vorausschau, ihrer Fähigkeit, die Geduld ihrer Gegner zu überdauern und zu brechen. Die wechselnden und zeitweiligen Staatsmänner Europas und insbesondere Englands, die versucht haben, dieses Monstrum zu bändigen, sind alle besiegt worden, und zwar aufgrund ihrer begrenzten Amtszeit. Gezwungen, Handlungen und Ergebnisse in einer zu kurzen Zeitspanne vorzuweisen, sind sie überlistet und überholt worden, mit Ärgernissen und Schwierigkeiten überschüttet; und am Ende gezwungen zu Liebdienern und den Rückzug anzutreten. Nur wenige, die ihnen in England und Amerika entgegengetreten sind, haben dabei kein schmähliches Ende gefunden, aber viele, die ihnen gut gedient haben, haben dabei auch gut verdient.«

Krieg zum Eintreiben von Schulden

Zu allen Jahrhunderten sind Könige, Kaiser und diktatorische Despoten dafür berüchtigt gewesen, mehr auszugeben, als sie ihren Völkern an Steuern entreißen konnten. Die traditionelle Art, das Mißmanagement zu verschleiern, war der Rückgriff auf die »Verwässerung« der jeweiligen Landesmünzen. In der jüngsten Geschichte hat man dieses Verfahren mit dem Drukken von Papier-»geld« fortgesetzt. Dies hat unweigerlich zu einer hohen Inflationsrate geführt. Am Ende mußte man, um das unvermeidliche Wirtschaftsdebakel zu verhindern, auf das Schuldenmachen oder »Borgen« zurückgreifen. Wenn es nur möglich gewesen wäre, hätten sie bei ihren Bürgern »geborgt«, und zwar mittels weiterer zusätzlicher Steuern.

Wenn eine Regierung Geld borgen will, muß sie zu einer Person oder Organisation gehen, die nahezu unbegrenzte Ressourcen hat. Wenn eine solche »Person« oder Organisation an einen König oder eine Regierung Geld ausleiht, dann kann sie sich vor ein höchst kniffliges Problem gestellt sehen: wie treibt man die Schulden ein, wenn der König oder die Regierung nicht bezahlen kann oder will? Wie nimmt man bei einem König oder einer nationalen Regierung eine Zwangsvollstreckung vor?

Marschiert man zum König und sagt: »Charlie, wir sehen aus unseren Unterlagen, daß Du uns 12 Milliarden Dollar schuldest, und daß Du mit Deiner monatlichen Ratenzahlung im Rückstand bist. Daher werden wir sofort eine Zwangsvollstreckung einleiten.«

Wohl kaum! Nicht, wenn man seinen Kopf auf den Schultern behalten will. Geld an Könige oder Regierungen zu leihen kann ein riskanter Beruf sein – höchst riskant für den Wohlstand des Geldgebers. Die einfache Wirtschaftsrechnung schreibt vor, daß die Banker eine Möglichkeit haben müssen, um die Rückzahlung ihrer Kredite sicherzustellen.

Was können Sie nun tun? Sie müssen so werden wie die Finanzierungsgesellschaften, die das Auto einer Person einfach abschleppen lassen kann, wenn die Monatsraten nicht bezahlt werden. Sie müssen einen »Königreich-Abschleppdienst« aufmachen. Wie schleppt die Finanzierungsgesellschaft ein Auto ab? Sie benutzt dazu ein anderes Auto. Wie wird ein Königreich oder eine Nation »abgeschleppt«? Ganz einfach. Von einem anderen Königreich oder einer anderen Nation. Es ist ein leicht verständliches Prinzip – es heißt Krieg! Der moderne Krieg ist nichts anderes als das »Abschleppen von Königreichen«.

Wenn Sie im Königreichfinanzierungsgeschäft sind, können Sie nicht nur an ein Königreich Geld ausleihen. Sie müssen auch an dessen Feinde leihen. Sie müssen sicherstellen, daß beide Reiche etwa gleich stark sind, so daß im Konfliktfall ihre Finanzierung der ausschlaggebende Faktor ist.

Über 160 Jahre lang ist das oben angeführte Drehbuch rund um den Erdball abgespielt worden, und es wird immer noch danach gespielt. Es wurde von Nathan Rothschild und seinen Brüdern in Europa zu Anfang des letzten Jahrhunderts geschrieben und in Szene gesetzt. Es wurde auf regionaler Ebene zur Vollkommenheit ausgearbeitet und damit für seinen zukünftigen Einsatz im Weltmaßstab vorbereitet.

Gleichgewicht der Mächte

Das Ende der Napoleonischen Kriege und der Aufstieg des Hauses Rothschild markierten den Beginn einer neuen Ära in Europa – und der Welt. Zu dieser Zeit entwickelte sich auf dem europäischen Kontinent etwas, das als »Gleichgewicht der Mächte« bekannt ist.

Um die Stellung des Hauses Rothschild als den »unsichtbaren Herrscher« Europas zu stärken und zu konsolidieren, mußte es zwei Machtgruppierungen von nahezu gleicher Stärke geben, die das »Gleichgewicht der Mächte« darstellten. Das hatte seinen einfachen Grund: das Haus Rothschild mußte sicherstellen, daß alle »A«-Könige mit allen »B«-Königen bedroht werden könnten. Selbstverständlich wurden sie allesamt von den Rothschilds finanziert und weitgehend kontrolliert.

Um das planmäßige Funktionieren des Systems zu gewährleisten, mußte es eine Dritte Macht geben, die als »Versicherungspolice« dienen würde, falls einer aus der Reihe tanzen und den Plan umstürzen sollte.

Die »Versicherungspolice« war Nathan Rothschilds England, welches nunmehr die Oberherrschaft in der westlichen Welt besaß. Der Ausgang eines Krieges ließ sich immer vorausbestimmen, indem man beobachtete, welcher Seite England gewogen war. England befand sich am Ende immer auf der Seite des Gewinners. England – oder richtiger, die Krone – stellte einen derart effizienten »Königreich-Abschleppdienst« bereit, daß die Macht und der Reichtum des nunmehr »unsichtbaren« Hauses Rothschild ein solches Ausmaß erreichten, daß es um die Jahrhundertwende hieß, es kontrolliere den halben Besitz der ganzen Welt.

Prinzipien der Stadtsanierung

Die Methoden, mit denen die internationalen Bankers ihr Ziel, die Menschheit zu Sklaven in Ketten einer totalitären Eine-Welt-Regierung zu machen, verfolgten, können als »Stadtsanierungs«-Projekte eingestuft werden, die auf »Kriegsschauplätzen« stattfinden.

Das Grundprinzip der »Stadtsanierung« ist leicht zu verstehen. Es geht dabei darum, ein Gebiet das von den Behörden dazu verdammt wird, dem Erdboden gleich zu machen, um dann mit dem Aufbau einer Neusiedlung zu beginnen.

Wenn ein »Landerschließer« bei einem Stadtsanierungsprojekt finanzielle Beute machen möchte, muß er die Behörden dazu bringen, die Grundstücke in einem bestimmten Gebiet dem Verfall preiszugeben. Dann wartet er, bis das Gebiet weiter verfällt und der Grundstückswert so weit sinkt, daß die Eigentümer bereit sind, ihre Anteile für einen Bruchteil ihres tatsächlichen Wertes zu verkaufen, bloß um sie los zu sein.

Im Falle eines von einer Gemeinde durchgeführten Stadtsanierungsprogrammes werden die »Planierungsarbeiten« von einer Abbruchkolonne mit Bulldozern, Brechkugeln, Preßlufthämmern und gelegentlich mit Sprengstoff vorgenommen.

Aus den Trümmern eines eingestampften Gebietes erhebt sich eine strahlend neue, moderne Siedlung, die für die Kulissenschieber höchst gewinnbringend ist, denen ein großer »Brocken« daran gehört.

Auf der internationalen Ebene geht es bei den »Stadtsanierungs«-Projekten um die Vernichtung der »alten Ordnung« in einer Vielzahl von Ländern, so daß der Weg frei ist für die »Neue Weltordnung«.

Um bei internationalen »Stadtsanierungs«-Projekten Beute zu machen, braucht der »Landerschließer« Abbruchkolonnen, die ihn selbst keinen Pfennig kosten und die besten Teile des Zielgebietes einstampfen, so daß diese zu einem billigen Preis gekauft werden können, wenn die Länder besiegt und mit Kriegsschulden überlastet sind.

Gewinne in astronomischen Höhen

International werden diese Abbruch-»Jobs« mit Hilfe des Krieges bestellt und zur Ernte gebracht. Die Programme werden unter Einsatz von Bomben, Granaten, hochbrisanten Sprengstoffen und sonstigen modernen »Werkzeugen« durchgeführt. Die internationalen »Landerschließer« treten anschließend auf, um die Kontrolle über das zerschlagene Gebiet für ein Almosen zu ergreifen und eine massive Wiederaufbaukampagne zu starten, ohne auch nur einen Pfennig für das Einsatz der Abbruchkolonnen bezahlt zu haben. Die bei solchen internationalen Projekten anfallenden Gewinne erreichen astronomische Höhen, bei denen einem die Luft wegbleibt.

Die hochfinanzierten und ungeheuer profitablen »Stadtsanierungs«-Projekte, die seit Beginn dieses Jahrhunderts auf der internationalen Bühne inszeniert worden sind, fanden auf sogenannten »Kriegsschauplätzen« statt. In den letzten 80 Jahren hat es »Kriegsschauplätze« in Europa, Rußland, Nord- und Zentralafrika, dem Nahen Osten, Asien und im Pazifik gegeben.

Was geschieht auf einem Schauplatz, einer Bühne? Eine dramatische Handlung entfächert sich im Verlauf der Theatervorstellung. Es gibt einen Drehbuchautor und einen Regisseur, der für die Koordination der einzelnen Bewegungen der verschiedenen Schauspieler verantwortlich ist. Die Handlung verlangt, daß es »die Guten« und »die Bösen« gibt. Sowohl die Guten wie auch die Bösen spielen ihre Rollen so, wie es das Drehbuch vorschreibt.

Wenn Sie Ihre Eintrittskarte kaufen, bezahlen Sie sowohl die Guten wie auch die Bösen. Der Erfolg der Vorstellung hängt von der Fähigkeit des Ensembles ab, das Publikum in die Handlung zu verwickeln. Je größer die Anteilnahme des Publikums an der Darstellung ist, um so größer der Erfolg. Echter Erfolg ist dann erreicht, wenn das Publikum gefühlsmäßig so in die Handlung verwickelt ist, daß es anfängt, die Sache für die Wirklichkeit zu halten.

Die Gewinne solcher Theaterpossen fließen jenen zu, die das »Saat«-Geld aufgebracht und die Show inszeniert haben. Bitte verstehen Sie das nicht falsch! Die Amerikaner, Kanadier, Engländer, Deutschen, Russen, Japaner und anderen Nationalitäten, die auf den verschiedenen »Kriegsschauplätzen« in diesem Jahrhundert gekämpft haben und gestorben sind, waren keine Schauspieler. Ihr Tun war tödlicher Ernst. Für sie war der Krieg ein Kampf um Leben oder Tod. Was aber kaum jemand erkannte, war die Tatsache, daß dies alles sorgfältig nach einem sorgfältig vorbereiteten Drehbuch programmiert war.

Werfen Sie einen Blick auf die Kriege, die in den vergangenen 80 Jahren auf dieser Erde ausgetragen wurden. Haben sie zu mehr Freiheit oder zu weniger Freiheit geführt? Zu mehr Frieden oder zu weniger Frieden? Zu mehr Wohlstand oder zu weniger Wohlstand?

Vor 80 Jahren konnte praktisch ein jeder von einem Teil der Welt in einen anderen ziehen, wenn er dies wollte. Heute lebt mehr als die Hälfte der Erdenbevölkerung als elende Sklaven hinter dem Eisernen Vorhang, dem Bambus-Vorhang oder sonstigen Schranken.

Vor 80 Jahren war Amerika eine freie und blühende Nation, die praktisch keine Staatsschulden hatte. Heute, nachdem es in vier blutigen Kriegen »zur Verteidigung der Freiheit« verwickelt war, hat die amerikanische Nation den größten Teil seiner Freiheit verloren und wird von einer atemberaubenden Staatsverschuldung in Höhe von rund 1 060 237 928 516 Dollar erdrückt. Auf diese Schulden bezahlen die Amerikaner mehr als 80 Milliarden Dollar im Jahr Zinsen.

In denselben 80 Jahren wurden Hunderte von Millionen unschuldiger Menschen in der ganzen Welt im Namen des »fortschreitenden Friedens« dahingeschlachtet.

Gibt es irgendeine Gruppe, die inmitten dieses teuflischen Schlachtgemetzels wirklich gediehen ist? Ja, so eine Gruppe gibt es – die internationalen Bankers, die diese blutrünstigen Schaustücke finanzieren und inszenieren und die blutbefleckten Gewinne einstreichen, während sie sich der Verwirklichung ihres Vorhabens nähern, die Menschheit in einer Eine-Welt-Regierung zu versklaven.

Der Glanz von Visionen

Während der zweiten Hälfte des vergangenen Jahrhunderts beschloß der Wiener Zweig des Hauses Rothschild, die Aktivitäten eines intelligenten und ehrgeizigen jungen Fürsten namens Otto von Bismarck zu finanzieren. Mit ihrer Unterstützung ergriff der Fürst die Kontrolle über Preußen, dem größten der deutschsprachigen Kleinstaaten in Mitteleuropa und machte sich an die Expansion seiner Domäne.

Im Jahre 1866 beseitigte Bismarck mit einem Sieg über Österreich den Einfluß dieses Landes in Deutschland und zog mit einer 700 000 Mann starken Armee zum Sieg gegen die Franzosen in die Schlacht bei Sedan. Die Geschichtsschreibung belegt, daß die internationalen Bankers die Ereignisse gelenkt haben, die zu der Schlacht führten.

Am 9. Januar 1871 wurde König Wilhelm I. von Preußen formal zum Kaiser des neuen Deutschen Reiches ausgerufen – worin sich vier Königreiche und 21 Fürstentümer in Mitteleuropa vereinigt hatten. Bismarck wurde der erste Kanzler Deutschlands.

Nachdem er, der »Eiserne Kanzler«, von Wilhelm II. im Jahr 1880 demissioniert worden war, zeigten sich die deutschen Kanzler zunehmend aggressiver gegenüber den anderen Nationen. Rothschilds Plan begann fehlzuschlagen.

Deutschland war vor der scheinbar unüberwindlichen Macht des englischen Imperiums nicht in völliger Ehrfurcht erstarrt. Die Deutschen glaubten an die früher von Bismarck geäußerte Meinung: »England mit all seinem Getue und Gehabe hat hundert schwache Stellen und es weiß, daß ein Konflikt mit einer fast gleichstarken Macht seinen Untergang bedeutet.«

Das militärische Fieber war in den Anfangsjahren dieses Jahrhunderts so stark, daß deutsche Offiziere häufig auf »Den Tag« tranken, an dem England der Krieg erklärt werden würde. Nicht wenige erkannten »den Glanz der Vision vor deutschen Augen«, der dafür sorgte, daß »der Sieg so nah schien, um deutsches Blut in Erwartung des Triumphes schneller zirkulieren zu lassen«.

Als eine Folge des unerwartet schnellen Aufstiegs des Deutschen Reiches in den Rang einer Weltgroßmacht fing das berühmte »Gleichgewicht der Mächte« in Europa an, abzubrückeln. Viele Nationen begannen, »ihren eigenen Kram zu machen«.

Wie Nicholas John Spykman in seinem Buch »America's Strategy in World Politics«, 1940, ausführt, hatte England »eine aktive Rolle bei den meisten Koalitionen gespielt, die zur Einschränkung der aufstrebenden Kontinentalmächte gebildet worden waren. Derjenige, der das Gleichgewicht der Mächte ausspielt, kann keine Freunde von Dauer haben.

Seine Hingabe kann für keinen spezifischen Staat bestimmt sein, sondern nur für das Machtgleichgewicht. Der Verbündete von Heute ist der Feind von Morgen. Es gehört zum Zauber der Machtpolitik, daß er einem keine Zeit läßt, seiner Freunde überdrüssig zu werden. Englands Ruf als perfides Albion ist das unvermeidliche Ergebnis seiner Lieblingsbeschäftigung, das Gleichgewicht der Mächte aufrecht zu erhalten.«

Mit dem Zusammenbruch der Struktur dieses Gleichgewichtes ging die Schwächung der wirtschaftlichen Hebelwirkung einher, die die Geldmonopolisten auf eine Nation ausüben konnten, die aus der Reihe tanzte.

V. Krieg der Welt

Der Zusammenschluß der deutschen Staaten unter Bismarck störte das »Gleichgewicht der Mächte«, das seit über zwei Jahrhunderten in Europa bestanden hatte. Bis 1871 hatte England – oder richtiger, die Krone – die Beherrschung des europäischen Kontinents genossen. Jene Oberherrschaft war zwar wiederholt von Mächten wie Spanien und Frankreich angegriffen worden, aber England war immer wieder siegreich gewesen.

Das Erstarken der Deutschen stellte eine schwerwiegende Bedrohung für die Krone und ihre Beherrschung Europas dar, und zwar wirtschaftlich und militärisch. Sehr zu ihrem Verdruß »stellten die Engländer fest, daß die deutschen Lieferanten und ihre Vertreter bessere Dienstleistungen, bessere Bedingungen und niedrigere Preise für Güter von mindestens gleicher Qualität anboten.«

Die Krone fürchtete um ihre Interessen

Nach 1884 erwarb Deutschland Kolonien in Afrika, die sich von Ost nach West quer über den Kontinent zu erstrecken und die Pläne der Krone zur weiteren Expansion auf dem schwarzen Erdteil schachmatt zu setzen drohten. Deutschland ermutigte ebenfalls die Buren im Transvaal und dem Freistaat Oranien, ehe es zum Krieg mit England 1889 bis 1902 kam. Im Pazifischen Ozean hatte Deutschland bis zum Jahre 1902 die Karolinischen-, Marschall- und die Mariannen-Inseln erworben, Teile von Neu Guinea und Samoa sowie eine wichtige Marine- und Handelsbasis auf der Halbinsel Shantum in China.

Und weiter reckte sich der deutsche Löwe mit der Verabschiedung einer Reihe von Marinegesetzen in den Jahren 1898, 1900 und 1902, die für den Bau von vierzehn neuen Schlachtschiffen grünes Licht gaben. Diese Entwicklung stellte eindeutig eine ernsthafte Bedrohung für die Pläne der Krone dar. Um der Gefahr entgegenzuwirken, suchten die internationalen Bankers, die »weitgehend von der wirtschaftlichen Entwicklung in Deutschland ausgeschlossen waren«, nach Mitteln und Wegen, um Deutschland einzudämmen und zu kontrollieren. Zwischen 1894 und 1907 wurden eine Reihe von Staatsverträgen und Abkommen geschlossen, die sicherstellten, daß Rußland, Frankreich, England und andere europäische Nationen sich im Falle eines Krieges gegen Deutschland vereinigen würden.

Alle Nationen mußten auf die Knie gezwungen werden

Zu denjenigen, die in diesem geheimen Abkommen schwerwiegende Folgen erkannten, gehörte W. Lyon Blease. In seinem bemerkenswerten tiefblickenden Buch »A Short History of English Liberalism«, erschienen 1913, erklärte er, daß England »direkt auf einen Konflikt zusteuert, von dem nicht ein Engländer unter Zehntausend irgend etwas Bestimmtes und keiner unter Tausend überhaupt weiß«. Des weiteren warf er der englischen Regierung vor, »ihr eigenes Volk zu korrumpieren, indem sie sich letztendlich mit Regierungen einläßt, deren Methoden nicht nur verschieden, sondern absolut fremdartig von den eigenen sind. Eine Allianz mit Frankreich ist insofern schlecht, als sie in einen Zusammenschluß gegen Deutschland verwandelt wird. Eine Allianz mit Rußland ist an sich unnatürlich und erschreckend.«

Äußerlich gesehen, befand sich die Welt zu Beginn des 20. Jahrhunderts in Frieden. Allerdings wurden hinter den Kulissen fieberhafte Vorbereitungen getroffen, die Welt in ein internationales Blutbad zu tauchen, das die Zivilisation bis in ihr Mark erschüttern würde. Die Illuminaten hatten erkannt, daß sie, um ihren Plan zur Schaffung einer Eine-Welt-Regierung erfolgreich durchführen zu können, einen Zustand von solch niederträchtiger Verwüstung hervorrufen mußten, daß davon keine Nation unberührt bliebe. Alle Nationen dieser Welt mußten auf die Knie gezwungen werden, so daß sie nach Frieden um jeden Preis betteln würden.

Die meisten Historiker sind sich einig, daß der Funke, der den großen Krieg von 1914 bis 1918 entzündete, ein trivialer, lokal begrenzter Streitfall zwischen Österreich und Serbien war. Gewöhnlich hätte man diese Zänkereien in wenigen Tagen, wenn nicht Stunden beigelegt. Dieses Gezänke war anders. Es wurde von den Mächten hinter den Kulissen benutzt, um den Weltkrieg zu bringen, den der Illuminat Albert Pike mehr als 40 Jahre zuvor geplant hatte.

Österreich und Serbien eröffneten feindliche Handlungen am 2. August. Bereits zum 3. August waren Frankreich, und Belgien am 4. August daran beteiligt. Am 4. August erklärte England Deutschland den Krieg, obwohl das englische Kabinett sich einig war, daß die Ereignisse auf dem Kontinent »England rechtlich nicht zum Kriegseintritt verpflichteten«. Es ist klar, daß die internationalen Bankers alle Großmächte beteiligt sehen wollten. Sie wußten, daß ohne Englands sofortige Teilnahme die deutschen Streitkräfte nicht aufzuhalten waren.

Das sich anschließende Blutbad kennzeichnete das Ende einer Kriegsführung, die Hunderte, vielleicht Tausende Jahre alt war. Es führte zum ersten Mal in der Geschichte der Kriegsführung zum Einsatz von Maschinengewehren, Panzern und U-Booten. Es stimmt zwar, daß viele der historischen Kriege zu großen Gemetzeln geführt haben, aber im Ersten Weltkrieg hat das Wort »Gemetzel« eine tiefere und ernüchternde Bedeutung erlangt.

Ein sinnloses Blutbad

Dies ist auf die Tatsache zurückzuführen, daß die Militärs auf beiden Seiten sich weigerten anzuerkennen, daß ihre konventionellen Kriegsmethoden nunmehr veraltet waren und aufgegeben werden mußten. Die Tatsache, daß Angriffe einer mit Bajonetten ausgerüsteten Kavallerie und Infanterie angesichts der neu entwickelten Techniken wie Stacheldrahtfallen, tiefen Schützengräben und MGs nutzlos war, schien einfach nicht eher in das Bewußtsein von Militär-»Experten« zu dringen, als bis die meisten ihrer Truppen vernichtet worden waren.

Die Militärs auf beiden Seiten waren überzeugt, daß der Krieg unmöglich länger als höchstens 6 bis 8 Wochen dauern könnte und daß der Sieg für die Seite gesichert wäre, die den massivsten Angriff mit einem Minimum an Mobilmachungsfrist vornehmen könnte. Ein Vorsprung am Anfang wurde als entscheidend angesehen, da dies den Truppen einen psychologischen Vorteil gegenüber dem Feind verschaffen würde.

Nach der Invasion in Frankreich am 3. August durch die Deutschen setzten die Franzosen ihren Plan in Kraft, die Invasion in Lothringen aufzuhalten und in Süddeutschland zum Gegenangriff überzugehen. In nur 16 Tagen wurden knapp vier Millionen Soldaten in 7000 Zügen an ihre vordere Front transportiert. Zwischen dem 6. und 12. August brachte das deutsche Oberkommando 1,5 Millionen Truppen über den Rhein, den täglich 550 Züge passierten. Die Franzosen starteten am 14. August einen Massivangriff, aber mit katastrophalem Ergebnis. Innerhalb weniger Stunden hatte die französische Armee einen demoralisierenden Schlag von 300 000 Gefallenen erlitten (25 Prozent der gesamten Armee) und befand sich auf dem Rückzug. Das englische Expeditionskorps, das den Franzosen Beistand leisten sollte, trat den Rückzug noch schneller an als seine Verbündeten.

Der Rückzug wurde am 3. September zum Stillstand gebracht und am folgenden Tag eine allgemeine Gegenoffensive gestartet. Die Deutschen wurden unter diesem Ansturm bis zur Aisne zurückgeworfen. Sie glaubten, sie würden ihren Vormarsch wiederaufnehmen können, sobald ihre Frontlinie verstärkt und ihre Nachschublinien besser funktionieren würden.

Aber in den folgenden Monaten waren weder die Deutschen noch die »Verbündeten« in ihren Bemühungen erfolgreich, einen entscheidenden Vorteil zu erringen. Keiner der beiden Seiten gelang es, gegen die Feuerkraft der anderen anzukommen. Eine Reihe von unnützen Anstrengungen beider Seiten, die Stellungen der andern zu umgehen, führten dazu, daß sich die Gefechtslinie vom Ärmelkanal im Norden bis hin zur Schweizer Grenze im Süden zog. Heftige Kämpfe, mit Millionen Menschenopfern, tobten in den nächsten drei Jahren entlang der ganzen Front, ohne daß eine der beiden Seiten einen wirklichen Vorteil errungen hätte.

Zar Nikolaus II. an der Spitze der Truppen. Mit der Zerschlagung der Russen erfüllte sich der Plan der Illuminaten.

Ein blindes Völkermorden

Nach konventioneller Kriegsführung wird mit schwerem Artilleriefeuer die Verteidigungslinie des Gegners aufgeweicht, dann folgen massive Kavallerie- oder Infanterieausfälle, die durch die Linie brechen und die feindlichen Kommunikations- und Versorgungslinien unterbrechen. Im Ersten Weltkrieg wurden derartige Truppenausfälle auf die am stärksten verteidigten Abschnitte der gegnerischen Front geworfen.

Einige wenige Zahlenbeispiele sind ausreichend, um die katastrophalen Menschenverluste zu zeigen, die mit diesen Wahnsinnsaktionen erlitten wurden. In der Schlacht von Verdun im Jahre 1916 verloren die Franzosen insgesamt 350 000 und die Deutschen 300 000 Soldaten. In der Schlacht an der Somme im selben Jahr verloren die Engländer 410 000 und ihre Verbündeten, die Franzosen, 190 000 Männer. In derselben Schlacht verloren die Deutschen 450 000 Soldaten und das für einen Gewinn von höchstens sieben Meilen auf einer Front von nur 20 Meilen.

Auch 1917 wurde das sinnlose Abschlachten fortgesetzt. Im April des Jahres ging die französische Armee unter Robert Nivelle zu einem erbitterten Angriff bei Chemin des Dames über. Bei einem Artilleriegefecht, dessen Stärke in der ganzen Geschichte beispiellos ist, wurden von den Franzosen 11 Millionen Geschosse auf die deutschen Stellungen über eine 30 Meilen lange Front in nur 10 Tagen abgefeuert. In der anschließenden Infanterieattacke wurde das französische Heer zerschmettert. Viele der übriggebliebenen Soldaten meuterten gegen ihre Offiziere und wurden erschossen, um die Disziplin aufrechtzuerhalten.

Damit er in diesem Wettrennen um den Titel des Militäridioten des Jahrzehnts nicht zurückbliebe, bemühte sich der englische Kommandant Douglas Haig verzweifelt, Nivelles Akt des Völkermordes zu übertrumpfen. Nur wenige Wochen später hat Frankreichs Nationaltragöde, Haig, in Mißachtung der tragischen Lektion, die mit französischem Blut so beredt geschrieben stand, und der höchst genauen Nachrichtenberichte über die relative Stärke der Deutschen an seinem Abschnitt der Front, ein Artilleriebombardement und Infanterieangriff ähnlicher Art unternommen.

An der Front bei Passchendaele ließ Haig seine Artillerie einen Feuerteppich von 4 250 000 Geschossen legen und zwar auf einer 11 Meilen langen Front (das sind fünf Tonnen hochbrisanter Sprengstoff und Schrapnell pro Meter und ein Kostenaufwand von rund 100 Millionen Dollar) und verlor 400 000 Mann in der anschließenden Infanterieattacke. Das englische Volk war über dieses sinnlose Morden von

Hunderttausenden seiner besten jungen Männer derart empört, daß General Haig in Form einer Puppe auf dem Trafalgar Square in London aufgehängt wurde.

Rußland materiell unterlegen

An der Ostfront war der Aderlaß noch schrecklicher. Nachdem Japan Rußland 1905 besiegt hatte, erkannte der Zar, daß sein Land nicht für einen modernen Krieg vorbereitet war. Während sich die Kriegswolken über dem europäischen Kontinent zusammenbrauten, wurde klar, daß, wenn Rußland in der Lage sein sollte, sich zu verteidigen und seine vertraglichen Verpflichtungen in Slawien einzuhalten, seine gesamte Armee neu organisiert, neu ausgerüstet und neu ausgebildet werden müßte. Der Zar erklärte seinen Generälen, daß diese Mammutaufgabe, trotz eines sofortigen Bargeldprogrammes, nicht vor 1920 vollständig abgeschlossen werden könnte und daß es notwendig sei, den Frieden solange zu erhalten, bis dieser Stand erreicht sei.

Als der Krieg 1914 ausbrach, war Rußland, obwohl es die größte Armee der Welt besaß, für eine größere Auseinandersetzung erbarmungswürdig unvorbereitet. Rußland sah sich vor eine schwere Entscheidung gestellt. Entweder mußte man zurückstecken, seine Vertragsverpflichtungen widerrufen, das Gesicht verlieren, zum Gespött der Welt und eine fünftklassige Macht werden – oder man mußte kämpfen. Rußland entschied sich zum letzteren, und zwar in dem Bewußtsein, daß der Sieg schnell erreicht werden müsse – oder daß eine beispiellose nationale Katastrophe folgen werde.

Abgesehen von seiner Truppenstärke war Rußland materiell unterlegen. Das beste russische Geschütz konnte nur vier Meilen weit schießen, während die deutschen sieben Meilen erreichten: Artillerieduelle kamen einem Massenmord gleich. Rußlands elendes Los wurde noch durch die veralteten Kanonen verschlimmert, die nur einige Geschosse pro Tag abfeuern konnten.

Das deutsche Heer verfügte über modernes Kriegsgerät, während viele russische Divisionen nur ein Gewehr je vier Mann hatten. Der Rest war mit Mistgabeln und Äxten bewaffnet.

Den Ruf, den die russischen Truppen weltweit besaßen, hat Professor Usher 1913 veranschaulicht, als er schrieb: »Die größten Schwierigkeiten für die russischen Generäle bestanden in der Qualität des Menschenmaterials, das ihnen zur Verfügung stand. Die Soldaten und selbst die Unteroffiziere waren häufig nicht intelligent genug, um eine Bewegung durchzuführen, die mehr verlangte als bloßen Gehorsam, einen Befehl buchstabengetreu auszuführen. Blinder Mut, die Fähigkeit,

Hunger und Kälte zu erdulden, die die deutsche Armee zur Meuterei veranlaßt hätten, die Dumpfheit des wilden Tieres. All dies besaßen die russischen Truppen. Intelligenz, Urteilsvermögen, Können und Initiative, all dies und vieles andere, für eine so komplexe Organisation wie eine moderne Armee lebenswichtigen Fähigkeiten fehlten der Masse der russischen Truppen ganz und gar.«

Die Krone verrät Rußland

Vor Ausbruch der Feindhandlungen im Jahre 1914 hatte die Krone volle Hilfe und militärische Unterstützung an Rußland im Kriegsfall versprochen. Mit Kriegsbeginn verringerte England seine Hilfeleistungen an Rußland auf 10 Prozent der Vorkriegsleistung. Offensichtlich wollten die Geldmonopolisten – in perfekter Übereinstimmung mit dem von Albert Pike in seinem Brief vom 15. August 1871 aufgezeichneten Illuminatenplan – Rußland in eine möglichst gefahrvolle Situation bringen.

General Nicholas, der Onkel des Zaren, erkannte, daß Rußlands einzige Hoffnung in einem sofortigen, entscheidenden Sieg lag. Mit dieser Zielsetzung vor Augen begann er unmittelbar mit zwei russischen Heeren einen rasanten Angriff auf Ostpreußen. Er wollte eine Bresche nach Berlin schlagen und den Sieg durch die Einnahme der deutschen Hauptstadt erringen.

In der Schlacht bei Tannenberg (23. August bis 31. August 1914) brachte die russische Nordarmee Hindenburg zum Stillstand, während die Südarmee sich durch den Wald in Hindenburgs Rücken schlich. Als es sicher schien, daß Hindenburg zermalmt und Berlin eingenommen werden würde, kamen Befehle aus London, den Vormarsch zu stoppen und die Stellungen auf beiden Seiten zu halten. Klar, ein derartig verblüffender Sieg hätte für die Geldgeier sich als höchst unglücklich erwiesen, die eine unschätzbare Ernte aus dem Blutbad einzubringen gedachten, welches sie erst vor einigen Wochen in Europa angeheizt hatten.

Was dann an der Ostfront geschah, ist von allergrößter Bedeutung und beweist die Macht der »verborgenen Hand« im internationalen Ränkespiel um die Macht.

Während die russische Armee unter dem Stillhaltebefehl stand, gab von Hindenburg, der später als ein »brillanter Militärstratege« hochgejubelt wurde, die Front im Norden praktisch auf, indem er seine Truppen an den Südabschnitt verlegte – so daß seine Nordfront offen und ungedeckt vor der russischen Armee lag – und griff an. Von Hindenburgs vereinte Streitkräfte vernichteten die russische Südarmee in einem Kampf, dessen Todesopfer zahlenmäßig alles bisher an der Westfront Erlebte bei weitem übertraf.

Da die Hälfte ihrer regulären Streitmacht andernorts aufmarschiert war, warfen die Russen alles, was sie nur auftreiben konnten, zur Verstärkung an die Südfront, um in einem Verzweiflungskampf die anstürmenden Heere von Hindenburgs aufzuhalten. Ihr Kampf war vergebens.

Die internationalen Bankers bewerkstelligten die Niederlage bei Tannenberg und den Masurischen Seen und vernichteten die zweite russische Armee und gaben den Deutschen einen klaren Vorsprung für die folgenden Monate. Die Russen wurden von vielen Slawen unterstützt, die von der deutschen Seite abfielen. Daher konnte Rußland eine »Tschechische Legion« von mehr als 100 000 Mann aufstellen. Rußland setzte seinen Kampf des Verlierers noch weitere zweieinhalb Jahre fort.

Bühne frei für die Revolution

Im Jahr 1915 konnten aufgrund der Verstärkung an der Ostfront die Deutschen eine massive Offensive einleiten. Bis zum September hatten sie ganz Polen und Litauen eingenommen und rückten weiter nach Osten vor. Die russsische Armee hatte in den Schlachten um Polen und Litauen weitere Millionenverluste erlitten. In der Gegenoffensive von 1916 unter General Brussilow in Galizien und Wolhynien, die bis zu den Karpaten gelangt war, ehe sie durch das Eintreffen von Nachschubtruppen der Deutschen gestoppt wurde, verlor Rußland eine weitere Million Männer. Nach dieser neuen nationalen Katastrophe befand sich Rußland vor dem physischen und finanziellen Ruin. Die Nation war von Verzweiflung gepackt.

Die durch dieses nationale Trauma geschaffenen Zustände wurden von speziell ausgebildeten Illuminatenagenten in übersteigerten Tönen ausgemalt, die eifrig die Flammen der Unzufriedenheit schürten, vor allem in den dichter besiedelten Gebieten. Da die Philosophie der Illuminaten von Elend und Unsicherheit lebt, hatten ihre Bemühungen Erfolg, die Bühne für eine Revolution freizumachen, die sich an die durch die Deutschen erlittene Niederlage anschließen sollte.

Die Revolution brach im Februar 1917 aus. Der Zar dankte ab und eine provisorische Regierung übernahm die Regierungsgeschäfte, zunächst unter Leitung von Prinz Georgi Luwow, dann Alexander Kerenski. Es gelang dieser jedoch nicht, das Blatt des nationalen Zerfalls zu wenden.

Bande außergewöhnlicher Persönlichkeiten

Da sich die Situation weiter verschlimmerte, wurden von der Kabale der Illuminaten und den internationalen Bankers sorgfältige Vorbereitungen zum endgültigen Überfall auf die russiche Nation unternommen, die, wie die Vergangenheit gezeigt hatte, das Haar in der Suppe war, jedenfalls bezüglich der Pläne für die Welteroberung.

In New York bemühte sich Leon Trotzki, der am 13. Januar auf verschlungenen Wegen in die USA gekommen war, um der Inhaftierung durch europäische Behörden zu entgehen, mit diabolischem Eifer, das zu sammeln, was Winston Churchill später einmal als eine »Bande außergewöhnlicher Persönlichkeiten« bezeichnet hat. Diese bildete den Kern, um den sich die politische Führungsmannschaft der geplanten Revolution aufbaute.

Obwohl er nach außen hin keine Mittel besaß, lebte Trotzki in einem modischen Apartment und ließ sich in einem Straßenkreuzer herumchauffieren. Häufig sah man ihn den palastähnlichen Wohnort von Jacob Schiff betreten, dem Rothschildagenten, der vor rund 40 Jahren die Kontrolle der Firma Kuhn, Loeb and Co. übernommen hatte, einem inter-

Wilhelm II. neben seinen Gefallenen blickt auf das brennende Arras. 13 Millionen Soldaten starben im Ersten Weltkrieg.

nationalen Bankhaus, und zwar auf Geheiß seiner europäischen Meister.

Schiff hatte sich in den amerikanischen Finanzkreisen einige Jahre zuvor selbständig gemacht, als er in seiner Eigenschaft als der amerikanische Rothschildagent Nr. 1 die Finanzierung für die John D. Rockefeller gehörende Standard Oil, das Eisenbahnimperium von Edward Harriman und das Stahlreich von Andrew Carnegie besorgt hatte. Als Trotzkis private Armee aus skrupellosen Taugenichtsen, die ihr »Hammellager« auf dem Standard Oil-Gelände in New Jersey hatten, ausreichend für seinen Feldzug der Subversion und des Terrors ausgebildet war, verließen sie New York auf der SS »Kristianiafjord« in Richtung Rußland. Mit ihnen befanden sich an Bord 20 Millionen Dollar in Gold, die der internationale Banker Jacob Schiff geliefert hatte. Diese Riesensumme sollte die unzähligen, verschiedenen Auslagen decken, die für ein solches Herkulesunternehmen benötigt würden. Diese Tatsache ist später von Jacob Schiffs Enkelsohn, John, bestätigt worden (Knickerbocker Column, »New York Journal American«, 3. Februar 1949).

Als ihr Schiff, das von Jacob Schiff gechartert war, am 3. April von kanadischen Behörden in Halifax, Neuschottland, festgehalten wurde, sah es für einen flüchtigen Moment so aus, als ob die Illuminaten-Verschwörung scheitern würde.

An dieser Stelle wurde die furchtbare, unsichtbare Macht des Jacob Schiff und seiner Big-Money-Freunde der kanadischen Regierung deutlich gemacht. Sie befahlen ihren Marionetten in Washington und London, sofort zu intervenieren. Daraufhin befand sich die Trotzki-Bande innerhalb weniger Stunden wieder auf hoher See. In Europa angekommen, machte sich Trotzki auf den Weg in die Schweiz, wo er mit Lenin, Stalin, Kaganowitsch und Litwinow zusammenstieß, um die letzten Einzelheiten der Strategie zu klären, bevor man sich nach Rußland begab.

Die ehrenwerten Warburgs

Aber noch sahen sich die bolschewistischen Verschwörer vor ein scheinbar unüberwindliches Hindernis gestellt: wie sollten sie ihre »Armee« und Ausrüstung quer durch halb Europa und nach Rußland bringen? Die Antwort auf dieses Dilemma kam, als Max Warburg, der Rothschildagent, der Leiter der deutschen Geheimpolizei war, sie alle in einen versiegelten Eisenbahnwaggon packte und für ihre sichere Durchfahrt bis an die russische Grenze sorgte. Max Warburg war der Bruder von Paul Warburg, dem Erbauer, Gründer und ersten Vorsitzenden der amerikanischen Federal Reserve Corporation.

Nachdem sie einmal in Rußland waren, wendeten Lenin, Trotzi und ihre erbarmungslose Bande von Raubmördern die teuflischen Lehren mit unermüdlichem Eifer an, die Sergei Nechayew in seinem »Revolutionären Katechismus« niedergelegt hatte. In Lenins eigenen Worten mußten die ergebenen Anhänger »zu jedem und allen Opfern bereit sein und zu allen nur denkbaren Mitteln, Manövern und illegalen Methoden, zu Lügen und Verleumdungen«, um die Zielsetzung zu verwirklichen.

Die Rote Armee der Bankers

Im Juli 1917 erlitt das von den internationalen Bankers unterstützte Komplott einen anfänglichen Rückschlag, und Lenin und einige seiner Mitarbeiter mußten nach Finnland fliehen. Einige Monate danach kehrten sie wieder nach Rußland zurück, wo sie eine stattliche Zahl von Einzelpersonen in den Griff bekamen, die, bestürzt von den entsetzlichen Zuständen in Rußland infolge des drei Jahre währenden Krieges, leichtgläubig ihren Versprechungen Glauben schenkten, man werde die großen Landgüter untereinander aufteilen und sie mit vielen Annehmlichkeiten des Lebens versehen. Die Bolschewiken taten sich auch mit tausenden von böswilligen, anarchistischen Atheisten zusammen, denen von der provisorischen Regierung unter Alexander Kerenski nach Abdankung des Zaren eine Amnestie gewährt worden war.

Im November 1917 ließen die Bolschewisten ihre Revolution steigen und diesmal mit Erfolg. Zunächst ergriffen sie die Kontrolle über Petrograd und dann im Verlauf der nächsten zweieinhalb Jahre über ganz Rußland, wobei sie sich einer Terrorkampagne bedienten, die in der Geschichte der Menschheit ohne Beispiel war.

Während des blutigen Bürgerkrieges, der auf die bolschewistische Revolution folgte, war Lenin der unangefochtene Führer der politischen Aktivitäten und Trotzki organisierte den militärischen Zweig der Organisation – die Rote Armee. Der Name »Rote Armee« war keine falsche Benennung oder ein zufällig gesuchter Name.

Die bolschewistische Rote Armee unter der Führung von Trotzki war das tödliche Werkzug der von Rothschilds (Rotes Schild) beherrschten internationalen Bankers. Es war nur allzu passend, daß sie das »Rote« Etikett oder Schild trug.

Zwischen 1917 und 1921 durchlebte Rußland eine Zeit unvorstellbaren politischen und wirtschaftlichen Chaos. Wirtschaftlich und sozial war der äußerste Ruin erreicht. Die industrielle Produktion brach durch die Unterbrechung der Transportlinien zusammen, die Versorgung mit Rohstoffen und Krediten war unzulänglich, so daß es fast überhaupt keine Waren wie Kleidung, Schuhe oder landwirtschaftliche Gerätschaften gab. Im Jahr 1920 belief sich die Industrieproduktion auf 13 Prozent des Wertes von 1913. Gleichzeitig wurde Papiergeld so großzügig gedruckt, daß der Rubel so gut wie wertlos war.

Der Plan der Illuminaten erfüllte sich

Die Kommunisten haben die immer tiefer greifende nationale Tragödie ausgebeutet sowie die Uneinigkeit und Unentschlossenheit ihrer Gegner. Sie führten ihren diabolischen Plan mit fanatischer Grausamkeit aus. Terror à la »Revolutionärer Katechismus« hieß die Losung des Tages – jeden Tag, jede Woche und jeden Monat. Die Werkzeuge, die diese gnadenlosen Terroristen einsetzten, war die Rote Armee unter Leitung von Leon Trotzki sowie die Geheimpolizei, die systematisch alle tatsächlichen, potentiellen oder eingebildeten Gegner ermordete. Diese Terroristen wurden für ihre blutbesudelten Dienste reich belohnt. Sie erhielten guten Lohn und eine umfangreiche Lebensmittelration. Sie waren »das Gesetz«, wo immer sie hingingen.

Wahrlich, die Situation in Rußland »schrie laut« nach Maßnahmen seitens der westlichen Nationen, die sich selbstgefällig soviel auf ihre »Menschlichkeit« zugute hielten. Aber keine einzige Nation rührte sich, um die Vernichtung der unschuldigen Massen in Rußland zu verhindern. Ihre Regierungen wurden allesamt von derselben Kraft kontrolliert, die geschäftig dabei war, Rußland gemäß dem Plan zu erdrosseln, den der Illuminaten »Alleiniger Oberbefehlshaber« Abert Pike in seinem berühmten Brief an Mazzini im Jahre 1871 beschrieben hatte.

Trotzki, der der Hauptanstifter dieses Gemetzels war, rechtfertigte seine Taten damit, daß sie »eine Demonstration des Willens und der Stärke des Proletariats« seien.

Winston Churchill bemerkte in seinem Artikel in der »Illustrated Sunday Herald« am 8. Februar 1920, daß die »weltweite und stetig wachsende ›Illuminaten‹-Verschwörung eine klar erkennbare Rolle in der Tragödie der Französischen Revolution gespielt hat. Sie ist die Antriebsfeder einer jeden subversiven Bewegung des 19. Jahrhunderts gewesen; und nun, zuletzt, hat diese Bande außergewöhnlicher Persönlichkeiten aus der Unterwelt der Großstädte Europas und Amerikas das russische Volk bei den Haaren gepackt und sind praktisch die unangefochtenen Herren dieses riesigen Reiches.«

Die Französische Revolution, von Winston Churchill als die »klar erkennbare« Arbeit der Illuminatenverschwörung gekennzeichnet, war eine Zeit voller Blutvergießen und Gewalttaten, eine Terrorherrschaft, die den Tod von Hunderttausenden von Menschen gefordert hatte.

Mit der von den Illuminaten geplanten und finanzierten Russischen Revolution von 1917 wird das frühere Ereignis an Intensität und Dauer völlig in den Schatten gestellt. In Frankreich hatte sich das rot-hitzige Fieber des mordenden Pöbel in wenigen Monaten von selbst ausgebrannt. In Rußland wurde das kalt berechnete Abschlachten des Volkes und die systematische Vernichtung der alten Ordnung mit einem religiösen Eifer weitergeführt, der all die sadistischen, vom Teufel inspirierten Anweisungen in sich vereinigte, die in dem »Revolutionären Katechismus« niedergelegt sind, einem verwunderlichen Dokument.

Bevor das Blutvergießen ein Ende nahm, waren mehr als 30 Millionen Menschen unter dem gnadenlosen Schwert des von den internationalen Bankers erschaffenen roten Ungeheuers umgekommen.

Mehreren Millionen gelang es, den Krallen der kommunistischen Schlächter zu entgehen und in Nachbarländer zu fliehen.

Amerikas Eintritt in den Krieg

Mit der Verabschiedung des Gesetzes über die Einkommensteuer und über die Errichtung des Federal Reserve Systems war für die amerikanischen Bankers endlich der Weg frei für die Vorbereitung des amerikanischen Kriegseintritts in den Ersten Weltkrieg. Obwohl Wilson und seine verborgenen Meister Amerikas militärisches Engagement in dem europäischen »Kriegstheater« seit geraumer Zeit geplant hatten, galt es, noch ein größeres Hindernis zu überwinden. Die überwältigende Mehrheit des amerikanischen Volkes befürwortete den Standpunkt des Isolationismus. Sie wollte, daß ihr Land an den liebgewonnenen Prinzipien der Monroe-Doktrin vom 2. Dezember 1823 festhält und sich nicht in einen Krieg in Europa einmischt.

Als sich der selbstgefällige Marionettenpräsident zur Wiederwahl 1916 stellte, war er gezwungen, so zu tun, als ob er auf der Seite des amerikanischen Volkes stünde, jedenfalls für die Dauer des Wahlkampfes. Mit dem Slogan »Er hat uns aus dem Krieg herausgehalten« konnte Wilson die Wiederwahl knapp für sich gewinnen. Nur wenige Tage nach seiner zweiten Amtseinführung trat Wilson vor den Kongreß und verlangte die Kriegserklärung gegen Deutschland. Der Kongreß gehorchte.

Amerika erklärte Deutschland am 6. April 1917 den Krieg, und im Juni landeten Hunderttausende amerikanische Truppen unter dem Kommando von General John J. Pershing in Frankreich.

In dem Buch »Pilgrim Partners«, das in sehr kleiner Auflage 1942 erschienen ist, enthüllt Sir Harry Brittain, wie die internationalen Verschwörer über die Nachricht der amerikanischen Kriegserklärung entzückt waren:

»Endlich dämmerte im April 1917 ein wunderbarer Tag in der anglo-amerikanischen Geschichte herauf – die USA hatten sich den Alliierten angeschlossen. Einige Tage darauf wurde in der St. Pauls Kathedrale ein feierlicher Gottesdienst abgehalten, um den Eintritt der Vereinigten Staaten in den Krieg zu zelebrieren und die Mitglieder des Pilgrim Clubs erhielten Ehrenplätze unter der Domkuppel, hinter dem König und der Königin.«

Amerika als Werkzeug der Banker

Trotz der massiven Infusion »frischen Blutes« auf seiten der Verbündeten hielt Deutschland stand. Bereits 1918 hatte Deutschland – mit Hilfe der nach Einstellung der Feindhandlungen im Osten an die Westfront verlegten Truppen – eine massive Stirb-oder-Sieg-Offensive auf die alliierten Streitkräfte vorgenommen. Die Deutschen schossen sich bereits den Weg durch die Außenbezirke von Paris, ehe sie aufgehalten wurden. Eine Gegenoffensive der Alliierten, vor allem kraft der amerikanischen Verstärkung, brach der deutschen Armee das Genick und zwang sie zum Rückzug auf die ursprüngliche Hindenburg-Linie.

In Deutschland selbst schwollen die Probleme zu einer Revolution an und der deutsche Militärapparat fing an, auseinanderzubrechen. Kaiser Wilhelm II. dankte ab. Der Krieg war zu Ende, als am 11. November 1918 in Compiègne, Frankreich, der Waffenstillstand unterzeichnet wurde, der den Ersten Weltkrieg beendete.

In den 17 Monaten der amerikanischen Expedition in das europäische »Theater« wurden eine Reihe weitreichender Zielsetzungen für die Hintermänner erreicht.

Amerikas Außenpolitik des Isolationismus und der Neutralität, die George Washington so beredt in seiner Abschiedsbotschaft verfochten und die ihren Niederschlag in der Monroe-Doktrin gefunden hatte, war tot. Damit war ein Präzedenzfall geschaffen worden – wenngleich durch ungeheuerlichen Betrug – daß Amerika als ein militärisches Werkzeug in den Händen der internationalen Bankers benutzt werden konnte.

Dem Pan-Amerikanismus wurde durch ein Geheimabkommen der Pilgrim Society Ende 1890 abgeschworen, als die amerikanischen Wirtschafts- und Politkräfte entschieden, daß sie in Zukunft den »Anglo-Saxonismus« unterstützen und die Interessen der Krone verteidigen würden. Das Bewußtsein über diese Tatsache hat vielen Amerikanern nur sehr langsam gedämmert.

Das zaristische Rußland, den Geldmonopolisten seit vielen

Ruinen und Schulden und nur Verlierer. Einziger Sieger auf dem Weg zur Beherrschung der Welt: Die Rote Armee der Bankers, die das »Rote« Etikett der Rothschilds trug.

Jahren ein Dorn im Auge, war mit Erfolg von der Weltbühne gefegt worden. Dies hatte 47 Jahre zuvor der Oberilluminat Albert Pike in seinem berühmten Brief an Mazzini beschworen.

Der Erste Weltkrieg hatte in den beteiligten Ländern eine Staatsverschuldung von astronomischer Höhe geschaffen. Diese Schulden waren bei den internationalen Bankers gemacht worden, die die Sache von vorne bis hinten organisiert und in Szene gesetzt haben. »Kriegsschauplätze« haben sich schon immer als höchst lukrativ für ihre Manager und diejenigen erwiesen, die sie finanzieren.

Ruinen und Schulden und nur Verlierer

Der Erste Weltkrieg hatte in den Ländern Europas einen beispiellosen gesellschaftlichen Umbruch bewirkt und die Bühne für eine weltweite soziale Revolution vorbereitet. Als der Waffenstillstand 1918 geschlossen wurde, hatte sich das Bild der Welt grundlegend verändert.

Aus den Ruinen und Schulden des »Krieges zur Beendigung allen Krieges« erhoben sich unanfechtbare Tatsachen. Das englische Volk hatte verloren. Das französische Volk hatte verloren ebenso wie das deutsche, österreichische und das italienische. Das russische Volk hatte den Krieg, die Revolution – und seine Freiheit verloren.

Amerika, mit mehr als zwei Millionen Truppen bei Kriegsende in Europa, stand auf seiten der Verlierer Rußland nur wenig nach. Dank der Treulosigkeit von Präsident Wilson und vielen Kongreßmitgliedern und der ungezügelten Lust derer, die jetzt unser Währungssystem kontrollieren, befand sich die einstmals stolze amerikanische Republik auf rasantem Weg in die Zerstörung.

Obwohl das amerikanische Volk eindeutig der Verlierer im Ersten Weltkrieg war, ebenso wie die Völker der übrigen beteiligten Nationen, gab es eine Gruppe, für die der Erste Weltkrieg ein uneingeschränkter Erfolg gewesen war: die Big Bankers.

Die Tatsachen über die wirklichen Sieger teilt Carrol Quigley in seinem Buch »Tragedy and Hope« mit: »Der Erste Weltkrieg war eine Katastrophe solchen Ausmaßes, daß selbst heute das Vorstellungsvermögen nur schwer mithalten kann. An allen Fronten sind in der gesamten Kriegszeit rund 13 Millionen Männer der verschiedenen Streitkräfte umgekommen, sei es durch Verwundung oder Krankheit. Die Carnegie-Stiftung für den internationalen Frieden hat geschätzt, daß der Krieg Gebäude im Wert von 400 000 000 000 $ zerstört hat, wobei der Wert aller Gebäude in Frankreich und Belgien zu der Zeit nicht mehr als 75 000 000 000 Dollar betragen hat.«

Wenn Sie die folgenden Worte lesen, erinnern Sie sich der langfristigen Zielsetzung der Illuminaten, wie sie aus verschiedenen Quellen belegt wurde: »Es war offensichtlich, daß der Aufwand an Menschen und Gütern in solchen Größenordnungen eine gewaltige Mobilmachung von Hilfsquellen in der ganzen Welt erforderlich macht, .und nicht umhin konnte, weitreichende Auswirkungen auf die Denk- und Handlungsweise der Menschen zu haben, die unter eine derartige Belastung gezwungen wurden. Einige Staaten wurden vernichtet oder auf immer verkrüppelt. Es gab tiefgreifende Veränderungen im Finanz- und Wirtschaftsleben, in den gesellschaftlichen Beziehungen, in der Weltanschauung und im Gefühlsverhalten. Der Krieg setzte nichts Neues in die Welt; vielmehr beschleunigte er einen Gärungsprozeß. Mit dem Ergebnis, daß Veränderungen, die sich in Friedenszeiten über einen Zeitraum von 30 oder 50 Jahren entwickelt hätten, innerhalb von fünf Kriegsjahren vollzogen worden waren.

Beherrschung der Wirtschaft der Welt

Carrol Quigley betont des weiteren, die gewaltigen Veränderungen »in der Gesellschaftsordnung«, die der Krieg bewirkt hat, aber er beklagt die Tatsache, daß viele es nur langsam akzeptieren konnten, diese Veränderungen als dauerhaft anzusehen. »Es war, als ob die Veränderungen zu schnell gekommen wären, um vom menschlichen Verstand hingenommen zu werden, oder was wahrscheinlicher ist, daß die Menschen zwar die überall eingetretenen Veränderungen sahen, aber annahmen, sie seien vorübergehende Entgleisungen einer Kriegszeit und daß, wenn der Frieden käme, sie verschwinden und jedermann zu seiner langsamen, angenehmen Welt von 1913 zurückkehren würde.« Für den illuminierten Professor Quigley war dies ein »sehr gefährlicher« Standpunkt.

»Sehr gefährlich« für wen? Vermutlich für die Illuminierten und für die internationalen Bankers, die, wie Quigley offen zugibt, höchst interessiert daran waren, »ein anderes, weitreichendes Ziel, nicht geringeres als die Erschaffung eines Weltsystems zur finanziellen Kontrolle durch private Hand, in der Lage, das politische System eines jeden Landes und die Wirtschaft der Welt insgesamt zu beherrschen. Dieses System sollte auf feudalistische Weise (Rückkehr zur Leibeigenschaft) von den Zentralbanken der Welt (internationale Bankers) gesteuert werden, die konzentriert handeln, und zwar aufgrund von Geheimabkommen, die auf häufigen Privatkonferenzen und Treffen vereinbart würden.«

Quigley, ein anerkannter »Insider«, der sich mit einem zweijährigen Zugang zu den »Papieren und Geheimdokumenten« der Round-Table-Gruppe (Illuminaten) zu Beginn der 60er

Jahre brüstet, macht einige aufschlußreiche Erklärungen über die internationalen Bankers:

»Die Geschichte des vergangenen Jahrhunderts zeigt, daß der Rat, den die Bankers (die, wie wir gesehen haben, die Regierungen kontrollieren) Regierungen gegeben haben, ebenso wie der Rat, den sie an Industriekonzerne gegeben haben, für die Bankers durchweg vorteilhaft waren, aber für die Regierungen, Unternehmen und das Volk allgemein oft unglückselig. Solcher Rat konnte, falls notwendig, durch Manipulation der Aktienbörse, Goldbewegungen, Diskontsätze, ja sogar durch Wirtschaftszyklen aufoktroiert werden.«

Quigley entdeckt uns sodann die Methoden, mit denen die internationalen Bankers jedes Gramm Profit aus dem Krieg herausgeschlagen haben, den ihre Tricks verursacht haben. Er informiert seine Leser, daß »im Juli 1914 die Militärs zuversichtlich waren, eine Entscheidung innerhalb von sechs Monaten herbeiführen zu können, weil ihre strategischen Pläne und die Beispiele von 1866 und 1870 eine sofortige Entscheidung nahelegten. Dieser Glauben wurde von den Finanzexperten unterstützt, die zwar die Kosten des Krieges erheblich unterschätzt hatten, aber dennoch sicher waren, daß die finanziellen Mittel aller Staaten nach sechs Monaten erschöpft sein würden. Unter ›finanzielle Mittel‹ verstanden sie die Goldreserven der verschiedenen Nationen. Diese waren ganz offensichtlich begrenzt; alle Großmächte waren an den Goldstandard gebunden, nach dem Banknoten und Papiergeld auf Verlangen in Gold umgetauscht werden konnten.«

Die Banken machten das Geld

Quigley schreibt weiter, daß »der Kriegsausbruch von 1914 diese finanziellen Kapitalisten von ihrer schlechtesten Seite zeigte, kurzsichtig und selbstsüchtig, während die, wie gewöhnlich, ihre totale Hingabe an das soziale Wohl proklamierten. Die Einstellung der Bankers hat sich am deutlichsten in England gezeigt, wo jede Bewegung von den Bemühungen diktiert wurde, ihre eigene Position zu sichern und davon zu profitieren, und nicht von den Überlegungen, wie die Wirtschaft für den Krieg oder das Wohl des englischen Volkes zu mobilisieren sei.«

Um die Finanzierungsprobleme zu bewältigen und den Weg für eine Verlängerung des Krieges zu öffnen, so daß daraus der größte finanzielle und politische Gewinn geschlagen werden konnte«, stellten die Bankers ein System auf, wonach die ihnen geschuldeten Verpflichtungen mit ungedecktem Papiergeld – sogenannte Schatzanweisungen – beglichen werden konnten.«

»Jedes Land hob den Goldstandard bei Kriegsbeginn bis auf

weiteres auf. Damit wurde die automatische Begrenzung in der Versorgung mit Papiergeld beseitigt. Sodann hat jedes Land den Krieg durch Aufnahme von Krediten bei den Bankers bezahlt. Die Banken machten das Geld, das sie anschließend ausliehen, indem sie der Regierung einfach ein Konto in beliebiger Höhe einräumten, auf das die Regierung Schecks ziehen konnte. Die Banken waren damit nicht mehr in der Höhe der Kredite beschränkt, die sie bereitstellen konnten, weil sie nun kein Gold mehr auf Verlangen gegen Schecks eintauschen mußten. Damit wurde die Geldschöpfung der Banken in Form von Krediten nur noch von der Nachfrage ihrer Schuldner begrenzt. Und da die Regierungen für ihren Bedarf Geld borgten, borgten natürlich auch die Privatunternehmen, um die Regierungsaufträge ausführen zu können. Das Gold, das nun nicht mehr einfach verlangt werden konnte, ruhte in den Tresoren, abgesehen von kleinen Mengen, die exportiert wurden, um für die Lieferungen neutraler Länder oder von Mitstreitern zu bezahlen.«

Der gewaltige Anstieg von ungedecktem Papiergeld führte zu einer atemberaubenden Inflation: »Die Mittelklasse der europäischen Gesellschaft, mit ihren Bankguthaben, Scheckeinlagen, Hypotheken, Versicherungs- und Rentenpapieren wurde durch die Kriegsinflation angeschlagen und sogar ruiniert.«

Lügen wie zu keiner anderen Zeit der Weltgeschichte

Diese von den internationalen Bankers berechnete Vergewaltigung der Währung hatte eine zusätzliche Wirkung, die perfekt in ihre Pläne zur Vernichtung der »alten Weltordnung« paßte, die der »Neuen Weltordnung« der Illuminaten vorausgehen sollte. In einigen Ländern »ging die Inflation so weit, daß die Währungseinheit vollkommen wertlos wurde. Die Mittelklasse wurde weitgehend zerstört und ihre Angehörigen in die Verzweiflung getrieben oder zumindest an den Rand eines psychopathischen Hasses auf jede Form der Regierung oder der sozialen Klasse, die sie für ihren Notstand verantwortlich hielten.«

Selbst in England und Amerika »stiegen die Preise um 200 bis 300 Prozent, während die Staatsverschuldung um rund 1000 Prozent zunahm.« Professor Quigley bestätigt die Ansicht von Arthur Ponsonby, einem englischen Parlamentarier, daß »es in der Welt von 1914 bis 1918 mehr vorsätzliche Lügen gegeben haben muß als zu jeder anderen Zeit der Weltgeschichte.«

Aufgrund der englischen Zensur waren zum Beispiel die meisten Tatsachen bezüglich der Vorgeschichte des Krieges in Amerika unbekannt. Das englische Kriegspropaganda-Ministerium unter Leitung von Sir Gilbert

Parker betrieb das amerikanische Informationsbüro, welches »fast alle Informationen kontrollieren konnte, die für die amerikanische Presse bstimmt waren und fungierte ab 1916 als ein internationaler Nachrichtendienst, der die europäischen Nachrichten selbst an rund 35 amerikanische Zeitungen verteilte.«

Sie »unterschlugen jede Verletzung des Kriegsrechts oder der Regeln der Menschlichkeit, soweit diese der (britisch-französischen) Entente anzulasten waren. Hingegen wurden Verstöße und Grausamkeiten der Zentralmächte (Deutschland) groß herausgebracht.« »Greuel«-Propaganda wurde hochgespielt, Geschichten über Deutsche, die Tote verstümmeln, Frauen vergewaltigen, Kindern die Hände abhacken, Kirchen und Denkmäler entweihen und Belgier gekreuzigt haben, fanden im Westen allgemein Glauben, als man das Jahr 1916 schrieb.

Diese krassen Lügen wurden von den Illuminatenagenten für eine Reihe von Zwecken fabriziert. Zu diesen Zwecken gehörte die Hoffnung, dadurch die Chance eines Verhandlungsfriedens (zum Dezember 1916) zu sabotieren. Sie hofften damit auch, die Unterstützung neutraler Länder (wie die Vereinigten Staaten) zu gewinnen und diese im Namen der »Menschlichkeit« in den Krieg zu ziehen. Als der Öffentlichkeit diese Lügen am Ende des Krieges bekannt wurden, erfüllten sie auch noch den Zweck, die Skepsis gegenüber allen Regierungsmitteilungen weiter zu vermehren.

Wie Edward Stanton, Lincolns Kriegsminister, in seinem berühmten Buch »Mr. Secretary« sagt: »Kriege werden nicht ausgetragen, um einen Feind zu besiegen. Kriege werden gefochten, um einen Zustand hervorzurufen«, der vollkommen in Übersteinstimmung mit den langfristigen Plänen der Illuminaten war.

VI. Verrat in Versailles

Als sich der Erste Weltkrieg, der »Krieg zur Beendigung aller Kriege«, zähflüssig einem Stillstand näherte und »Frieden« sich unbehaglich über die dezimierten und ausgelaugten Völker Europas legte, blieb eine Frage von übergeordneter Dringlichkeit in den Köpfen der monopolistischen Weltverteiler offen: wie sollten sie das Geschehen zwischen den führenden Mächten so manipulieren, daß ein weiteres universales Blutbad, mit all seinen möglichen Gewinnen und Fortschritten auf dem Weg zu ihrem Endziel in der nahen Zukunft mit tödlicher Wut ausbrechen würde?

Sofort nach dem Krieg belegte die englische Regierung auf Geheiß ihrer heimlichen Meister aus der City, Deutschland mit einer Blockade. Am 14. März 1919 erklärte Winston Churchill vor dem englischen Unterhaus, daß England »die Blockade mit Nachdruck durchsetze. Diese Waffe des Aushungerns ist vornehmlich auf die Frauen und Kinder gerichtet, die Alten, die Kranken und die Armen.«

Der Mann, der die Würfel rollen ließ

Während die London »Daily News« Augenzeugenberichten aus Deutschland über »viele entsetzliche Dinge ... Babies zu Hauf, vom Fieber aus Mangel an Nahrung geschüttelt, von Hunger derart verzehrt, daß ihre kleinen Glieder wie dünne Stöckchen aussehen, ihre Gesichter hoffnungslos und ihre Augen voller Qual« brachte, berichtete, die »Associated Press« aus Paris am 24. Juli, daß »Deutschland 500 Hengste, 3000 Fohlen, 90 000 Milchkühe, 100 000 Schafe und 10 000 Ziegen an Frankreich abliefern muß. Des weiteren hat Deutschland 200 Hengste, 5 000 Stuten, 5 000 Fohlen, 50 000 Kühe und 40 000 Säue an Belgien abzuliefern.«

Wie uns Professor Quigley in seinem Buch »Tragedy and Hope« mitteilt, war »der Ausgang der Blockade verheerend. In den neun Monaten nach dem Waffenstillstand hat sie den Tod von 800 000 Menschen bewirkt.« In den vier Kriegsjahren hatte Deutschland 1,6 Millionen Menschen verloren. Die Sterblichkeitsrate in Deutschland während der Blockade war fünfeinhalbmal so groß wie im Krieg.

Als sich die Führer der »siegreichen« Nationen in Versailles, Frankreich, versammelten, um über das Schicksal Europas zu beschließen, waren auch die Rothschilds und ihre Agenten mit von der Partie, um sicherzustellen, daß die Dinge in die Bahn gelenkt wurden, die ihren Interessen nützlich sein würde. Die Delegation der Vereinigten Staaten wurde nach außen hin von Woodrow Wilson angeführt, aber es bestanden bei den anderen führenden Teilnehmern keinerlei gedankliche Zweifel daran, daß House der Mann war, der die Würfel rollen ließ. Er war der Mann, der die Entscheidungen traf. Ohne seine Billigung ging nichts.

Berater waren die Bankers

Der dritte im Führungsbunde der amerikanischen Delegation, der die Rolle eines »Beraters« spielte, war Bernard Baruch. In seiner Zeit als despotischer Leiter des Amtes für Kriegsindustrie im Ersten Weltkriege hatte Baruch es verstanden, sich ein Vermögen von rund 200 Millionen US-Dollar zu erwerben, indem er lukrative Regierungsaufträge an die »richtigen« Stellen vergab. Baruch hatte für Wilsons Wahlkampagne 1912 und 1916 sein privates Vermögen investiert. Es hatte sich nett bezahlt gemacht!

England wurde durch seinen Premier David Lloyd George vertreten. An seiner Seite befand sich Sir Philip Sassoon, ein direkter Nachfahre von Amschel Rothschild und ein Mitglied des englischen Privy Council (geheimer Staatsrat). Auf der Friedenskonferenz agierte Sassoon als Lloyd Georges Privatsekretär und konnte damit an allen supergeheimen Sitzungen teilnehmen.

Bei den Franzosen wurde Premierminister Clemenceau von einem Mann »beraten«, der den Namen »Georges Mandel« trug. Es war kein neuer Job, den dieser spitznasige, untersetzte kleine Chemiker ausführte, der während des Krieges das französische Innenministerium geleitet und die Zivilbevölkerung zum Mut ermahnt hatte. Mandel, geborener Jeroboam Rothschild, ist oft als der Disraeli Frankreichs bezeichnet worden. Er war ein Superpolitiker in einem Land der Politiker.

»Colonel« House war auf der europäischen Politszene kein Fremdling. Seit 1912 – insbesondere während der Kriegsjahre – hatte er regelmäßig die Kanzlerämter Europas besucht. »House fühlte sich immer ganz zu Hause, ob er mit König Georg im Buckingham Palast dinierte, mit dem Kaiser in Potsdam plauderte oder im Elysee Palast zu Mittag aß, genauso wie in den Zeiten, als seine Bibliothek in Austin der Treffpunkt der Männer war, die Texas regierten«.

Zur Zeit der Versailler Friedenskonferenz befand sich House auf dem Höhepunkt seiner Macht. Er war dort der gefragteste Mann. Premiers, Botschafter und Delegierte belagerten ihn in seinem Hotel Carlton. An einem einzigen Tag gewährte er an solch einflußreichen Männern 49 Audienzen. Einmal traf der französische Regierungschef, Clemenceau, ein, als der Präsident Wilson bei House weilte. Der Präsident mußte das Zimmer verlassen, während House und der französische Premier sich unter vier Augen unterhielten. Wilson war nur ein Bauer in dem Spiel – ein austauschbarer Bauer in dem tödlichen Spiel der internationalen Macht.

Wilson ein gebrochener Mann

Es liegen erhebliche Beweise vor, daß Woodrow Wilson be-

Nach vier Jahren Krieg wehte überall ein Hauch von Brüderlichkeit. Die Banker planten bereits wegen des Profites einen neuen Krieg.

reits 1914 zu der furchterregenden Einsicht gelangt war, er habe, seine »Seele dem Teufel verkauft« im Austausch für einen flüchtigen Moment des »Ruhmes« auf der nationalen und internationalen Bühne. Diese Tatsache hat offensichtlich das Gewissen des Präsidenten in den späteren Jahren mehr und mehr belastet. House vertraute seinem Tagebuch später an, daß er »damals (1914) und auch mehrmals danach dachte, der Präsident habe den Wunsch zu sterben; zweifellos war an seiner Haltung und seiner Gemütsverfassung abzulesen, daß er dem Leben keine Freude abgewann.«

Einige Monate nach Wilsons zweiter Amtseinführung schrieb der englische Botschafter, Sir Horace Plunkett, an House: »Ich habe dem Präsidenten meine Aufwartung gemacht und war über sein abgehärmtes Aussehen erschrocken; die seit Januar eingetretene Veränderung ist entsetzlich deutlich.«

Zur Zeit der Versailler Konferenz, 1919, äußerte ein englischer Regierungsbeamter, Sir William Wiseman zu House, daß er erschrocken sei »über sein Aussehen. Sein Gesicht war angespannt und hatte eine graue Farbe und häufig zuckte er mit dem nutzlosen Bemühen, die Nerven zu kontrollieren, die zusammengebrochen waren.«

Offenbar hatte der Marionettenpräsident eine längere Zeit der geistigen Tortur durchgemacht, die ihm seine Einsicht verursacht hatte, daß die verborgenen Mächte ihn als ihr Instrument bei ihrem Komplott zur Zerstörung der Vereinigten Staaten benutzten.

In Versailles wurde Woodrow Wilson von dem Betrug und den Schikanen der internationalen Machtpolitik vernichtet. Schwindel befiel ihn, als er herausfand, daß Amerika für den Erfolg eines Geheimabkommens gekämpft hatte, von dem die Vereinigten Staaten nichts gewußt hatten und welches gegen die ersten Interessen dieser Nation verstieß.

In Versailles verhandelten die Großmächte hinter verschlossenen Türen, die kleinen Nationen hatten in den Entscheidungen nichts mitzureden. Nachdem er seinem von House inspirierten Vorschlag über die Liga der Nationen durchgebracht hatte, brach Wilson unwiderruflich mit seinem »alter ego« und fuhr heim. Bei seiner Rückkehr in die Vereinigten Staaten wurde Wilson vom amerikanischen Volk verstoßen. Innerhalb von zwei Wochen erlitt er zwei Schlaganfälle und war halb gelähmt. Nur wenige Menschen sahen ihn in den nächsten Monaten. Er starb 1924 in Washington.

Die Erklärung eines weiteren Krieges

Großbritannien – oder richtig die Krone – war mehr noch als Frankreich der eigentliche Nutznießer des Versailler Vertrages.

»Dem sogenannten gesättigten Imperium gelang es, in Form von Mandaten, die Mehrzahl der deutschen Kolonien zusätzlich zu einem fetten Stück von den Ottomanischen Besitzungen zu verschlingen. Die Kapitulation der deutschen Flotte beseitigte eine schwere Drohung und ließ England unangefochten als Seemacht vom Nordkap bis Gibraltar und von Gibraltar bis zu den Dardanellen zurück« (Nicholas Spykman »America's Strategy in World Politics«).

Der endgültige »Vertrag«, den man mit stillschweigendem Einverständnis der internationalen Bankers geschlossen hatte, ist von vielen Beobachtern als eine grausame Farce erkannt worden. Philip Snowden, der später ein Mitglied des englischen Parlaments war, hat eine zutreffende Bewertung geliefert: »Der Vertrag dürfte Briganten, Imperialisten und Militaristen zufriedenstellen. Er ist ein Todesstoß für alle diejenigen, die gehofft hatten, das Ende des Krieges werde den Frieden bringen. Es ist kein Friedensvertrag, sondern eine Erklärung für einen weiteren Krieg. Es ist der Verrat an der Demokratie und an den Gefallenen des Krieges. Der Vertrag bringt die wahren Ziele der Verbündeten an den Tag«.

Lord Curzon erklärte, der in Versailles erreichte Vertrag sei »kein Friedensvertrag, er ist einfach eine Unterbrechung der Feindhandlungen.«

Später hat Lloyd George dazu bemerkt: »Wir haben ein schriftliches Dokument, das uns Krieg in zwanzig Jahren garantiert. Wenn Sie einem Volk (Deutschland) Bedingungen auferlegen, die es unmöglich erfüllen kann, dann zwingen Sie es dazu, entweder den Vertrag zu brechen oder Krieg zu führen. Entweder wir modifizieren diesen Vertrag und machen ihn für das deutsche Volk erträglich oder es wird, wenn die neue Generation herangewachsen ist, es wieder versuchen.«

Noel F. Busch, Wirtschaftsberater im englischen Finanzministerium, deckt in einem in »Life« veröffentlichten Artikel am 17. September 1945 auf, daß John Maynard Keynes (später Lord Keynes), der neben Lord Rotschild in Cambridge wohnte und ein Direktor der Rotschild-kontrollierten Bank of England war, der Chefberater der englischen Regierung zu der Zeit war, als die finanziellen Klauseln des Versailler Vertrages entworfen wurden. So ist es nur natürlich, daß die Ergebnisse der wie auch immer gearteten »Vereinbarungen«, die in Versailles getroffen wurden, sich in den folgenden Jahren als höchst gewinnbringend für die Bankers und ihre Freunde erweisen würden.

Der Vertrag zinkte die Karten

In »Empire of ›The City‹« schreibt E. C. Knuth: »Die finanziellen Bestimmungen des Vertrages sind vielleicht der überhaupt unglaublichste Teil dieses absolut perfiden Papierwerkes, das jemals zustandegebracht wurde und das im Sinne praktischer Durchführbarkeit den reinsten Blödsinn enthielt.«

Der in dem »Vertrag« enthaltene »Blödsinn« zinkte die Karten zugunsten der internationalen Bankers und ebnete ihnen den Weg, um ihre weltweiten Ambitionen ein gutes Stück voranzutreiben.

Im Anschluß an die von der City bei Einstellung des Feuers kaltblütig verhängte, mörderische Blockade Deutschlands – 800 000 Deutsche starben vor Hunger und Krankheit in nur neun Monaten – wurden dem deutschen Volk untragbare Reparationsleistungen als Ergebnis des Versailler Vertrages auferlegt. Eine erste Zahlung in Höhe von 20 000 Millionen Mark sollte bis Mai 1921 erfolgen. Als zu diesem Zeitpunkt etwas weniger als die Hälfte davon tatsächlich bezahlt worden war, drohten die Franzosen mit der Besetzung des Ruhrgebietes, um dadurch die Bezahlung zu erzwingen. Diese Krise ging vorüber, nachdem Deutschland, von einem weiteren Ultimatum unter Druck gesetzt, eine Reparationsrechnung von insgesamt 132 000 Millionen Mark annahm und den Siegern Schuldscheine in dieser Höhe ausstellte. Davon wurden 83 Milliarden beiseite gelassen und vergessen. Aber Deutschland sollte auf die restlichen 50 Milliarden jährliche Zinsen in Höhe von 2,5 Milliarden sowie 0,5 Milliarden pro Jahr zahlen, um die Gesamtschuld zu verringern.

»Deutschland konnte diesen Verpflichtungen nur unter zwei Voraussetzungen nachkommen: 1. wenn es einen Haushaltsüberschuß hätte und 2. wenn es mehr exportieren als importieren könnte – das heißt eine positive Handelsbilanz hätte.«

Die »Mächte der Zukunft« sorgten dafür, daß diese Ziele nicht erreicht werden konnten, ohne daß dabei der Lebensstandard in Deutschland auf eine Stufe gedrückt werden mußte, auf der die deutschen Arbeiter kaum mehr als geknechtete Sklaven ausländischer Herren sein würden. Zum Beispiel belegte 1921 England sämtliche Importe aus Deutschland mit einer 26prozentigen Steuer. Außerdem weigerte sich England, deutsche Waren in ausreichenden Mengen einzuführen. Daß Deutschland die Reparationszahlungen in Waren und Dienstleistungen hätte begleichen können, wenn seine Gläubiger den Willen gehabt hätten, diese Waren- und Dienstleistungen anzunehmen, wird durch die Tatsache veranschaulicht, daß das reale pro-Kopf-Einkommen des deutschen Durchschnittsarbeiters zu Beginn der 20er Jahre um 18 Prozent höher lag als in der Wirtschaftsblüte des Jahres 1913.

Chronische Inflation

Anstatt den Lebensstandard drastisch zu senken und gewaltige Steuererhöhungen vorzunehmen, ließ die deutsche Regierung mehrere Jahre lang einen unausgeglichenen Haushalt zu. Die Riesendefizite werden in dem von der Zentralbank (Reichsbank) geliehenen Geld bezahlt, die den internationalen Bankers unterstand.

Das Ende war leicht vorherzusehen: chronische Inflation! Im Jahe 1920 erhielt man für 20 Mark ein englisches Pfund. Zum August 1921 brauchte man bereits 300 Mark, um ein Pfund zu kaufen. Drei Monate später war der Wechselkurs 1000 : 1. Danach verschlechterte sich die Lage rasant. Zum Januar 1923 mußten 80 000 Mark für ein englisches Pfund bezahlt werden. Sieben Monate später lag der Kurs bei 20 Millionen für ein Pfund. Und am Jahresende brauchte man 20 Milliarden Mark, um ein englisches Pfund zu kaufen.

Der Wert des deutschen Papiergeldes verflüchtigte sich mit so alarmierendem Tempo, daß am Schluß die Bank nur noch eine Seite des Scheins bedruckte. Damit das Papier, auf das die Banknoten gedruckt wurden, nicht am Ende mehr wert war als der darauf genannte Betrag, gab die Reichsbank nur Scheine in astronomischen Beträgen heraus.

Viele Arbeiter wurden zweimal am Tag bezahlt, zu Mittag und bei Feierabend. Die Ehefrauen kamen zu ihren Männern vor die Fabriktore, holten die Bündel Geld und rannten zum nächsten Laden, um Lebensmittel und sonst Notwendiges noch vor der nächsten Preiserhöhung einzukaufen. Furcht und Verzweiflung bemächtigte sich des Landes. Die Mittelklasse war praktisch ausradiert. Wer Immobilien besaß – Gebäude, Land, Fabriken – profitierte von der Panik: er konnte seine Schulden mit Inflationsmark abbezahlen.

In diesem Chaos stellte Deutschland den Antrag auf ein Moratorium für sämtliche Bargeldzahlungen für die Reparationen, und zwar für die nächsten zwei Jahre. Die siegreichen Mächte lehnten den Antrag ab und am 9. Januar 1923 stimmte die Reparationskommission mit drei zu eins dafür (auf Geheiß der City stimmte England mit ›Nein‹. Man wollte lieber die Ausländer die schmutzige Arbeit für einen machen lassen), daß Deutschland mit seinen Zahlungen in Verzug sei. Zwei Tage später marschierten die Streitkräfte Frankreichs, Belgiens und Italiens in das Ruhrgebiet ein und besetzten Fabriken, Bergwerke, Wälder und sonstige wertvolle Plätze, aus denen sich Geld zwecks Reparationszahlungen herausholen ließ. Die deutschen Arbeiter an der Ruhr riefen zu einem Generalstreik auf, weigerten sich, die Wiedergutmachungszahlungen vorzunehmen und begannen ein Programm des passiven Widerstandes. Die Regierung stellte sich hinter die Streikenden.

Das besetzte Gebiet war relativ klein (rund 100 mal 50 km), enthielt aber 10 Prozent der Bevölkerung und erzeugte 80 Prozent der deutschen Kohle, Eisen und

»So, jetzt haben wir den Völkerbund«. Alle gegen Einen, gegen den nackt auf dem Boden liegenden deutschen Michel.

Stahl und stellte 70 Prozent des Gütertransportes.

Die Besetzung erwies sich als ein Mißerfolg. Die Besatzer, (12 500 Mann stark und 2000 Kollaborateure) versuchten vergebens, die Funktionsfähigkeit des Gebietes aufrecht zu erhalten.

Die Ereignisse an der Ruhr stellten eine ungeheure Belastung für die bereits disintegrierende deutsche Wirtschaft dar. Nicht nur, daß dadurch die Mark kaputt gemacht wurde, sondern auch die Besatzungsmächte erhielten nicht die von ihnen gewünschten Reparationen.

Der Dawes-Plan

Diese Sackgasse wurde also verlassen und die Ruhr frei gemacht, als sich Deutschland mit einer Kompromißlösung einverstanden erklärte, die als der Dawes-Plan bekannt ist. Diesen »Plan« hatte J. P. Morgan entworfen, und zwar mit Hilfe eines Komitees internationaler Finanzexperten. Charles Dawes, J. P. Morgan, ein Rothschild-Genosse, gehörte zu den führenden Finanziers Amerikas zu Beginn dieses Jahrhundertes. Nebenbei ist zu sagen, daß Morgan eine wesentliche Rolle bei der Gründung des »Council of Foreign Relations« (Rat für Auswärtige Beziehungen) – der »unsichtbaren Regierung« – im Jahre 1921 gespielt hat. Der CFR lenkt seitdem die Geschicke Amerikas.

Nach dem Dawes-Plan wurden in den ersten vier Jahren Deutschland Kredite in Höhe von 800 Millionen Dollar eingeräumt. Diese sollten für den Wiederaufbau benutzt werden, der seinerseits die Finanzen bringen sollte, mit denen die Reparationszahlungen an Deutschlands Gläubiger zu leisten waren. Ein Großteil des Geldes stammte aus den Vereinigten Staaten.

Dazu berichtet Professor Quigley: »Es ist zu beachten, daß dieses System von den internationalen Bankers eingerichtet wurde, und daß das Ausleihen des Geldes anderer an Deutschland für diese Banker höchst gewinnbringend war.«

Er schreibt weiter: »Mit Hilfe dieser amerikanischen Kredite wurde die deutsche Industrie weitgehend mit den neuesten technischen Einrichtungen ausgerüstet. Mit diesen amerikanischen Kredite konnnte Deutschland seine Industrie wieder aufbauen und sie mit Abstand zur zweitbesten der Welt entwickeln. Damit konnten Wohlstand und Lebensstandard beibehalten werden, trotz Niederlage und Reparationen, und die Reparationen bezahlt werden, ohne die Übel eines defizitären Haushaltes und einer negativen Handelsbilanz. Mit Hilfe dieser Kredite konnten die deutschen Schuldner ihre Kriegsschuld an England und die USA zurückzahlen, ohne Waren und Dienstleistungen zu exportieren. Devisen, die in Form von Krediten an Deutschland gingen, flossen an Italien, Belgien, Frankreich und England in Form von Reparationen zurück sowie schließlich an die Vereinigten Staaten in Form von Rückzahlung der Kriegsschulden. Was allein an diesem System schlecht war, war, daß es einfallen würde, sobald die Vereinigten Staaten kein Geld mehr liehen, und zweitens, daß in der Zwischenzeit die Schulden lediglich von einem Konto auf ein anderes verschoben wurden und niemand der Zahlungsfähigkeit auch nur einen Schritt näher kam. In der Zeit von 1924 bis 1931 bezahlte Deutschland 10,5 Milliarden Mark an Reparationen, borgte sich aber insgesamt 18,6 Milliarden Mark. Somit war rein gar nichts gelöst, aber die internationalen Bankers saßen im Himmel, wo es von Gebühren und Provisionen nur so regnete.«

Der Young-Plan

Der Dawes-Plan schlug fehl, als nämlich Deutschlands Reparationsverpflichtungen trotz der Milliardenbeträge, die bezahlt wurden, zunahmen. Er wurde von dem Young-Plan abgelöst, der nach Owen Young – einem Morgan-Agenten – benannt wurde und der der Vorsitzende des Komitees war, das dieses neue Arrangement aufstellte. Zwecks besserer Plünderung gründeten die internationalen Bankers in der Schweiz die Bank für Internationalen Zahlungsverkehr. Damit konnte die Wiedergutmachungszahlungen einfach dadurch erfolgen, daß Guthaben von einem Konto eines Landes bei dieser Bank auf das eines anderen Landes gebucht wurden, das ebenfalls bei der Bank geführt wurde. Auch hier machten die »Big Bankers« den großen Reibach mit Gebühren und Provisionen.

Beachten Sie eine Anzahl entscheidender Faktoren: die internationalen Bankers und ihre Agenten riefen die Zustände hervor, die zum Ersten Weltkrieg führten; sie schlugen finanzielle Beute aus dem Krieg; sie finanzierten die russische Revolution und ergriffen die Kontrolle über dieses weite Land; sie manipulierten die Geschehnisse in Europa nach dem Krieg in einer Weise, die »einen Zustand schafft« (nach Worten von Edward Stanton), infolgedessen sie finanziell »im Himmel saßen«; sie benutzten amerikanische Gelder, für die sie riesige Provisionen einstrichen, um Deutschlands Industrie »mit den neuesten technischen Einrichtungen auszurüsten« und »sie mit Abstand zur zweitbesten der Welt zu entwickeln«; bei ihren Manipulationen haben diese skrupellosen Monopolgeier die Deutschen benutzt und dermaßen ausgenutzt, daß sie sich deren unvergänglichen Haß verdient haben, und während sie die deutsche Industrie aufbauten, gleichzeitig aber die deutsche Bevölkerung bekämpften, haben sie den Weg vorbereitet, auf dem ein starker Mann die politische Bühne betreten konnte, der die Massen für seine »Sache« gewinnen würde, indem er ihnen Freiheit von den internationalen Finanzräubern verspricht.

Vorbereitung des Zweiten Weltkrieges

Im Herbst 1929 war es an der Zeit, daß die internationalen Bankers auf den Knopf drücken sollten, mit dem die Maschinerie in Bewegung gesetzt wurde, die zum Zweiten Weltkrieg führte. Nachdem sie selbst, ihre Agenten und Freunde auf der Welle eines künstlich aufgeblasenen Aktienbooms ausverkauft hatten, zogen die internationalen Bankers dem ganzen System den Boden unter den Füßen weg und stürzten die Vereinigten Staaten in die große Depression. In den folgenden Jahren verlangsamte sich die Wirtschaftsentwicklung überall in der Welt, bis praktisch nichts mehr lief.

Der Börsenkrach von 1929 beendete Amerikas Kreditvergabe an Deutschland. Dadurch wurde eine empfindliche »Flucht aus der Mark« ausgelöst, da die Leute übereinander herfielen, um die Mark gegen günstigere Währungen einzutauschen, denen sie ein größeres Vertrauen schenkten. Daraus ergab sich eine empfindliche Belastung für Deutschlands Goldreserven. Da diese abnahmen, mußte die Höhe der Kredite und des Bargeldumlaufes gesenkt werden, und zwar über höhere Zinsen.

Deutschland wandt sich auch weiterhin in einem Meer von Schulden, Furcht und Schwierigkeiten, und jedermann versuchte, den Kopf über den immer weiter steigenden Fluten des Unheils zu halten. An dieser Stelle nun trat Adolf Hitler und seine Nationalsozialistische Deutsche Arbeiter Partei in das Rampenlicht der deutschen Politbühne. Die internationalen Bankers halfen Hitler bis zur Machtübernahme 1933 mit Geldspritzen von rund 130 Millionen Mark.

VII. Hitler und die Drahtzieher des Zweiten Weltkrieges

Im Herbst 1929 war es an der Zeit, daß die internationalen Bankers auf den Knopf drücken sollten, mit dem die Maschinerie in Bewegung gesetzt wurde, die zum Zweiten Weltkrieg führte. Nachdem sie selbst, ihre Agenten und Freunde auf der Welle eines künstlich aufgeblasenen Aktienbooms ausverkauft hatten, zogen die internationalen Bankers dem ganzen System den Boden unter den Füßen weg und stürzten die Vereinigten Staaten in die große Depression. In den folgenden Jahren verlangsamte sich die Wirtschaftsentwicklung überall in der Welt, bis praktisch nichts mehr lief.

Der Börsenkrach von 1929 beendete Amerikas Kreditvergabe an Deutschland. Dadurch wurde eine empfindliche »Flucht aus der Mark« ausgelöst, da die Leute übereinander herfielen, um die Mark gegen günstigere Währungen einzutauschen, denen sie ein größeres Vertrauen schenkten. Daraus ergab sich eine empfindliche Belastung für Deutschlands Goldreserven. Da diese abnahmen, mußte die Höhe der Kredite und des Bargeldumlaufes gesenkt werden, und zwar über höhere Zinsen.

Bis zum Ende 1931 wurde in Deutschland der Diskontsatz Schritt für Schritt angehoben, bis er schließlich die schwindelerregende Höhe von 15 Prozent erreichte, ohne daß dadurch der Abfluß der Goldreserven aufgehalten worden wäre. Als Deutschlands Appell, die Reparationszahlungen zu verringern, von seinen Gläubigern aus verschiedenen Gründen abgelehnt wurde, verschlimmerte sich das Dilemma noch weiter. Während »mehrere Komitees internationaler Bankiers das Problem diskutierten, spitzte sich die Krise zu«. Die Darmstädter Bank und die Schröder-Bank brachen zusammen.

Hitler bietet Abhilfe

Deutschland wandt sich auch weiterhin in einem Meer von Schulden, Furcht und Schwierigkeiten, und jedermann versuchte, den Kopf über den immer weiter steigenden Fluten des Unheils zu behalten. An dieser Stelle nun traten Adolf Hitler und seine Nationalsozialistische Deutsche Arbeiterpartei (NSDAP) in das Rampenlicht der deutschen Politbühne. Seine Botschaft fand in den Herzen von Millionen Deutschen ein tiefes Echo.

Seine mit Kraft vorgetragenen Versprechungen, Deutschland aus den Fesseln des Versailler Vertrages, dem fremden Finanzmoloch, zu befreien und der erheblich eingeengten und krisenmüden Bevölkerung »Lebensraum« zu geben, fanden zu Beginn der 30er Jahre Aufmerk-

Ein Banker über Hitler: »Wenn ich alle Gespräche zusammenfasse: er ist nicht intelligent, sondern starrköpfig«.

samkeit im Volk. Er bot den Menschen etwas an, wonach sie sich sehnten. Seine Reden erweckten Hoffnung zu neuem Leben.

Das Deutschland der frühen 30er Jahre war eine von den internationalen Bankers gebaute Zeitbombe, die auf eine Person vom Schlage Hitler gewartet hatte, der die Szene betreten und die Kontrolle ergreifen würde.

Hitler als lukratives Geschäft

Aus detaillierten Aussagen vor dem Kilgore Committee of the

US Senat, 1945, Hearing über »Elimination of German Resources for War« (Beseitigung von Kriegsführungsquellen in Deutschland) geht hervor, daß »als die Nazis 1933 an die Macht kamen, sie feststellen konnten, daß man seit 1918 enorme Fortschritte in der Vorbereitung Deutschlands für den Krieg in wirtschaftlicher und industrieller Hinsicht gemacht hatte«.

Die gewaltigen Beträge amerikanischen Kapitals, die unter dem Dawes-Plan ab 1924 nach Deutschland geflossen waren, hatten die Grundlage gebildet, auf der Hitlers Kriegsmaschinerie aufgebaut worden war. Wie Dr. Anthony C. Sutton in »Wall Street and the Rise of Hitler« aufführt, »läßt sich der vom amerikanischen Kapitalismus an Deutschland geleistete Beitrag zur Vorbereitung des Krieges vor 1940 nur als phänomenal beschreiben. Er war zweifellos entscheidend für die militärische Vorbereitung in Deutschland.

Beweise legen es nahe, daß nicht nur ein einflußreicher Sektor der amerikanischen Wirtschaft sich über die Natur des Nazitums bewußt war, sondern ihm auch wo immer möglich – und lukrativ – aus Eigennutz Vorschub leistete – in dem vollen Wissen, daß am Ende Krieg stehen würde, in den Europa und die USA gezogen würden. Auf Unwissenheit zu plädieren, ist mit den Fakten unvereinbar.«

Die sehr sorgfältig dokumentierten Beweise darüber, daß amerikanische Banken- und Industriekreise an dem Aufstieg von Hitlers Dritten Reich höchst maßgeblich beteiligt waren, sind öffentlich zugänglich. Sie sind in den Protokollen und Berichten über Regierungshearings zu finden, die von verschiedenen Senats- und Kongreßausschüssen in den Jahren von 1928 bis 1946 veröffentlicht wurden. Zu den wichtigsten zählen: »House Subcommittee to Investigate Nazi Propaganda« im Jahre 1934 (Kongreß-Unterausschuß zur Untersuchung der Nazi-Propaganda), der Bericht über Kartelle, herausgegeben vom House Temporary National Economic Committee, 1941 (Vorläufiger Nationaler Wirtschaftsausschuß des Kongresses) sowie vom Senate Subcommittee on War Mobilization in 1946 (Senats-Unterausschuß für Mobilmachung im Jahre 1946).

Öl aus Kohle

Ein Teil dieser faszinierenden Geschichte ist mit der Entstehung eines internationalen Kartells, mit Schwerpunkt in Deutschland, verbunden, das die Chemie- und Pharmaindustrie in der ganzen Welt kontrollierte. Beteiligungen bestanden in 93 Ländern, und es war eine mächtige wirtschaftliche und politische Macht in allen Erdteilen. Es hieß I. G. Farben.

»I. G. steht für Interessengemeinschaft beziehungsweise gemeinschaftliche Interessen oder einfacher, Kartell. Bis zum Ausbruch des Zweiten Weltkrieges hatte sich die I. G. Farben zum größten Chemieunternehmen der Welt entwickelt und war Teil eines Kartells von einer gigantischen Größe und Macht, wie es in der ganzen Geschichte einmalig war« (»World Without Cancer«).

»Eine der Hauptursachen für Deutschlands Niederlage im Ersten Weltkrieg ist ein Mangel an Treibstoff gewesen. Deutschlands Führung beschloß, seine Abhängigkeit vom Ausland in bezug auf Benzin ein für allemal zu beenden. Zwar besaß Deutschland im Inland keine nennenswerten Ölvorkommen, aber es verfügte über mehr als genug Kohle. Daher gehörte es zu den ersten Zielen der deutschen Chemie nach dem Krieg, ein Verfahren zur Umwandlung von Kohle in Benzin zu finden.

1920 hatte Dr. Bergius ein Verfahren entdeckt, um große Mengen Wasserstoff herzustellen und sie unter hohem Druck bei hohen Temperaturen und mit Hilfe von bestimmten Katalysatoren in flüssige Kohleprodukte zu verwandeln. Damit waren die letzten Schritte zur Benzinveredelung vorgezeichnet. Es war nur noch eine Frage der Verfeinerung dieses Hydrierprozesses. Schlagartig war I. G. Farben im Ölgeschäft« (»World Without Cancer«).

I. G. Farben benutzte seine Neuentdeckung von lebenswichtiger Bedeutung, um die Türen zu öffnen, die zur Gründung eines weltweiten Kartells führten. Frank Howard von der Standard Oil wurde zu einem Besuch der großen badischen Werke in Ludwigshafen im März 1926 eingeladen. Was er sah, ließ ihn staunen – Benzin aus Kohle! Völlig konsterniert schrieb er an Walter Teagle, Präsident der Standard Oil:

»Aufgrund meiner heutigen Beobachtungen und Diskussionen glaube ich, daß diese Sache das wichtigste ist, was unser Unternehmen angeht. Die Badische kann aus Braunkohle und anderen minderen Kohlesorten hochwertiges Motorenbenzin herstellen, und zwar in Mengen, die fast der Hälfte der Kohle entspricht. Das bedeutet absolut die Unabhängigkeit Europas in Fragen der Benzinversorgung. Es bleibt nur der knallharte Preiswettbewerb.«

Standard Oil heiratet I. G. Farben

In den nächsten drei Jahren fanden zwischen I. G. Farben und Standard Oil intensive Verhandlungen statt. Diese führten schließlich zur »Heirat« zwischen diesen beiden Industriegiganten am 9. November 1929. Der Vertrag gab Standard Oil die eine Hälfte der Rechte an den Hydrierverfahren in allen Ländern der Welt mit Ausnahme Deutschlands. Standard gab Farben 546 000 seiner Stammaktien im Wert von mehr als 30 Millionen. Beide Seiten vereinbarten, niemals gegeneinander in den Bereichen der Chemie und der Ölgewinnung Wettbewerb zu betreiben. Das Ziel war dabei, den Wettbewerb zu beseitigen und einen Aufschwung der Gewinne zu garantieren.

Zwei Jahre später unterzeichnete I. G. Farben mit Alcoa das als »Alig« bekannte Abkommen, wodurch die beiden Unternehmen alle ihre Patente und Know-how in der Magnesiumherstellung zusammenlegten.

Als Henry Ford in Deutschland eine Autofabrik erbaute, beteiligte sich Farben mit 40 Prozent. In den USA trat Henry Fords Sohn Edsel in den Vorstand der I. G. Chemical Company ebenso wie Walter Teagle, Präsident der Standard Oil, Charles E. Mitchell, Präsident der Rockefeller Bank »National City Bank of New York« sowie Paul Warburg, Chefeinkäufer der amerikanischen »Federal Reserve Bank«.

Hitler kommt an die Macht

Bereits 1925 brachte Dr. Karl Duisburg, der erste Vorsitzende der I. G. Farben und Gründer der American Bayer Company, seinen Wunsch nach einem »starken Mann« zum Ausdruck, der Deutschland in der Stunde seiner Bewährung anführen würde:

»Seit einig, einig. Dies sollte der beständige Aufruf an alle Parteien im Reichstag sein. Wir hoffen, daß unsere Worte von heute wirken und wir den starken Mann finden werden, der schließlich alle unter einem Schirm zusammenbringt, denn

Die »Alten Kämpfer« im Bürgerbräukeller: Von links Strasser, Fiehler, Weber, Hitler, Schau, Schwarz, Amann und Graf.

Lord Rothermere, englischer Zeitungsverleger, bei Hitler und Goebbels. Vor 1933 gab Hitler der »Daily Mail« viele Interviews.

der starke Mann ist für uns Deutsche immer notwendig, wie wir es im Falle Bismarck gesehen haben.«

Im Herbst 1932, als die Weimarer Republik am zerbröckeln war, wurde es offensichtlich, daß Hitler am besten für die Rolle des »starken Mannes« geeignet war. Folglich »erhielt Hitler eine weit stärkere Unterstützung als er sich jemals zu hoffen gewagt hätte. Die industrielle und finanzielle Führung Deutschlands, an der Spitze I. G. Farben, schlossen die Reihen und gaben Hitler ihre volle Unterstützung.«

Zwei Kartelle, die I. G. Farben und die Vereinigte Stahlwerke, stellten in den Jahren 1937 bis 1939, also am Vorabend des Zweiten Weltkrieges, 95 Prozent der deutschen Explosivstoffe her. Diese Produktion kam aus Anlagen, die amerikanische Kredite, und begrenzt, auch amerikanische Technologie gebaut hatten.

Im Buch »Wall Street and the Rise of Hitler« heißt es: »Die Zusammenarbeit von I. G. Farben – Standard Oil zur Herstellung von synthetischem Öl aus Kohle sicherte dem I. G. Farben-Kartell ein Monopol auf die Benzinherstellung während des Zweiten Weltkrieges. 1945 wurde knapp die Hälfte des deutschen hoch-klopffesten Benzins direkt von I. G. Farben hergestellt und der Rest fast gänzlich von ihren verbundenen Gesellschaften.«

Die internationalen Bankers pumpten weiter Geldströme in

die deutsche Wirtschaft. Die von den Geldmonopolisten vergebenen drei größten Kredite waren für die Entwicklung der drei deutschen Kartelle bestimmt, die Hitler und seine Nationalsozialisten bei ihrem Aufstieg zur Macht unterstützten.

Dazu führte James Martin aus (er war Chef des Referates für Wirtschaftskrieg im Justizministerium, das die Struktur der Nazi-Industrie untersuchte): »Diese Kredite für den Wiederaufbau wurden zu einem Träger für Arrangements, die den Zweiten Weltkrieg mehr gefördert haben als die Schaffung des Friedens nach dem Ersten Weltkrieg.«

Das Hauptverbindungsglied zwischen Hitler und den Wallstreet Geldbaronen war Hjalmar Horace Greely Schacht, Präsident der Deutschen Reichsbank, dessen Familie schon viele Jahre lang mit der internationalen Finanzelite verflochten war. Schacht war der kluge Kopf hinter dem Wiederaufbauplan für Deutschland, dem Young-Plan, und auch der Bank für Internationalen Zahlungsverkehr. Anfang des Jahrhunderts hatte sein Vater in der Berliner Filiale der von Morgan kontrollierten Equitable Trust Company of New York gearbeitet.

Der von Schacht konzipierte Plan funktionierte perfekt und half, die Ereignisse in der Weimarer Republik auf die explodierende Spitze zu treiben. Dr. Fritz Thyssen, der deutsche Industrielle, erklärte, er habe »sich

Alfred Hugenberg, Chef des Scherl-Verlages, setzte sich mit seinen Zeitungen seit 1929 für Hitler engagiert ein.

an die Nationalsozialistische Partei erst dann gewandt, als ich zu der Überzeugung gelangt war, daß der Kampf gegen den Young-Plan unausweichlich war, wenn der vollständige Zusammenbruch Deutschlands verhindert werden sollte.

Die Annahme des Young-Plans und seine finanziellen Grundsätze erhöhte die Arbeitslosigkeit mehr und mehr, bis es rund eine Million Arbeitslose gab. Die Menschen waren verzweifelt. Hitler sagte, er werde die Arbeitslosigkeit beseitigen. Die damalige Regierung war sehr schlecht und die Lage der Leute verschlimmerte sich. Das war wirklich der Grund für den enormen Erfolg Hitlers bei den Wahlen.«

1932 war Hitlers Nationalsozialistische Partei die größte im Reichstag. Da eine interne Krise die andere jagte, gewannen Hitlers kräftige Versprechungen unter der deutschen Bevölkerung immer mehr Anklang und Beliebtheit. Für viele erschien er der einzige Ausweg für die deutsche Nation zu sein. Er war die einzige Figur auf der politischen Bühne Deutschlands, die einen bestimmten Weg des Handelns hatte, und denselben lautstark erklärte, um die Nation aus der immer entsetzlicher werdenden Notlage herauszuführen.

Hitler wurde am 30. Januar 1933 von Hindenburg zum Reichskanzler berufen und löste ihn nach seinem Tode als »Führer« und Reichskanzler ab. Im folgenden Monat benutzte Hitler den vorsätzlich verübten Reichstagsbrand zum Vorwand, um die verfassungsmäßigen Rechte abzuschaffen und sich zum diktatorischen Führer der deutschen Nation zu ernennen.

Nachdem mögliche Rivalen in einer Reihe von Säuberungsaktionen beseitigt waren, setzte Hitler zu einem massiven Feldzug an, um Deutschland wirtschaftlich, militärisch und psy-

Hitler, hier hinter dem Reichspräsidenten Hindenburg, war der Mann, der im Schützengraben begann und als Diktator endete.

chologisch aufzubauen. Mit der Widerrufung der Bedingungen des Versailler Vertrages und den massiven Reparationszahlungen, die Deutschland in dem vorangegangenen Jahrzehnt in einem Zustand der finanziellen Leibeigenschaft gehalten hatte, erreichte Hitler eine bemerkenswerte Wende des Wirtschaftslebens in Deutschland. Der Lebensstandard des Durchschnittsbürgers verbesserte sich ganz entschieden und man führte mit Erfolg eine Kampagne durch, die Lebensgeister der Menschen zu neuer Kraft zu entfalten. Da sie nunmehr eine Sache hatten, für die es zu arbeiten sich lohnte, machten die Deutschen sich mit der ihnen eigenen Gründlichkeit an die Arbeit. Die Arbeitslosigkeit verschwand praktisch, als die Produktion der Industrie auf Touren kam.

Zeitgenössischen Beobachtern wurde jedoch bald deutlich, daß Hitler und seine internationalen Beschützer einen außergewöhnlich hohen Prozentsatz an Produktion vom Band rollten, die sich in der Kriegsführung verwenden ließen.

Aus dem Tagebuch des Botschafters Dodd

Der höchste diplomatische Vertreter Amerikas im Hitler-Deutschland war nach 1933 Botschafter Dodd. Am 15. August 1936, also mehr als dreieinhalb Jahre nach Hitlers Machtergreifung, berichtete Dodd an den amerikanischen Präsidenten Roosevelt, »zur Zeit haben hier mehr als 100 amerikanische Unternehmen Tochtergesellschaften oder Kooperationsabkommen. Du Pont hat drei Verbündete in Deutschland, die das Rüstungsgeschäft unterstützen. Ihr Hauptverbündeter ist die I. G. Farben Company.

Standard Oil Company (New Yorker Untergesellschaft) hat im Dezember 1933 zwei Millionen Dollar hierher geschickt und erhält jährlich 500 000 Dollar dafür, den Deutschen bei der Herstellung von Ersatzbenzin für Kriegszwecke zu helfen; aber Standard Oil kann seine Gewinne nicht repatriieren, es sei denn in Form von Waren. Davon machen sie wenig Gebrauch. Zwar berichten sie ihre Erträge an die Muttergesellschaft, aber sie berichten nicht die Tatsachen. Der Präsident der International Harvester Company sagte mir, ihr Umsatz hier sei um 33 Prozent pro Jahr gestiegen (Waffenherstellung, glaube ich), aber sie holen sich nichts davon zurück. Selbst unsere Flugzeugleute haben ein Geheimabkommen mit Krupp. General Motors Company und Ford erzielen hier mit ihren Tochtergeselschaften Riesenumsätze, aber entnehmen keine Gewinne. Ich erwähne diese Fakten, weil sie die Dinge verkomplizieren und die Kriegsgefahren vergrößern.«

Immer mehr Geld für die Kriegsvorbereitungen

In seinem Tagebuch notierte Botschafter Dodd, daß Dr. Engelbrecht, Leiter der Rockefel-

Ein US-Bankier: »Ich fand Hitler zu allem fähig, wenn es zur Erreichung seiner Ziele beitragen konnte, aber er ist kein Phantast«.

lertochter Vacuum Oil Company in Hamburg, ihm erzählt hat: »Die Standard Oil Company of New York baue eine Großraffinerie in der Nähe des Hamburger Hafens.«

Die amerikanischen Internationalisten gingen aber in ihren Bemühungen um den Aufbau der deutschen Kriegsführungskapazitäten noch sehr viel weiter. Bei seinen Recherchen deckte Professor Sutton die Tatsache auf, daß »die beiden größten Panzerhersteller im Hitlerdeutschland Opel, eine 100prozentige Tochter der General Motors – ihrerseits von J. P. Morgan kontrolliert – sowie die Ford AG, Tochter der Ford Motor Company in Detroit waren. 1936 wurde Opel von den Nazis Steuerfreiheit eingeräumt, damit General Motors seine Produktionsanlagen erweitern konnte. Gefällig reinvestierte General Motors die anschließenden Gewinne in die deutsche Industrie.«

Obwohl amerikanische Unternehmen verantwortlich für die Bereitstellung eines Großteils der Technologie und des Kapitals in Deutschland waren, das Hitler für den militärischen Aufbau benötigte, so gab es doch auch viele begüterte Europäer außerhalb Deutschlands, die mehr als genug das ihrige für dieselbe Sache taten. Aus europäischen Quellen flossen enorme Geldmengen in das Nazideutschland, und zwar über die Warburg-kontrollierte Mendelsohn Bank in Amsterdam, und später über die J. Henry Schröder Bank mit Filialen in Frankfurt am Main, London und New York.

Der ergebene Roosevelt

Nachdem Woodrow Wilson zum zweiten Mal Präsident der USA geworden war, begannen die Illuminaten, sich nach einem neuen Präsidentschaftskandidaten umzusehen, der seinen Platz im »Ovalen Zimmer« des Weißen Hauses einnehmen könnte. Sie wünschten sich einen Mann, der ihrer Sache ergeben sein würde. Sie wünschten sich außerdem einen Mann, der aufgrund seines eigenen, persönlichen Ansehens das amerikanische Volk erfolgreich zu dem Glauben verführen könnte, er sei »ihr Mann«, und daß alle ihre Probleme vergessen wären, sobald er nur im Amt sei.

Sie fanden ihren Mann in Franklin D. Roosevelt. In den 20er Jahren kandidierte Roosevelt, damit sein nationales politisches Image und sein »Prestige« erhöht würden, für den Gouverneursposten von New York. Er wurde gewählt. 1930 wurde er wiedergewählt.

1932, auf dem Höhepunkt der von den internationalen Bankers inszenierten großen Depression und im Verlauf einer beispiellosen Medienkampagne, manipulierte man den New Yorker Gouverneur in die Position des Ritters in glänzender Rüstung, die ihn zum Präsidentschaftskandidaten der Demokraten machte.

Wenn man Roosevelt und seine Hintermänner ihre Geschichte auf dem Wahlfeldzug erzählen hörte, so war der Glaube entschuldbar, daß der Gouverneur einen großartigen Präsidenten abgeben würde. Das »Image«, das während des Wahlkampfes durchweg gemalt wurde, zeigt einen Mann, der die Selbstbestimmung der Nation verteidigen und sich mit Eifer für die Verteidigung der Freiheiten und

Rechte einsetzen würde, die einen so gewichtigen Beitrag zur Entwicklung der USA zu einer weltbeherrschten Macht geleistet hatten.

Was den amerikanischen Wählern »verkauft« wurde, und was sie erhielten, waren zwei ganz verschiedene Paar Schuhe. Die »Big Boy« in der City und Wallstreet hatten sich nicht vergriffen. Roosevelt war ihr Mann. Er war ergeben, denjenigen zu Willen zu sein, die sein falsches »konservatives« Image so sorgfältig fabriziert und genährt und ihn in das »Ovale Zimmer« gebracht hatten.

»Wir sind die intellektuellen Huren«

Die Tatsache, daß die internationalen Geldmonopolisten Roosevelt fest »in der Tasche« hatten, breitet sich mit unmißverständlicher Klarheit vor einem aus, wenn man seine Unterlagen überprüft. Dazu sagt Professor Anthony C. Sutton: »Vielleicht ist es immer eine gute Strategie, vor dem amerikanischen Wähler als ein Kritiker, wenn nicht sogar als regelrechter Feind der internationalen Bankbruderschaft aufzutreten. Ohne jede Frage haben Franklin D. Roosevelt, seine Anhänger und Biographen ihn so gemalt als schwinge er das Schwert der gerechten Rache gegen die Räuberbarone in den Wolkenkratzern von Manhattan.«

Mit welcher Übereinstimmung die Medien Roosevelts zweifelhafte persönliche Akte einer einschneidenden Operation unterzogen, beweist die Tatsache, daß »führende« Zeitungen und Zeitschriften dieser Zeit die Veröffentlichung eines Berichtes des »Senate Naval Affairs Committee« aus dem Jahre 1921 ablehnten, der ein höchst kritisches Licht auf Roosevelt wirft und ernsthafte Zweifel bezüglich seines Charakters entstehen läßt.

In dem Bericht heißt es unter anderem, daß »unmoralische und unzüchtige Handlungen auf Anweisung oder Vorschlag durch eine Reihe von Uniformträger der US Marine sowohl in als auch ohne Uniform vorgenommen wurden mit dem Zweck, Beweismaterial gegen Personen mit sexuellen Perversionen zu beschaffen, wobei die Ermächtigung zur Verwendung diese unter Sold der Marine stehenden Männer sowohl mündlich wie schriftlich von dem Assistant Secretary Franklin D. Roosevelt erteilt wurde.«

Daß diese Fakten in ganz Amerika von allen »führenden« Zeitungen unterdrückt wurden, verleiht den berühmten Worten John Swinton, Herausgeber der »New Yorker Times« noch größeres Gewicht, die er anläßlich des Jahresbanketts der American Associated Press 1914 aussprach: »Von einer unabhängigen Presse in Amerika kann nicht die Rede sein. Nicht ein einziger Mann unter Ihnen wagt es, seine ehrliche Meinung auszusprechen. Wir sind die Instrumente und Vasallen der Reichen hinter den Kulissen. Wir sind Marionetten.

Jene Männer ziehen an den Fäden und wir tanzen. Unsere Zeit, unsere Talente, unser Leben und unsere Kräfte sind alle Eigentum jener Männer – wir sind intellektuelle Huren.«

Die Wallstreet-Bande

In den 20er Jahren war Franklin D. Roosevelt völlig in die Geschäfte der Wallstreet vertieft. In diesen Jahren saß er auf insgesamt elf Direktorensesseln von Organisationen, die ganz und gar Teil der Wallstreet-Welt waren.

Laut Professor Sutton »ist das eine ziemlich genaue Liste der Direktorensitze. Damit verdient Roosevelt zweifellos den Titel eines Wall-Streeter par excellence. Die Mehrzahl derer, die in der ›Street‹ arbeiten, erreichen niemals, und wahrscheinlich träumen sie nicht einmal davon, einen Rekord von 11 Direktionsposten, zwei Beteiligungen in Rechtskanzleien und den Präsidentenstuhl eines großen Handelsverbandes.«

Für das »Big Money« war klar, daß sich Roosevelt als ein sehr viel ergebener und skrupelloser Diener erweisen würde als der Mann aus Iowa, Herbert Hoover, der es abgelehnt hatte, seine durch die Verfassung sanktionierten Kompetenzen zu überschreiten, als es galt, mit den Auswirkungen des von den Banken produzierten Börsenkrachs von 1929 fertig zu werden.

Geschichtsforscher werden erkennen, daß Roosevelt, trotz seiner Wahlkampfrhetorik und seines konservativen Gebarens, seine hinterlistige Politik aufgab, als er über die Schwelle des ovalen Zimmers schritt. Unverzüglich ließ er auf das amerikanische Volk ein wahres Trommelfeuer von verfassungswidrigen Programmen los, die die amerikanische Nation mehr und mehr unter die Kontrolle der internationalen Geldmonopolisten stellten.

In den zwölf Jahren seiner Regierung im Weißen Haus hat Roosevelt wahrscheinlich mehr getan als jeder andere einzelne Politiker in der Geschichte, um die Pläne der »unsichtbaren Regierung« der internationalen Bankiers zum Blühen zu bringen. Er setzte die politische Dampfwalze der Vernichtung in Gang, die, bis auf die letzten Reste, alles das der großartigen Republik niedergewalzt hat, was die Gründungsväter errichtet hatten. Infolge dessen sind die Vereinigten Staaten trotz der Verfassung und ihrer gewollten Einschränkungen, zu einem quasi-totalitären Staat geworden. Roosevelt war der Vorarbeiter der illuministischen Abrißkolonne, die man zur Vernichtung der alten Ordnung losgeschickt hatte.

Dunkle Machenschaften der Finanzpiraten

Roosevelt war ihr »Fassaden«-Mann in Amerika; zu seinen Befehlen gehörte die Durchfüh-

Hitler nach einer dreistündigen Rede. Bereits 1929 wurden seine Reden in amerikanischen Zeitungen veröffentlicht.

rung des von den internationalen Bankiers geförderten »Stadtsanierungs«-Programms in den Vereinigten Staaten und sein »New Deal« sollte den Grundstein für die spätere Errichtung von Adams Weishaupts »Novus Ordo seclorum« legen, der neuen Weltordnung.

Anthony C. Sutton schreibt dazu in seinem Buch »Wall Street and the Rise of Hitler«: »Lügen heißt die Tageslosung für die politischen Implementatoren, politische Worte und politische Taten haben noch nie miteinander übereingestimmt. Warum nicht? Das Zentrum der politischen Macht lag nicht bei den gewählten und angeblich verantwortlichen Vertretern in Washington, sondern anderswo, und diese Machtelite hatte ihre eigenen Zielsetzungen, die mit denen der allgemeinen Öffentlichkeit unvereinbar waren.« Die »Machtelite«, die Roosevelt auf den Präsidentenstuhl hob, war dieselbe »dunkle Mannschaft von Finanzpiraten«, die zwanzig Jahre zuvor auch Woodrow Wilson auf denselben erhabenen Sitz gehoben hatte.

Die Dokumentation über Roosevelts Wahl zum Obersten der Exekutive zeigt, daß sie praktisch eine Wiederholung des Erfolgs-Filmes mit Woodrow Wilson war. Wilson wie Roosevelt hatten dieselben Drehbuchautoren, dieselben finanziellen Gönner und dieselben »Berater«.

Colonel House und die illuministische Philosophie

Bevor er zum Präsidenten gewählt wurde, unterhielt Roosevelt wenigstens acht Jahre lang eine enge Beziehung zu Colonel E. Mandell House, Bernard Baruch und Rabbi Stephen Wise. Obwohl House von der internationalen politischen Bühne mit dem Abgang Wilsons verschwand, blieb er doch weiterhin eine bedeutsame Machtfigur in der Demokratischen Partei. Sein Einfluß auf Roosevelt und dessen politische Tätigkeit in den 20er Jahren scheint über einen Zwischenmann erfolgt zu sein: Louis Howe, der auch Roosevelts rechte Hand war. Howe traf sich oft mit Colonel House, vor allem in den Jahren kurz vor der Wahl Roosevelts. Es besteht wohl wenig Zweifel, daß House der geniale Kopf gewesen ist, der Roosevelt durch die von Haien verseuchten Gewässer der Machtpolitik und in das Weiße Haus geführt hat.

Wie der House-Biograph Arthur D. Howden Smith erklärt, hat der Colonel »Roosevelt als einen geborenen Präsidentschaftskandidaten ausgesucht, und zwar lange vor jedem anderen verantwortlichen Politiker«. Er suchte sich Roosevelt als Assistant Secretary der Marine 1913 aus, schliff ihn in den folgenden Jahren zurecht, daß er der nächste Präsident der Demokraten werden konnte. Es steht fest, daß die beiden Männer stundenlang über nationale und internationale Angelegenheiten diskutierten. Zweifellos war es in diesen langen Privatsitzungen dem »geheimnisvollen« Colonel House möglich, auf subtile und vielleicht von Roosevelt unbemerkte Weise seine illuministische Philosophie dem Verstand jenes Mannes einzuimpfen oder »einzugeben«, den er als ausgezeichnetes Präsidentschaftsmaterial erkannt hatte. Die einzigartige Fähigkeit des Colonel, seine Ideen dem Denken seiner engen Bekannten »einzugeben«, wird von einer Person belegt, die mit ihm für die Wahl Woodrow Wilsons zum Präsidenten gearbeitet hat:

»Colonel House pflegte in ein Büro zu kommen und leise einige Worte zu flüstern, und nachdem er wieder gegangen war, wurde man plötzlich von einer guten Idee gepackt. Schlug man diese Idee seinen Freunden oder Vorgesetzten vor, wurde man dazu beglückwünscht; es funktionierte erstklassig, besser als in den geheimsten Träumen. Vielleicht vergaß man sie aber auch. Doch irgendwann, todsicher, wenn man sie voller Stolz überdacht hatte, kam man zu der plötzlichen Erkenntnis, daß einem diese Idee von Colonel House im Verlauf eines Gesprächs eingegeben worden war.« (Arthur D. Howdon Smith »The Real Colonel House«)

Fast zwei Jahrzehnte später bemerkte derselbe Autor über »Philip Dru – Administrator«, jenem von Colonel House 1912 anonymerweise geschriebenen Buch: »Es ist unmöglich, die von Dru vorgeschlagene Gesetzgebung mit der von Roosevelt zu vergleichen, ohne von der Ähnlichkeit betroffen zu sein.«

Aus bisher noch ungeklärten Gründen wurde House nicht auch das »alter ego« von Roosevelt, als dieser Präsident geworden war. Vielleicht, so meint Douglas Reed, ist »eine sinnvolle Vermutung« darin zu suchen, daß House, im verklärten Alter von 75, »sich von seinen früheren Ideen distanziert hatte« und »den jungen Philip Dru von 1912 bedauerte, der die amerikanische Verfassung für ›altmodisch und grotesk‹ hielt, die Macht mit Gewalt ergriffen und dann mittels Notverordnungen regiert hatte. Für Roosevelt hatte er einen neuen Satz eher nüchterner und verantwortungsvollerer Ideen parat und dann mußte er aus der zweiten Reihe ›mit Vorahnung zuschauen‹, wie sich unverantwortliche Macht in den Händen von Mr. Roosevelt konzentrierte. In den 30er Jahren war House entsetzt über die absolut ungezügelte Macht, die sein zweiter ›Rockland‹ erhalten hatte. Mr. House erkannte, daß ›ungewisse Leute es nicht wünschen, daß der Präsident auf mich hörte‹.«

Rabbi Stephen Wise

Ein entsprechender Hinweis auf den endgültigen Bruch zwischen House und Roosevelt steht auf den Seiten von »Challenging Years«, der Autobiographie von Rabbi Stephen Wise, der zu den führenden Zionisten in Amerika zählte.

Dieses bemerkenswert aufschlußreiche Buch des 1874 in Osteuropa geborenen Zionisten der Spitzengarde enthüllt, daß Wise ein langjähriger Freund von Roosevelt gewesen ist: »Im Jahr 1928 hatte ich alle Gelegenheit, Roosevelt für die Wahl zum Gouverneur zu unterstützen, und ich tat es aus ganzem Herzen. 1929 und 1930 konnte ich als Mitglied des Bundesausschusses für Kinderarbeiten mit dem Gouverneur zusammenarbeiten, außerdem war ich Mitglied einer kleinen Gruppe, die ihm das Gesuch für ein Rentengesetz in New York vorbrachte.

Aufgrund seiner erwiesenen Führungsqualitäten auf Landesebene und seinem tiefen Verständnis für den Ausbau des Konzeptes über die soziale Gerechtigkeit in unserer Demokratie war ich der Meinung, er sollte 1930 wiedergewählt werden. In der Zwischenzeit war er auch zu einer immer größeren Figur für die demokratische Präsidentschaftsnominierung für das Jahr 1932 geworden.«

Aus irgendeinem Grund hat Wise Roosevelt bei seinem Versuch 1932 nicht unterstützt. Es sieht wahrscheinlich so aus, daß Roosevelt, wie schon vor ihm Wilson, einen Versuch gemacht hat, »seine Unabhängigkeit unter Beweis zu stellen«, was ihm den Zorn des ersten Zionisten eingetragen hatte.

Aber schließlich hat es Roosevelt »kapiert« und reihte sich wieder brav in die Wünsche seiner verborgenen Mentoren ein. Im April 1934 schrieb Wise an einen Freund: »Wenn es ein Mann jemals verdient hat, um der Feinde willen geliebt zu werden, die er sich erschaffen hat, dann ist es Roosevelt. Ich sehe dem Kampf 1935 entgegen, denn wenn Roosevelt der bleibt, der er in seinem ersten Jahr gewesen ist, dann werden wir den schönsten Kampf des Jahrhunderts sehen, da alle Kräfte im Spiel um ›Zupacken und Festhalten‹ sowie verbitterte und gewalttätige Reaktionäre gegen ihn angetreten sind.«

Kein lebenslänglicher Demokrat

Der Leser möge beachten, daß Roosevelts »Feinde«, die als »verbittert und gewalttätige Reaktionäre« beschuldigt werden, jene waschechten »Blauen« Amerikaner waren, die sich Roosevelts Anstrengungen, die große amerikanische Republik zu unterminieren und zu zerstören, entgegenstellten. Rabbi Wise gehört zu den lautstarken Befürwortern von Roosevelts Zerschlagenstaktik.

In einem »offenen Brief« an die Presse vom 24. September 1936 machte Rabbi Wise ein aufschlußreiches Eingeständnis: »Ich bin kein lebenslänglicher Demokrat. Ich wurde zu einem Demokraten, um die Wahl von Woodrow Wilson zum Präsidenten zu unterstützen. Ich nenne mich persönlich einen Wilson-Roosevelt-Demokraten, weil Wilson und Roosevelt zu unserer Zeit die Ideale der Demokratie vertreten.«

Ein anderer enger »Berater« des Marionettenpräsidenten in jenen tumultreichen Tagen war Bernard Baruch, der Mann also, der auch schon ein enger »Berater« von Woodrow Wilson gewesen war.

Colonel Curtis B. Dall schreibt in seinem Buch »Roosevelt – My Exploited-Father-in-Law« (Roosevelt – Mein ausgebeuteter Schwiegervater), daß eine »passende Beschreibung« für Bernard Baruch die sei, daß er »der überragende ›Verbindungsmann‹ zwischen weltweitem Kapital und weltpolitischen Persönlichkeiten« war.

»Vor dem Ersten Weltkrieg sagte man, ›Barney‹ Baruch sei eine Million Dollar und mehr schwer. Nachdem der Erste Weltkrieg vorbei war, wurde behauptet, er sei 200 Millionen Dollar schwer – ein für einen Geldtitanen angemessener Betrag!«

»Barney« räumte finanziell ab, nachdem er zum Leiter des Amts für Kriegsindustrie ernannt worden war – eine Position, die ihm zum Diktator über die amerikanische Geschäftswelt machte. In Zusammenarbeit mit seinen internationalen Bankers-

Kameraden, Eugene Meyer, Leiter der »War Finance Corporation«, und Paul Warburg, Leiter des »Federal Reserve System«, brachte »Barney« zahlreiche Geschäfte zustande, die für das Gedeihen der wenigen Auserwählten reichlich sorgten. Rüstungsaufträge aus England, Frankreich und anderen Ländern waren das »große Geschäft«, das kleine Unternehmen groß, und große Unternehmen noch größer machte. Die »Insider« erwarben riesige Vermögen an der Lieferung von Ausrüstungen für den Krieg, der die Welt für die internationalen Bankers zu einem sicheren Ort machte.

Baruch hatte immense Macht und Einfluß. »Jahre später, als die Presse bekanntgab, daß Winston Churchill in Amerika eingetroffen sei und sich in New York zu einem Besuch bei Mr. Baruch aufhalte, bevor er ins Weiße Haus in politischer Sache weiterfuhr, war ich nicht überrascht: Das Wichtigste kommt immer zuerst!

Ich war auch nicht überrascht, als Mr. Baruch allmählich zu dem bekanntesten Symbol der weitreichenden und weltweiten Geldmacht wurde. Selbst wenn er auf einer Bank in einem öffentlichen Park saß und seinen Rat erteilte, während er die Tauben fütterte, waren seine Bemerkungen ohne weiteres dazu angetan, die Regierungspolitik langfristig zu beeinflussen. Seine Worte waren Ausdruck einer großen Kapitalmacht – sichtbar wie unsichtbar – Macht in einer Größenordnung und in einem Umfang, wie sie für die meisten amerikanischen Bürger nur selten vorkommt – nicht einmal im Traum.«

Der Einfluß, den Baruch auf Roosevelt während dessen ganzer politischer Laufbahn ausgeübt hat, wurde von der Ehefrau des Präsidenten, Eleanor, bezeugt: »Mr. Baruch war ein vertrauter Berater meines Mannes sowohl in Albany als auch in Washington.«

Chamberlain mußte gehen

Zwar waren nun Hitler in Deutschland und Roosevelt in den USA in gesicherten Machtpositionen, aber es gab immer noch ein größeres Hindernis auf dem Weg zu überwinden, der unausweichlich zu einem weiteren Weltkrieg führte. Die politische Bühne Englands galt es soweit zu manipulieren, daß das Volk bereit sein würde, sich in einen weiteren »Krieg zur Beendigung aller Kriege« zu stürzen – einen weiteren Krieg, »um die Welt zu einem sicheren Ort für die Demokratie zu machen«.

Ende der 30er Jahre löste Neville Chamberlain Stanley Baldwin als Premier ab. Keiner dieser beiden Männer hat sich jemals vollständig in der Hand der Geldmonopolisten befunden.

Chamberlain, die grundlegende Schwäche der englischen Position erkennend, hatte kein Verlangen, seine Nation in ein weiteres ausgedehntes Blutbad zu verwickeln. Er bemühte sich auf jede nur erdenkliche Weise, einen solchen Eventualfall zu verhüten. In dieser kritischen Phase bemühten sich Sir Barry Domville und Captain A. M. H. Ramsey, denen das Ränkespiel der internationalen Bankers sehr gut bekannt war, die britischen Führer vor deren Pläne zu warnen.

Der englische Premier besiegelte sein Schicksal, als er in London unverhofft eine Palästina-Konferenz einberief, bei der auch – zum ersten Mal seit 1919 – die Araber vertreten waren. Ergebnis dieser Konferenz war im März 1939 ein Weißbuch der Regierung, in dem sich England zu »der Errichtung eines unabhängigen palästinensischen Staates in den nächsten zehn Jahren« verpflichtet sowie zu »der Beendigung des Mandats«. In diesem neuen Staat sollten die eingesessenen Araber und die eingewanderten Zionisten die Regierungsmacht dergestalt miteinander teilen, daß die Interessen beider Volksgruppen geschützt würden. Die Einwanderungszahl der Juden in diesen neuen Staat sollte auf jährlich 75 000 begrenzt sein, und zwar für einen Fünf-Jahres-Zeitraum.

Diese Handlung rief den Zorn der Zionisten hervor, die sich Palästinas bemächtigen wollten, um es ausschließlich für sich selbst zu haben und die eingesessenen Araber in keinster Weise an der Verwaltung des Gebietes zu beteiligen. Damit hatte sich Chamberlain in die gleiche Situation gebracht wie einst Asquith 1916: er mußte gehen!

Die Wiedergeburt von Churchill

An dieser Stelle nun ereignete sich auf der politischen Bühne Englands ein merkwürdiges politisches Phänomen. Winston Churchill, der seit mehr als zehn Jahren in politischem Dornröschenschlaf versunken gewesen war, kehrte in Triumphzug in den Mittelpunkt des Rampenlichtes zurück.

Douglas Reed hat Churchills Verhältnis zu den Zionisten (mit Churchills eigenen Worten) als »ein Rätsel in einem Rätsel in einem Rätsel« beschrieben. Die Geschichte vermerkt, daß Churchill zu den ersten Politikern Englands gehörte, die für die zionistische »Sache« eingetreten sind. In seiner Autobiographie »Trial and Error« beschreibt Chaim Weizmann, ein führender Zionist, Churchill als einen »Vorkämpfer für die zionistische Sache im englischen Unterhaus«.

In seiner Eigenschaft als Kolonialminister in den 20er Jahren gab Churchill ein Weißbuch heraus, welches die Zionisten als ei-

---

Hitler 1944: Finanziert durch die internationalen Bankers, hat er ihre Erwartungen nicht enttäuscht. Der Wiederaufbau wurde zum grandiosen Geschäft.

Rudolf Hess (hier mit Bormann) flog ohne Hitlers Wissen nach England, um Kontakt mit Churchill aufzunehmen und ihm das Angebot eines Friedensvertrages zu machen.

ne »gravierende Verwässerung der Balfour-Erklärung« ansahen. Zum Beispiel wurde damit »Transjordanien von dem Gebiet der zionistischen Verwaltung abgetrennt und die Frage nach einem gesetzgebenden Rat aufgestellt«, dessen Mehrheit aus gewählten Vertretern bestehen sollte. Dies war für die Zionisten absolut indiskutabel, denn es hätte nicht nur die Abschaffung von Wahlen bedeutet (was Dr. Weizmann ganz entschieden ablehnte), sondern auch, daß die eingesessenen Araber schließlich ihr eigenes Land regiert hätten. Das »Churchill-Weißbuch« brachte den »Vorkämpfer des Zionismus« in politisch brisantes Gewässer und man setzte ihn in den nächsten sieben Jahren politisch aufs Trockene.

In den zehn Jahren seiner politischen »Verbannung« war Churchill »ein höchst unpopulärer Mann, nicht wegen bestimmter Taten oder Qualitäten, sondern weil er ständig eine ›schlechte Presse‹ erhielt, die die stärkste Waffe in den Händen jener ist, die die politische Beförderung steuern. Diese organisierte Feindschaft trat besonders während der Abdankungskrise 1937 zutage, als seine Bitten um mehr Zeit sehr viel heftiger attackiert wurden, als sie es verdient hatten, und er im Unterhaus niedergeschrien wurde. Seine Biographen zeichnen ihn als Mann, der in diesen Jahren unter Depressionen litt und sich für ›politisch‹ erledigt hielt.« Sein eigenes diesbezügliches Empfinden spiegelt sich in seinen veröffentlichten Worten an Mr. Bernard Baruch zu Beginn des Jahres 1939 wider: »Es wird bald Krieg geben. Sie werden dort drüben die Dinge lenken, ich dagegen werde hierorts auf der Seitenlinie stehen.«

Endlich standen die Kulissen

Kurz vor dieser Bestätigung, daß Baruch – »das bekannteste Symbol der weitreichenden und weltweiten Geldmacht« – in Amerika »die Dinge lenken« würde, hatte der »ehrenwerte« Herr Churchill begonnen, eine ganz erstaunliche Transformation seines politischen Glücks zu erleben. Er wurde »wiedergeboren« – politisch.

Der Grund für dieses politische »Wunder« ist damals nicht sehr klargeworden, dafür aber später. Er hatte seine Einstellung gegenüber den zionistischen Plänen zur Errichtung eines Zionistenstaates in Palästina geändert.

In »Trial and Error« berichtet uns Dr. Weizmann, daß er im Jahre 1939 im Kielwasser einer weitverbreiteten Opposition gegen die zionistische Bewegung und im Anschluß an die Veröffentlichung von Chamberlains Weißbuch mit einem Mal »Winston Churchill traf und er sagte mir, er werde an der Unterhausdebatte teilnehmen und selbstverständlich Position gegen das vorgeschlagene Weißbuch beziehen«.

Der gelehrte Doktor unterläßt es seinen ungelehrten Lesern, zu berichten, warum es Churchill »selbstverständlich« auf sich genommen hatte, im englischen Parlament Position gegen die Vorschläge zu beziehen. Noch am 22. Oktober 1938 hatte er wie der Verfasser seines Weißbuches von 1922 gesprochen, das ihm den Zorn der Zionisten eingebracht hatte.

Dr. Weizmann erinnert sich, daß er am Tag der Unterhausdebatte

Hitler, 20. März 1945: »Trotz aller Schwere bin ich davon überzeugt, daß wir bei diesem Kampf den Sieg erringen werden«. Meint Hitler mit »wir« die internationalen Banker?

mit Churchill gemeinsam zu Mittag gegessen hat. Anregungen seiner Kollegen, er möge Churchill doch auf dem Weg ins Unterhaus instruieren, ablehnend,

war Weizmann »ganz sicher, daß ein Redner von Mr. Churchills Kaliber seine Ansprache bereits komplett ausgearbeitet hat und es nicht wünschen würde, wenn irgend jemand eine Stunde oder so vorher mit Anregungen daherkäme«.

»Churchill hatte sich gründlich vorbereitet. Er holte einen ganzen Stapel kleiner Karten hervor, und las uns seine Rede vor. Der Aufbau der Rede war perfekt.«

In dieser Debatte »hielt Churchill gegen das Weißbuch eine der großartigsten Reden seiner Laufbahn.«

Aber selbst die »Magie« von Churchills brillanter Rhetorik vermochte das Blatt nicht zugunsten der zionistischen Sache zu wenden. Das Unterhaus stimmte mit 268 zu 179 Stimmen für die Annahme des Vorschlages von Chamberlain.

Mit dieser großartigen Rede gegen das Weißbuch hatte Churchill eindeutig zu verstehen gegeben, daß er die Seiten gewechselt hatte und nunmehr zur Verfügung stand, um sein Land zu »führen«, wie es jenen auf das Beste zu gefallen sein würde, die hinter den Kulissen die Fäden zogen. Nur einige Monate danach sollte Churchill Englands neuer Premierminister werden.

VIII. Sanierung als Zerstörung der Welt

Zur Jahrhundertwende gab es auf der Weltbühne drei Großmächte, die zwischen den illuministischen Verschwörern und der Verwirklichung ihres Endzieles standen – der Schaffung einer totalitären Eine-Welt-Regierung. Diese Mächte waren Rußland, Großbritannien und die Vereinigten Staaten. Durch den subversiven Einfluß der Geheimgesellschaften und die immense Kapitalhilfe, die die internationalen Bankiers bereitgestellt hatten, war bis zum Jahre 1920 das zaristische Rußland erfolgreich von der Bühne verdrängt worden.

England erwies sich als eine etwas härter zu knackende Nuß.

Obwohl der Krieg 1914 bis 1918 von England ein ungeheures Opfer an Menschenleben und Kapitaleinsatz gefordert hatte, blieben der moralische Charakter und die Zähigkeit, die England zu einer Großmacht hatten werden lassen, ungebrochen stark zurück.

Eine Feder im Bewußtsein der Nation zersprungen

Der Erste Weltkrieg brachte aber eine entscheidende Wende in der Geschichte Englands. Er signalisierte den Anfang vom Ende einer einstmals stolzen Nation. Die 20er Jahre wurden Zeuge eines wachsenden Einflusses, den die illuministische »Fabian Society« auf die englische Politik nahm. Sie waren außerdem von einem spürbaren Verfall der nationalen Entschlossenheit und Zweckbestimmtheit gekennzeichnet. Das England der Nachkriegszeit wurde von wirtschaftlichen Umwälzungen, sozialen Unruhen, massiven Arbeitskämpfen und gravierender Arbeitslosigkeit erschüttert.

In seiner Rede an die Navy League bemerkte Winston Churchill am 26. Februar 1930, daß »in den vergangenen Jahren ein Gefühl der Machtlosigkeit über jene gekommen sein muß, die an den triumphalen Bestrebungen teilgenommen haben, die das British Empire während des laufenden Jahrhunderts unternommen hat. Es scheint, als ob eine Feder im Bewußtsein der Nation zersprungen ist. Es ist eine Bereitschaft vorhanden, alles, was durch unermeßliche Opfer und Anstrengungen erworben worden ist, wegzuwerfen. Wir scheinen die einzige große Nation zu sein, die nicht für sich selbst zu sprechen wagt, die das Vertrauen in ihre Mission verloren hat, die bereit ist, ihre hart erkämpften Rechte aufzugeben.«

Die vorsätzlich ins Werk gesetzte Große Depression der 30er Jahre und die sie begleitende soziale Misere sind für die Entwicklung einer starken Gewerkschaftsbewegung und den Aufstieg der Socialist Labour Party zur überragenden Partei ursächlich gewesen.

»Er will das Elend abschaffen«

Der Zweite Weltkrieg gab England den Rest. Es war das Ereignis, das den Verschwörern die goldene Chance bot, ihr »Sanierungs«-Programm für die Britischen Inseln ein schönes Stück voranzutreiben.

Im Dezember 1942, während das englische Volk unter dem tagtäglich zunehmenden Kriegsdruck schwankte, wurde von der Fabian Society, einer englischen »Paraorganisation« der Illuminaten-Verschwörer, die Veröffentlichung eines Dokuments veranlaßt, das den Titel »Beveridge Report« trug. Geschrieben hatte es Sir William – später Lord – Beveridge, ein »Gesellschaftslöwe, dessen olympische Würde, rednerische Gaben und das Talent, sich in der High-Society zu bewegen, ihn zu einem unbezahlbaren Werkzeug für die Durchsetzung der Fabian-Gesellschaft auf beiden Seiten des Atlantiks machten«.

Im Gegensatz zu Winston Churchill, der rund dreißig Monate zuvor dem englischen Volk »nichts als Blut, Mühsal, Tränen und Schweiß« versprochen hatte, versprach Sir William den Briten das Paradies auf Erden, wenn sie nur sein kunstvoll verschnürtes Paket mit sozialen Reformen »kaufen« würden. Ungeahnte Vorteile würden dem englischen Volk erwachsen und sich von der Wiege bis zur Bahre erstrecken. Das Ergebnis wäre ein Arbeiterparadies.

»Auf die von Bomben ramponierte, blitzgeschockte Nation und die von Furcht geplagten Truppen in Übersee wirkte seine Botschaft verlockend. Und genau das hatten die Fabians mit ihrem zynischen Verständnis der Massenpsychologie gewollt.« Mittels der uneingeschränkten Zusammenarbeit der manipulierten englischen Presse machte der »Beveridge Report« am Tage nach seiner Veröffentlichung die Schlagzeilen, neben denen sogar die Kriegsmeldungen aus Nordafrika verblaßten.

Als 1945 der Friede in Europa zurückkehrte, war das englische Volk psychologisch soweit bearbeitet worden, daß es die in dem »Beveridge Report« niedergeschriebenen Fabianschen Fabeln bereitwillig »kaufte«. Im Juli 1945 gewannen die Fabianschen Sozialisten unter Führung von Clement Atlee bei den Wahlen einen überwältigenden Sieg. Seit dieser Zeit, mit Ausnahme einiger flüchtiger, aber spürbarer Augenblicke, in denen die Nation klarsichtig den Feind vorübergehend bremsen konnte, ist England immer tiefer in die sozialistische Schlangengrube gefallen.

Fabiansche Fabeln

Englands Vorgeschmack von dem sozialistischen Paradies war alles andere als ein erfreuliches und berauschendes Erlebnis. Während die Sozialisten die Grundmauern der englischen Gesellschaft durchlöcherten,

entschwand der »Traum« des »Beveridge Report« in immer dichterem Nebel. An seiner Stelle tauchte der soziale und finanzielle Alptraum auf, der die wahre Erscheinungsform der irrealistischen Lehrsätze der Sozialisten ist.

In nur wenigen Jahren haben die Sozialisten praktisch die englische Wirtschaft verstaatlicht, und zwar einmal durch die direkte Übernahme der Kontrolle über rund ein Viertel des gesamten Wirtschaftsprozesses und zum anderen indirekt durch ein Gesamtplanungssystem, mit dessen Hilfe die Regierung sowohl die Produktion als auch die Kreditvergabe steuerte.

Die Grundstoffindustrie sowie Hauptdienstleistungen wurden verstaatlicht, das heißt der Regierungskontrolle unterstellt. »Die Nachteile, die diese staatlich betriebenen Unternehmen mit sich brachten, wurden nur noch von ihrer Leistungsschwäche übertroffen.«

Die von den Rothschilds kontrollierte »Bank of England« wurde angeblich von der Regierung »übernommen«, doch war dies nur ein geschickter Vorwand, um die englischen »Bauern« von der richtigen Fährte abzubringen. Dieser Schritt hat allein dazu gedient, die Macht der Rothschilds zu festigen und zu verstärken, da nun alle Banken gezwungen waren, die von den Rothschilds herausgegebenen Bank-of-England-Noten zu benutzen und nicht mehr ihre eigenen. Infolgedessen erhielten die Rothschilds und ihre Freunde von allem einen Beuteanteil. Das englische Volk mag »den Krieg gewonnen« haben, aber es hat sich selbst sofort in die Sklaverei verkauft, indem es für die Fabians stimmte, die gelobt hatten, jeden Aspekt des Lebens in England zu beherrschen.

Die Folgen eines solchen Wahnsinns waren vorhersehbar. Sämtliche von der Regierung übernommenen Industrien verfingen sich in den verwickelten Maschen eines bürokratischen Papierkrieges und trieben hilflos in einem Meer roter Tinte. Die Kohleförderung sackte mit 7 Millionen Tonnen unter das Niveau von 1937 ab, obwohl man Hunderte Millionen Pfund für neue Ausrüstungen investiert hatte. Die Folge war ein dreiwöchiger Stromausfall in London und den Midlands, der 75 Prozent der englischen Wirtschaft lahmlegte und das Land rund 250 Millionen Pfund an verlorengegangenen Exportaufträgen kostete. Man entließ 2 Millionen Arbeiter.

Während andere europäische Nationen bemüht waren, die durch den Krieg auferlegten Einschränkungen abzubauen, haben die Fabianer diese vermehrt. Täglich spuckten die Regierungsämter neue Vorschrif-

---

Der Dritte im Bunde: Winston Churchill, kurz nach seinem Amtsantritt konnte der Zweite Weltkrieg beginnen.

ten, Verordnungen und Erlasse aus mit dem Ziel, den Einflußbereich der Bürokraten über das Leben des englischen Volkes auszudehnen.

Die Liquidierung des Empires

Mit der Stagnation der englischen Wirtschaft schnellte die Inflation in die Höhe. Um England über Wasser zu halten, wurden seiner Wirtschaft massive Dollarspritzen verabreicht, die der amerikanische Steuerzahler spendierte, und zwar entweder durch Direktkredite oder den Internationalen Währungsfonds. Den Briten wurden immer höhere Steuerlasten aufgebürdet, die aber wenig halfen, das unvermeidliche Ende abzuwenden. Im Jahr 1949 erlitt das einstmals stolze englische Pfund Sterling eine massive Abwertung.

Ebenfalls im Jahr 1949 erklärte Sir Stafford Cripps, ein führendes englisches Kabinettsmitglied, »die Liquidierung des British Empire ist eine wesentliche Voraussetzung für den Sozialismus«.

Einige Jahre später äußerte ein anderer Sozialist Fabianscher Couleur, Arthur Skeffington, »wir als Sozialisten glauben sicher, daß die einzige Zukunft für eine gesunde Entwicklung in den Kolonialgebieten auf den Grundsätzen des Sozialismus basieren muß«.

Das einstmals große Britannien schrumpfte zu einem »Klein-England« zusammen, dem schrecklich verweichlichten »kranken Mann« Europas. Hoffnungen in jüngster Zeit, die Entdeckung eines großen Erdölvorkommens in der Nordsee werde England auf den Weg zu nationaler Genesung bringen, haben sich in dünne Luft aufgelöst. Die enormen Gewinne daraus sind nicht in die englische Wirtschaft geflossen, um den ungeheuren Druck zu erleichtern, den der Staat dem langgeplagten englischen Steuerzahler aufbürdet, sondern in die Tresore der internationalen Bankers in ihrem Hauptquartier »Die City« von London.

Heute steht England am Rande des Vergessens, ruiniert von dem Krebs des Liberalismus. Dieser einst großen Nation wurden der Verstand, das Herz und das Rückgrat von dieser tödlichen Krankheit verzehrt. Die Zeitschrift »US News and World Report« schrieb 1980: »Die meisten Engländer sehen einem trüben Jahrzehnt entgegen. Der Lebensstandard dürfte zweifellos sinken. Die industrielle Produktion lahmt weit hinter anderen großen Nationen hinterher.«

Ohne eine dramatische Veränderung – eine tiefgreifende nationale Rückbesinnung, mit der sich England im 17. Jahrhundert erneuerte – wird England weiterhin in Verzweiflung dahinsiechen, bis auch die letzten Krükken von der unsichtbaren Hand beseitigt werden und seinen Kollaps in die totale Namenlosigkeit zulassen, damit es die illuministische »Neue Weltordnung« zu seiner eigenen mache.

Sanierung einer christlichen Nation

Das bei weitem schwierigste Hindernis auf dem Weg zur Schaffung der Eine-Welt-Regierung sind die Vereinigten Staaten gewesen.

Amerika ist in der gesamten Erdengeschichte einmalig. Es gibt zwei fundamentale Gründe dafür: Amerikas Religion und Amerikas Verfassung.

Amerika hat das 20. Jahrhundert mit einer fast 300 Jahre alten Tradition begonnen, eine christliche Gesellschaft zu sein. Obwohl man von der Existenz Amerikas bereits 500 Jahre vor der Ankunft der Pilgrimväter wußte, setzt mit jenem Ereignis jedoch die »Amerikanische Geschichte« ein. Sie haben den ersten geordneten Versuch zur Besiedlung dieses riesigen neuen Landes unternommen. Wie es in dem berühmten »Mayflower Compact« heißt, bestand das Hauptziel für die Errichtung von Kolonien in der Neuen Welt in der »Verbreitung des christlichen Glaubens«.

Von Anfang an, angefangen mit den ersten einfachen Kolonien und Siedlungen, verfügte die amerikanische Gesellschaft über eine Tradition eines tiefen, religiösen Glaubens, der fest auf der biblischen Offenbarung beruhte. Das Christentum war der primäre motivierende Faktor im Leben der Mehrzahl seiner Menschen. Der US Oberste Gerichtshof hat bei zwei verschiedenen Anlässen erklärt, Amerika ist eine christliche Nation.

Dies war also das Amerika, das die Fesseln der Fremdherrschaft abwarf und dessen Führer die unschätzbar wertvolle Unabhängigkeitserklärung verfaßten – jenes großartige Dokument, das so beredt gegen des Menschen Unmenschlichkeit gegenüber seinen Mitmenschen und für das unveräußerliche, gottgegebene Recht des Menschen spricht, sein Leben frei und offen zu leben, frei von Tyrannei. Es war auch das Land, das sich die Verfassung und die »Bill of Rights« geschenkt hat, die speziell dazu aufgestellt wurden, jene Freiheitsrechte zu schätzen und zu bestärken.

Amerika war also das gesegnete und mitreißende Land, das die große amerikanische Republik hervorgebracht hat, das vorwärtspreschende, heißblütige, unabhängige, herrliche, produktive Amerika, in dem sechs Prozent der Weltbevölkerung in den Genuß von 50 Prozent des Weltwohlstandes kommen. Dies war das starke, vibrierend lebendige, zuversichtliche, freie und missionserfüllte Amerika, das, wie Abraham Lincoln vor 150 Jahren gesagt hat, »über alle Zeiten hinweg leben oder an Selbstmord sterben muß.«

Dies war die Nation, die mit Beginn dieses Jahrhunderts zur Zielscheibe eines »Sanierungs-

Programms« wurde, dessen Planung und Durchführung die sorgfältigste und heimtückischste waren, die es jemals in der Menschheitsgeschichte gegeben hat. Die ganze Intrige basierte auf der Erkenntnis, daß es, um Amerika zu zerstören, notwendig war, sein System der Wertvorstellungen zu vernichten, das von der Bevölkerung allgemein anerkannt wurde. Um diese monumentale Aufgabe zu verwirklichen, mußte man die führenden Institutionen untergraben und aufweichen, um die sich die amerikanische Gesellschaft rankte.

Der sicherste Weg ist die Währung zerstören

Im Gegensatz zu den »Sanierungs«-Taktiken, die man im Zweiten Weltkrieg in Deutschland und Japan benutzte, wurde die Zerstörung Amerikas als einer unabhängigen, souveränen Nation auf sehr viel subtilere Weise eingefädelt. Die von den Illuminaten in Amerika eingesetzten Abbruchkolonnen hatten für die Methode des »Frontalangriffs« nur Verachtung; vielmehr machten sie sich die Taktiken der Fabian'schen Sozialisten zu eigen.

Der erste große Durchbruch gelang jenen, die den traditionellen, verfassungsmäßigen »American way of life« zu zerstören suchten, mit der Verabschiedung des Gesetzes über die Federal Reserve Bank am 23. Dezember 1913.

Dieses Gesetz, das man durchbrachte, als die meisten Abgeordneten bereits in die Weihnachtsferien gefahren waren, legte das nationale Währungssystem fest in die Hand der internationalen Bankers.

Dem Lehrsatz folgend, daß »der sicherste Weg zum Umsturz einer bestehenden Gesellschaftsordnung der ist, seine Währung zu verderben« (Lenin), setzten die Geldleute sofort alles in Bewegung, um den Wert des Dollar zu zerstören.

Mit der Teilnahme am Ersten Weltkrieg – zunächst als Lieferant von Kriegsmaterial, dann als aktiver Teilnehmer – wurde die Dampfwalze der Vernichtung in Bewegung gesetzt. Mit diesen Handlungen wurde die Basis für die derzeitige riesenhafte amerikanische Staatsverschuldung und für die nationale Versklavung unter den Willen der internationalen Bankers gelegt.

Der englische Wirtschaftswissenschaftler John Maynard Keynes, der Berater von Roosevelt während des »New Deal« war, hat gesagt: »Lenin hat zweifellos Recht, es gibt keine einwandfreie beziehungsweise subtilere Methode zur Zerstörung der bestehenden gesellschaftlichen Grundlagen als das Verderben ihrer Währung. Durch einen fortwährenden Prozeß der Inflation können Regierungen einen wesentlichen Teil des Wohlstandes ihrer Bürger heimlich und unbemerkt an sich reißen. Die-

Ein Propagandafoto der Nationalsozialisten: Der englische Premierminister Churchill droht als Gangster mit der Waffe.

ser Prozeß setzt alle verborgenen Wirtschaftskräfte auf seiten der Zerstörung ein und zwar auf eine Weise, die nicht einer unter einer Million Menschen diagnostizieren kann.«

Die verheerenden Auswirkungen

Das Verderben der amerikanischen Währung als eine »Methode der Zerstörung der bestehenden gesellschaftlichen Grundlagen« hat 1914 begonnen und ist inzwischen an einem Punkt angelangt, wo die Verwirklichung unmittelbar bevorsteht. Die Lohn- und Preisspirale, die die Amerikaner in den letzten Jahren immer mehr geplagt hat, ist kein Zufall – sie ist also geplant worden!

Die verheerenden Auswirkungen dieses »Sanierungs«-Ansturms auf die amerikanische Wirtschaft werden von einem führenden Nachrichtenmagazin mit Zahlen belegt. Die Kaufkraft von 1 Million Dollar im Jahre 1940 ist auf 182 812,– US-Dollar zum heutigen Zeitpunkt geschrumpft. Das heißt, »Sie brauchen heute, um die Kaufkraft von einer Million Dollar des Jahres 1940 zu haben, 5 470 000 US-Dollar.«

Im Jahre 1910, zwei Jahre vor der Wahl Woodrow Wilsons, und bevor sich die elitäre Kontrolle der amerikanischen Exekutive eingenistet hatte, beliefen sich die Ausgaben des US-Bundes auf insgesamt 694 Millionen US-Dollar. Im Jahre 1918, einem teueren Jahr, das das Ende des Ersten Weltkrieges brachte, betrug der US-Haushalt knapp 13 Milliarden Dollar. 1945, das letzte Jahr des Zweiten Weltkrieges, machte der US-Haushalt 98 Milliarden aus.

1970 auf dem Höhepunkt des Vietnamkrieges, erreichte der US-Etat 197 Milliarden US-Dollar. Wie zum Teufel konnte er auf 366 Milliarden US-Dollar im Jahre 1976 ansteigen, dem letzten Jahr der Ford-Regierung? Was ist 1977 geschehen, als der Haushalt des ersten trilateralen Präsidenten, Carter, auf fast 403 Milliarden US-Dollar anschwoll?

Werden dem Adler nicht die Flügel ausgerissen? Ist diese legalisierte Plünderung noch Besteuerung oder schon schwerer Diebstahl? Wenn man einmal den Zielsetzungen der Protokolle der Gelehrten Ältesten von Zion, den Illuminaten und dem Kommunistischen Manifest ins Auge gesehen hat, weiß man, daß die »Herabsetzung einer nationalen Währung« nicht zufällig geschieht.

Zerstörung durch progressive Erziehung

Es ist unter Geopolitikern eine bereits seit langem anerkannte Tatsache, daß die wirksamste Methode zur Unterminierung einer Gesellschaft darin besteht, die Wertvorstellungen ihrer Menschen zu verändern. Um dieses Ziel in den Vereinigten Staaten zu verwirklichen, mußten die internationalen Verschwörer Kontrolle über Amerikas Schulen und Universitäten erlangen. Diese Institutionen würden sich dann als machtvolle Instrumente in ihrem »Sanierungs«-Programm zur Zerstörung der »Alten Ordnung« in den USA einsetzen sowie dazu verwenden lassen, nachfolgende Generationen von Amerikanern »neu zu erziehen«, damit sie eine widernatürliche Philosophie annehmen würden, die letztendlich ihren Abstieg in die Sklaverei zur Folge haben würde.

Das subversive System der «progressiven Erziehung«, von den Rockefellers und ihren Genossen finanziert und von John Dewey gelenkt, wurde zunächst dazu benutzt, um die Saat der Vernichtung für die traditionelle Schulausbildung auszusäen und großzuziehen.

Mit dem Einzug von Franklin Roosevelt in Washington 1933 und der Veröffentlichung des »Humanistischen Manifestes« wurde im selben Jahr diese Attacke etwas umgeändert. Dieses Dokument, das viele moderne Erzieher als ihre »Bibel« betrachten, wurde 1973 überarbeitet und aktualisiert.

Obwohl nur ein schmales Dokument, legte das »Humanistische Manifest« die Methoden dar, die dazu verwendet wurden, um die Jugend der amerikanischen Nation in den amtlichen Schulen subversiv zu infiltrieren.

Barbara Morris zeigt in ihrem Buch »Chance Agents in the Schools«, wie die bestehenden öffentlichen Schulen Veränderungen propagieren: soziale Änderung, politische Änderung, religiöse Änderung, Änderung der Regierungsform: »Aber Änderung von was zu was genau? Änderung von einer christlichen souveränen Nation in eine humanistisch/sozialistische Nation-Staat-Abhängigkeit innerhalb einer Diktatur, die euphemistisch ›Weltgemeinschaft‹ genannt wird, in der ›Weltbürger‹ mit der Versklavung zufrieden sind.

Die Regierungsschulen sind insbesondere bemüht, den Status, die Struktur und die Stabilität der Familie zu zerstören. Starke Familien machen eine starke Nation und man muß sie beseitigen, wenn die vorgeschlagene Diktatur errichtet und beibehalten werden soll. Schauen Sie sich Ihre Familie an, und die Familien, die Sie kennen. Wie fest ruhen sie in sich? Das Auseinanderbrechen, das Sie beobachten, ›geschieht nicht einfach so‹ – das Chaos ist geplant.

Wir haben es heute mit nichts weniger als einer Revolution zu tun. Die Schulen haben sich den Agenten für soziale Änderung geöffnet, die stetig daran arbeiten, die ›Glaubensartikel‹ der Religion vom Humanismus durchzusetzen. Einstellungen, Wertvorstellungen und Verhaltensweisen müssen für die kommende ›Neue Weltordnung‹ geändert werden, die gleichzeitig die Verehrung des Menschen und die Versklavung der Menschheit bedingt. Eine erschreckende Zukunftsvision, die bereits weitgehend bei uns verwirklicht ist.«

Lügen werden zu Wahrheiten

Ein anderer Punkt des »Sanierungs«-Programmes ist die Energiekrise. Als sich das Jahr 1973 zu Ende neigte, beschlossen die Weltverschwörer, daß die Zeit gekommen sei, um eine weitere Phase ihres »Sanierungs-Programms« in den Vereinigten Staaten durchzuführen. Es war Zeit, die »Energiekrise« auf ein nichtsahnendes amerikanisches Publikum loszulassen.

Nach dem altbewährten Grundsatz vorgehend, daß eine Lüge, wenn sie nur oft und laut genug wiederholt wird, als Wahrheit angenommen wird, machten sich die Insider in Washington an die Bearbeitung des amerikanischen Volkes. Ungeachtet aller gegenteiligen Beweise mußte man den Amerikanern die komplett falsche Idee »verkaufen«, daß die Vereinigten Staaten praktisch kein Erdöl mehr hätten und in immer größere Abhängigkeit vom Ausland geraten würden, um ihren Bedarf in der Zukunft zu decken.

Die Bürokraten in ihrer Besessenheit, das Märchen von der »Energiekrise« im ganzen Land an den Mann zu bringen, haben dabei die Tatsache völlig ingnoriert, daß zahlreiche, höchst maßgebliche Quellen eindeutige Beweise für einen Superüberfluß an Erdöl innerhalb des eigenen Landes, im Golf von Mexiko und den Kontinentalsockeln an der Ost- und Westküste vorgelegt haben.

In einem Bericht des »National Petroleum Council« vom Dezember 1972 heißt es, daß sich die Ölvorkommen in den Vereinigten Staaten schätzungsweise auf 810,4 Milliarden Barrel belaufen. Das reicht beim gegenwärtigen Verbrauch für eine Versorgung für 125 Jahre.

In demselben Bericht steht auch, daß die Erdgasvorkommen für knapp einhundert Jahre ausreichen.

Auch in anderen amtlichen Berichten wird bestätigt, daß die Vereinigten Staaten über riesige Mengen von leicht zugänglichem Erdöl verfügen.

Es ist ein schwerer Fehler zu glauben, die »Krise« habe mit dem angeblichen »Ölembargo der Araber« Ende 1973 begonnen. Die Saat, die zu der gegenwärtigen »Notlage« aufgegangen ist, wurde von den Bankers in Washington über eine Reihe von Jahren hinweg ausgesät und kunstreich gepflegt; es geschah in Form von verschiedenen Regierungsverordnungen, die ein Absinken der nationalen Erdölförderung gewährleisteten.

Gleichzeitig tauchten über Nacht eine Unmenge von Gruppen zum Schutze der Ökologie und der Umwelt auf und machten auf der nationalen Bühne von sich reden.

Die Umweltschützer riefen nach »Aktion« der Regierung, um angeblich die Zerstörung des ökologischen Gleichgewichts durch die Vereinigten Staaten zu verhindern. Strenge Auflagen für die Ölgesellschaften und andere Energieproduzenten sind, so hieß es, der einzige Weg, um diese Zielsetzung zu erreichen.

Wie der überwältigenden Mehrheit der Amerikaner unbekannt, war dies jedoch bloß eine Variante der alte Illuminaten-Masche vom »Druck von unten und Druck von oben«, der eine versteckte Zielsetzung verwirklichen soll.

Wie sah die Wahrheit aus?

Die Stufe des illuministischen »Sanierungs«-Programms für die Vereinigten Staaten – genannt »Ölkrise« – trat plötzlich mit dem Ausbruch des Yom-Kippur-Krieges in Nahost am 16. Oktober 1973 in Kraft. Es ist möglicherweise von historischer Bedeutung, daß der Kriegsausbruch unmittelbar danach erfolgte, nachdem die Israelis eine erhebliche Anzahl von Truppen aus vorgerückten Positionen abzogen, obwohl ein Angriff der Araber bevorzustehen drohte.

War dieser Rückzug geplant, um einen arabischen Überfall zu

provozieren, so daß eine schwerwiegende Krise in jenem Teil der Welt ausbrechen würde, und den Weg zu sehr viel weiterreichenden Ereignissen ebnete, die sich in den nächsten Monaten anschlossen? Diese Möglichkeit sollte nicht übersehen werden.

Das Kriegsglück verließ die Araber erst, nachdem die Vereinigten Staaten auf Weisung von Außenminister Henry Kissinger riesige Mengen des modernsten Kriegsgerätes aus Amerikas Arsenalen per Luftbrücke zur Unterstützung der Israelis entsandten. Es waren die besten amerikanischen Waffen, die die Waagschale zu Ungunsten der Araber senkten.

Während sich der aufgewirbelte Sand im Nahen Osten legte, haben die Araber angeblich ein Embargo auf das Erdöl verhängt und sofort den Ölpreis kräftig ansteigen lassen. Innerhalb weniger Wochen formierten sich die Amerikaner in langen Schlangen vor den Tankstellen und es kam mit zunehmender Spannung zu zahlreichen Schlägereien unter den aufgebrachten Autofahrern, die auf ihre Benzinzuteilung warteten. Die Regierungsbehörden führten eine »gravierende Ölverknappung« ins Feld, um den amerikanischen Autofahrern ihre Restriktionen aufzuzwingen.

Wie sah die Wahrheit aus? Gab es damals eine echte Ölverknappung in der Welt oder war das Ganze ein Betrug?

Die Beantwortung dieser beiden Fragen erhielt man bald aus einer Vielzahl von Informationsquellen. Anfang 1974 veröffentlichte die führende Schiffahrtsversicherung der Welt, Lloyd's of London, einige höchst aufschlußreiche Statistiken in ihrem Jahresbericht. Lloyd's gab an, daß in den drei Monaten vor dem angeblichen »Embargo« insgesamt 474 Tankschiffe aus den Häfen des Mittleren Osten mit Öl für die ganze Welt ausgelaufen sind.

In den drei Monaten während des Höhepunktes des »Ölembargos« haben laut Lloyd's insgesamt 494 Tanker, beladen mit Öl, eben jene Häfen verlassen.

Die gezinkte Energiekrise

Diese aufschlußreiche Information wurde in der europäischen Presse veröffentlicht, aber in den kontrollierten Medien Amerikas totgeschwiegen. Waren die Tatsachen zu trivial, um sie zu bringen oder zu schwerwiegend, als daß sie veröffentlicht werden durften? Wenn man die »Bauern« im dunkeln läßt, dann werden sie viel eher einer Lüge Glauben schenken.

Während sich die Schein-»krise« entwickelte, die Preise in den Himmel schossen und freie Tankstellen in Ermangelung von Benzin zum Schließen gezwungen waren, begannen die Berichte zu kursieren, daß die großen Ölgesellschaften riesige Mengen

Benzin in Vorratslagern überall in Amerika horteten.

In den seither vergangenen Jahren konnte sich die gezinkte »Energiekrise« mit der aufrichtigen Unterstützung der liberalen Bürokraten in Washington und ihrem jährlich 14 Milliarden Dollar verschlingenden Monster von Energieministerium zu einem Zustand entwickeln, das droht, die ganze Nation in einem Meer von roter Tinte zu ertränken.

Der Benzinpreis ist um 500 Prozent gestiegen, die Inflation erreicht in einigen Gebieten der Nation 22 Prozent, die Automobilindustrie befindet sich in einem Chaos, die Arbeitslosigkeit steigt – und die amerikanischen »Vertreter« in Washington weigern sich, das Problem mit positiven Maßnahmen zu lösen.

Aber nicht nur das, sie haben sogar Maßnahmen eingeführt, die speziell darauf zugeschnitten sind, die Situation erheblich zu verschlimmern. Die alarmierende Wahrheit dieser Aussage wurde von Bruce Herschensohn, dem politischen Kommentator des Fernsehsenders KABC, in einer Stellungnahme in Los Angeles bewiesen: »Alles Übel in der heutigen Welt, sei es im Iran, in Afghanistan oder in Nahost, hat eines gemeinsam: Öl. Im Hintergrund eines sehr großen Teils unserer Probleme im Inland schwebt dasselbe Wort: Öl. Wir könnten unzählige Probleme lösen, wenn wir ein autarkes Energieland würden. Aber wir werden es einfach nicht. Wir können... aber wir wollen nicht.«

Wer sind die großen Gewinner dieser gezinkten Energiekrise? Jene »gierigen Araber«, die angeblich im Geld schwimmen und zwar auf Kosten der amerikanischen Öffentlichkeit? Auf den ersten Blick mag eine solche Anschuldigung wohl begründet erscheinen. Aber erste Blicke sind oft täuschend und irreführend.

Wenn die Araber wirklich »ihr eigenes Geschäft betreiben« würden, dann wären sie wahrlich in einer beneidenswerten Lage. Aber das ist nicht der Fall. Wie die meisten Länder dieser Welt sind die Araber im 20. Jahrhundert überwiegend von der internationalen Kapitalelite und den von ihnen kontrollierten Ölgesellschaften beherrscht und dirigiert worden. Die Monopolisten bestimmen den Einsatz – und streichen die Gewinne ein. Daß die Araber eingeschaltet werden und einen Anteil an der Beute erhalten, ist den »Big Boys« gerade recht. Die Araber werden gescholten, während die internationalen Bankers und ihre Genossen das Geld kassieren. Ein Diener ist seinen Lohn wert!

Daß die internationalen Bankers im Mittleren Osten das Sagen haben, wurde kürzlich durch ein paar veröffentlichte Verlautbarungen sehr deutlich.

Im Verlauf eines längeren Fernsehinterviews mit David Frost zu Beginn des Jahres 1980 hat der verstorbene Schah von Persien verlauten lassen, daß David Rockefeller und Henry Kissinger den Iran und die OPEC-Staaten während des Jahres 1973 und 1974 unter enormen Druck gesetzt haben, damit sie den Ölpreis erhöhen.

In der PBS-Fernsehsendung »The World of David Rockefeller«, die am 7. Februar 1980 ausgestrahlt wurde, tauchten eine Reihe aufschlußreicher Fakten auf. Zu den befragten Teilnehmern gehörte Ridgeway Knight, ein amerikanischer Botschafter im Ruhestand und ehemaliger stellvertretender Außenminister.

Knight erklärte: »Ich vertrete David persönlich. Was mich am stärksten beeindruckt, ist, daß ich eine Vielzahl von Industriemagnaten vertreten und für eine Reihe von Außenministern gesprochen habe, aber niemals haben sich Türen leichter aufgetan, als wenn ich sage, ich komme von David Rockefeller – es ist fantastisch!«

Im weiteren Verlauf der Sendung wurde bemerkt, daß »einige Leute glauben, daß Banken heute größer und wichtiger als Länder sind, weil sie über geographische und politische Grenzen hinweg operieren und daß sie zu der neuen Macht in der Welt geworden sind.« Hierauf antwortete ein Minister aus Saudi-Arabien: »Ja . . . viele von ihnen haben unsichtbare Außenminister.«

Noch eine andere, wichtige Frage muß beantwortet werden: Wer verwaltet die kolossalen Reichtümer, die die Vereinigten Staaten und andere Nationen verlassen, um für das OPEC-Öl zu bezahlen? Wer anders als jene heiligen Musterknaben der Tugend – die internationalen Bankers.

Finanziell im Himmel sitzend

Die internationalen Bankers sind damit ihrerseits in der Lage, diese Gelder zu hohen Zinsen an Länder zu verleihen, die sich mit den roten Zahlen abquälen, die als Ergebnis der gezinkten Energiekrise entstanden sind. Darüber hinaus müssen enorme Provisionen für die Verwaltung der internationalen Geschäfte der OPEC-Staaten in Milliardenhöhe an die internationalen Bankers entrichtet werden.

Wie Professor Quigley dazu sagen würde, hinterläßt dies die internationalen Bankers »finanziell im Himmel sitzend«.

Die großen Verlierer in dieser vorsätzlich hervorgerufenen »Energiekrise« sind die Bürger der Vereinigten Staaten und anderer Nationen der Welt, deren Lebensstandard abgesunken ist und deren Volkswirtschaften in einem Zustand der Verwirrung gestürzt worden sind, als die Preise für Erdöl und seine Folgeprodukte in den Himmel schossen.

Allein im Jahre 1979 haben die Bürger der Vereinigten Staaten

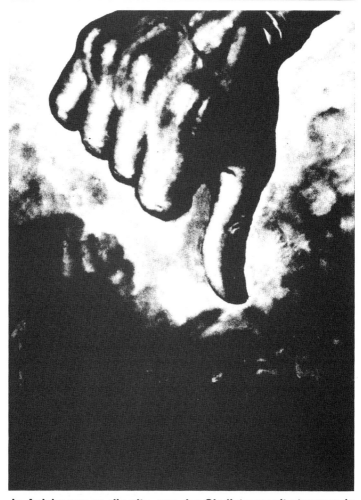

In Anlehnung an die alte, aus der Gladiatorenzeit stammende Geste »Tod«, droht 1940 eine italienische Zeitung London.

die enorme Summe von 55 Milliarden Dollar für Ölimporte aufgebracht. Seit 1973 ist die Öleinfuhr der Vereinigten Staaten von 29 Prozent des Verbrauchs auf fast 50 Prozent im Jahre 1980 gestiegen.

Konfrontieren wir die harten, kalten Tatsachen der politischen und wirtschaftliche Wirklichkeit. Die Politiker und Bürokraten in Washington beteiligen sich bereitwillig an der finanziellen Vergewaltigung des amerikanischen Volkes – und täuschen das Volk, wohin man auch blickt und schieben die Schuld für den von ihnen verursachten Schlamassel auf andere Dinge.

Die föderative Regierung, die laut Verfassung ein Diener und Beschützer des amerikanischen Volkes sein soll, wird immer mehr zu einem unkontrollierbaren Tyrannen, der darauf aus ist, dem Volk, das er beschützen soll, allen Wohlstand zu stehlen. Zu seinen wichtigsten »Agenten« bei der Ausplünderung des amerikanischen Volkes zählen die Ölgesellschaften.

»Aus einer jüngsten Untersuchung geht hervor, daß die US-Regierung 70,2 Prozent des Reinertrages von den 48 größten Ölgesellschaften vereinnahmt hat.« Die Regierung erhält aus den Investitionen der privaten Ölindustrie das vierzehnfache von dem, was ein normaler Aktionär erhält.

Die vom Kongreß 1980 verabschiedete Besteuerung von »windfall«-Gewinnen werden die »Energiekrise« nicht lösen helfen. Diesen Zweck hat sie auch nicht.

Der Zweck dieser neuen Steuer ist, wie »Tax Foundation« hervorhebt, »nicht die Energieunabhängigkeit. Damit sollen vielmehr höhere Ölpreise als eine neue und wesentliche Einnahmequelle für die Bundesregierung in Washington erschlossen werden, um sowohl die noch höheren Staatshaushalte zu finanzieren als auch die beschämenden Defizite der Bundesregierung abzubauen«.

Wenn wir alle politische Rhetorik und alle Litaneien aus dem Wege kehren, so bleibt eine nicht zu verleugnende Tatsache übrig. Die »Energiekrise« ist genauso wie Jimmy Carters Anti-Establishment-Gerede während seines Wahlkampfes 1976 ein Schwindel, mit dem das amerikanische Volk vorsätzlich getäuscht und der Prozeß des nationalen Bankrotts beschleunigt werden soll. Es ist ein klar erkennbarer Bestandteil des illuministischen »Sanierungsprogramms« für die Vereinigten Staaten.

IX. Sieg über Europa

Obwohl Aberhunderte von Büchern über die Tragödie von »Blut, Mühsal, Tränen und Schweiß« geschrieben worden sind, die die Nationen der Welt zwischen 1939 und 1945 umschlungen hielt, wissen die meisten wenig, wenn überhaupt etwas, von der wirklichen Geschichte hinter diesem kostspieligsten Krieg aller Kriege. Die »Story« des Krieges, wie sie in den »offiziellen« Geschichtsbüchern in Amerika, Deutschland, Japan und England erzählt wird, hat wenig Ähnlichkeit mit den wirklichen Ursachen und Zielen dieses Krieges, wie sie langsam in den Jahren seit Einstellung der Feindhandlungen zum Vorschein gekommen sind. Entscheidende Informationen wurden zurückgehalten.

Mit Hitlers Einmarsch in Polen am 1. September 1939 wurde der Mechanismus, den die heimlichen Mächte im Anschluß an den Ersten Weltkrieg installiert hatten, sofort in Betrieb gesetzt und garantierte, daß innerhalb sehr kurzer Zeit der Zweite Weltkrieg im Anrollen war. Gemäß den vor rund 20 Jahren zuvor unterzeichneten Vertragsbedingungen waren England und Frankreich verpflichtet, sich auf seiten der Polen ins Gemenge zu stürzen. Diese Kriegserklärung erfolgte innerhalb weniger Stunden.

Auf dem Weg zur Welteroberung

Die Russen marschierten am 17. September 1939 in Polen ein. Hitler und Stalin teilten sich Polen am 29. September.

Im Westen wurden die Deutschen als »gefährliche Hunnen« und »brutale Aggressoren« verdammt. Der russische Feldzug wurde heruntergespielt oder ganz ignoriert. Kurz, man stempelte Hitler zu einem »blutrünstigen Gassenbengel« ab, während Stalin zu »Onkel Joe« wurde.

Der Grund dafür war simpel: die »Theater«-Manager und die Drehbuchautoren waren fieberhaft dabei, die »Guten« und die »Bösen« für ihre neueste weltweite Bühnengroteske aufzubauen. Die Voraussagen von Lord Curzon und Lloyd-George, die sie kurz nach der Unterzeichnung des Versailler-»Vertrages« gemacht hatten, sollten bald Wirklichkeit werden und viele Millionen unschuldiger Menschen würden sterben müssen, damit die Illuminaten ihrem Ziel der Welteroberung in der Wirklichkeit ein Stück näher rücken konnten.

Auf die Eroberung und Aufteilung Polens folgte eine, wie Churchill sagte, »verlängerte und bedrückende Pause«, in der Deutschland, Frankreich und England jeweils großen Widerwillen zeigten, mit der offenen Feindschaft den Anfang zu ma-

Die Mauern der Kathedrale von Conventry, nachdem die Kirche am 14. November 1940 durch Bomben zerstört wurde.

chen. Premierminister Chamberlain bezeichnete diese handlungslose Zeit als »den Dämmerkrieg«.

Seit 1936 Luftoffensive geplant

Der »Scheinkrieg« dauerte bis zum 10. Mai 1940. An diesem Tag war Neville Chamberlain, seiner Gesundheit beraubt und Opfer unablässiger Attacken, zum Rücktritt gezwungen. Sein Platz an der Spitze der englischen Regierung wurde von Winston Churchill eingenommen, der nur wenige Monate zuvor sein wundersames politisches Comeback gefeiert hatte.

Das Geschehen explodierte sofort in einen umsichgreifenden »heißen Krieg«, als England einen Luftangriff auf Deutschland vornahm. Spitzenvertreter der Regierung in London haben Jahre später offen bestätigt, daß England eine Luftoffensive auf Deutschland seit 1936 geplant habe. Bei Kriegsausbruch verfügte Deutschland noch nicht über die Kapazitäten, um sich auf eine solche Offensive gegen England mit Erfolg einzulassen.

An dem selben Tag, dem 10. Mai, marschierten deutsche Truppen in Holland, Belgien und Luxemburg ein. Zwei Tage später überschritten sie die französische Grenze und drängten die französische und englische Armee wie Spielzeugware zurück.

Churchill erinnert sich an die Vorgänge: »Nun endlich ist der Sturm mit voller Wut über uns losgebrochen, die sich langsam angesammelt und aufgestaut hatte. Vier oder fünf Millionen Männer sind in der ersten Schockwelle dieses Krieges aufeinandergetroffen, dem erbarmungslosesten aller Kriege, die jemals dokumentiert worden sind. Innerhalb einer Woche ist die Front in Frankreich, hinter der zu liegen wir uns in den harten Jahren des vorherigen Krieges gewöhnt hatten, unwiderruflich durchbrochen worden. Innerhalb von drei Wochen sollte die seit langem glorreiche französische Armee zusammenbrechen, in wildem Rückzug und in wenigen Überresten. Und die englische Armee sollte ins Meer geworfen werden, ihrer gesamten Ausrüstung verlustig gegangen.«

Am 14. Juni zogen die Deutschen in Paris ein und fanden die Stadt ohne Verteidigung. Acht Tage später kapitulierte Frankreich. Frankreich und Deutschland unterzeichneten einen Waffenstillstand in Compiègne.

Sieg um jeden Preis

In diesem schicksalsschweren Augenblick »stand England allein« und rüstete sich für die erwartete Invasion der Deutschen über den Ärmelkanal. England befand sich in einem verzweifelten Wettlauf, seine Streitkräfte soweit aufzubauen, daß sie hoffentlich einem Ansturm der hochtrainierten und schwerbewaffneten Streitkräfte Hitlers standhalten würden.

Churchill erklärte dem englischen Volk, er könne ihm »nichts als Blut, Mühsal, Tränen und Schweiß anbieten. Sie fragen, was ist mein Ziel? Das kann ich mit einem Wort beantworten: Sieg – Sieg um jeden Preis. Ohne Sieg kann es kein Überleben für das britische Empire geben; kein Überleben für alles das, was das britische Empire verkörpert hat, kein Überleben für die Antriebskräfte und die Impulse aller Zeiten, daß die Menschheit sich auf ihr Ziel hin vorwärts bewegen wird.«

Dies war eine höchst ehrgeizige Erklärung. Sie bedeutete zwei völlig verschiedene Dinge für zwei völlig verschiedene Gruppen. Für die elitären »Insider« hieß es, daß der »Sieg« für das Überleben des britischen Empire der »City« und all dessen, wofür sie steht, notwendig war. Der »Sieg« war notwendig, so »daß die Menschheit (unter Führung der Geldmonopolisten der City) sich auf ihr Ziel hin vorwärtsbewegen wird« – der Schaffung einer »Neuen Weltordnung«.

Die Ereignisse von 1940 und 1941 bedeuteten den überwältigenden Sieg der Achsenmächte – Deutschland und Italien. Ganz Europa befand sich in ihren Händen. Mit der Invasion in Rußland am 22. Juni 1941 standen riesige Teile dieses slawischen Staates unter der Herrschaft der deutschen Streitmacht. An diesem kritischen Punkt nun beschlossen Franklin D. Roosevelt und seine verborgenen Meister, daß der amerikanische Schwerlastkran für den »Königreich-Abschleppdienst« auf seiten der City ins Gefecht gebracht werden sollte – oder alles wäre verloren.

Keine andere Alternative als Krieg

Der Kongreßabgeordnete Hamilton Fish gehörte in jener Zeit zu den Spitzenvertretern der Republikaner auf dem Capitol. In seinem Buch »FDR – The Other Side of The Coin« (FDR – Die andere Seite der Medaille) berichtet er:

»Es gab einige glühende Englandanhänger (Pilgrim Society) die die Meinung vertraten, es sei immer und zu jeder Zeit Amerikas Aufgabe, die Kastanien für das britische Empire aus dem Feuer zu holen. Warum ausgerechnet England das unbestrittene Recht haben sollte, zahlreiche Besitztümer in Fernost zu behalten, während Japan von uns eingedämmt werden sollte, das nicht einmal Reis, Öl, Gummi, Zinn und andere Güter in Nachbarländer einkaufen konnte, ist ein noch immer ungelöster Widerspruch.

Roosevelts kriegsbefürwortende Politik entsprach der eines Vogels, der vorgibt einen gebrochenen Flügel zu haben, um den Feind von der Zerstörung seines Nestes und Nachwuchs abzulenken. Er verfolgte in der Öffentlichkeit eine betrügerische Politik. Er verkündete seine Liebe zum Frieden und seinen Haß auf den Krieg, während ihm doch der Krieg im Sinn lag.

Krieg war in seinem Herzen: seine Worte waren glatter als Öl, dennoch waren es gezückte Schwerter.

Daß Präsident Roosevelt die Japaner zum Kriegseintritt gereizt hatte, indem er am 26. November 1941 ein Kriegsultimatum stellte und verlangte, daß die Japaner sämtliche Truppen aus Indochina und China (Mandschurei) abziehen sollten, ist eine historische Tatsache, wenngleich ein gut gehütetes Geheimnis.

Roosevelts Kriegsultimatum ist dem Kongreß vorsätzlich bis nach Pearl Habor vorenthalten worden. Alle waren sich darin einig, daß das Ultimatum den Japanern keine andere Alternative als den Krieg ließ.

Die Japaner hätten fast alles getan, um den Krieg mit Amerika zu vermeiden.

Prinz Kenoye, der Premierminister, ein sehr friedliebender Mann, hat wiederholt darum ersucht, nach Washington oder Honolulu zu kommen und mit Präsident Roosevelt zusammenzutreffen. Er war bereit, unseren Bedingungen zuzustimmen, um sich aus dem Krieg mit einem modus vivendi herauszuhalten, aber Roosevelt lehnt es ab, mit dem japanischen Premierminister zu reden, und zwar einfach deshalb, weil er zu einem Krieg mit Japan entschlossen war, und dadurch auch mit Deutschland. Der amerikanische Botschafter in Tokio, Joseph Grew, wußte, wie sehr die Japaner friedliche Beziehungen aufrecht erhalten wollten und befürwortete eine solche Konferenz dringend. Aber Roosevelt und seine hartnäckigen Mitinterventionisten benützten die Lüge, Ausflüchte und Tricks, um uns alle in einem absolut unnötigen Krieg zu verstricken.«

Dem amerikanischen Volk erklärte der scheinheilige Roosevelt: »Während ich zu Euch Müttern und Vätern spreche, mache ich Euch noch eine Zusicherung. Ich habe dies schon früher gesagt und ich werde es immer und immer und immer wieder sagen: Eure Jungs werden nicht in irgendwelche ausländischen Kriege geschickt werden.«

Roosevelts Täuschung des amerikanischen Volkes, so Hamilton, war »ein Akt der Unsittlichkeit und Niedertracht«. Dieser verschlagene und kaltblütige Politiker hat seine Spuren verwischt, indem er von höchster Stelle schrie, den Angriff auf Pearl Harbor als einen Tag der Gemeinheit denunzierte und die Schuld ganz allein den Japanern gab.

Als die Herren des Krieges in Washington die amerikanische Nation vorsätzlich gegen den Willen von 85 Prozent des amerikanischen Volkes in den Krieg führten, war der Erfolg für die Pläne der internationalen Verschwörer gesichert.

Der Nordafrika-Feldzug

Gegen Ende des Jahres 1942 begann sich das Blatt des Krieges wenden. Zunächst langsam, dann mit zunehmender Beschleunigung, begann sich die Gunst des Krieges den Alliierten zuzuwenden.

Am 8. November gingen massive Truppen der Franzosen und Engländer in Nordafrika an Land. Obwohl die Alliierten »in der Initiative und im Überraschungsvorteil waren, ging der Aufbau unvermeidlich langsam vor sich. Der Transport zur See hatte seine engen Grenzen. Das Entladen wurde durch Luftangriffe behindert. Es gab keinen

Straßentransport. Mit dem Eintreffen deutscher Truppen in großer Zahl auf dem Luftwege in Tunis setzte ein hochgradiger, verbissener und gewaltsamer Widerstand ein« (Churchill in »Hinge of Fate«).

In den folgenden fünf Monaten gewannen die Alliierten allmählich die Oberhand in Nordafrika und am 13. Mai 1943 telegrafierte General Alexander an Churchill: »Der tunesische Feldzug ist zu Ende. Jeglicher Feindwiderstand hat aufgehört. Wir sind Herren der nordafrikanischen Küsten.«

Nach Sicherung der Kontrolle über Nordafrika und ihrem Truppenaufbau nahmen die Alliierten bald die Invasion in Sizilien vor und am 3. September zum italienischen Festland.

Bis zu dieser Stelle hatten die Ereignisse des Krieges einen gradlinigen Verlauf genommen – vorhersehbar und verständlich. Dagegen laufen die Ereignisse im Anschluß an die Kapitulation Italiens nicht mit den bei Kriegsbeginn erklärten Absichten der Alliierten konform.

Eine Erklärung wird gesucht

Da die Kriegsgunst eindeutig mit den Alliierten war, wäre es taktisch logisch gewesen, von Italien aus einen entscheidenden Vorstoß in das Herz des Hitlerreiches zu machen. Die Entscheidung, eine derartige Offensive zu unterlassen, war politischer Natur, nicht militärischer.

So wie Churchill die Geschichte dieses entscheidenden historischen Zeitraums schildert und alle zeitgenössischen Historiker unterstützen seine Behauptung, wollte er Deutschland sowohl vom Süden als auch vom Norden her angreifen und die mitteleuropäischen – sowie Balkanländer unter die Kontrolle der Alliierten bringen, bevor man sie in die Sklaverei der Roten fallen ließ. Diese Politik würde zu einem echten Sieg der Alliierten und der Erfüllung ihrer ursprünglich erklärten Kriegsziele geführt haben. Churchill hat ganz klar die schwere Bedrohung erkannt, die die, wie er es nannte, »Rote Gefahr« darstellte.

Churchills Strategie wurde von den Amerikanern überstimmt. Auf der Konferenz von Quebec im August 1943 hat General George C. Marshall darauf bestanden, daß die Truppen aus Italien abgezogen und für eine zweite Invasion in Frankreich eingesetzt werden, die gleichzeitig mit der Invasion in der Normandie stattfinden sollte.

Der Plan von Marshall brachte für die alliierten Bemühungen nichts; tatsächlich hat er sie behindert und den Krieg um viele Monate verlängert. Wie wir sehen werden, war diese neue Strategie politisch motiviert. Die Auswirkungen auf die freiheitsliebenden Nationen Osteuropas waren verheerend.

Die Alliierten hatten die neue Strategie zuerst auf der Konferenz von Quebec auf Nachdruck von George C. Marshall beschlossen. Laut Robert Sherwood basierte die Entscheidung auf einem Papier mit dem Titel »Rußlands Position«, welches als »ein sehr hohes US-Militärgutachten« bezeichnet wurde. In diesem Papier hieß es, daß »Rußlands Position nach dem Krieg in Europa eine beherrschende sein wird. Da Rußland der ausschlaggebende Faktor in dem Krieg ist, muß ihm jedwede Unterstützung eingeräumt und jedwede Bemühung gemacht werden, um seine Freundschaft zu erlangen. Da es ohne jeden Zweifel in Europa nach der Niederlage der Achsenmächte dominieren wird, ist es noch wichtiger, die allerbesten Beziehungen zu Rußland zu entwickeln und zu unterhalten.«

Die Bühnenarbeiter in Washington schlugen also vor, daß Rußland nach Abschluß der Feindhandlungen die beherrschende Macht in Europa sein werde. Dies stand im Widerspruch zu sämtlichen öffentlichen Bekundungen der amerikanischen »Führer« zu dieser Frage.

Um eine solche teuflische Änderung der Pläne unterzubringen, war es notwendig, alle bekannten Regeln der Kriegskunst über Bord zu werfen und sich auf ein Täuschungsmanöver einzulassen, welches das Volk von der Fährte dessen abbringen würde, was wirklich in den europäischen »Schauplätzen« gespielt wurde. Sand mußte den »Bauern« in die Augen gestreut werden, um sie vor der Tatsache blind zu machen, daß die internationale Bankers-Illuminaten-Kabale mit einem weiteren »Sanierungs«-Projekt zugange war.

Um den Erfolg ihres infamen Unternehmens zu garantieren, mußten die Verschwörer einen ihnen ergebenen Diener auf den Posten des Oberbefehlshabers über die gesamten alliierten Streitkräfte in Europa heben. Die für diesen Job ausgesuchte Person war ein Oberstleutnant Namens Dwight D. Eisenhower.

Was war das »Geheimnis« hinter der Tatsache, daß Eisenhower über die Köpfe von wenigstens 50 seiner Dienstältesten hinweggeschoben und auf das oberste Kommando der alliierten Streitkräfte in Europa gestellt wurde, insbesondere angesichts der Tatsache, daß er keine Kampferfahrung beziehungsweise keine Erfahrung im Umgang mit einer großen Truppenzahl im Feld hatte?

Diese Frage wurde einige Jahre später beantwortet, als Eisenhower Präsident geworden war. Zu dieser Zeit unterbrach er einen seiner zahlreichen Urlaube, um einen Park in New York einzuweihen, den Bernard Baruch zu Ehren seines Vaters angelegt hatte. In seiner Rede machte Eisenhower ein beachtenswertes Geständnis:

»Vor 25 Jahren, als ein junger und unbekannter Major, habe ich den klügsten Schritt meines Lebens getan – ich habe Mr. Baruch konsultiert.«

Ohne jeden Zweifel verdankte Eisenhower seinen kometenhafte Aufstieg zu Rang und »Namen« Herrn Bernard Baruch und seinen »Freunden«.

Blick hinter die Kulisse

Die Männer, die die USA nach außen hin »führten« – Roosevelt, Marshall und Eisenhower –, hatten strikte Befehle von ihren unsichtbaren Gebietern, die Schlußphase auf dem europäischen Kriegs-»Schauplatz« so zu führen, daß sie den Zielen der Illuminaten förderlich sein würde. Es macht den internationalen Händlern der Macht nicht das geringste aus, daß die Verzögerung des Kriegsendes den unnötigen Tod von Hunderttausenden von Menschen bedeuten würde und den unnötigen Aufwand von vielen Milliarden Dollars. Sie sehen die Menschen nur als Kanonenfutter, das sie für die Verwirklichung ihrer satanischen Ziele brauchen.

Colonel Curtis B. Dall, dem Schwiegersohn von Präsident Roosevelt, ist es zu verdanken, daß man heute weiß, was in Washington 1943 hinter den Kulissen geschah. Er lieferte eins der entscheidenden fehlenden Steinchen in dem Puzzlespiel, das uns die Bedeutung der Ereignisse in Europa zu jener Zeit verstehen läßt.

In seinem Buch »Roosevelt – My Exploited Father-In-Law« erzählt Curtis Dall die erschütternde Geschichte des Commander George Earle. Im Jahre 1943, kurz bevor sich Roosevelt und Churchill in Casablanca trafen, um ihre Forderungen nach der »bedingungslosen Kapitulation« Deutschlands zu stellen, hatte Roosevelt Commander Earle zu seinem persönlichen Marineattaché in Istanbul ernannt. Es war eine brisante Stellung. Und daher hatte man Roosevelts Freund, George Earle, dazu auserwählt.

Commander Earle eröffnete das Gespräch mit Dall: »Ich habe Ihrem verstorbenen Schwiegervater Roosevelt gesagt, wie er den Zweiten Weltkrieg wesentlich verkürzen könnte (fast zwei Jahre). Er wollte nicht auf mich hören oder soll ich sagen, er durfte mir nicht zuhören: Können Sie sich das vorstellen?«

Earle traf im Frühjahr 1943 in Istanbul ein. Zuvor hatte er sich den Ruf als energischer Nazi-Gegner erworben. Eines Morgens klopfte es an die Tür seines Hotelzimmers. Als er die Tür öffnete, sah er sich einem breitschultrigen Mann mittlerer Größe in Zivilkleidung gegenüber. Dieser stellte sich als Admiral Wilhelm Canaris vor, Chef des deutschen Geheimdienstes, und bat um ein zwangloses Gespräch.

Gespräche mit Canaris und Papen

Canaris berichtete Earle, daß es viele vernünftige Deutsche gab, die ihr Vaterland lieben und eine große Abneigung gegen Hitler haben, weil sie der Meinung waren, daß der Führer seine Nation auf einen Weg der Vernichtung führe.

Canaris führte ferner aus, daß die Politik der »bedingungslosen Kapitulation«, wie sie Amerika und England dargelegte hätten, für die deutschen Generäle unannehmbar sei. Er sagte jedoch, daß, wenn der amerikanische Präsident einfach zu verstehen gebe, daß er ein ehrenhaftes Aufgeben des deutschen Heeres akzeptiere, das von den amerikanischen Streitkräften angeboten würde, so ließe sich das arrangieren.

Wie der Admiral erklärte, könne dann der wahre Feind der westlichen Zivilisation – die Sowjets – aufgehalten werden. Das deutsche Heer würde bei entsprechender Weisung an die Ostfront verlegt, um den Westen gegen die anrückende Rote Armee zu verteidigen. Die Russen hätten offenbar das Ziel, sich als die beherrschende Macht in Europa breitzumachen und würden das amerikanische Volk über ihre Absichten täuschen.

Commander Earle war zunächst »bestürzt« über diese völlig unerwartete Wende der Dinge. Als er sich von seinem Schock erholt hatte, bemühte er sich um eine äußerst vorsichtige Antwort gegenüber dem deutschen Admiral und seinem überraschenden Vorschlag.

Kurz nach dieser erstaunlichen Begegnung trag Earle mit Fritz von Papen, dem deutschen Botschafter, zusammen, der ein großer Hitlergegner war. Nach diesem Gespräch gelangte Earle zu der Überzeugung, daß es diesen hohen Vertretern Deutschlands mit ihren Vorschlägen vollkommen ernst war. Nachdem er noch weitere Informationen über die heimlichen Ziele der Russen eingeholt hatte, schickte er eine verschlüsselte Botschaft an Präsident Roosevelt, wobei er alle Einzelheiten seines Treffens mit Admiral Canaris und Botschafter von Papen berichtete. Er bat um sofortige Antwort.

Earle wartete ungeduldig auf Roosevelts Antwort. Wie vereinbart, rief dreißig Tage später der deutsche Admiral an und fragte: »Haben Sie Nachricht?«

Commander Earle erwiderte: »Ich warte auf Nachricht, habe aber heute keine.«

Admiral Canaris sagte: »Es tut mir wirklich sehr, sehr leid.«

Washington schwieg

Bald danach führte Earle mit Baron Kurt von Lersner, der der Leiter der Orientalischen Gesellschaft einer deutschen kulturellen Vereinigung in Istanbul war, ein langes Gespräch. Auch hierbei wurde Earle dieselbe Frage gestellt: Wenn die Nazi-Gegner in Deutschland die deutschen Streitkräfte an die Amerikaner auslieferten, könnten sie sich dann auf die Kooperation der Alliierten verlassen, die Sowjets aus Osteuropa herauszuhalten?

Der Baron erklärte, daß, wenn Roosevelt einer »ehrenhaften Kapitulation« zustimmen würde, Hitler, selbst wenn er nicht von den Widerstandskämpfern getötet werden würde, er von ihnen an die Amerikaner übergeben würde. Es sei von größter Dringlichkeit, die Russen im Osten zurückzuhalten und daran zu hindern, ihre Terrorherrschaft über den ganzen Westen zu verbreiten.

Wieder sandte der Commander eine chiffrierte Botschaft an das Weiße Haus, worin er Roosevelt bat, die von den Nazi-Gegnern unterbreiteten Vorschläge ernsthaft zu erwägen. Wieder erhielt er von seinem Obersten Befehlshaber keine Antwort.

Nach diesem neuen Rückschlag traf der persönliche Gesandte des Präsidenten erneut geheim mit von Lersner zusammen, der einen neuen Plan mitbrachte, nämlich die Kapitulation des entfernten osteuropäischen Hauptquartiers Hitlers sowie den, das deutsche Heer an die russische Front zu verlegen, bis man einen Waffenstillstand vereinbart hätte.

Nachdem er seit fast zwei Monaten nicht ein Wort aus Washington erhalten hatte, trotz seiner dringenden Bitten um Weisung, schickte Earle über den Army-Navy Dienstweg eine Botschaft höchster Dringlichkeitsstufe an Präsident Roosevelt, um sicherzugehen, daß sie auch bis zum Präsidenten gelangen würde.

Der Commander erklärte, daß zum derzeitigen Stand der Entwicklung er zu dem Schluß gekommen sei, daß »das Weiße Haus zweifellos nicht der Ort ist, um die Wahrheit über Sowjetrußland darzulegen«. Er »war sicher, daß der Präsident starkem Einfluß im Weißen Haus sein ›Gehör‹ schenkt, willens der Auslöschung aller Deutschen zuzusehen, und zwar ungeachtet, wieviele amerikanische Soldaten ihr Leben auf dem Schlachtfeld, in der Luft und zur See lassen müßten, um diese ungeheuerliche Zielsetzung zu erreichen«.

Es war in Istanbul geplant worden, daß nach Eingang einer, so erhoffte man sehr, positiven Antwort Roosevelts bezüglich einer ehrenhaften Kapitulation Commander Earle zu einem noch unbekannten Ort in Deutschland fliegen sollte, um dort weitere Einzelheiten über eine deutsche Kapitulation entgegenzunehmen. Diese Einzelheiten sollten dann ins Weiße Haus zwecks weiterer Schritte gesandt werden. Auf einem Landeplatz in der Nähe von Istanbul stand ein Flugzeug in Erwartung der positiven Antwort Roosevelts startbereit. Es wartete und wartete!

Eine Marionette der Machtelite

Endlich kam eine »Antwort« in Form einer Anregung, er möge jeden Vorschlag für einen Verhandlungsfrieden mit dem Oberbefehlshaber in Europa erörtern. »Ich war entsetzt, sehr entmutigt und hatte das Gefühl, daß meine Dienlichkeit so gut wie zu Ende war«, erklärte der Commander. »Ich kehrte in die USA zurück und der Zweite Weltkrieg nahm seinen geplanten Verlauf, bis die Sowjets rittlinks auf Europa saßen.«

»Nach einiger Zeit aber beschloß ich, meine Ansichten und Beobachtungen über unsere sogenannten Verbündeten, die Sowjets, bekanntzumachen, um dem amerikanischen Volk die Augen darüber zu öffnen, was wirklich gespielt wurde. Ich nahm deswegen mit dem Präsidenten Verbindung auf und er reagierte sehr heftig und verbot mir, meine Absichten in der Öffentlichkeit darzulegen.«

In einem Brief an Earle vom 24. März 1945 schreibt der Präsident: »Sie haben während meiner Regierung wichtige, vertrauliche Ämter innegehalten. Die Veröffentlichung von Informationen, die Sie in diesen Ämtern erlangt haben, wäre ein großer Verrat. Sie erklären, Sie werden veröffentlichen, wenn ich Ihnen nicht bis zum 28. März gesagt habe, daß ich dies nicht wünsche. Ich wünsche es nicht nur, sondern ich verbiete es Ihnen

Hitlers Verwirklichung eines »Jugendtraums«: Mit Albert Speer (links) und dem Bildhauer Breker in Paris.

ausdrücklich, jegliche Information oder Meinung über einen Verbündeten zu veröffentlichen, die Sie in einem Amt oder im Dienst der US-Navy erlangt haben.

Angesichts des Wunsches, weiterhin im aktiven Dienst zu bleiben, werde ich jede zuvor gegebene Absprache, daß Sie noch als Gesandter von mir dienen, zurückziehen und ich werde das Marineministerium anweisen, Sie weiterhin zu beschäftigen, wo immer man Ihrer Dienste bedarf.«

Colonel Dall erzählt, daß er bei seinem ersten Zusammentreffen mit Franklin Roosevelt diesen für einen Mann hielt, der »sehr großen persönlichen Charme hat« und der »geradezu unwiderstehlich« sein konnte. »Wir hatten es großartig getroffen«. »Bis zum Jahre 1932 schienen die Roosevelts eine normale, bekannte amerikanische Familie wie viele andere zu sein. Nach 1932 jedoch kam die Macht hinzu, die die skrupellosen Gesandten der Geldmächte anwandten. Danach schien sich Roosevelts Charakter zu verändern, von Formel A nach Formel B, neue Züge traten an die Stelle der alten, vertrauten. Während ich mir die neue Persönlichkeit Roosevelts besah, fing ich an, ein Gefühl der Absonderung und Reservierung, ja sogar Gram zu empfinden.«

Aufgrund der Aktivitäten von Roosevelt und seiner Frau »die ich einmal sehr geschätzt und lieb hatte« war seine Achtung »gestorben, lange bevor die Nachricht seines Ablebens in der öffentlichen Presse erschien.« Roosevelt war offensichtlich eine Marionette der Machtelite.

An der Halskrause erhängt

»Admiral Canaris wurde wegen seiner patriotischen und couragierten humanitären Bestrebungen von Hitler festgenommen und mit einer eisernen Halskrause erhängt. Sein Todeskampf dauerte dreißig Minuten. Viele andere hochgestellte Nazi-Gegner wurden erhängt oder erschossen. Der darauffolgende Plan, Hitler durch ein Bombenattentat am 20. Juli 1944 in dem Kartenzimmer seines Waldquartiers zu beseitigen, brachte ihm nur eine Verletzung bei. Der fehlgeschlagene Plan kostete das Leben von mehreren tausend deutschen Patrioten. Die Bombe hatte Oberst Graf von Stauffenberg in seiner Aktentasche getragen.«

Am 21. Juli 1964 berichtete die »New York Times«: »Später wurden zweihundert zu der Verschwörung zählende Personen hingerichtet und weitere 5000, die des Widerstandes verdächtigt wurden, wurden noch vor Ende des Krieges liquidiert, das zehn Monate danach kam.«

Warum die Versklavung der Welt?

Warum haben die Vereinigten Staaten den Russen im Zweiten

Weltkrieg eine solche massive Hilfe geleistet? Läßt sich dies als ein weiterer Schnitzer der amerikanischen Regierung bemänteln? Solch eine Ableitung wäre höchst naiv. Sie ist nicht Wert, ernsthaft in Betracht gezogen zu werden. »Jene, die in den USA ›die Dinge lenken‹, wußten, was der Kommunismus ist. Sie, ihre Bundesgenossen und ihre Gebieter waren die Schöpfer des ›Roten Ungeheuers‹. Sie wußten genau, was sie machen: Der ›dem Fanatismus schon gleichkommende Eifer‹, den sie in ihrer uneingeschränkten Unterstützung des blutbesudelten Sowjetregimes – auf Kosten der amerikanischen Steuerzahler – an den Tag legten, war der Beweis für ihre politische und weltanschauliche Überzeugung. Sowjetrußland war und ist ein klar erkennbares Werkzeug in ihrem Plan, die ganze Welt unter dem Banner von ›Die Neue Weltordnung‹ zu versklaven.« (Winston Churchill).

Während der Woodrow-Wilson-Regierung und seit dem Aufkommen von Roosevelts »New Deal« ist Amerikas Außenpolitik nur das eine gewesen – eine nationale Politik gegenüber den anderen Nationen der Welt, die den ersten Interessen der USA vollkommen entgegengesetzt war und ist.

Die internationalen Bankiers haben Unmengen von Kapital in die bolschewistische Revolution und in das totalitäre Regime investiert, das daraus hervorgegangen ist. In den letzten 60 Jahren haben sie die gnadenlose »Rote Diktatur« als ihr »Florett« in dem Plan zur Eroberung der Welt benutzt.

Rußland marschiert gen Westen

Angeheizt von amerikanischen Hilfeleistungen in Milliardenhöhe konnte die Rote Armee langsam die Deutschen entlang der Ostfront zurückdrängen, die sich über 1000 Kilometer von den Karparten bis zur Ostsee erstreckte.

Da die amerikanische Armee in Norditalien unter dem strikten Befehl von Marshall und Eisenhower zum Stillhalten gezwungen war, mußten sich die Alliierten die Zeit vertreiben, bis sie Europa im Sturm nehmen konnten.

Am Tag D, dem 6. Juni 1944, begannen die Alliierten ihre »Operation Overload« gegen die, wie es hieß »Festung Europa«. Im Morgengrauen jenes Tages überquerten die Alliierten den Ärmelkanal und landeten in Nordfrankreich. Mehr als 500 Schiffe – überwiegend kleine Landungsfahrzeuge – mit fast 100 000 Mann an Luftbegleitung von 1083 Jagdbombern und rund 2000 Kampfflugzeugen gingen an der Küste der Normandie an Land. Die tief verschanzten Deutschen leisteten entschlossenen Widerstand, aber nach einer Woche hatten die Alliierten ihre Standposition soweit gefestigt, daß sie zum Vormarsch auf Frankreich übergehen konnten. Nach drei Wochen hatten die Amerikaner unter General Omar Bradley Cherbourg eingenommen. Die Engländer unter Montgomery nahmen Cannes in der zweiten Julihälfte ein. Paris ergab sich am 25. August.

Aus sämtlichen Berichten ergibt sich, daß Churchill seine Meinung während des vorherigen Jahres nicht geändert hatte. Als einziger unter den westlichen Führern mit weitreichender militärischer und politischer Erfahrung wollte Churchill immer noch einen Totalangriff auf das Zentrum des Dritten Reiches unternehmen. Er wurde von dem Obersten Befehlshaber Eisenhower überstimmt.

In »Crusade in Europe« beschreibt Eisenhower, warum er den Plan von Feldmarschall Montgomery ablehnte, der Ende 1944 einen Totalangriff auf Berlin vorsah. Der Oberste Befehlshaber behauptete, Montgomerys

Admiral Wilhelm Canaris, Chef des deutschen Geheimdienstes, wollte den Krieg zwei Jahre früher beenden.

Plan sei zu gewagt. Interessanterweise hatte Ike an früherer Stelle seines Buches den englischen Feldmarschall wegen zu großer Vorsicht kritisiert.

Vom militärischen Standpunkt aus war Montgomerys Plan richtig. Wir dürfen allerdings nicht vergessen, daß Eisenhowers Zielsetzung politischer, nicht militärischer Natur war. Er hatte strikte Befehle von jenen Leuten, die für seinen »märchenhaften« Aufstieg vom Oberstleutnant zum Obersten Befehlshaber verantwortlich waren, dafür zu sorgen, daß »Rußlands Nachkriegsposition in Europa eine dominierende sein wird«. Diese Befehle dominierten alle seine Schritte.

In den folgenden Monaten rückten die alliierten Streitkräfte auf Anweisung von Eisenhower ganz gemütlich auf einer weit auseinander gezogenen Front gegen Deutschland vor. An der Ostfront marschierte die Rote Armee 1944 in Ostpolen ein. Rumänien, Finnland und Bulgarien ergaben sich den Sowjets im August und September. Anfang 1945 marschierten die Russen in Ostpreußen ein und dehnten schließlich ihren Einflußbereich auf die Tschechoslowakei und Ungarn aus.

Erleuchtende Tatsachen

Einige sehr erleuchtende Tatsachen darüber, wie der Krieg geführt wurde, gehen aus dem Buch »Tragedy and Hope« des anerkannten Insiders des Establishments, des verstorbenen Dr. Carrol Quigley, hervor. Der von Dr. Quigley vorgelegte Bericht enthält viele Einzelheiten über die Taktiken, die die »unsichtbare Hand« angewandt hat, um ihre beabsichtigten Ziele zu verwirklichen.

Der Professor berichtet über die massiven Luftangriffe auf Deutschland, die im Frühjahr 1942 einsetzten. »Ein großer Aufwand wurde unternommen, um fast völlig wertlose Ziele wie Flugplätze, U-Boot-Docks, Häfen, Eisenbahnhöfe, Panzerfabriken zu bombardieren.« Diese »strategische Bombardierung erwies sich überwiegend als Fehlschlag, und zwar wegen der sorglosen Auswahl der Ziele und wegen der langen Zeitabstände zwischen den einzelnen Angriffen«.

»Eine solche strategische Bombardierung hätte auf einer sorgfältigen Analyse der deutschen Kriegswirtschaft beruhen müssen, um ein oder zwei der entscheidenden Objekte aufzusuchen, die für den Krieg maßgeblich waren. Dazu hätten wahrscheinlich Anlagen zur Herstellung von Kugellagern, Flugzeugbenzin und Chemikalien gehört, die alle von entscheidender Bedeutung und alle in konzentrierter Lage waren. Nach dem Krieg hat der deutsche General Gotthard Heinrici gesagt, daß der Krieg ein Jahr früher aus gewesen wäre, wenn die Alliierten ihre Bombenangriffe auf die Ammoniumfabriken konzentriert hätten«.

Wenn nun diese gigantischen Luftangriffe nicht auf lebenswichtige Ziele, deren Zerstörung die Kriegsdauer erheblich verkürzt hätte, gerichtet waren, welchem Zweck dienten sie dann?

Das Massaker von Dresden

Wer war zum Beispiel für das barbarische Massaker von Dresden verantwortlich, das man veranstaltete, als Deutschland bereits eindeutig geschlagen war und keinem strategischen Zweck mit dieser willkürlichen Zerstörung und diesen Menschenopfern gedient war. »Ich kann nur sagen«, so Luftmarschall Sir Arthur Harris, der Chef der englischen Luftstreitkräfte, »daß der Angriff auf Dresden zu jener Zeit von Leuten als eine militärische Notwendigkeit angesehen wurde, die weit mehr Gewicht hatten als ich.«

Sir Arthur nimmt in seinem Buch Abstand davon, »diese Leute mit weit mehr Gewicht« namentlich zu nennen, aber anscheinend kann er nicht glauben, da er sagt, »zu jener Zeit«, daß irgendein vernünftiger Mensch diese Meinung noch immer haben könnte.

Jene »Leute mit weit mehr Gewicht« sind offensichtlich die Männer gewesen, die den europäischen »Kriegsschauplatz« zu ihrem eigenen Wohl und Nutzen betrieben haben. Sie planten eindeutig über das Kriegsende hinaus auf die unermeßlichen Reichtümer, die sich an den »Wiederaufbauprojekten« verdienen ließen.

Was waren die Ergebnisse dieses erbarmungslosen Überfalls auf die deutsche Zivilbevölkerung und relativ unbedeutende Angriffsziele? »Wahrscheinlich ist die Aussage nicht falsch, daß Deutschland im Jahre 1945, nach zwei Jahren der schweren Luftbombardierung durch die Westmächte, nicht nur mehr von den wichtigen Kriegsausrüstungen produzierte als das Vereinigte Königreich von England, sondern auch seine relative Stellung verbessert hatte.«

Wie sahen die alliierten Verluste in dieser Zeit aus, in der die Alliierten, von unsichtbarer Hand gelenkt, einen Zeitaufschub für die Sowjets herausschlugen, damit diese unaufhaltsam nach Berlin vorstoßen konnten?

»Die Amerikaner und Engländer haben insgesamt 40 000 Flugzeuge und 158 906 Luftsoldaten verloren; die Verluste verteilen sich fast zu gleichen Teilen . . .«

Professor Quigley schreibt dazu: »Der unmittelbare Beitrag, den die strategischen Luftangriffe für das Kriegsgeschehen geleistet haben, kam vor allem nach dem September 1944 und bestand hauptsächlich in der Unterbrechung der Benzinversorgung und des Transportwesens.«

Das alliierte Oberkommando hat das Feuer auf die deutschen Hauptangriffsziele ernsthaft erst »nach dem September 1944« eröffnet, nachdem feststand, daß die Sowjets den Durchbruch nach Deutschland im folgenden Frühjahr schaffen würden.

Früchte des Sieges

Welches waren die »Früchte«, die Eisenhowers monströser Verrat getragen hat, indem er den Russen die Besetzung weiter Teile Mittel- und Osteuropas gestattete, während Deutschlands Angebot zur Kapitulation an der Westfront, da es noch gegen die Russen im Osten kämpfte, abgelehnt wurde?

Der damalige US-Botschafter in Ungarn enthüllte, daß die russische Besatzung »eine Periode der berechneten Zerstörung« war. Die russische Besatzungsmethode folgt einem bestimmten Muster, das durch den unterschiedlichen Lebensstandard in Ost und West bedingt ist.

»Nach einer Vorhut disziplinierter Soldaten, die den verbliebenen Widerstand brechen, kommen Truppen, die einen Propagandaschock versetzen. Ihre Aufgabe besteht darin, sämtliche Zeugnisse in einem Feindgebiet eines höheren Lebensstandards als in Rußland zu vernichten, bevor die gewöhnlichen Soldaten auf der Bildfläche erscheinen. Ein Mann, der an einem Tisch ißt und in einem Bett schläft, gilt als bürgerlich. Kisten müssen die Tische und Stroh die Betten ersetzen. Für Ungarn bedeutete diese Strategie die Zerstörung nicht nur der Häuser der begüterten Klassen, sondern auch die der Wohnungen der Arbeiter und Bauern.«

Angehörige des schweizerischen Konsulats in Budapest berichteten, daß Frauen im Alter von 10 bis 70 massenweise vergewaltigt wurden und überall Plünderung herrschte.

Ferenc Nagy, der ehemalige Premierminister von Ungarn, legte zusätzliche Beweise für die moralische Verworfenheit der mongolischen Wilden vor, die auf Ungarn und andere Nationen losgelassen worden sind. »Ich war betäubt, welche ganze Arbeit die Besatzer leisteten. Einheiten der Roten Armee waren nicht nur massenweise in den Städten und den Nachrichteneinrichtungen anzufinden, sondern selbst auf dem kleinsten Bauernhof und Feld. Die Frauen waren ständig bedroht. In den Kleinstädten und Dörfern versteckten sich die Frauen, um dem Überfall zu entgehen.«

Es gibt zahllose Berichte über die Verworfenheit der Russen, doch braucht hier nicht weiter darauf eingegangen zu werden.

Es reicht, zu sagen, daß die russischen Truppen als Sieger und Besatzer sich mit einer unmoralischen Wildheit aufgeführt haben, die seit Beginn der menschlichen Geschichte nicht überboten worden ist.

Verratenes Vertrauen

Hunderttausende Russen, Polen, Ungarn und andere flohen angesichts dieser Schreckenslawine nach Westen. Diese Leute wurden von den alliierten Behörden als »Heimatvertriebene« klassifiziert. Eisenhower erzählt uns, »die wirklich Unglücklichen waren die, die aus dem einen oder anderen Grund nicht in die Heimat zurückzukehren wagten, aus Angst vor weiterer Verfolgung. Das Entsetzen, das diese Letzten empfanden, wurde uns deutlich mit einer Anzahl von Selbstmorden von Personen vor Augen geführt, die lieber sterben als in ihre Heimat zurückkehren wollten . . . daher haben wir in allen Fällen, wo jemand nicht zurück wollte, zugunsten der Person entschieden.«

Die letzte Aussage ist eine glatte Lüge, mit der das amerikanische Volk getäuscht werden sollte. Die nackte Wahrheit ist, daß Eisenhowers »Oberstes Hauptquartier« im Mai 1945 eine »Richtlinie für die Handhabung von Heimatvertriebenen in Deutschland« herausgab. Darin heißt es ausdrücklich: »Nach Identifizierung durch sowjetische Vertreter sind russische

Churchill und Roosevelt haben auf dem amerikanischen Kreuzer »Augusta« die Atlantik-Charta entworfen. »Leute mit mehr Gewicht« sahen bereits die Reichtümer, die sich am Wiederaufbau Europas verdienen ließen.

Heimatvertriebene zurückzuschicken, ungeachtet ihrer jeweiligen Wünsche.«

In einem anderen Kapitel heißt es: »Feindliche und vormalig feindliche Heimatvertriebene, ausgenommen solche mit UN-Status, sind in die Länder ihrer Staatsangehörigkeit oder ehemaligen Wohnsitze zurückzuschicken, ohne Rücksicht auf ihre persönlichen Wünsche.«

Ein Fall des gemeinsamen Verrates durch das Alliierte Oberkommando ist der des sowjetischen Heerführers Andrej Vlasow, der zwar ein aufopfernder russischer Patriot, aber den roten Tyrannen zutiefst abgeneigt war. 1942 ergab sich Vlasow den Deutschen mit der Absicht, ein russisches Heer aufzustellen und anzuführen, um ihr Heimatland von »dieser schrecklichen Synthese aus Wahnsinn und Verbrechen zu befreien, welche ein armes, unglückliches Volk gefangenhält«. Er wollte mit einer Ablösung der marxistischen Tyrannei durch eine hitlerische Tyrannei nichts zu tun haben.

Ende 1944 gestatteten die schwerbedrängten Deutschen Vlasow, eine »russische Befreiungsarmee« aufzustellen. Diese drei Divisionen umfassende Truppe setzte sich aus russischen Flüchtlingen und Kriegsgefangenen zusammen und trug deutsche Uniformen. Sie wurde als Teil des deutschen Heeres an der Ostfront eingesetzt. Tausende von Stalins Soldaten, als sie hörten, daß sie von der russischen Befreiungsarmee bekämpft wurden, gaben auf und liefen über.

Der Mord an Vlasow

Als sich das Dritte Reich seiner Kapitulation näherte, verlegte General Vlasow seine Armee an einen zuvor abgesprochenen Ort in Österreich. Vlasow und seine Männer, die zwar bis auf den letzten Blutstropfen gegen die Roten zu kämpfen bereit waren, glaubten jedoch zuversichtlich, daß sie menschlich behandelt werden würden, wenn sie sich den Amerikanern ergaben. Ein großer Teil der »Befreiungsarmee« wandte sich unter General Bunichenko nach Westen. Am 10. Mai 1945 erreichten sie die amerikanischen Linien und Bunichenko übergab seine 25 000 Russen an die 3. US Army.

Die patriotischen Russen wurden entwaffnet und von den amerikanischen Behörden gezwungen, direkt nach Osten in die Krallen der vorrückenden Roten Armee zu marschieren. Da haben viele von ihnen Selbstmord begangen.

Zwei Tage später wurden Vlasow und eine kleine Gruppe seines Stabes, die auf einem anderen Weg nach Westen marschiert waren, von General George Patton in seinem 3. Army-Hauptquartier in Empfang genommen. Da er das Schicksal der Haupttruppe seiner Männer nicht kannte, schrieb Vlasow an

Eisenhower und bat ihn um die Sicherheit für seine Leute und daß man ihm und seinen Offizieren einen Prozeß vor einem internationalen Tribunal gewähren möge. Das war das Letzte, was sich die »unsichtbare Hand« wünschte. Ein solcher Offenbarungseid würde ihrer Sache sehr abträglich sein. Man mußte einen Weg finden, um Vlasow und seinen Stab »loszuwerden«, ohne den Verrat zu offenkundig zu machen.

Am 12. Mai 1945 teilte man Vlasow und seiner kleinen Truppe mit, sie sollten an einer Konferenz im Hauptquartier der 4. US Army teilnehmen. Auf dem Weg zu dieser »Konferenz« wurde ihre »Schutz«-Eskorte von Soldaten der Roten Armee überfallen, die Vlasow und seine Männer gefangennahmen und abtransportierten, während ihre »Schutz«-Eskorte daneben stand, ohne auch nur einen Finger zu rühren, um die Entführung zu verhindern.

Es ist nicht bekannt, welch schmähliches Schicksal Vlasow bei seiner Rückkehr nach Rußland erwartet hat, aber es gibt zuverlässige Berichte, daß »der Leichnam von General Vlasow an einem Fleischerhaken aufgehängt in Moskau auf dem Roten Platz zur Schau gestellt wurde«.

Wie ein Schriftsteller bemerkt hat, »es war Eisenhower, der Stalins grauenhaften Plan der Vergeltung und Abschreckung seine ganze Kraft und totale Wirksamkeit verliehen hat«.

Operation Keelhaul

Die Zwangsrepatriierung von etwa 2 Millionen unglücklichen Individuen – in den Tod oder die Sklaverei – war die offizielle Politik des Alliierten Oberkommandos. Sie hieß »Operation Keelhaul«. Die schmutzigen Details dieser entehrenden Episode in der Geschichte der amerikanischen Nation finden sich in dem Buch »Operation Keelhaul« von Julius Epstein. Amtliche Unterlagen über diese Aktion werden von der Regierung in Washington noch immer als »top secret« eingestuft. Wie viele Dokumente ähnlicher Natur gelten sie immer noch als zu »heiß«, um veröffentlicht zu werden.

Entsprechend einem Geheimabkommen hatten die Westalliierten zugestimmt, alle russischen Gefangenen als »Desserteure« in den Sklavenstaat zurückzuschicken.

Ein englischer Armeegeistlicher, James B. Chuter, einer von 4000 Gefangenen aus einem ehemaligen Kriegsgefangenenlager der Deutschen, dem 1945 die Flucht nach Westen zu den Alliierten gelang, erzählt: »Auf dem Ostufer des Flusses Mulde befand sich ein großes Lager mit unzähligen Menschen. Dies war das Ende der Reise für Zehntausende von Flüchtlingen, die uns überholten. Die Mulde war die vereinbarte Grenzlinie, an der die Amerikaner anhielten und bis zu der die Russen vorrücken würden. Die Amerikaner haben niemanden außer deutschem Militär und alliierten Gefangenen den Fluß überqueren lassen. Hin und wieder warf sich eine verzweifelte Seele in die Fluten, in dem vergeblichen Versuch, vor dem unbekannten Eintreffen der russischen Furie zu entfliehen. Damit solche Zwischenfälle verhindert wurden und eine Abschreckung erfolgte, hörte man von Zeit zu Zeit das Geknatter amerikanischer MGs auf dem Westufer. Eine eindeutige Warnung, mit diesem so furchterregenden Geräusch, an alle, die an eine Überquerung des Flusses dachten.«

Diese Tragödie blieb nicht auf Deutschland beschränkt. »Ein kleiner Teil der Tragödie spielte sich selbst auf amerikanischem Boden ab. Viele befreite Sowjetsoldaten wurden in die USA, hauptsächlich in Lager nach Idaho, transportiert. Nach dem Krieg haben sie praktisch ausnahmslos Antrag auf politisches Asyl gestellt. Aber sie wurden gezwungen, in Seattle und Portland sowjetische Schiffe zu besteigen. Mehr als einhundert, die sich mit Erfolg gewehrt hatten, wurden in ein neues Lager in New Jersey gebracht. Am Ende wurden auch sie an Stalin ausgeliefert, obwohl wir Tränengas einsetzen mußten, um sie aus den Baracken zu holen.« (Julius Epstein »American Legion Magazine«, Dezember 1954)

Natürlich finden sich solche, die Eisenhower entschuldigen werden und sagen, daß er nur »Befehlen gehorchte«, die ihm seine Vorgesetzten erteilt haben.

Sehen wir den Tatsachen ins Auge; Eisenhowers aufrichtige Befolgung von »Befehlen« hat mehr Todesopfer und Leiden verursacht als die Aktionen aller deutschen Generäle, die im Zweiten Weltkrieg ebenfalls »Befehlen gehorchten«. Klar, die Deutschen waren auf der »falschen« Seite. Die deutschen Heerführer wurden als »Kriegsverbrecher« hingerichtet, aber Eisenhower, trotz all seiner brutalen Verbrechen gegen die Menschlichkeit, wurde gepriesen und befördert. Er ist später Präsident der Vereinigten Staaten von Amerika geworden.

X. Sieger ist der Profit

Wenn man an England denkt, so fallen einem Begriffe wie »Großbritannien«, »Queen«, »die Krone«, »Kronkolonien«, »London«, »die City« ein und vermischen sich zu einem undifferenzierten Brei. Gewöhnlich hält man sie für Synonyme, die dasselbe grundlegende System verkörpern. Wenn man von »der Krone« hört, denkt man automatisch an den König oder die Königin. Die »Krone« ist aber ein Ausschuß von 12 bis 14 Männern, die den unabhängigen, souveränen Staat regieren, der als London beziehungsweise »die City« bekannt ist. Die »City« gehört nicht zu England. Sie untersteht nicht dem Monarchen. Sie unterliegt nicht der Regierung. Wie der Vatikan in Rom ist sie ein seperater, unabhängiger Staat. Sie ist der Vatikan der gewerblichen Welt.

Die kleine Clique, die die City regiert, diktiert dem englischen Parlament. Sie sagt ihm, was es zu tun hat und wann. Die Geschichte zeigt eindeutig, daß die englische Regierung Leibeigentum der »unsichtbaren und unhörbaren« Macht im Herzen der City ist. Die City gibt den Ton an. Die »sichtbaren und hörbaren Führer« sind nur Puppen, die nach dieser Weise auf Befehl tanzen. Sie haben selbst keine Macht. Sie haben keine Befugnisse.

Einfuhr von Opium nach China

Die unermeßlichen Reichtümer Chinas haben die Aufmerksamkeit der »Krone« bereits im 16. Jahrhundert auf sich gelenkt, kurz nachdem England den Seehandel mit diesem Land begonnen hatte.

Im Verlauf der Zeit hatte das Handelsvolumen stetig zugenommen. Die Chinesen waren kluge Geschäftsleute und verlangen als Gegenleistung für ihre Seide, ihren Tee und andere Güter die Bezahlung in Silber. Die Krone, die unter dem Deckmantel der East Indian Company operierte, suchte nach einem Weg, um den Willen der Chinesen zu brechen, die sie als »miese Ausländer« betrachteten, die man bei jeder sich bietenden Gelegenheit ausbeuten sollte.

Man entschied, daß der Weg, mit dem der chinesische Widerstand gegen den Willen der Krone gebrochen werden sollte, die Einfuhr von Opium nach China sei, auf daß die Klasse der Mandarine süchtig werde. Damit würde die Waage der Macht zugunsten der Krone ausschlagen.

Als der Kaiser die Einfuhr von Opium ablehnte, bestach die Krone korrupte Beamte, die das Opium ins Land schmuggelten und es an das gemeine Volk verkauften. Einige Jahre später, als sich die Wirkungen der Opiumsucht in der chinesischen Gesellschaft bemerkbar machten, zettelte die Krone den sogenannten Opium-Krieg (1839-1842) an. Als Ergebnis war der Kaiser gezwungen, die Bedingungen der Krone anzunehmen.

China wurde nach 1843 nicht mehr vom Kaiser regiert. Der Kaiser und seine Familie verblieben zwar noch als Repräsentationsfiguren, aber die wirkliche Regierungsgewalt lag in den Händen der Soong-Familie. Die Soongs waren Agenten der Sassoons-Familie, die wiederum durch Heirat mit den Rothschilds verwandt waren.

Militärische und politische Demütigungen

In Ermangelung moderner Industrien und Verwaltung waren die Chinesen der Macht der Krone ganz und gar nicht gewachsen. Das Ergebnis war eine Reihe von militärischen und politischen Demütigungen, in deren Gefolge China gezwungen wurde, den Händlern der Krone fünf Häfen aufzutun. Hongkong wurde 1842 eine Kronkolonie.

Zwischen 1843 und 1927 fanden dutzendweise Aufstände oder Rebellionen gegen die Kontrolle Chinas durch die Krone statt. Einige von ihnen waren groß. Einige klein. Das lange Ringen um die Unabhängigkeit wurde von den nationalistischen Kräften getragen. Um jene Aufstände niederzuschlagen und das chinesische Volk in der Unterjochung zu halten, rief die Krone Truppen aus verschiedenen Nationen zu Hilfe. Obwohl die Krone sie wiederholt besiegte, ließen die Chinesen von ihrem Verzweiflungskampf um die Unabhängigkeit nicht ab.

Als 1925 der Nationalistenführer Sun Yat-sen verschied, brach in China wiederum die Rebellion gegen die Tyrannei der »ausländischen Teufel« aus. Sofort stürzte sich ein in Moskau ausgebildeter Chinese namens Chiang Kai-shek, unter Einsatz von sowjetischen Truppen, die ihm von Jossif Stalin geschickt und von General Michael Borodin befehligt wurden, auf Shanghai und plünderte die Tresore der Rothschild-Sassoon-Soon-Bank.

Mit einem Schlag ins Gesicht der Geldmonopolisten weigerte sich Präsident Coolidge, ein geheimes US-Abkommen mit den internationalen Bankers anzuerkennen und amerikanische Truppen und Schiffe für einen Angriff auf China und seine Streitkräfte bereitzustellen.

Nach diesem schweren Rückschlag entsandten die Bankers T. V. Soong, um mit Chiang Kai-shek zu verhandeln. Soong bot ihm 3 Millionen Dollar in bar an, seine eigene Schwester May-Ling zur Frau – obwohl Chiang bereits eine Frau und Kinder hatte – und die Präsidentschaft in China auf Lebenszeit, wenn er überlief. Chiang nahm an und regierte China ab da als ein Agent der Engländer und heiratete im Dezember 1927 die Schwester des Rothschildagenten. Nach einem erbitterten, 85

Jahre währenden Kampf um die Unabhängigkeit hatte Chiang sein Volk in die völlige Sklaverei verkauft.

Der Polizist Asiens

Mit Beginn des laufenden Jahrhunderts unternahm die Krone weitere Schritte zur Konsolidierung ihrer Positionen in Asien. Man wählte die kleine Nation Japan, die über keinerlei Kriegsführungskapazitäten verfügte und entsandte den großen englischen Waffenhersteller, Vickers Ltd., damit er Japan zu einer Großmacht entwickelte. Vickers wurde vom Hause Rothschild finanziert.

Nachdem am 30. Januar 1902 das Abkommen unterzeichnet war, mit dem die Japaner ihrer Aufgabe als »Polizist« der Krone im Pazifik zustimmten, wurde die japanische Armee und Marine sehr schnell aufgebaut und mit moderner Ausrüstung versehen. Im Juli 1903 forderte die Krone von Rußland, daß es seine Position auf der Kwantung-Halbinsel aufgebe. Rußland, das gerade 300 Millionen Dollar in den Aufbau der Anlagen investiert hatte (die sie sechs Jahre zuvor von den Chinesen gepachtet hatten) wies die Forderung zurück, obwohl man wußte, es bedeutet Krieg.

Sieben Monate später, in der Nacht vom 8. Februar 1904, fiel eine japanische Torpedoflottille in den Hafen von Port Arthur ein und griff die russische Flotte an. Sie richteten schweren Schaden an, zwei Kampfschiffe und ein Kreuzer versanken. Die Japaner setzten diesem Angriff sofort nach, in dem sie 500 000 Soldaten über eine Strecke von eintausend Meilen offener See transportierten, die eine Invasion des von den Russen besetzten Gebietes begannen. Obwohl den Russen an der Zahl unterlegen, konnten die Japaner unter der brillanten Führung von Feldmarschall Oyama ihre Mission erfolgreich erfüllen.

Auch an den Stellen Asiens, wo es der Krone an »Kraft« fehlte, die Dinge zu kontrollieren, waren es die Japaner, die man schickte, um die schmutzige Arbeit verrichten zu lassen. Nach typischem Muster der Krone, nahm, obwohl die Japaner jetzt am meisten kämpften und starben, die Verschuldung des japanischen Staates bei den europäischen Geldmonopolisten zu. Roland Usher beschreibt in »Pan Americanism« diesen Schuldenberg als eine »schwankende Bürde«, unter der die Wirtschaftsentwicklung Japans schwer litt:

»Japans Schriftsteller hatten sich zutiefst über eine Situation empört, in der Japan auf Geheiß der englisch-französischen Finanzoligarchie hinging und anschleppte, dann unweigerlich gezwungen wurde, ihnen die Früchte des Sieges auszuhändigen und dann noch gezwungen wurde, der Oligarchie immense Zinsen für das Geld zu zahlen, mit dem es ihre Kriege ausfocht.«

Die Weigerung von Calvin Coolidge 1927, amerikanische Truppen gegen Chiang Kai-shek einzusetzen, »setzte die Oligarchie völlig dem Wohl und Wehe der rebellischen Japanischen Partei aus; denn ohne Amerikas Beteiligung fehlte es in dieser Situation in China an dem entscheidenden Ingredienz der Demokratie, ließ die Oligarchie ohne ausreichende Streitkräfte, um die Rebellion niederzuschlagen und nahm ihnen die Deckung gegen den Angriff ihrer vielen Feinde in England und Frankreich.«

Nationalismus lebt wieder auf

Nach dem Wirtschaftskrach von 1929 schlug der Nationalismus in Japan wieder hohe Wellen. Damit einher ging der Wunsch, Asien von dem Einfluß der Krone zu säubern. Extremistische, militärische und imperialistische Organisationen fanden breite Unterstützung. Die frühere Mythologie über die göttliche Abkunft des Kaisers und eine Verherrlichung der Soldatenklasse lebten wieder auf.

1931 eroberte Japan die Mandschurei und unternahm Schritte, um seinen Einfluß in China und in ganz Asien auszudehnen. Es gibt jedoch keine Beweise dafür, daß Japan irgendwelche Pläne hatte, seinen Einflußbereich über Asien hinaus auszudehnen.

Seine grundlegende Politik hieß: Asien den Asiaten – wobei Japan ihr Anführer sein wollte.

Als Polizist Asiens verrichtete die kaiserliche Marine lange Zeit die schmutzigen Arbeiten für die Insider.

Jeder Gedanke an einen Angriff auf die Vereinigten Staaten ist so lächerlich, daß er keiner weiteren Überlegung wert ist. Japan hatte keinen Grund, gegen die Vereinigten Staaten eine kriegerische Haltung einzunehmen. Und Amerika hatte seinerseits keinen Grund, antagonistisch gegen Japan eingestellt zu sein. Der gewerbliche Handel, der zwischen den beiden Nationen stattfand, war für beide Seiten vorteilhaft.

Allerdings hatte Präsident Roosevelt einen geheimen Grund für Kriegsgedanken gegenüber Japan. Er war von den internationalen Bankers an die Macht gehoben worden und seine Herrscher wünschten einen Krieg mit Japan, das einen gegenseitigen Beistandspakt mit Deutschland und Italien im Jahr 1936 geschlossen hatte. Ein Krieg würde die Vereinigten Staaten automatisch in einen vollen Einsatz auf dem europäischen Kriegs-»Schauplatz« ziehen. Er bedeutete außerdem, daß in Japan »nach dem Rechten gesehen« würde, so daß die Krone auch in Zukunft über Asien herrschen könnte.

Mit dem Kriegsausbruch in Europa 1939 war die Roosevelt-Regierung entschlossen, die Vereinigten Staaten auf seiten der Krone in den Krieg zu ziehen. Entgegen der Monroe-Doktrin und dem Votum von 85 Prozent des amerikanischen Volkes haben Roosevelt und der Kongreß am 14. März 1941 Deutschland und seinen Verbündeten praktisch den Krieg erklärt, nämlich mit der Annahme des Lend-Lease-Gesetzentwurfes, wodurch die Vereinigten Staaten garantieren, daß sie der Krone sämtliches von ihr benötigtes Kriegsmaterial liefern werden – auf Kosten der amerikanischen Steuerzahler. Einen Monat zuvor hatte der scheinheilige Präsident in seinem Wahlkampf gelobt, daß »unsere Jungs werden nicht in irgendwelche ausländischen Kriege geschickt«. Und in der ganzen Zeit sind Roosevelt und seine geheimen Berater am Machen gewesen, um das amerikanische Großraumgerät für den »Königreich-Abschleppdienst« in den Krieg zu bringen.

Japan wird gereizt

Mit der Absicht, die Japaner zu einem überstürzten Schritt zu verleiten, schnitt Roosevelt die Lieferung von Flugzeugbenzin und Stahl an die Japaner ab und fror ihre Guthaben in den USA ein. Dieser grundlose Akt der Aggression zwang die Japaner, ihre Materialversorgung andernorts sicherzustellen.

Konteradmiral Theobold berichtet: »Diplomatisch war Präsident Roosevelts Strategie, Japan durch unablässigen und ständig zunehmenden diplomatischen und wirtschaftlichen Druck, zum Krieg zu zwingen und gleichzeitig unsere Flotte als Einladung zu einem Überraschungsangriff in Hawaii zu stationieren, ein voller Erfolg. Die Schlußfolgerung zwingt sich auf, daß der Wunsch, Japan möge den über jeden Zweifel erhabenen ersten Kriegsakt begehen, den Präsidenten und seine zivilen Berater dazu bewegt hat, den militärischen Rat in den Wind zu schlagen, die Flotte zu verlegen, der den Tiefschlag etwas gemildert hätte.«

Japans Kode geknackt

Im Verlauf des Jahres 1940 und 1941 gelang es dem amerikanischen Nachrichtendienst, sowohl den diplomatischen wie auch militärischen Kode Japans zu entschlüsseln. Roosevelt und seine Berater kannten im voraus das genaue Datum und die genaue Uhrzeit des japanischen Angriffs auf Pearl Harbor. Modernisierte Entschlüsselungsgeräte wurden amerikanischen strategischen Außenposten in der ganzen Welt geliefert, nur nicht an das Militär in Pearl Harbor.

Als Admiral Stark, zweiter Heerführer unter Roosevelt, eindeutige Beweise für den bevorstehenden Angriff Japans vorliegen hatte, riet ihm einer seiner Stabsoffiziere, ein Kapitän Wilkinson, daß eine dringende Warnung an die Pazifikflotte in Hawaii per Funk durchgegeben werde. Der Admiral erwiderte, ein solcher Schritt sei unnötig.

Fast drei Stunden später sandte General Marshall an Admiral Kimmell, dem Kommandanten in Pearl Harbor, ein Telegramm mit der Western Union Post, das ihn vor dem nahen Angriff warnte. Das Telegramm kam im Hauptquartier in Hawaii sechs Stunden vor dem japanischen Angriff an – der Admiral hatte es erst zwei Stunden später in der Hand.

Die Krone hatte ihren Plan, die Vereinigten Staaten in den Zweiten Weltkrieg zu verwikkeln, erfolgreich verwirklicht und war sich des endgültigen Sieges gewiß.

Die unsichtbaren Kräfte der Illuminaten hatten die Japaner in eine Position gedrängt, wo sie entweder kämpfen mußten – oder kapitulieren. Um ihre nationale Ehre zu retten, entschieden sie sich für den Kampf. Das japanische Oberkommando machte sich keine Illusionen, gegen die Vereinigten Staaten siegen zu können. Die Niederlage war nur eine Frage der Zeit.

Später hat man entdeckt, daß das amerikanische Eingreifen im Pazifik sehr sorgfältig von dem »Institute of Pacific Relations« (Institut für Beziehungen im Pazifik) geplant worden ist, einer Tarnorganisation der Illuminaten, mit deren Hilfe die weltweiten Ziele der Verschwörer gefördert wurden. Das Institut plante die »Stadtsanierung« für das Pazifische Tiefbecken. Das ist die halbe Welt!

Keine Hoffnung auf Sieg

Japan hatte von Anfang an keine Chance. Diese Tatsache war allen bekannt, die auf beiden Seiten an kompetenter Stelle saßen. Japan kämpfte für seine Ehre. Die Vereinigten Staaten kämpften, nicht um die »Demokratie zu retten«, sondern um die Interessen der Krone in Asien zu verteidigen.

Von dieser Tatsache wußten die 291 000 Amerikaner nichts, die ihr Leben auf den verschiedenen Kriegs-»Schauplätzen« des Zweiten Weltkrieges gelassen haben. Für sie war der Krieg eine »wirkliche Sache«. Sie haben nie die Tatsache begriffen, daß der Krieg mit dem kaltblütig geplanten Mord an 3 200 Amerikanern durch ihren eigenen Obersten Befehlshaber begonnen hat, nämlich in Pearl Harbor. Später hat sich Colonel Curtis B. Dall, Roosevelts Schwiegersohn, zu der Bemerkung hinreißen lassen, daß das gesunkene Kriegsschiff »Arizona«, das noch immer mit seinen Hunderten von begrabenen Mannschaften auf dem Grund von Pearl Harbor liegt, ein »passendes Denkmal« für Roosevelts Verrat ist.

Der Anfang vom Ende kam für die Japaner schnell. Das Blatt kehrte sich gegen die Japaner, als die Amerikaner den Kampf um die Midway Island am 3. bis 6. Juni 1942 gewannen. Ein weiterer wichtiger Sieg für die Amerikaner ereignete sich bei Guadalcanal auf den Salomon-Inseln, und zwar nach einer qualvollen, sechsmonatigen Schlacht. Sie endete am 7. Februar 1943.

Etwas weniger als sechs Monate danach, lag ein Großteil der japanischen Marine auf dem Meeresboden des Pazifik. Die Schlacht in der Bismarck See war zu Ende. Japan hatte seine Kräfte verausgabt. Mit jedem Tag nahmen die amerikanischen Streitkräfte der Marine, der Luft und des Heeres zu, da die wieder erwachten amerikanischen Industriegiganten eine Lawine modernster Kriegsgeräte ausspien – in Sicherheit vor jeglichem Angriff durch japanische Streitkräfte.

In den nächsten achtzehn Monaten geschah nur wenig, wenn überhaupt etwas, auf dem asiatischen Kriegs-»Schauplatz«. Zweifellos wäre der Krieg im Pazifik rasch zu Ende gewesen, hätten die Vereinigten Staaten ihren Vorteil ausgenutzt. Alles stand jetzt für die Amerikaner günstig.

Während dieser Zeit waren die Überreste der japanischen Flotte eingeschlossen und lahmgelegt. Amerika war eifrig dabei, das schwere Abbruchgerät zu konstruieren und zu bauen, das die internationalen Bankers für Japans »Sanierungs«-Programm benutzen sollten.

Als man Mitte 1944 schrieb, war die Bühne frei für die Schwerplanierraupe. Die Kulissenschieber wußten, daß die amerikanischen »Bauern« eine spektakuläre Schau der amerikanischen Stärke zu sehen wünschten, die ihnen das Gefühl geben würde, daß alle ihre Anstrengungen nicht umsonst gewesen waren. Nur ein überwältigender Sieg zur See würde ihren Blutdurst stillen, der von dem auf die ganze Nation losgelassenen Propagandasturm zu wahrer Hysterie aufgeputscht worden war.

Washington erteilte Befehl, die Luft- und U-Bootüberwachung für die restliche japanische Marine zurückzuziehen, und daß man ihnen eine Chance geben würde, die Blockade zu durchbrechen.

Wiederum stand Japans Ehre auf dem Spiel die Herausforderung abzulehnen – selbst angesichts der gewissen Vernichtung – hätte für die japanische Marine Schande bedeutet. Die Japaner zogen den Tod der Schande vor!

Sie nahmen die amerikanische Herausforderung an und segelten ihre alternde Flotte geradewegs in die Klauen der Hölle. Sie traf eine moderne US-Flotte, die mit den allerneuesten Errungenschaften des Seekriegs versehen war.

Das Ergebnis war ein Abschlachten! Japanische 12-Zollgeschütze aus dem Jahr 1930 standen amerikanischen 16- und 18-Zollgeschützen aus dem Jahre 1944 gegenüber. Es ähnelte einer altmodischen Truthahnjagd. Selbst ohne die überlegende Feuerkraft standen die Gewinnchancen fünf zu eins für Amerika.

Auf der einen Seite lagen 216 amerikanische und australische Schiffe mit 143 668 Mann sowie vielen Versorgungsschiffen. Auf der anderen Seite lagen 64 Großschiffe mit einer Mannschaft von insgesamt nur 42 800 Mann. Mit der Schlacht von Leyte war das Ende der japanischen Marine als einer brauchbaren Streitkraft gekommen.

Kapitulationsangebot abgelehnt

Im März 1945 haben die Japaner bedingungslos kapituliert. In diesem Monat sandte das japanische Oberkommando an die amerikanische Botschaft in Moskau, an die russische Botschaft in Tokio und direkt an das Pentagon in Washington die Mitteilung, daß die japanisch kaiserliche Regierung die bedingungslose Kapitulation wünsche. Die Amerikaner ließen das Angebot links liegen.

Später hat man erklärt, die amerikanischen Dienststellen hätten das japanische Telegramm nicht übersetzen können. Erstaunlich! Sie hatten zwar den blauen und violetten (diplomatischen und marine) Kode knacken können, aber sie waren nicht imstande, eine kurze Mitteilung in einfachem Japanisch zu lesen und zu verstehen. Es gab viele Tausende Japaner in Konzentrationslagern im Westen der Vereinigten Staaten: warum hat man die Mitteilung nicht zu einem von ihnen gebracht, um sie übersetzen zu lassen?

Die Antwort auf diese Frage ist ebenso einfach wie den meisten Amerikanern zuwider. Die japanischen Heimatinseln waren

Eine einmalige Kapitulation in der Geschichte der USA. 76 000 Soldaten kamen an einem Tag in japanische Gefangenschaft.

nicht zerstört worden. Die große Schau sollte erst noch kommen: Die B-29 wurden in Okinawa und anderen Inseln aufgereiht, zum Start für die von den internationalen Bankers veranstaltete »Stadtsanierung« Japans.

Jene alten, ehrwürdigen Städte mußten dem Erdboden gleichgemacht werden. Jene alten Fabriken, Straßen, Hafenanlagen, Fernmeldeeinrichtungen und die nationale Lebensgestaltung mußten mit dem speziell dafür konstruierten Abbruchgerät, das der amerikanische Steuerzahler gekauft hatte, in die namenlose Vergangenheit gestürzt werden.

Der verstorbene Professor Carrol Quigley berichtet in seinem Buch »Tragedy and Hope«: »Die großen Flugzeuge wurden für die systematische Zerstörung aller japanischer Städte eingesetzt. Die aus dünnem Holz gebauten Häuser jener dichtgedrängten Stadtgebiete machten sie für Brandbomben sehr anfällig. Am 9. März 1945 unternahm die Air Force ein gewagtes Experiment. Man baute die Verteidigungswaffen aus den 279 B-29 aus, so daß zusätzliche Brandbomben geladen werden konnten und diese Flugzeuge, zwar ohne Geschütze, aber mit 1900 Tonnen Brandbomben starteten zu einem Tiefangriff auf Tokio. Das Ergebnis war der verheerendste Luftangriff in der ganzen Geschichte, bei dem nur drei Flugzeuge verlorengingen. Sechzehn Quadratkilometer des Stadtkerns von Tokio brannten aus, 250 000 Häuser wurden vernichtet, mehr als eine Million Menschen wurden obdachlos und 84 793 getötet. Die Zerstörung war größer als die der ersten Atombombe auf Hiroshima fünf Monate später.«

Zwei Tage danach kamen die B-29 zurück mit einer gleichen Aufgabe für Nagoya. Wenn der Leser die Tatsache bedenkt, daß Japan ein äußerst gebirgiges Land ist, von dem nur 16 Prozent bewohnbar ist, so wird er erkennen, daß Japan die Nation auf Erden ist, die durch einen Luftangriff am schwersten getroffen werden muß. Die Bevölkerung drängt sich dicht in engen Tälern.

Japan wurde ausradiert, verheert von dem Ansturm und der Intensivität des amerikanischen Luftbombardements. Warum? Ganz einfach! Der Boden mußte für neue Industrien und sonstige Entwicklungsprojekte gelegt werden.

Mit Kriegsschulden Riesenprofite

Wie sagte doch einmal Edwin Stanton, Lincolns Kriegsminister: »Kriege werden nicht gefochten, um eine Nation zu besiegen, sondern um einen Zustand hervorzurufen.«

Der Krieg gegen Japan wurde nicht geführt, um einen Feind zu besiegen. Er wurde geführt, um einen Zustand hervorzurufen – einen Zustand der Verwüstung und verlassenen Bodens in ganz Japan. Dies geschah, damit die internationalen Bankers-»Wiederaufbauer« am Ende der Kriegshandlungen angerannt kommen und das beste Land für ihre eigenen Zwecke aufgreifen konnten.

Kurz nach dem Krieg – nachdem die US-fliegenden Abbruchmannschaften ihre Arbeit verrichtet hatten – wurden riesige Summen für den Wiederaufbau Japans zur Verfügung gestellt.

Das Kapital, mit dem Japan glänzend neue Industrieanlagen, Häfen, Straßen, Warenhäuser und Wolkenkratzer entwickelte und aufbaute, stammte nicht aus dem Land selbst. Es stammte von denselben Leuten, die von den Kriegsschulden Riesenprofite machten, die viele Nationen rund um den Erdball angesammelt hatten. Es stammte von den internationalen Bankers. Sie brachten das Geld auf. Ihnen gehörte die Schau.

Seit dem Aufstieg Japans zu einer industriellen Großmacht in den 50er Jahren genießt es bei den Vereinigten Staaten mehr als den Status einer »begünstigten Nation«. Während der Handelsweg amerikanischer Güter in nennenswerten Mengen nach Japan mit unüberwindlichen Hindernissen vollgepflastert ist, hat Amerika praktisch seine Tore sperrangelweit für die japanischen Waren aufgerissen.

Das amerikanische Handelsbilanzdefizit mit Japan ist schwindelerregend. Warum hat man zugelassen, daß diese unmäßige Diskrepanz so viele Jahre lang angehalten hat, ohne sie einzudämmen? Etwa deshalb, weil die US-Führung einen so hohen Respekt vor der japanischen Nation hat, daß sie dem japanischen Volk in jeder nur erdenklichen Weise helfen will? Wohl kaum. Die Welt der harten, kalten Realitäten funktioniert nicht so!

Die nackte Wahrheit ist, daß die internationalen Bankers auf eine Goldader gestoßen sind, als sie die »Stadtsanierung« Japans beschlossen und gegenwärtig ein unschätzbares Vermögen aus ihren »Investitionen« in diesem Land herausholen. Die Japaner haben sich als exzellente Arbeiter erwiesen, wahre Produzenten, die an ihren Arbeitgebern mehr hängen als an ihrer eigenen Familie.

Es stimmt zwar, daß in der japanischen Gesellschaft alle »Front«-Positionen in Politik, Industrie, Finanzen und Bildung mit Japanern besetzt sind. Aber sie haben keine Entscheidungsgewalt, was zu geschehen hat.

Die Schattenfiguren hinter den Kulissen – die Leute, die das Geld bereitstellen und die Schecks unterzeichnen – sind die wahren Herrscher Japans.

Schrieb doch einst Benjamin Disraeli: »Und so sehen Sie, die Welt wird von ganz anderen Leuten regiert als diejenigen sich vorstellen, die nicht hinter den Kulissen sind.«

General MacArthur (hier mit Manuel Quezon, Präsident der Philippinen) führte den Krieg gegen Japan, damit die internationalen Bankers am Wiederaufbau verdienen konnten.

Unsichtbarer Krieg die USA

Die Flutwelle von Waren, die aus Japan und anderen »wiederentwickelten« Nationen auf den US-Markt kommen, dient diesen internationalen »Wiederaufbauern« zu einem dreifachen Zweck:

Erstens. Sie gibt ihnen einen fast grenzenlosen Markt für die Waren, die sie von billigen Arbeitskräften in Übersee herstellen lassen. Die Profite auf solche Erzeugnisse sind sehr viel höher als die, die auf Waren »Made in USA« anfallen.

Zweitens. Durch die weite Öffnung des amerikanischen Marktes für billige Auslandsware wird auch der Weg dafür freigemacht, daß ausländische Regierungen ihre Schulden bei den internationalen Bankers bezahlen können.

Drittens. Ein weiterer wichtiger Zweck, jedenfalls vom Standpunkt der internationalen Bankers aus, wird damit erfüllt, daß das »offizielle« Washington eine Politik der unbegrenzten Importe zuläßt: Sie untergraben die Stärke und Energie der amerikanischen Industrie, in dem die USA mehr und mehr zu einem Konsumland und immer weniger zu einem Erzeugerland werden.

Überall im Land haben Hunderttausende von Arbeitern in einer Vielzahl von Industriezweigen ihren Arbeitsplatz verloren, da die von ihnen hergestellten Waren nicht mehr mit den Billigimporten konkurrieren können. Infolge dessen steigt das amerikanische Handelsbilanzdefizit und das Finanzdefizit der US-Bundesregierung in die Höhe.

Diese katastrophale Situation ist nicht das Ergebnis eines »zufälligen« Übersehens auf seiten der Bürokratie in Washington. Sie ist ein direktes Ergebnis von sorgfältig geplanten, peinlich genau konzertierten Schritten auf höchster Regierungsebene. Sie ist ein wichtiger Teil des von den Internationalisten gegen die Vereinigten Staaten geführten Krieges. Sie ist ein deutlich erkennbarer Teil ihres weltweiten »Sanierungs«-Programmes.

XI. Konsequenzen des Zweiten Weltkrieges

Was ist mit dem Zweiten Weltkrieg erreicht worden? Vom Standpunkt des durchschnittlichen Erdenbewohners gesehen ist er ein Desaster ohne jegliche mildernden Umstände gewesen. Vom Standpunkt der Illuminaten gesehen war er ein uneingeschränkter Erfolg.

Der Zweite Weltkrieg mit seinen dreißig Millionen Toten und seinen unbeschreiblichen Geschichten menschlichen Leids war ein klar erkennbarer Bestandteil des weltweiten »Sanierungs«-Programms der Illuminaten, dessen Endziel die Erschaffung des Weishaupt'schen »Novus Ordo Saeculorum« – der »Neuen Weltordnung« ist.

Der Kommunismus als Schwarzer Mann

Die globale Strategie, die die illuministischen Verschwörer verfolgten, wurde in der Mitte des 19. Jahrhunderts von einer »Tarnorganisation« der Illuminaten, der Liga der Gerechten, entworfen. Sie war von Albert Pike, dem Obermeister des »Alten und Anerkannten Ritus« der Freimaurerei, in einem Brief an Giuseppe Mazzini aus dem Jahre 1871 dargelegt worden.

Pike, der theosophische Kopf der Bewegung in den Vereinigten Staaten, gründete den ultrageheimen Ritus des Palladin, der die Angriffsspitze in dem Feldzug zur Welteroberung bildete. Bei seinen verschwörerischen Aktivitäten wurde Pike aufs sorgfältigste von Mazzini unterstützt, dem italienischen Revolutionär, der für die politischen Angelegenheiten zuständig war. Als Mazzinie starb, übernahm Adrianno Lemmin seine Aufgaben.

Zu Beginn des 20. Jahrhunderts wurde Nikolai Lenin, ein ergebener Anhänger des Sergejy Nechajew, zum Leiter der Politaktivitäten der Bewegung ernannt. Seine absolut skrupellose und felsenfeste Hingabe an die »Sache« war für den Erfolg der Bolschewistischen Revolution einige Jahre später von entscheidender Bedeutung.

Seit dieser Zeit ist der Kommunismus – der moderne Nachfolger des Paladin-Ritus – die Avantgarde der internationalen revolutionären Bewegung.

In dem politischen und psychologischen Ablaufschema hat der Kommunismus die Rolle des »Floretts« gespielt, wie sie Albert Pike auf Seite 1 seines Mammutwerkes »Morals and Dogmas« dargelegt hat, das 1871 veröffentlicht wurde.

Kurzum, die Verschwörer haben den Kommunismus als »Schwarzen Mann« benutzt, um die westlichen Nationen zu Zugeständnissen und Verpflichtungen zu zwingen, die ihren ersten Interessen zuwiderlaufen.

Mit Terror und Blutvergießen wurde im Jahr 1948 der Staat Israel proklamiert und damit Palästina geteilt.

Lenins Plan für die Welteroberung

Zu Beginn der 20er Jahre hat Lenin, zur Zeit Diktator im roten Rußland, der Welt die zukünftigen Pläne der Illuminaten für die Welteroberung mitgeteilt: »Zuerst werden wir Osteuropa einnehmen, dann die Massen Asiens ...«

Diese Ziele wurden als ein Ergebnis des Zweiten Weltkrieges erreicht. 1944 und 1945 fiel Osteuropa unter die rote Herrschaft. Der größte Teil Asiens folgte einige Jahre später. Das Vietnam-Debakel und die jüngsten Ereignisse in Südostasien gehören zu einer »Aufräumungs«-Übung, mit der die losen Enden zusammengebunden werden.

Der Zweite Weltkrieg hat den illuministischen Interessen auf vielfältige, lebenswichtige Weise gedient:

1. Er verursachte, daß die großen Risse, die sich in der alten Weltordnung im Gefolge des Konfliktes von 1914 bis 1918 gezeigt hatten, weit aufsprangen und die finanziellen und sozialen Grundlagen der traditionellen Moral weggeschwemmt wurden.

2. Amerika, dessen Sicherheit weder vor noch während des Krieges jemals gefährdet gewesen war, wurde endgültig in den Mahlstrom der Weltpolitik verwickelt und gezwungen, seine Politik aufzugeben, die der Nation so lange Zeit gute Dienste geleistet hatte: Handeln mit allen, Bündnisse mit niemand.

3. Der Zweite Weltkrieg, der beinahe zwei Jahre länger als notwendig geführt worden ist, damit die Sowjets Osteuropa besetzen konnten, haben die Vereinigten Staaten die unglaubliche Summe von 400 Milliarden Dollar gekostet und die Staatsverschuldung auf 220 Milliarden US-Dollar anwachsen lassen. Damit befanden sich die Vereinigten Staaten tief in den Krallen der internationalen Bankers.

4. Der Zweite Weltkrieg brachte für die von den Alliierten bei Kriegsausbruch genannten Ziele ein völlig anderes Ende. Winston Churchill war am Ende unter all den Hauptdarstellern dieser theatralischen Groteske der einzige, der einen letzten Protest im Namen der ursprünglichen »Prinzipien« und »Zielsetzungen« des Krieges einlegte: »Wir sind gegen Deutschland aus einem Grund in den Krieg gezogen: daß Polen frei und unabhängig sein solle. Jedermann hier weiß, was es uns gekostet hat, so unvorbereitet, wie wir waren, und daß es uns beinahe unser Leben als eine Nation gekostet hat. Großbritannien hatte kein materielles Interesse an Polen. Sein Interesse war allein das der Ehre, weil wir das Schwert für Polen gegen Hitlers brutalen Angriff gezogen haben.«

Wildwuchernder Sozialismus als Krankheit

5. Der Zweite Weltkrieg ebnete den Weg für die Ankunft eines wildwuchernden Sozialismus, eine Krankheit, die die Arbeitsmoral in Großbritannien vernichtet und dazu gedient hat, es in ein »Klein-England« zu verwandeln. In jüngster Zeit hat dieselbe Krankheit, von vielen unserer führenden Politiker gefördert, sich auch in den Vereinigten Staaten eingenistet und droht, unsere einstmals große Republik zu vernichten.

6. Der Krieg bereitete den Weg für die Gründung der Organisation der Vereinten Nationen (UNO) im Jahre 1945, was ein lachhafter Name ist. Ihr Hauptsitz in New York befindet sich auf Boden, den die Rockefellers gestiftet haben. Dieses abscheuliche Bastardding mitten ins Zentrum von New York zu set-

zen, ist eine direkte Beleidigung für das Andenken an unsere Gründungsväter und Helden der amerikanischen Revolution – die Einzelpersonen, die so heldenhaft gekämpft und so sorgsam bemüht gewesen sind, uns eine Republik zu geben, die frei von dem Fluch ausländischer Verwicklung sein sollte.

7. Der Zweite Weltkrieg hat auch den Weg für die Gründung eines Staates Israel im Jahre 1948 gelegt, ein Ereignis, das den Nahen Osten zu einer gärenden Brutstätte des Rassenhasses und der Gewalt werden ließ.

Um das gegenwärtig hohe Maß an Spannung in der Welt zu verstehen ist es wichtig, die Ereignisse zu verstehen, die zur Gründung des Staates Israel führten.

Brennpunkt Nahost

Als die blutenden Wunden in Europa und Asien sich zu schließen begannen, wurde die Aufmerksamkeit der Weltöffentlichkeit auf Nahost gelenkt, wo die Zionisten gerade dabei waren, den Staat Israel in Palästina zu etablieren.

Im November 1944 wurde Lord Moyne, der englische Kolonialminister, der Freund aller Menschen war und sich bemüht hatte, eine faire Lösung für das Palästina-Problem zu finden, in Kairo von zwei Zionisten aus Palästina ermordet. Sein »Verbrechen« hatte darin bestanden, daß er die Ansicht vieler seiner verantwortlichen Vorgänger geteilt hatte, nämlich daß das Eindringen der Zionisten in den Nahen Osten in einer Katastrophe enden würde.

Die Ermordung von Lord Moyne erregte in England sehr viel Widerstand und veranlaßte viele Politiker, sich die Unterstützung des Konzeptes von einem jüdischen Staat noch einmal zu überlegen.

Als der nächste Zionistenkongreß 1946 in Genf zusammentrat, hatte er, laut Dr. Weizmann, »einen speziellen Charakter« und »zeigte eine Tendenz, sich auf Methoden zu verlassen, für die es unterschiedliche Namen gibt: ›Widerstand‹, ›Verteidigung‹, ›Aktivismus‹. Ein Grundzug war ihnen allen gemeinsam: die Überzeugung, daß man gegen die englische Macht in Palästina, und was dies betrifft, auch andernorts kämpfen müsse.«

Mit anderen Worten: Der Zionistische Weltkongreß von 1946 befürwortete den Einsatz von Terrorismus als einem Mittel zur Errichtung des zionistischen Staates. Diese Methoden hatten sich bereits vor 30 Jahren in Rußland als erfolgreich erwiesen: sie sollten noch einmal erprobt werden. Man war sich völlig im klaren, daß der zionistische Staat ohne Terrorismus nicht verwirklicht werden kann.

Attentate als politisches Instrument

Es entstanden in Palästina viele Terrororganisationen mit dem

Zweck, die Gründung eines Zionisten-Staates zu erzwingen. Die größte von ihnen hieß Irgun Zvai Leumi und wurde von Menachim Begin angeführt. Eine andere war die Stern-Bande, zu deren Anführern Yitzhak Shamir zählte. Diese bildeten, wie es in der »Los Angeles Times« hieß, »Israels Untergrundursprung; sie benutzten das Attentat als politisches Instrument«.

Als der Terror und das Blutvergießen eskalierten, gab ein »Select Committee on Estmates« des englischen Unterhauses bekannt, daß »sehr viele Juden, einem zweiten Exodus gleichkommend, aus Osteuropa in die amerikanisch besetzte Zone in Deutschland und Österreich auswanderten, von denen die Mehrheit die Absicht hat, schließlich nach Palästina zu gehen. Es ist klar, daß dies eine im höchsten Maße organisierte Bewegung ist, hinter der ausreichend Mittel und großer Einfluß stehen, aber der Unterausschuß konnte kein wirkliches Beweismaterial erlangen, wer die wahren Anstifter sind.«

Ein Kriegsuntersuchungsausschuß, den der US-Senat nach Europa entsandte, erklärte, daß die »umfangreiche Auswanderung von Juden aus Osteuropa in die amerikanische Zone Deutschlands Teil eines sorgfältig organisierten Planes ist, der von speziellen Gruppen in den USA finanziert wird.«

Zu beachten ist, daß dieser massive »Exodus« aus Rußland und den osteuropäischen Nationen stattfand, die aufgegeben und hinter dem, wie Churchill sagte, »Eiserenen Vorhang« abgeschnitten waren.

Offensichtlich hat dieser »zweite Exodus« mit der Zustimmung und vollen Kooperation von Washington, London und Moskau stattgefunden. Niemand verläßt die Sowjetunion ohne Erlaubnis, und doch liegt hier ein eindeutiger Beweis vor, daß der Eiserne Vorhang geöffnet wurde, um eine massive Flut von »Juden« aus diesem Gebiet zu entlassen, und zwar mit Ziel Palästina. Dies wurde »sorgfältig geplant und von speziellen Gruppen in den USA finanziert«.

Die Teilung Palästinas

Dieses Vorgehen erinnert daran, daß dreißig Jahre zuvor, als man zur Vorbereitung der russischen Revolution Schlüsselpersonen von New York nach Petrograd kutschierte, sich die Grenzen einer Vielzahl führender Nationen zu eben diesem Zwecke öffneten. Offenbar gab es auf der höchsten Ebene der internationalen Machtpolitik keine Verbündeten, Feinde oder Neutrale. Alle Regierungen beugten sich dem Willen der höchsten Instanz in den politischen Angelegenheiten.

Auf der Konferenz von Jalta 1945, so ein maßgebliches Regierungsdokument, »sagte Roosevelt, er sei ein Zionist und fragte, ob Stalin auch einer sei. Stalin antwortete, er sei im Prinzip einer, aber er erkenne das Problem.«

Während der Jahre 1946 und 1947 schwoll die zionistische Terrorkampagne zu einem Crescendo an. Hunderte von englischen Soldaten wurden überfallen, im Schlaf erschossen oder sonstwie in die Luft gesprengt. Zwei englische Soldaten wurden in einem Obstgarten zu Tode gemartert und hängen gelassen. Die Engländer zeigten sich tatsächlich abgeneigt, dieser Gewalttätigkeit mit fester Hand zu begegnen.

Konfrontiert mit einer immer größer werdenden Welle des Terrorismus innerhalb von Palästina, einer steigenden Welle von hunderttausenden von »Juden« aus den Ostblockländern und »unwiderstehlichem Druck«

Prominente Zionisten: der Philanthrop Nathan Straus, Louis D. Brandeis, Richter am Obersten US-Bundesgericht und Rabbi Stephen S. Wise.

der Zionisten in England selbst, und der Truman-Regierung in Washington, legte die englische Regierung die Palästinafrage der neu gegründeten UNO vor. Am 29. November 1947 stimmten die Vereinten Nationen für eine Teilung Palästinas in zwei unabhängige Staaten – einen jüdischen und einen arabischen, und zwar per 1. Oktober 1949.

Der Plan wurde von den Zionisten angenommen, aber von den Arabern natürlicherweise abgelehnt, die keineswegs die Absicht hatten, ihre Eigentumsrechte und Regierungsrechte über ein Land aufzugeben, das seit fast 2000 Jahren ihre Heimat gewesen war. Im Gefolge dieses Vorschlages nahmen die Gewalttaten in Palästina immer mehr zu. Alarmiert machte der UN-Sicherheitsrat einen Rückzieher, und die Truman-Regierung eine Kehrtwende in der amerikanischen Politik und schlug vor, den Teilungsvorschlag zu suspendieren, einen Waffenstillstand auszuhandeln und das englische »Mandat« durch eine »Treuhänderschaft« zu ersetzen, an der sich die Vereinigten Staaten stark beteiligen würden.

Die Nachkommen kämpfen für einen Staat Palästina

Die Zionisten erkannten, daß ihr Traum von einem jüdischen Staat am Einstürzen war, und schlugen sofort zu, um die UNO vor eine vollendete Tatsache zu stellen; sie zweiteilten Palästina eigenmächtig.

Um die Herzen der arabischen Einwohner Palästinas mit nacktem Terror zu erfüllen, »stürmten jüdische Terroristen der Stern-Bande und der Irgun Zvai Leumi das Dorf Deir Yasin und schlachteten alle Leute dahin. Die Leichname von 250 Arabern, überwiegend Frauen und Kinder, wurden in Brunnen geworfen.

Die Palästinenser erkannten, daß das Massaker von Deir Yasin sie davor warnen sollte, was mit ihnen geschehen würde, wenn sie auf ihrem Land wohnen blieben. Abgesehen von wenigen Tausend flohen sie in die Nachbarländer. Und so ist im wesentlichen das »palästinensische Flüchtlingsproblem« entstanden.

Es sind diese Leute und ihre Nachkommen, die unter der Führung von Yasir Arafat und der Palästinensischen Befreiungsorganisation (PLO) noch immer um die Gründung eines palästinensischen Staates in diesem Gebiet kämpfen.

Was hält die Zukunft für den konfliktgeplagten Nahen Osten bereit? Man kann die Ereignisse nicht genau vorhersagen, aber es gibt Anzeichen dafür, daß die Zukunft noch gewalttätiger sein wird als die Vergangenheit.

Die im Juli 1980 vom israelischen Parlament abgegebene Erklärung, daß Jerusalem nunmehr die politische Hauptstadt des Staates Israel ist, könnte von allergrößter Bedeutung sein.

Stellt dies einen Schritt in Richtung auf ein sehr viel ehrgeizigeres Ziel auf seiten der Zionisten dar?

Seit Jahren gilt es als eine anerkannte Tatsache, daß die Zionisten planen, Jerusalem zur Verwaltungsmetropole einer Eine Welt-Regierung zu machen. Dieses hochgesteckte Ziel ist von David Ben-Gurion, Israels ehemaligem Premierminister, in einem 1962 für die Zeitschrift »Look« geschriebenen Artikel dargelegt worden. Er sagte voraus, was in dem nächsten Vierteljahrhundert auf der Weltbühne gespielt werden würde. Seine Worte werden originalgetreu wiedergegeben.

Jerusalem Sitz des Obersten Gerichtshofes

David Ben-Gurion im Magazin »Look« am 6. Januar 1962: »Das Bild der Welt im Jahre 1987, wie es in meiner Vorstellung erscheint: Der Kalte Krieg wird der Vergangenheit angehören. Der Druck von innen durch die ständig zunehmende Intelligenzia in Rußland nach mehr Freiheit und der Druck der Massen nach Anhebung ihres Lebensstandards könnte zu einer allmählichen Demokratisierung der Sowjetunion führen. Andererseits könnte der wachsende Einfluß der Arbeiter und Bauern und die zunehmende politische Bedeutung von Männern der Wissenschaften die Vereinigten Staaten in einen Wohlfahrtsstaat mit einer Planwirtschaft umwandeln.

West- und Osteuropa werden eine Föderation autonomer Staaten bilden, mit sozialistischer und demokratischer Ordnung. Mit Ausnahme der UdSSR als einem föderierten Eurasischen Staat, werden alle anderen Kontinente in einem Weltbündnis vereinigt, das über eine internationale Polizeimacht verfügt. Sämtliche Streitkräfte werden abgeschafft und es wird keine Kriege mehr geben.

In Jerusalem werden die Vereinten Nationen – wirklich Vereinte Nationen – einen Schrein des Propheten erbauen, der der föderierten Union aller Kontinente dienen wird; dies wird der Sitz des Obersten Gerichtshofes der Menschheit sein, um alle Kontroversen unter den föderierten Kontinenten beizulegen, wie von Jesaja prophezeit ist.

Jede Person in der Welt wird das Recht auf höhere Schulbildung haben. Eine Pille zur Verhütung von Schwangerschaft wird das explodierende natürliche Wachstum der Bevölkerung Chinas und Indiens bremsen. Im Jahre 1987 wird das durchschnittliche Lebensalter des Menschen 100 Jahre erreicht haben.«

Man beachte, daß der damalige israelische Premier die Zeit voraussah, in der Amerika wahrscheinlich »ein Wohlfahrtsstaat mit einer Planwirtschaft« sein wird. Im Gegensatz zu den amerikanischen Bauern weiß er offenbar, was die Machthaber hinter den Kulissen mit unserer einstmals großen Republik im Sinn haben.

Die amerikanischen Sklaven würden dann in ein »Weltbündnis unter einer internationalen Polizeimacht« fusioniert. »Jerusalem wird der Sitz des Obersten Gerichtshofes der Menschheit sein, um alle Kontroversen unter den föderierten Kontinenten beizulegen«.

Der erste Teil der Prophezeiung von Ben-Gurion ist fast schon erfüllt. Kann ein Versuch, auch den zweiten Teil in Erfüllung gehen zu lassen, noch lange auf sich warten lassen?

Versuche, ein solches Weltbündnis mit Jerusalem als Hauptquartier, zu errichten, würden mit großer Sicherheit den Dritten Weltkrieg auslösen, den der Spitzenilluminat Albert Pike in seinem Mazzinibrief aus dem Jahre 1871 prophezeit hat.

Pike sagte, daß dieser Dritte Weltkrieg im Nahen Osten ausbrechen würde, und zwar aufgrund der Feindschaft zwischen den Arabern und den Israelis, und daß er in der Gründung einer Weltdiktatur kulminieren würde.

Die Einstellung der internationalen Bankers gegenüber der Errichtung eines solchen universellen Sklavenlagers wird deutlich in den Worten von James Warburg zusammengefaßt, die er am 17. Februar 1950 vor dem US-Senat aussprach: »Wir werden eine Weltregierung haben, ob es uns gefällt oder nicht. Die einzige Frage ist, ob die Weltregierung durch Eroberung oder Einwilligung erreicht wird.«

Mit anderen Worten, wenn unzählige Millionen von unschuldigen Menschen sterben müssen, um ihr Ziel zu verwirklichen, so hat das für die internationalen Bankers und ihre gottlosen Genossen keine Bedeutung.

XII. Siegen die Illuminaten?

Kurz nach Jimmy Carters Inauguration und Zbigniew Brzezinskis Ernennung zum Direktor des Nationalen Sicherheitswesens veröffentlichte die Trilaterale Kommission den Bericht »Mitarbeit mit den kommunistischen Ländern zur Lösung globaler Probleme«. Der 1977 erschienene Bericht stellte fest: »Diese Schrift wurde veranlaßt von dem Bestreben, jede Möglichkeit einer Zusammenarbeit mit den kommunistischen Ländern bei der Behandlung gewisser internationaler Probleme auszunutzen. Im Rahmen dieser von uns gesuchten Zusammenarbeit zwischen Ost und West ist es unser Hauptziel, die Weltprobleme wirkungsvoller in Angriff zu nehmen. Eine Mitarbeit der Kommunisten könnte bei der Behandlung dieser Probleme von Nutzen sein.«

Seit 1953, als Experte für sowjetische Angelegenheiten am Forschungsinstitut für internationale Veränderung, Columbia School, Washington D.C., sowie in Harvard tätig, schrieb Brzezinski ein 1970 als Paperback erschienenes Buch mit dem Titel »Between two Ages«, das uns einen Vorgeschmack auf das gab, was uns und unseren Kindern an Niedertracht geboten werden wird.

Engstirnigkeit infolge Unaufgeklärtheit

Die offizielle trilaterale Veröffentlichung befaßte sich mit der »Trilateral-Kommunistischen Zusammenarbeit in neun globalen Problembereichen«, den Ozeanen und dem Weltall, der trilateral-kommunistischen Zusammenarbeit im Bereich der Wetter-Änderungen und der Erdbeben-Kontrolle, Zunahme des Sowjet-Handels mit dem Westen – besonders was technologische und strategische Güter betrifft.

Ein in Brzezinskis Buch »Zwischen zwei Weltaltern« enthaltenes Zitat lautet: »Die Technologie wird den Führern der größeren Nationen eine Auswahl von technischen Verfahren zur Durchführung geheimer Kriege zur Verfügung stellen, von denen nur ein sehr kleiner Teil der Sicherheitskräfte unterrichtet zu werden braucht. Technische Verfahren zur Änderung des Wetters könnten benutzt werden, um lang andauernde Dürrebeziehungsweise Unwetterperioden mit dem Ziel auszulösen, die Widerstandskraft einer Nation zu schwächen und sie zu zwingen, die Forderungen des Gegners anzunehmen.«

Das Buch von Brzezinski wird als die Bibel der Trilateralen bezeichnet. Bei der Darlegung, warum die Welt »ein neues Gewebe internationaler Beziehungen weben« muß (Pseudonym für eine Neue Weltordnung), behauptet Brzezinski, daß die Menschheit große Entwicklungsphasen durchgemacht hat und wir uns heute mitten in der vierten und letzten Phase befinden.

Nach Brzezinskis Bewertung der Geschichte hat sich die erste, sehr primitive »Phase« um Religion gedreht und dafür gesorgt, daß »die Idee angenommen wurde, das Schicksal des Menschen liege im wesentlichen nur in der Hand Gottes«. Eine solche Vorstellung ist für einen derartig großen und »illuminierten« Verstand, wie ihn der eingewanderte Pole sein eigen nennt, vollkommen unakzeptabel, da sie eine »Engstirnigkeit infolge massiver Unaufgeklärtheit, Analphabetentum und eine auf die unmittelbare Umwelt beschränkte Sicht« bezeugt.

Bruder Zbig und der Marxismus

Er erzählt uns, daß die zweite Phase, die der Mensch auf dem Weg zur wahren Erleuchtung durchgehen mußte, der Nationalismus gewesen ist, »der ein weiterer gigantischer Schritt in der fortschreitenden Neudefinition vom Wesen des Menschen und seinem Platz in der Welt war«.

Die dritte Phase sei der Marxismus, der »eine weitere entscheidende und kreative Phase der Ausreifung des menschlichen Universalbildes darstellt. Gleichzeitig bedeutet der Marxismus einen Sieg des äußeren, aktiven Menschen über den inneren, passiven Menschen und einen Sieg des Denkens über den Glauben: er betont die Möglichkeit des Menschen, sein materielles Schicksal zu formen, und dies hat dazu gedient, das Denken anzuregen und menschliche Energie zweckgerichtet zu mobilisieren.«

Einige Seiten später verlangt »Bruder Zbig«, daß wir ihm glauben sollen, daß »der Marxismus, der in dem von den Bemühungen der industriellen und nationalistischen Revolutionären hervorgebrachten sozialen Umbruch geboren wurde, ein einmaliges intellektuelles Instrument war, um die grundlegenden Kräfte unserer Zeit zu verstehen und zu harmonisieren, er hat die Fahne der Internationalen aufgezogen«.

Hinsichtlich der »Rivalität« zwischen Rußland und Amerika findet Brzezinski anscheinend an dem russischen Standpunkt nichts auszusetzen, daß »das letztendliche Ergebnis des Wettkampfes, aufgrund der historischen Überlegenheit des kommunistischen Systems, schon im vornhinein feststeht«.

Die vierte und abschließende Phase wird von Brzezinski als die »Technotronische Ära« bezeichnet – beziehungsweise das »Ideal des vernünftigen Humanitarismus auf weltweiter Ebene«. Laut »Webster's New Collegiate Dictionary« bedeutet Humanitarismus »den Grundsatz, der das göttliche Wesen von Jesus Christus verneint. Die Doktrine, daß die Verpflichtungen des Menschen auf den Menschen und die menschlichen Beziehungen beschränkt sind und ausschließlich von ihm ausgehen. Die Doktrine, daß sich das Wesen des Menschen allein durch eigene Anstrengungen, ohne Gottes Gnade vervollkommen läßt.« Dies ist die Quintessenz des Illuminatentums – das Dogma, daß es eine Elite gibt, die ganz allein dazu berechtigt ist, die Angelegenheit der Menschheit zu bestimmen.

Eine Elite kontrolliert und steuert

Es ist offenbar, daß Brzezinski ein einsatzfreudiger Verfechter dieser Überlegungen ist. Seine bevorstehende »Technokratische Ära« steht »in unmittelbarem Zusammenhang mit den Auswirkungen der Technologie« und »bedingt das allmähliche Erscheinen einer Gesellschaft, die vermehrt kontrolliert und gesteuert wird. Eine solche Gesellschaft dürfte von einer Elite beherrscht werden, ungehindert von traditionellen Werten. Diese Elite dürfte nicht zögern, ihre politischen Ziele unter Einsatz der allermodernsten Techniken zu verwirklichen, mit denen sich das Volksverhalten beeinflussen läßt und die Gesellschaft genauestens überwacht und kontrolliert werden kann.«

In der Januar-Ausgabe von 1968 des »Encounter« führt Brzezinski zu demselben Thema aus: »Die Wissenschaftler sind zuversichtlich, daß bis zum Ende dieses Jahrhunderts der Computer genausogut denken kann wie der Mensch und in der Lage sein wird, ›kreative‹ Gedanken zu haben; angeschlossen an Roboter oder ›Retortenmenschen‹ könnten sie wie Menschen handeln.«

»Gleichzeitig werden die Möglichkeiten zur sozialen und politischen Kontrolle über das Individuum ungeheuerlich zunehmen. Wie ich bereits gesagt habe, es wird möglich sein, eine fast permanente Überwachung über jeden einzelnen Bürger auszuüben und eine aktuelle vollständige Datenkartei zu führen, die selbst höchst private Angaben über die Gesundheit oder das persönliche Verhalten des Bürgers enthält, und zwar neben all den üblichen Daten. Diese Datenbanken werden dem sofortigen Zugriff der Behörden unterliegen.«

In »The Freeman Digest« erklärte George W. Franklin, Koordinator der Trilateralen

Kommission, daß »bestimmte weise Männer« (zweifellos Illuminierte) »eingesetzt würden, um darüber zu entscheiden, was getan werden muß«!

Brzezinski erklärt: »Die Realität unserer Zeit ist die, daß eine moderne Gesellschaft wie die U. S., ein zentrales Organ zur Koordinierung und Umstrukturierung braucht, das nicht aus 600 Leuten bestehen kann.«

Wie hat sich Brzezinski vorgestellt, daß die amerikanische Nation und die Welt seine elitäre »Neue Weltordnung« annehmen soll? Dazu erläutert er: »Spannung ist unvermeidlich, wenn der Mensch versucht, das Neue in das Rahmenwerk des Alten zu integrieren. Eine Zeitlang wird der vorhandene Rahmen flexibel genug sein, um das Neue zu integrieren, und zwar indem er es in einer vertrauteren Form anpaßt. Aber irgendwann einmal wird der alte Rahmen überlastet sein. Die neue Menge an Schwierigkeiten läßt sich nicht mehr in traditionelle Formen umfunktionieren und macht sich schließlich mit zwingender Gewalt geltend. Heute schon ist der alte Rahmen der internationalen Politik mit ihren Einflußbereichen, Militärbündnissen zwischen Nationen-Staaten, der Fiktion von Souveränität, den doktrinären Konflikten aus den Krisen des 19. Jahrhunderts – ganz eindeutig nicht mehr mit der Realität zu vereinbaren.«

Bruder Zbig und die Bankers

Man sollte nicht übersehen, daß Brzezinski während seiner Zeit als Leiter des Forschungsinstitutes für Kommunistische Angelegenheiten an der Columbia Universität ebenfalls als »außenpolitischer Berater« und Vertrauter von David Rockefeller tätig war. Es ist offensichtlich, daß der mächtigste Mann in den Vereinigten Staaten, für den angeblich das Amt des Präsidenten eine Rückstufung darstellen würde, an der anti-amerikanischen Philosophie des polnischen Immigranten einen höchst persönlichen Gefallen fand.

Im Jahre 1972 schlug Rockefeller in einer Rede vor dem internationalen Finanzpublikum der Chase Manhattan Bank in London, Brüssel und Paris die Gründung einer Internationalen Kommission für Frieden und Wohlstand vor (die später Trilaterale Kommission genannt wurde), die »dafür sorgen sollte, daß die klügsten Köpfe sich mit den Problemen der Zukunft befassen«.

Zum Schluß seiner Ausführungen sagte er: »Die Angehörigen dieser neuen Generation werden sich sehr viel leichter als ihre Vorfahren über nationale und sprachliche Grenzen hinwegsetzen. Sie werden ein Maß an wirtschaftlicher Integration für selbstverständlich halten und jenen Widerstand leisten, die sich in die Getrenntheit zurückziehen möchten.«

»Ich bin sicher, daß, wenn die neuen Männer und Frauen an die Macht in Regierung und Industrie, in den Universitäten und den Gewerkschaften kommen, wir es leichter haben werden, als es zur Zeit aussieht, eine Interessengemeinschaft zu errichten.«

Der Multi-Milliardär David Rockefeller hat Brzezinski zu seinem Strohmann gewählt, der dann seine elitäre Trilaterale Kommission gegründet hat.

Von dem Rechercheur Craig S. Karpel erfahren wir, daß »Brzezinski im Juli 1973 die Columbia Universität verließ, um Präsident der Trilateralen Kommission zu werden. Er hatte den Auftrag, 200 Mitglieder auszuwählen, die das nächstbeste zu einem Weltvorstand darstellen würden. Brzezinski suchte nicht nur die einflußreichsten Männer der multinationalen Großkonzerne aus, sondern er hat die Organisation auch mit Individuen durchsetzt, die für den Plan unerläßlich waren, um die Kandidaten der Kommission wie Carter und Mondale in hohe Regierungsämter zu bringen. Um sich die Unterstützung der Massenmedien zu sichern, hat er den Chefredakteur der ›Chicago Sun-Times‹, den Chefherausgeber der ›Times‹, den Präsidenten der Columbia Broadcasting System und Direktoren der ›Los Angeles Times‹, der ›New York Times‹ und des ›Wall Street Journal‹ mit aufgenommen.

Was bringt die Reagan-Regierung?

Viele Millionen Amerikaner möchten nichts lieber erleben, als daß die Hoffnungen auf eine rasche Bremsung der Inflation, einer Gesundschrumpfung der Bürokratie und einen sich daran

Symbol individueller Freiheit?

anschließenden Aufwärtssog in der Produktivität Wirklichkeit werden, und daß Amerika seine moralische, geistige und finanzielle Lebenskraft der Vergangenheit zurückgewinnt.

Die Reagan-Regierung muß dazu im Licht der harten, kalten Realitäten beurteilt werden, nicht im warmen Dämmerschein von Wunschträumen. Was geschehen ist und geschieht, muß objektiv betrachtet werden, nicht mit Gefühl.

Erstens, Ronald Reagan hat sich unter dem allmächtigen Druck der unsichtbaren Regierung im Weißen Haus mit Mitgliedern des CFR und der Trilateralen Kommission umgeben, deren grundlegende Philosophie von Genosse »Zbig« Brzezinski in seinem Buch »Between Two Ages« zum Ausdruck gebracht wurde. Diese Philosophie ist in ihrer Grundstruktur illuministisch und den Grundsätzen diametral entgegengesetzt, auf denen die Vereinigten Staaten gegründet sind.

Zweitens, die Liberalen haben mit ihrer üblichen selbstgerechten Überheblichkeit aus den »brutalen« Kürzungen des Staatshaushaltes 1982 eine Streitfrage ersten Ranges gemacht. Tatsächlich aber belaufen sich diese Kürzungen auf weniger als 5 Prozent der Ausgaben von 1981 und sind nichts weiter als symbolische Geste an die Adresse der amerikanischen Wähler, die tiefgreifende Änderungen verlangt haben. Diese Kürzungen sind nicht im mindesten »brutal«.

Im Grunde unternimmt die Reagan-Regierung wenig, um die finanziellen Leiden der Nation zu heilen, nachdem der Präsident bereits früher klar gemacht hatte, daß er nicht die Absicht hat, gegen das private Federal Reserve System vorzugehen, dessen eigennützige Aktionen die Ursachen für diese Leiden sind.

Dieser private Großkonzern, der seit seiner Gründung im Jahre 1913 noch nie eine Wirtschaftsprüfung erlebt hat, wird, wie der verstorbene Kongreß-Abgeordnete Louis T. McFadden sagte, von »einer dunklen Bande von Finanzpiraten« geleitet. Es ist zweifellos der schlimmste Fluch, der jemals auf die amerikanische Nation gelegt worden ist. Dieses skrupellose Kartell hat von den sogenannten Vertretern im Kongreß die Genehmigung erhalten, einen satanischen Plan auszuführen, wodurch sie diese Vereinigten Staaten mit ganz offensichtlicher Straffreiheit ausplündern dürfen. Mit der Monetisierung der Staatsverschuldung haben sie dafür gesorgt, daß sich ein starker Inflationsdruck innerhalb der amerikanischen Wirtschaft aufbaut.

Kanonen- und Butter-Politik

Diese katastrophale Dampfwalze der Zerstörung wurde durch die Entscheidung der Johnson-Regierung in Bewegung gesetzt, jegliche Silberdeckung für die »Fed«-Noten abzuschaffen. Dadurch war der Weg frei für seine »Kanonen- und Butter-Politik«, mit der der Vietnamkrieg finanziert wurde. Das »Federal Reserve System« (Fed) hat dadurch Milliarden neuer, ungedeckter »Dollars« in die Wirtschaft gepumpt, ohne daß damit ein entsprechendes Wachstum von Gütern und Leistungen einhergegangen wäre. Das unvermeidliche Resultat: eine beschleunigende Geldinflation.

Es gibt zwei Arten der Inflation: von Kredit und Geld. Die Inflation in den 20er Jahren war nur eine Kreditinflation. Zu der Zeit war der Dollar so gut wie Gold. Nach gesetzlicher Bestimmung war ein Dollar 412,5 grains Standardsilber. Er hätte gar nicht gesünder sein können. Es gab keine Geldinflation. Das war einfach nicht möglich.

Als die Kreditaufnahme gestoppt wurde (die Ursache für die große Rezession), fielen die Preise auf ihre berechtigte Höhe. Der Wert des Dollar war an Silber und Gold gebunden. Es gab kein Drucken von Papiergeld. Sämtliche Noten konnten zu ihrem Nennwert in Silber oder Gold eingelöst werden.

Die Geldinflation in den 80er Jahren haben die USA deshalb, weil die Monopolisten die Staatsverschuldung monetisiert haben. Das hat die Wirkung, daß Milliarden von ungedeckten »Scheindollars« gedruckt werden. Dadurch sind die Preise für alle Dinge explodiert und viele Unternehmen in den Konkurs getrieben worden. Daraus ist dann eine konjunkturelle Talfahrt geworden.

Die Regierungseinnahmen sind nach unten abgeknickt, während

die Sozialleistungen in die Höhe geschnellt sind. Mit dem »Monetary Control Act von 1980« (Währungskontrollgesetz), das am 1. Juni 1981 in Kraft getreten ist, hat der Kongreß der »Fed« den Freibrief gegeben, die amerikanischen Bürger mehr denn je auszunehmen. Wie der Finanzmann James Sibbett in einem Bulletin betont, »gibt dieses Gesetz der ›Fed‹ die Macht, jede Schuld, sogar eine private, ja sogar die einer anderen Nation, zu monetisieren!«

Monetisierung von Schulden

Bisher hat sich die Inflation in einem Land auf die Monetisierung seiner eigenen Staatsverschuldung beschränkt. Aber mit diesem neuen Gesetz kann die »Fed« auch die Schulden eines ausländischen Landes kaufen sowie die des amerikanischen Bundes, der Kommunen, der Städte, ja sogar die privater Unternehmen wie zum Beispiel von Chrysler. Die Zahlungsweise für diese Schulden besteht darin, Dollars aus dem Nichts zu schöpfen, einfach, indem man dem Verkäufer der Schuld einen Kredit in den Fed-Büchern einräumt. Der Verkäufer kann dann diesen Kredit jederzeit beanspruchen, indem er sich bei der Bank an der Ecke Dollars holt. Auf diese Weise wird die Geldmengenversorgung erhöht.

Da sich das Geldmengenwachstum ausweitet, gehen die Preise für Güter und Waren in die Höhe.

Entscheidend ist jedoch, daß, selbst wenn es Präsident Reagan gelingt, den Haushalt auszugleichen und sogar einen Goldstandard einzuführen, wir immer noch unter einer galoppierenden Inflation leiden, und zwar wegen dieser neuen Möglichkeit der Monetisierung der Schulden.

Das letztendliche Motiv, das diesem Gesetz zugrunde liegt, ist, die internationalen Bankers aus der Klemme zu holen, da sie auf wertlosen Darlehen sitzen, die sie an fremde Nationen verliehen haben. Letztlich ist es eine einfache Umbuchungsaktion, womit die Verluste der Bankers an das amerikanische Volk in Form von steigenden Preisen abgewälzt werden.

Außerdem lassen sich damit auf bequeme Art und Weise Unternehmen wie Chrysler, Geld- und Kreditinstitute und sonstige Schulden »gutschreiben«, die nach Meinung der »Fed« gerettet werden sollten.

Unterdessen täuscht die »Fed« vor, die Inflation mit einer Hochzinspolitik zu bekämpfen, was in Wirklichkeit dazu beiträgt, die Inflation noch mehr anzuheizen, da überall die Kosten steigen. »Absurde« Zinssätze, wie Präsident Reagan sie nannte, werden tatsächlich eine Rezession verursachen, die so gut wie eine Garantie ist, daß zunächst Chrysler-Schulden von der »Fed« monetisiert werden. Hohe Zinsen helfen nur, die Kreditinflation zu bremsen, die wir gar nicht haben. Dagegen heizen hohe Zinsen die Geldinflation an, und die haben wir.

Diese neue Bedrohung des Dollars ist noch größer und handfester als die alte. Es ist möglich, daß Präsident Reagan den Etat ausgleichen kann. Aber es ist ausgeschlossen, daß die Hottentotten in Timbuktu ihre Kredite jemals zurückzahlen. Ich weiß nicht, wie hoch diese nicht eintreibbaren Schulden dort draußen sind. Eine Schätzung spricht von 500 Milliarden Dollar. Auf jeden Fall reicht es aus, um den Dollar auszulöschen, wenn die »Fed« sie monetisiert.

Mißachtung der Gesetze

Alle Probleme, die die amerikanische Nation belasten, lassen sich auf ein und denselben Nenner bringen – Mißachtung der Gesetze. Unter dem satanischen Einfluß der von den Illuminaten beherrschten Humanitaristen ist die amerikanische Öffentlichkeit einer Gehirnwäsche unterworfen worden, die sie glauben macht, daß es keine absoluten Wahrheiten, keine absoluten Gesetze gibt. Und keine Strafe dafür, daß man alle Gesetze mit Füßen tritt, die uns von Gott gegeben wurden. Diesem satanischen Ansturm ist es gelungen, die Grundlagen der amerikanischen Gesellschaft zu unterminieren.

Die grimmige Zukunft, die Illuminaten für alle amerikanischen »Bauern« vorgesehen haben, wurde von einem Sprecher einer weiteren Exklusivgruppe, dem Club of Rome, sehr anschaulich dargelegt. In einem Interview mit dem Magazin »Fusion« vom August 1980 hat Howard Odum, Meeresbiologe an der Universität Florida, enthüllt, was die Internationalisten für unsere Zukunft planen: »Die Vereinigten Staaten haben eine neue und reizvolle Führungsrolle in der Welt. Wir werden die Welt nach unten führen. Wir werden die Welt auf ein niedrigeres Niveau des Energieverbrauchs bringen.«

Die Weltstrategen glauben, »es ist notwendig, daß die Vereinigten Staaten in den nächsten 50 Jahren ihre Bevölkerung um zwei Drittel verringern.« Odum erzählt leider nie, wie er und seine illuminierten Freunde die Beseitigung von rund 150 Millionen ihrer Mitamerikaner bewerkstelligen wollen, aber wir können sicher sein, daß sie mit Fleiß an dieser Problemlösung arbeiten.

In dem von Odum vorgesehenen Staat könnte der Großteil der Bevölkerung »Vollbeschäftigung in einer eigenversorgerischen Landwirtschaft finden. Es gäbe praktisch keine Arbeitslosigkeit, da viele Arbeiten, die heute von Maschinen ausgeführt werden, wieder von Menschenhand getan werden müßten.«

Der Plan sieht eindeutig vor, daß die Amerikaner nach und nach all ihrer Freiheit und ihres Wohlstandes beraubt werden und daß sie in der neuen Weltordnung auf den Status von Leibeigenen gedrückt werden. Dies bestätigt die Aussage des verstorbenen Professor Carrol

Quigley, daß die Internationalisten »nichts weniger wollen, als ein Weltsystem der finanziellen Beherrschung durch Privathand, welches das politische System eines jeden einzelnen Landes sowie die Weltwirtschaft insgesamt lenkt. Dieses System soll von den Zentralbanken der Welt in feudalistischem Stil gesteuert werden, die konzentriert handeln, und zwar aufgrund von Geheimabkommen, die auf häufig stattfindenden Gipfeltreffen und Gipfelkonferenzen vereinbart werden.«

Amerikas Schicksaldekade

Amerika steht an einem Scheideweg. Das Jahrzehnt der 80er Jahre ist die Schicksaldekade. Die kommenden Jahre werden über die Zukunft der Vereinigten Staaten entscheiden – und die der ganzen Welt.

Für diejenigen, die »Augen haben, um zu sehen«, sind die Wegweiser klar und unmißverständlich markiert. Der eine Pfeil weist die Nation auf einen verführerischen Pfad des Vergnügens, bespickt mit subtilen Vortäuschungen, die an die niedrigsten Instinkte des Menschen appellieren, nach Links.

Dies ist der Weg des geringsten Widerstandes, der Weg, der all jenen traurigen, kranken Geschöpfen verheißungsvoll erscheint, die jegliches persönliches Verantwortungsbewußtsein aufgegeben und ihre Seele für eine bezahlte Reise in die Märchenwelt eingetauscht haben, die die humanitaristischen Propagandisten für sie geplant haben.

Diese leichtgläubigen Unschuldslämmer, die sich auf diesen Weg verlocken lassen, wissen nicht, daß er zu einem gewaltigen persönlichen Trauma, zu Frustration, Armut, Degradierung und letztlich in die totale Sklaverei führt.

Der andere Pfeil lenkt die amerikanische Nation auf einen langen, mühsamen Weg des Aufstiegs zurück zur nationalen Unabhängigkeit und wahrem materiellem und geistigem Gedeihen. Er führt in die Freiheit.

XIII. Neuer Star für eine alte Clique

Während die Vereinigten Staaten unter der argen Last der Carter-Präsidentschaft schwankend in das neue Jahrzehnt der 80er Jahre eintraten und sich die nationalen Krisen in alarmierendem Tempo verstärkten, erhob sich unter der hartbedrängten und überbesteuerten amerikanischen Bürgerschaft der Ruf nach Entlastung. Nach fünfzig Jahren des liberalen Wahnsinns fast leergeblutet, bestand ein erkennbarer Wunsch nach tiefgreifenden Änderungen. Man hatte die flagranten Betrügereien, wie zum Beispiel dem »New Deal«, »The New Frontier«, der »Great Society« und der himmelschreienden Schwindelei der Carter-Jahre bis zum Überdruß satt und viele Millionen Amerikaner sehnen sich nach der Rückkehr einer gesunden Regierung.

Das amerikanische Volk hatte genug. Am 4. November 1980 hatte es mit überwältigender Mehrheit die liberale Politik zurückgewiesen, die in den letzten Jahrzehnten gedroht hatte, die Vereinigten Staaten unter roten Zahlen, Verbrechen und menschlicher Entwürdigung zu begraben. Es gab einen massiven Ruck nach rechts, der zu dem überwältigenden Wahlsieg von Ronald Reagan zum amerikanischen Präsidenten führte.

Das Phänomen Reagan

Am 20. Januar 1981 stieß die amerikanische Nation gesamthaft einen hart verdienten Seufzer der Erleichterung aus, als die neue Reagan-Administration die Zügel der Regierung in die Hände nahm. Die gleichzeitig damit stattfindende Freilassung der Geiseln im Iran trug zu dem allgemeinen Gefühl der Erleichterung fast einen Hauch Jubel bei.

Mit dem Eintreffen von Ronald Reagan und vielen neuen, verfassungsorientierten Gesetzgebern auf der Washingtoner Szene wehte ein kühler, klarer und frischer Wind durch die staubigen Hallen des Kongresses. Die generelle Haltung der Neuankömmlinge wurde von Jeremiah Danton, dem neuen Senator von Alabama zum Ausdruck gebracht: »Es ist an der Zeit zu handeln. Bürger haben ihre eigene Selbstachtung und sie wollen, daß diese Nation die ihre zurückgewinnt.«

Die neue Reagan-Regierung versprach dem amerikanischen Volk einen »neuen Beginn« – eine Rückkehr zu traditionellen Werten.

Ende der 70er Jahre wurde der Patriotismus vieler Millionen im ganzen Land zu neuem Leben angefacht, als Ronald Reagan eine lange Serie von Kommentaren veranstaltete, die die Rundfunksender der ABC ausstrahlten. Er sprach über Patriotismus, konservative Politik und persönliche Verantwortung sowie über die Notwendigkeit, den amerikanischen Bürger die »große Regierung« vom Hals und aus ihrem täglichen Leben zu schaffen. Diese bewegenden Botschaften fanden in den Herzen und Köpfen vieler Millionen Amerikaner von Küste zu Küste ein tiefsitzendes Echo.

Vision eines wunderbaren Amerikas

Von jahrzehntelanger liberaler Wahnsinnspolitik verängstigt und frustriert, fingen die Leute an, sich ernsthaft eine Reagan-Administration vorzustellen. Er sprach ihre Sprache und sie schlugen sich auf seine Seite. Sie spürten, daß hier endlich ein Mann von geradem Charakter war, der ihre Wertvorstellungen mit Nachdruck vortragen und eine Hauptrolle spielen könnte, um die Nation wieder zu internationalem Ansehen zurückführen zu können.

Als Reagan seine einträgliche amerikanische Rundfunkarbeit an den Nagel hängte und seine Wahlkampfreise antrat, brauchte er nur noch ins Ziel zu laufen. Schon bald wurde von einer wachsenden Menge »die Vision aufgegriffen« – die Vision von einem wunderbaren, mit neuer Lebenskraft erfüllten Amerika, das die unzähligen nationalen Probleme triumphierend hinter sich läßt. Die Präsidentschaftskandidatur des ehemaligen Gouverneurs von Kalifornien wurde von ihnen mit Begeisterung unterstützt. Das Phänomen Reagan nahm rasch Gestalt an.

Was kann das amerikanische Volk von der Reagan-Administration erwarten? Wird sich Reagan als »das Wahre« erweisen – oder wird er sich als ein weiterer Wolf im Schafspelz entpuppen?

Im Jahre 1945, bei Ende des Zweiten Weltkrieges – nach 12 Jahren des illuninistischen »New Deal« – befanden sich die meisten Positionen in Regierung, Bildungswesen, Nachrichtenmedien und anderen wichtigen Bereichen des öffentlichen Lebens in den verräterischen Händen von Individuen, die ihre Seele an die Verschwörer verkauft hatten.

Die in Hollywood beheimatete Filmindustrie war fast völlig unterwandert. Mit der geschickten Ausnutzung von Filmen, die die subtile Anti-Amerika-Propaganda der Linken verbreiteten, würden die Verschwörer in ungeheuerlicher Weise auf das Denken der Kinobesucher im ganzen Land einwirken können.

Da die meisten Leute ins Kino gehen, um den nur allzuoft grimmigen Tatsachen des täglichen Lebens zu entfliehen, lassen sie ihren formbaren, nichts ahnenden Verstand weit offen stehen, so daß falsche und destruktive Ideen ohne ihr Wissen darin eingepflanzt werden können. Über den Weg eines solchen Mediums können die Bürger für die

»Neue Weltordnung« programmiert werden.

Die Roten von Hollywood

Zum Ende der 40er Jahre begannen allerdings die Pläne der Illuminaten zur Subversierung der amerikanischen Gesellschaft von innen heraus schief zu laufen. Dramatische Beweise bezeugen, daß die Regierung Roosevelt mit subversiven Elementen durchsetzt gewesen war und die Mehrzahl von ihnen auch noch in der Truman-Administration verblieben waren.

Der berühmte Broadway- und Hollywood-Drehbuchautor und

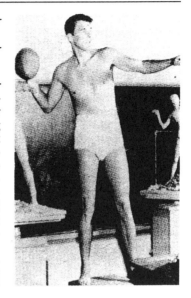

Ronald Reagan als Schauspieler und im Wahlkampf zur Präsidentschaft. Die wirkliche Macht in Amerika ist auch heute weiterhin »ganz in der Familie Rockefeller«.

Produzent Myron Fagan deckte die Methoden auf, die die »roten Termiten« bei ihren subversiven Aktivitäten benutzten.

Die sich anschließende Empörung hat die Filmindustrie bis ins Mark erschüttert. Als Folge der Untersuchungen durch den United States Senat und den Staat Kalifornien wurden die ruchlosen »Hollywood Ten« zu Gefängnisstrafen verurteilt und weitere 300 Stars, Produzenten und Regisseure für schuldig befunden, der Sache der Roten gedient zu haben. Myron Fagan gründete die »Cinema Education Guild« (CEG) in dem Bemühen, das amerikanische Volk über die unheilvolle Bedrohung durch diese massive Unterwanderung zu informieren.

Die Wirkung zeigte sich augenblicklich. Die Besucherzahlen gingen drastisch zurück, so daß einige Kinos zur Schließung gezwungen waren. Unter diesem enormen, landesweiten Druck traten die Roten den Rückzug an und dem amerikanischen Volk wurde versichert, Hollywood säubere seine Bühne. Aber es dauerte nicht lange und die Roten schlichen sich von neuem in Hollywood ein – und nahmen ihre subversive Arbeit erneut auf. Noch einmal riß Myron Fagan ihnen ihren Deckmantel herunter. Noch einmal gingen die Wellen der Empörung durch die Filmindustrie.

Im Rampenlicht der bestürzenden Enthüllungen durch die CEG bloßstehend und entschlossen, sich nie wieder erwischen zu lassen, haben die subversiven Elemente Hollywoods das Drehbuch umgeschrieben und ein anderes diabolisches Komplott geschmiedet, das die Amerikaner die Tatsachen vergessen machen sollte.

Eingedenk des Erfolges, den die öffentlichen Auftritte von »Stars« in den dunklen Tagen der großen Rezession gehabt haben, beschlossen sie, daß das beste Mittel zur Einschläferung des amerikanischen Publikums, das sie in die Kinos zurückbringen würde, darin besteht, die Hollywood-Prominenz aufs Land zu schicken. Sie würden als Ehrengäste in Clubs auftreten, Pressekonferenzen für die Vertreter der führenden Nachrichtenmedien geben und ganz allgemein für ein hohes Ansehen sorgen. Ihre Titelmelodie: »Die Roten sind aus Hollywood abgehauen. Alles ist jetzt wieder in Ordnung in der Filmmetropole.«

Viele haben sich energisch dagegen verwahrt, an diesem monströsen Schwindel teilzunehmen. Berühmtheiten wie Clark Gable haben heftig protestiert und sich geweigert, als Botschafter des Betrugs aufzutreten. Andere sind mit beiden Füßen auf diesen Verschwörungszug aufgesprungen. Zu den bekanntesten von ihnen gehörte ein Filmschauspieler namens Ronald Reagan, Präsident der »Screen Actors Guild« (SAG). Im Verlauf der Senatshearings in Washington im Jahre 1947 war die Guild nachweislich als ein führendes

Werkzeug der Subversion in der Filmindustrie entlarvt worden.

Reagans rote Märchen

Reagan bereiste das Land und versicherte den Leuten, daß die subversive Bedrohung vorüber sei. Eine für Reagan typische Erklärung wurde am 27. Juli 1951 in der Victor Reisel Kolumne abgedruckt:

»Der Kommunismus hat in Hollywood versagt, weil die überwältigende Mehrheit der Screen Actors Guild immer gegen den Kommunismus war und ist. Die Roten haben alle Kunststücke aus ihrer Trickkiste ausprobiert, aber die Filmschauspieler unter Führung des Vorstandes der Screen Actors Guild haben sie überlistet und besiegt. Wir haben sie offiziell und inoffiziell bekämpft. Wir haben sie in Versammlungen hinter den Kulissen bekämpft. Unsere roten Feinde sind sogar soweit gegangen zu drohen, sie würden mir persönlich und anderen Stars Säure ins Gesicht werfen, damit wir niemals wieder im Film auftreten können. Ich habe eine Zeitlang einen Revolver bei mir getragen und Polizisten haben in meinem Haus gelebt, um meine Kinder zu beschützen. Aber diese Tage sind für immer vorbei, ebenso wie die betörten Sympathisanten und Mitläufer der Roten. Heute sind selbst die Mitläufer von der Hollywood-Szene verschwunden.«

Die neue Taktik wirkte wie ein Zaubermittel. Wie nicht anders zu erwarten, wurde das neue Leitmotiv von den Zeitungen, Magazinen, Rundfunk- und Fernsehkommentatoren aufgegriffen und im ganzen Land verbreitet. Die sorgfältig konzertierte Schwindelkampagne hatte die gewünschte Wirkung. Die öffentliche Meinung beugte sich erneut unter dem Druck.

Reagans Polit-Show

Es sollten mehr als zehn Jahre vergehen, ehe Ronald Reagan sein Debüt auf der politischen Bühne gab. In wahrlich theaterwürdigem Stil begann er seinen Auftritt im Jahre 1964 mit einer anheizenden Rede, die er für Barry Goldwater auf dem Konvent der Republikanischen Partei hielt. Seine höchst pro-amerikanischen Erklärungen und seine glattpolierte Rhetorik waren die Ursachen, die ihm weitverbreitete Aufmerksamkeit als einem möglichen Kandidaten für ein hohes politisches Amt einbrachten.

Die Tatsache, daß er politisch ein Anfänger war, ohne jede Hausmacht, mit der er operieren konnte, tat seinem politischen »Sex Appeal« keinen Abbruch.

Nach der Niederlage von Barry Goldwater begann Ronald Reagans Stern am politischen Himmel aufzusteigen. Ein Jahr später gründeten ehemalige Goldwater-Anhänger einen Verein mit dem Namen »Friends of Ronald Reagan«. Zu Beginn reiste

Reagan in Kalifornien umher und traf sich zu privaten Gesprächen mit politischen Führern und stellte seine hochkarätige Redekunst den Zuhörern vor.

Reagan sagte immer das Richtige und erhielt stürmischen Applaus von seinem Publikum. Sie brachten ihm stehend Ovationen entgegen, als er gegen die »große Regierung« wetterte; Regierungsbestechung in Form von Subventionen an besondere Interessengruppen und die Unzahl von sonstigen Regierungsprogrammen, deren Zweck die Ausdehnung der Administration auf alle Lebensbereiche sei.

Die »Reagan Show« ging auf Tournee durch ganz Amerika und wurde in vielen Großstädten an der Ostküste gegeben. Das Echo überall im Land war begeisternd. Reagan wurde von vielen konservativen Republikanern als ein »konservativer Goldwater« akzeptiert. Er wurde zu einem »heißen Tip«.

Erste Schatten zeigen sich

Kurz nachdem er 1966 in den Wahlkampf um den kalifornischen Gouverneursposten eingetreten war, kamen beunruhigende Signale aus dem Reagan-Lager. Die politische Coleur in der engeren Umgebung Reagans veränderte sich. Es fand ein stetiger Exodus derjenigen statt, die sich ihr Leben lang als unverbrüchliche Anhänger der wahren republikanischen Grundsätze bewiesen hatten. Gleichzeitig hielten liberale Dogmatiker und politische Manipulanten ihren Einzug. Es war offensichtlich, daß etwas in dem Image von Reagan als einem hartgesottenen Konservativen fehlte.

Millionen hoffnungsvoller Wähler in Kalifornien nahmen das Image von Ronald Reagan als einem Ritter ohne Furcht und Tadel, der ein »konservativer Gouverneur« sei und sie von dem ewig wachsenden Fluch der »großen Regierung« befreien würde, für bare Münze.

Im ganzen Bundesstaat herrschten hochgesteckte Hoffnungen, als Ronald Reagan am 5. Januar 1967 in sein Amt als Gouverneur eingeführt wurde. In seiner Einführungsrede versprach Reagan, daß seine Administration um »Straffung, Kürzung und Senkung« bemüht sein werde, »bis die Staatsausgaben verringert sind. Es wird nicht einfach sein, noch angenehm, und es wird jedes Ressort betreffen, angefangen beim Amt des Gouverneurs selbst«.

Knapp einen Monat später, in seiner Haushaltsrede vor der Legislative, zeigte Reagan mit dem Finger auf die Ursachen für die finanziellen Nöte des Staates, den politischen und finanziellen Mumpitz der Pat Brown Regierung. Kalifornien war mit 500 Millionen US-Dollar im Minus. Reagan gelobte, daß seine Regierung »kein Interesse an der Fortsetzung eines solchen fiskalischen Schwachsinns« habe.

Rhetorik und Wirklichkeit

Die Haushaltsvorlage des neuen Gouverneurs schien die Antwort auf die Gebete der Konservativen zu sein. Sie gewann ihm die spontane – fast jubilierende – Zuneigung der Konservativen überall. Er legte darin Einzelheiten eines Reformpaketes dar, das dem Staat Kalifornien fiskalisches Verantwortungsbewußtsein und Solvenz zurückbringen würde.

Der kalifornische Senator John Schmitz, den neuen Gouverneur bei seinem Wort nehmend, geriet in Ekstase: »Nun haben wir zu guter Letzt einen Gouverneur in Kalifornien, der den Leuten die Wahrheit sagt – und seine Versprechungen hält. Der Haushaltsentwurf von Gouverneur Reagan deckt das ganze Ausmaß der staatlichen Finanzkrise auf und verwirft die leichte, aber ruinöse Lösung, die Steuern drastisch zu erhöhen. Er hat getan, was er versprochen hat. Er hat den Mut gehabt, die Wirtschaft an die erste Stelle zu setzen, die Ausgaben gegenüber dem Vorjahr um eine Viertel Milliarde Dollar zu kürzen.«

Leider war die Bewertung von Senator Schmitz etwas voreilig. Er hatte Reagan für einen Mann gehalten, dem man vertrauen kann, daß er sein Wort hält. Er hatte in dem Moment vergessen, daß in der Politik Rhetorik und Wirklichkeit gewöhnlich weit

Robert Taylor und Gary Cooper. Reagan machte in Hollywood Karriere, indem er die »roten Termiten« jagte.

voneinander getrennt sind. Integrität ist ein höchst ungewöhnlicher politischer Charakterzug.

Noch ehe der Widerhall seines »Reformprogrammes« verklungen war, befand sich eine neue Reagan-Vorlage auf dem Weg vor die Gesetzgeber, die 865 Millionen US-Dollar an neuen Steuern vorsah. In einer Haushaltsrede vor dem gesamten hohen Haus verkündete Reagan, daß er einen endgültigen Staatsetat vorlegen werde, der 488 Millionen US-Dollar kompletter Neuausgaben vorsieht.

Noch bevor die Legislaturperiode um war, hatte »der konservative Gouverneur«, der geschworen hatte, »den Willen des Volkes zu ehren«, mit seiner Unterschrift eine Steuererhöhung von insgesamt 943 300 000 US-Dollar zum Gesetz erhoben, die höchste einzelne Steueranhebung, die es jemals in der Geschichte eines amerikanischen Staates gegeben hat. Senator Schmitz flehte den Gouverneur Reagan an, jenen »nicht das Vertrauen und die Herzen zu brechen«, die an ihn geglaubt hatten. Aber es half nichts.

Hat sich Ronald Reagan seit seiner Gouverneurszeit drastisch geändert? Hat er seiner nachweislich liberalen Vergangenheit abgeschworen? Geht er heute auf der rechten Spur? Der heutige amerikanische Präsident Ronald Reagan antwortet mit einem Ja.

Im Verlauf des Wahlkampfes von 1980 und in den ersten Monaten seiner Amtszeit hat Ronald Reagan beredt die Narrheiten des Sozialismus dargelegt und ihnen abgeschworen. Er hat deutlich gezeigt, daß es Idiotie ist, wenn die amerikanische Nation auf dem Weg weitermacht, den sie seit den Tagen von Roosevelt eingeschlagen hat. Es besteht kein Zweifel an der Tatsache, daß Reagan der Nation eine psychologische Kraftspritze verabreicht hat. Unter dem Einfluß seiner ruhigen und zuversichtlichen Führung ist es zu einer Trendwende der Ansichten gekommen, die die meisten Amerikaner über die Zukunft haben. Neue Zuversicht hat die Nation ergriffen.

Das Attentat – ein Komplott?

Diese Sinneswandlung Ronald Reagans ging den Internationalisten gegen den Strich, da er einen Großteil der Abbrucharbeiten wieder zunichte macht, die unter dem Carter-Regime vollbracht wurden. Sie könnten Reagan aus dem Weg haben wollen und zwar so schnell wie nur möglich.

Die Establishment-Medien brachten den Mordanschlag auf den Präsidenten am 30. März 1981 als die Tat eines »Spinners«. Es wurde vielerorts erklärt, John W. Hinckley sei ein Einzelgänger, der ohne Auftraggeber gehandelt habe. Dagegen deuten neuere Beweise darauf hin, daß die Medien erneut an einer massiven Verdunklungskampagne arbeiten könnten, die an das erinnert, was nach der Ermordung Kennedys in Dallas im Jahre 1963 passiert ist.

Berichte aus einer Vielzahl unabhängiger Quellen wecken den Verdacht, daß der Anschlag auf das Leben von Reagan einen sehr viel merkwürdigeren Hintergrund hat. Drei Wochen bevor die Schüsse vor dem Washingtoner Hilton-Hotel fielen, haben mehrere christliche Kirchenämter einen Hinweis erhalten, daß an dem Wochenende vom 13./14. März ein großer Hexensabbat stattfinden soll. Vor kurzem von dem Hexenglauben Konvertierte haben ausgesagt, daß die Anhänger der okkulten Kräfte in Amerika planten, spezielle Zauber und Flüche auf die Reagan-Regierung zu legen.

Einige Tage vor dem Hexensabbat hat Hinckley seine Wohnung in Evergreen, Colorado, verlassen und ist in ein Motel gezogen. Da er kurz davor seine Gitarre und Schreibmaschine ins Pfandhaus gebracht hat, scheint es sicher zu sein, daß eine andere Person seine Auslagen bezahlt hat.

Und eine weitere, höchst interessante Entwicklung. Am 31. März hat Max Robinson von Kanal 25,PBS in dem Gebiet von Akron Canton (Ohio) berichtet, daß Hinckley »jeden Tag vor einer Telefonzelle auf einen Anruf gewartet hat, obwohl ein Telefon in seinem Zimmer vorhanden war.« Das deutet klar darauf hin, daß der zukünftige Attentäter tägliche Mitteilungen erhalten hat, die für ihn so belastend sein würden, werden sie zufällig mitgehört, daß er sie in einer öffentlichen Telefonzelle entgegennehmen mußte.

Am 2. April brachte eine Zeitung in Cleveland Beweise dafür, daß die Sicherheitsmaßnahmen um den Präsidenten während seines Erscheinens im Washingtoner Hilton-Hotel drei Tage zuvor erheblich durchbrochen worden waren. Nicht nur, daß dem Publikum erlaubt worden war, ungewöhnlich nahe an dem Ausgang zu stehen, den der Präsident benutzte, sondern es fehlten auch andere Sicherheitsvorkehrungen. Edward V. Kelley, ein Freund der beiden Sicherheitsbeamten, die sich auf Hinckley warfen, nachdem er zu schießen anfing, gab eine aufschlußreiche Beobachtung bekannt: »Auf den Dächern befanden sich keine Männer mit Gewehren, wie damals, als Carter hier im letzten Jahr auf dem Konvent war.«

Einladung zur Ermordung

Zusammen gesehen sprechen diese Ereignisse für die Wahrscheinlichkeit, daß damit eine »Einladung« zur Ermordung von Präsident Reagan gegeben wurde. Nur durch ein Wunder ist er dem Tod beziehungsweise seiner Beseitigung von der nationalen Bühne entgangen.

Zweifellos hat Reagan beträchtliche Kompromisse auf dem

Weg ins Weiße Haus schließen müssen. Ohne diese Kompromisse wäre der Sieg unmöglich gewesen.

Im Frühjahr und Sommer 1980, als die öffentliche Meinungsumfragen anzeigten, daß der politische Stern Ronald Reagans am Aufsteigen war, wurde es der »unsichtbaren Regierung« klar, daß das Jahr 1980 sehr wohl ein »Reagan-Jahr« werden könnte. Sofort nach Reagans auffälligem Sieg über ihren eigenen, elitären Kandidaten, George Bush, in den Vorwahlen von New Hampshire, hat das »Eastern Establishment« Schritte unternommen, um die volle Kontrolle über Reagans Wahlkampf und das Management des bevorstehenden republikanischen Konvents zu erlangen.

William Casey, ein Mitglied des von Rockefeller beherrschten Council on Foreign Relations (CFR) – die unsichtbare Regierung – wurde als Reagans Wahlkampfmanager eingeschleust. Von da an lag die gesamte Aktion bei den Liberalen, wenngleich die konservative Wahlpropaganda und Jahrmarktakrobatik an Intensität gewannen.

Casey hat einen höchst interessanten Werdegang. Als ein Schützling von Henry Kissinger hatte er sich als ein so fleißiger und ergiebiger Diener erwiesen, daß man Richard Nixon empfahl, ihn auf den Spitzenposten der Export-Import Bank zu setzen. Als Präsident dieser höchst einflußreichen Organisation gehörte Casey zu den »Denkern«, die die Finanzierung für das Kama-Lastwagenprojekt in der Sowjetunion zusammengebastelt haben, das von einmaliger Größe ist. Diese Anlage soll mehr Schwerlaster herstellen als alle US-Konzerne zusammen. Die Lastwagen aus diesem Werk wurden für die Invasion von Afghanistan eingesetzt.

Die Finanzierung des Kama-Projektes ist zu 45 Prozent von der Export-Import Bank bereitgestellt worden – einer amerikanischen Bundesbehörde, das heißt also von den amerikanischen Steuerzahlern. Weitere 45 Prozent hat Rockefellers Chase Manhattan Bank zur Verfügung gestellt.

Die Roten haben nur 10 Prozent des benötigten Kapitals aufgebracht.

Der erste handfeste Beweis für den unglaublichen Druck, den die unsichtbare Regierung der Geldmonopolisten auf Ronald Reagan ausübte, wurde auf dem Nationalkonvent der Republikaner in Detroit geliefert, nachdem er mit überwältigender Mehrheit zum Präsidentschaftskandidaten dieser Partei gewählt worden war.

Politik macht merkwürdige Bettgenossen

Während seines gesamten Wahlkampfes hatte Reagan seinen Anhängern versichert, er werde für die Vizepräsidentschaft einen Mann als Mitstreiter wählen, der seine konservative Weltanschauung teilen würde. Viele seiner Anhänger glaubten zuversichtlich, er werde entweder Philip Crane oder Jack Kemp als seinen Mitstreiter wählen, da beide tadellose Referenzen als Konservative haben.

Die hochfliegenden Hoffnungen der Delegierten wurden zertrümmert, als Reagan, umgeben von Rockefeller, Kissinger, Ford und anderen Trilateralen und CFR-Manipulanten, beide Männer zurückstieß. Er ging in das Trilaterale Lager hinein und griff sich George Bush heraus.

Bush, der in den Vorwahlen Reagans Wirtschaftsprogramm verächtlich als »Hexereipolitik« beschimpft hatte, hatte wiederholt Strategien befürwortet, die denjenigen Reagans diametral entgegengesetzt waren. Nach seiner Ernennung behauptete Bush aus voller Brust, er nehme Reagans Standpunkt voll und ganz ein. Die Politik macht merkwürdige Bettgenossen.

Allerdings ist die wunderbare Wandlung von Bush leicht zu erklären. Seit Jahren gehört er zu dem »in«-Haufen. Er ist ein vertrauenswürdiges Mitglied der Rockefeller-Clique. Ehrlichkeit und Integrität zählen nicht zu ihren Spielregeln. Zu den roten Warnsignalen, die nach der Ernennung von Bush aufblinkten, haben sich am 6. November 1980 heulende Sirenen gestellt, als Reagan die Namen des Übergangssystems bekannt gab, das mit der Vorbereitung seiner Regierungsübernahme am 20. Januar 1981 betraut wurde. Es war voll mit Mitglieder des CFR beziehungsweise der Trilateralen Kommission.

Eine solche Kollektion von Eine-Weltlern konnte nur einen Regierungsapparat aufbauen, der zu ihren Gunsten gezinkt sein würde. Die wirkliche Macht würde »ganz in der Familie« bleiben. Mit der Bekanntgabe der Namen jener, die die verschiedenen Ressorts unter der neuen Regierung leiten würden, kam die Bestätigung dieser Macht. Sämtliche politische Spitzenposten der Reagan Administration liegen in den Händen von Rockefeller-Agenten.

Richard Viguerie, Herausgeber des »Conservativ Digest« hat die Gefühle vieler amerikanischer Patrioten in Worten ausgedrückt: »Es sind dieselben alten Establishment-Republikaner, die Geschäftswelt, das Eastern Establishment. Diese Regierung ist eindeutig keine Regierung der Konservativen. Die Leute, die Ronald Reagan gewählt haben, die 16 Jahre zu ihm gehalten haben, haben einen Faustschlag ins Gesicht erhalten.«

XIV. Generalplan für eine Weltdiktatur

»Was ist Wahrheit?« fragte ein hoher Beamter des römischen Reichs vor rund zweitausend Jahren. Eine Frage, die noch heute die meisten Menschen von sich abschütteln, sobald sie mit ihr in Berührung kommen. Unser Geist ist mit einem unerhört komplexen Computer zu vergleichen. Tag für Tag durchzucken ihn Millionen von Informationen, die über die fünf Sinne in ihn hineingelangt sind. Auf der Basis dieser Datenlawine und unserer Auswertung dieser Daten treffen wir täglich Millionen von Entscheidungen. So automatisch ist der Ablauf, daß wir uns der jeweils getroffenen Entscheidung nur selten bewußt sind.

Leider läßt sich die große Mehrheit der Menschen durchs Leben treiben, während sie diese automatischen oder halbautomatischen Entscheidungen trifft, die nur allzuoft auf Fehlinformationen, Halbwahrheiten und mitunter sogar auf unverblümten Lügen beruhen. Das ist ein unbewußter Prozeß. Oft erkennen wir die Gefahr erst, wenn es zu spät ist.

Wie steht es mit neuen oder uns nicht vertrauten Informationen? Wie werden wir mit Daten fertig, die unserem geistigen Computer unmittelbar »einleuchten«? In den meisten Fällen tritt ein hochentwickelter, extrem empfindlicher Abwehrmechanismus in Aktion und überflutet uns mit beliebig vielen scheinbar logischen »Gründen«, die erklären, warum es am besten ist, den Weg des geringsten Widerstandes zu gehen und die neue Wahrheit baldmöglichst fallen zu lassen.

Churchill drückte das einmal so aus:»An irgendeinem Zeitpunkt ihres Lebens stolpern die meisten Menschen einmal über die Wahrheit. Der größte Teil von ihnen springt auf, klopft den Staub von den Kleidern und eilt seinen Geschäften nach, als sei nichts geschehen.«

Wie handeln Sie in einer solchen Situation? Wenn Sie wirklich darüber nachdenken, werden Sie zugeben, daß Churchills Beobachtung wahr ist und in irgendeiner Form auch auf Sie zutrifft.

Den meisten Menschen erscheint die Welt als heilloses Durcheinander sich widersprechender, verworrener Ideologien.

Und doch existiert ein Generalplan, nachdem seit Beginn des 20. Jahrhunderts die systematische Zerstörung der Zivilisation, aller Regierungen und Religionen und die ersten Schritte für die Errichtung einer totalitären Weltdiktatur abgelaufen sind. Er ist bekannt und wurde mehrmals veröffentlicht.

Dieser Generalplan für unser Jahrhundert basiert auf dem berühmten Bericht über die Aktivitäten und Pläne der Illuminaten in den achtziger Jahren des 18. Jahrhunderts.

Die Führer der Illuminaten sind eine kleine, aber mächtige Gruppe, die sich aus internationalen Bankiers, Industriellen, Wissenschaftlern, militärischen und politischen Führungskräften, Erziehern, Wirtschaftlern zusammensetzt. Sie alle haben die satanische Doktrin Adam Weishaupts und Albert Pikes akzeptiert. Sie verehren Satan, wie das von Albert Pike in seinem Buch »Morals and Dogma« gefordert wird. Sie anerkennen die Autorität keines Sterblichen außer ihres Führers. Sie dienen keiner Nation. Sie führen ihre Verschwörung fort, um schließlich die absolute Kontrolle über diese Welt und alles in ihr zu gewinnen.

Sie benutzen alle subversiven Bewegungen, um die Massen der Menschen in opponierende Gruppen in politischen, sozialen, rassischen, wirtschaftlichen und religiösen Fragen zu zersplittern. Sie bewaffnen diese Gruppen und ermuntern sie, einander zu bekämpfen. Sie hoffen, die Menschheit auf diesem selbstzerstörerischen Weg weiter zu führen, bis alle bestehenden politischen und religiösen Institutionen abgeschafft sind. Wenn das erreicht ist, soll ihr Despot Herrscher der ganzen Welt werden.

Der Beweis für diese Behauptung ist in einem Dokument enthalten, das man das »neue Testament Satans« nennen kann. Trotz aller Argumente über die Herkunft und den Ursprung des Testaments, ist es zweifellos und unwiderlegbar »der Plan«, das »Komplott« oder der »Langzeitgeneralplan«, mit dem diese verhältnismäßig kleine Gruppe immens wohlhabender, teuflisch geschickter und äußerst einflußreicher Männer die Führung in allen Bereichen der Gesellschaft stürzen und pervertieren will, um ihr Ziel zu erreichen. Sie versprechen Wohlstand, Luxus, »Selbstwertschätzung« und sinnliche Freude, um die Führer in die Falle zu locken, aus der es kein Entrinnen mehr gibt.

Die Männer, die in dem neuen Testament Satans die teuflische Verschwörung aushecken, waren keine Atheisten. Sie sind Mitglieder der Illuminaten, Jünger des ursprünglichen »Lichtträgers« Satan, des Teufels. Sie verehren Satan.

Der Geheimorden der Illuminaten

Der Illuminatenorden wurde am 1. Mai 1776 von Dr. Adam Weishaupt, Professor für katholisches Kirchenrecht an der Universität Ingolstadt, gegründet. Weishaupt brach dafür mit dem Jesuitenorden, dem er als Priester angehört hatte, und gründete seine eigene Organisation.

Weishaupt berichtet in seinem Buch – eine Art politisches Testament – »Über die geheime Welt- und Regierungskunst« im dritten Abschnitt »Von den Absichten der ersten Stifter geheimer Verbindungen«: »Die Freimaurerei sei die Stammutter der meisten heutigen, geheimen Gesellschaften; die meisten Stifter solcher Orden seien Apostaten, ausgeschlossene, mißhandelte oder nicht befriedigte Mitglieder dieser Gesellschaft.« Dann entwickelt Weishaupt, wie wenig ihn die Loge befriedigt habe und wie allmählich der Plan in ihm gereift sei, selbst einen Orden zu gründen.

Man meint heute, daß die Illuminaten beziehungsweise die satanische Philosophie hinter ihnen, nur weil sie keine offen anerkannte Organisation mehr sind, für die westliche Welt keine Bedrohung mehr darstellen. Eine solche Annahme ist äußerst naiv.

Es wäre sowohl naiv als auch töricht zu glauben, daß die große religiöse Renegatenbewegung, die unter Satans Leitung von Simon Magus 33 nach Christus ins Leben gerufen wurde, sich irgendwie in Luft aufgelöst hätte. Wir sollten im Gegenteil davon ausgehen, daß Simons Bewegung in unserer heutigen Gesellschaft, die so offensichtlich irregeleitet und so eindeutig von Satan beeinflußt wird, sehr rührig ist. Natürlich verkauft die moderne Ausprägung von Satans Simonischer Kirche ihre falschen Waren nicht unter dem Banner der »geistlichen Verführungsgesellschaft Simons«, der »Unerschütterlichen Kirche der babylonischen Mysterien« oder der »Satanskirche des babylonischen Taufheidentums«. Solche Namen würden kaum jemanden davon überzeugen, daß es sich um wahres Christentum handelt.

Seit Jahrhunderten ist wohlbekannt, daß diese Kirche im 17. Kapitel der Offenbarung des Johannis als die große Kirche – die Bibel nennt sie die große Hure – definiert ist, die unzählige »Töchter« (Nachkommen) ausbrütet und »die Bewohner der Erde geistig trunken gemacht hat vom Wein ihrer geistlichen Unzucht«.

Diese mächtige weltweite Organisation hat also die Völker getäuscht und korrumpiert. Wer getäuscht wird, merkt davon nichts, sonst hätte er ja nicht getäuscht werden können. Wer getäuscht ist, mag absolut gutgläubig sein – recht hat er deshalb nicht.

Es gibt Beweise dafür, daß simonische Kräfte sich mit den Illuminaten auf höchster Ebene vereinigt haben, um gemeinsam beider nächstes Ziel zu erreichen – die restlose Eroberung der Welt. Der mexikanische Priester Joaquin Saenz Arriaga schildert dazu Hintergründe in seinen Büchern in spanischer Sprache »Die neue montinische Kirche« und »Der vakante Stuhl«.

Novus Ordo Saeculorum

Der Name »Illuminaten« impliziert, daß Mitglieder des Ordens die einzigen wirklich aufgeklärten Menschen sind und wissen, »um was es wirklich geht«. Weishaupt und seine Anhänger hielten sich für die Créme de la créme der Intelligentsia, für die einzigen Menschen mit der Fähigkeit, dem Wissen, der Einsicht und dem Verstehen, die notwendig sind, wenn man die Welt regieren und ihr den Frieden bringen will. Ihr erklärtes Ziel war die Errichtung eines »Novus Ordo Saeculorum«, einer neuen Weltordnung beziehungsweise einer Weltregierung.

Die direkte Parallele zwischen der vermessenen, eitlen, eogistischen Haltung Weishaupts und seiner Anhänger einerseits und der Haltung, die Satan an den Tag legte, als er und die von ihm geführten Engel ihrem Schöpfer die Herrschaft über das Universum zu entreißen versuchten, andererseits ist offenkundig. Das Illuminatentum ist eindeutig Satanismus in einer seiner modernen Spielarten: die Ziele sind praktisch identisch. Tatsächlich war Satan der erste Illuminat.

Die Öffentlichkeit wurde zum erstenmal auf die Existenz der Illuminaten und ihres teuflischen Plans zur Welteroberung aufmerksam, als sich 1875 ein merkwürdiger Unfall ereignete. Die Geschichte berichtet, daß ein berittener Kurier der Illuminaten mit Namen Lanze von Frankfurt nach Paris jagte um Dokumente über Aktivitäten der Illuminaten im allgemeinen und ins Einzelne gehende Instruktionen für die geplante französische Revolution im besonderen zu überbringen. Die Dokumente stammten von den Illuminaten in Deutschland und waren für den Großmeister der Großloge von Frankreich in Paris bestimmt.

Der Kurier wurde von einem Blitz getroffen. Alle Papiere fielen in die Hand der Polizei, die sie an die bayerische Regierung weiterleitete. Diese ordnete eine Razzia des Illuminaten-Hauptquartiers an, bei der weitere Dokumente sichergestellt wurden. So wurde entdeckt, daß die Verschwörer weltweite Ziele hatten.

Alle die sorgfältig dokumentierten Beweise wurden der Regierung Englands, Deutschlands, Österreichs, Frankreichs, Polens und Rußlands überbracht. Aus welchem Grund auch immer, vermutlich aufgrund des Einflusses von Insider-Illuminaten, beschlossen die genannten Regierungen, den Warnungen kein Gehör zu schenken. Vier Jahre danach explodierte die französische Revolution, die die ganze europäische Szene ins Wanken brachte.

Die Richtlinien der Illuminaten besagen, daß sie hinter den Kulissen zu arbeiten hatten und ihre Identität sowie ihre Verbindungen zu den revolutionären Kräften niemals bekannt werden durfte. Sie beschlossen darum, den Historikern ein neues Dokument verfügbar zu machen. Es war so abgefaßt, daß der Verdacht von den Illuminatenführern abgelenkt und auf die Führer der jüdischen Revolutionsbewegung in Rußland übertragen werden sollte. Die beauftragten Schreiber verwendeten den bei dem toten Kurier gefundenen Plan, aber sie änderten bestimmte Wörter und Sätze, um die Leser des »neuen« Dokuments glauben zu machen, es handele sich um die jüdische Kabale zur Erringung der Weltherrschaft in Übereinstimmung mit den Richtlinien des politischen Zionismus, so wie sie 1897 von Herzl verkündet wurden.

Plagiat als Vorwand für Rassismus

Die Illuminaten beschlossen, den geänderten Plan einem herausragenden Mann in Rußland zuzuspielen, dessen Ruf untadelig war. Dieser Mann – ihr nichtsahnender Komplize – war Professor Sergei Nilus. Er prüfte die Dokumente und hielt sie für echt. Mit der Veröffentlichung der Dokumente unter dem Titel »Das Große im Kleinen und der Antichrist als nahe liegende staatsrechtliche Möglichkeit« im Jahr 1905 tat Professor Nilus genau das, was die Illuminaten von ihm erwartet hatten. Der Glaube an die Authentizität der Dokumente wurde durch Vorwürfe wie »tollwütiger Antisemitismus«, »Judenhetze«, »Rassismus« und ähnliche Vorhaltungen unterdrückt, durch die die Menschen von der Wahrheit abgelenkt wurden.

Es handelte sich ganz eindeutig um eine satanische Verschwörung. An diesen Intrigen waren viele beteiligt: Adam Weishaupt, Karl Marx, die Rothschilds, die Rockefellers, die internationalen Bankers, später Adolf Hitler – der sich von diesen Plagiaten bei der Niederschrift seines Buches »Mein Kampf« beeinflussen ließ – und viele, deren Namensnennung zu weit führen würde.

In dem Versuch, die öffentliche Aufmerksamkeit von dem tödlichen Ernst der Botschaft dieses satanischen Testaments abzulenken, behaupteten einige, es handle sich um eine Fälschung beziehungsweise um ein Plagiat. Da die Geschichte dieses Jahrhunderts im Grunde streng nach den Angaben in Satans neuem Testament abgelaufen ist, erübrigt sich die Frage, ob es sich um eine Fälschung oder ein Plagiat der Jahrhundertwende handelt. Was in dem Testament beschrieben und verkündet wird, wurde durch die Ereignisse der vergangenen 80 Jahre dieses Jahrhunderts bestätigt.

Die Londoner »Times« schenkte dem Dokument große Beachtung. Der erste Aufsatz dazu erschien am 8. März 1921. Es hieß darin: »Welche böswillige Gesellschaft hat diese Pläne geschmiedet und triumphiert nun über ihre Verwirklichung? Sind sie gefälscht? Woher stammt dann die unheimliche Gabe einer Prophezeiung, die zum Teil bereits in Erfüllung ging, zum Teil der Erfüllung entgegen schreitet? Haben wir diese traurigen Jahre hindurch gekämpft, um die heimliche Organisation der deutschen Weltherrschaft zu sprengen und zu vernichten, damit wir hinter ihr eine viel gefährlichere, weil heimlichere entdecken? Sind wir durch Anspannung jeder Fiber unseres Volkskörpers einer ›Pax Germanica‹ entronnen, um uns einer ›Pax judica‹ zu unterwerfen?«

Wer schrieb das neue Testament Satans?

Am 17. und 18. August 1921 brachte die »Times« zwei Aufsätze »Jewish World Plot« und »Jewish Peril Exposed«. Darin wird berichtet, daß der Korrespondent des Blattes in Konstantinopel durch einen glücklichen Zufall ein Buch erwischt hätte, aus welchem die Dokumente, also das neue Testament Satans, abgeschrieben sei. Es handelt sich um die Schrift von Maurice Joly »Dialogue aux enfers entre Machiavel et Montesquieu ou la Politique de Machiavel au XIX. Siècle. Par un Contemporain«. Sie erschien 1865 bei Mertens & Sohn in Brüssel und eine deutsche gekürzte Übersetzung im gleichen Jahr bei O. Wiegand in Leipzig. Von der französischen Ausgabe folgte 1868 eine zweite Auflage mit dem Namen des Verfassers.

Ein Vergleich mit Satans Testament zeigt, daß der Verfasser das Buch von Joly gekannt und einzelne Sätze daraus übernommen hat. Die »Times« schreibt dazu, Joly-Joel hätte in seinem Buch Napoleon III. »verspottet«. Gewiß, das hat er getan, aber das Buch enthält weit mehr. Es ist tatsächlich ein Vorgänger des neuen satanischen Testaments und gestattet einen ausgezeichneten Einblick in die Verschwörungskunst der Illuminaten.

Der Verfasser dieser Zwiegespräche, in denen Machiavelli als der »Usurpator« Napoleon und Montesquieu als Geist der Verschwörung von 1789 auftreten, verspottet allerdings den Kaiser der Franzosen nicht um Napoleon lächerlich zu machen, sondern um den monarchischen Gedanken im französischen Volk zu ersticken. Darüber hinaus aber hat Joly-Joel den Sturz des Hauses Bonaparte und die Kommune von 1871 sowie die Trennung von Staat und Kirche vorbereitet.

Die französische Regierung führte 1870 den Krieg mit Deutschland herbei, um dadurch das drohende Unheil abzulenken. Vielleicht wäre das bei einem siegreichen Krieg auch geglückt. Die Vorbereitungen zum Umsturz waren damals aber schon so weit vorgeschritten, daß der Zusammenbruch des Kaiserreiches unmittelbar nach der Schlacht bei Sedan erfolgte. Am 2. September 1870 hatte Napoleon III. seine Unterredung mit Bismarck bei Donchery, auf die die Übergabe des Heeres in Frenois folgte. Daran schloß sich die Begegnung des französischen Kaisers mit dem König Wilhelm I. von Preußen im Schloß Bellevue. Napoleon überreichte dem König seinen Degen und bat um ritterliche Haft, die ihm auf Schloß Wilhelmshöhe bei Kassel zuteil wurde.

Terror mit Sachkenntnis

In der Nacht vom 3. zum 4. September beantragte Jules Favre bereits die Absetzung des Hauses Bonaparte. Der Vertreter der kaiserlichen Regierung General Cousin-Montauban, »wagte nicht«, dieser Aufforderung zum Hochverrat ernstlich entgegen zu treten, weil Heer und Nationalgarde sich unzuverlässig zeigten. Die Vorgänge erinnern lebhaft an den 9. November 1918.

Am 4. September, nachmittags, stürmte ein »Volkshaufe« den Sitzungssaal der gesetzgebenden Körperschaft, der Senat löste sich auf und man verkündete die Volksregierung. Die Ziele der Illuminaten waren allerdings erheblich weiter gesteckt. Frankreich sollte dem Bolschewismus ausgeliefert werden, der unter dem Namen Commune nach einigen mißglückten Versuchen vom 18. März bis zum 29. Mai 1871 in Paris mordete und brandschatzte, und nur an den 145 Häusern von Alfons Rothschild ehrfurchtsvoll vorüber ging. Denkmäler französischer Größen wurden mit Sachkenntnis zerstört. Bürger und Geistliche ermordet, wer mochte aber dem Pöbel beigebracht haben, daß es sich schickt, Häuser reicher Illuminaten bei solcher Gelegenheit zu schonen? Vielleicht können die Mitglieder des Rates der Dreihundert darüber Auskunft erteilen?

Schwerlich wäre es der französischen Regierung jener Zeit gelungen, den Aufstand niederzuschlagen, wenn nicht die deutsche Heeresleitung den Sturm auf Paris durch Besetzung ihrer Vorposten-Stellungen erleichtert und damit gleichzeitig ein Entweichen der Aufständischen verhindert hätte.

Joly-Joel hatte die Kommune mit seinem Buch nicht nur gründlich vorbreitet, er war auch selbst eifrig an den Vorgängen in Paris beteiligt. Joly-Joel war Freimaurer und Illuminat.

In dem neuen Testament Satans bekennt man sich zum Aufstand in Paris im Jahre 1871. Der im Testament enthaltene Plan ist auf jeden Fall Teil der Illuminaten-Schriften. Der Verfasser des Testaments war also mit den erwähnten Büchern und den geänderten Dokumenten der Illuminaten vertraut und zitierte eifrig daraus.

Der wirkliche Beweis hinsichtlich der Authentizität oder Falschheit des Testaments liegt natürlich nicht in dem, was die Leute sagen. Der wirkliche Beweis ist der Inhalt des Testaments selbst und die tödliche Präzision der Zukunftsdeutung.

Henry Ford, der berühmte amerikanische Industrielle, wirkte sehr überzeugend, als er in einem Interview mit der »New York World«, gedruckt am 17. Februar 1921, zu der Wahrhaftigkeit dieses Dokumentes sagte: »Das Einzige, was ich dazu sagen möchte ist, daß sie genau in den Gang der Dinge hineinpassen. Sie sind mindestens sechszehn Jahre alt, und sie haben die Weltsituation bisher zutreffend beschrieben. Sie tun es noch.«

Voraussagen wurden Wirklichkeit

In einem Brief an die Zeitschrift »Senator«, der am 27. August 1921 gedruckt wurde, schrieb Lord Sydenham: »Die Dokumente beschreiben in genauesten Einzelheiten die Ziele des Bolschewismus und die Methoden, mit denen diese Ziele verwirklicht werden. Diese Methoden wurden bereits 1901 angewandt, als Nilus den Erhalt der Dokumente bekanntgab, aber auch damals war der Bolschewismus marxistischer Kommunismus, und die Zeit war noch nicht reif für den Einsatz militärischer Gewalt. Nichts, das 1865 geschrieben wurde, kann einen Einfluß auf die tödliche Präzision der Vorraussagen gehabt haben, von denen die meisten seither haargenau eingetroffen sind.

Was ist das verblüffenste Merkmal dieser Dokumente? Die Antwort ist sehr wenigen bekannt und allumfassend. Der Schlüssel der Geheimnisse, wenn es eines ist, liegt in der Sicherstellung der Herkunft dieses unheimlichen Wissens, auf dem all die eingetroffenen Prophezeiungen basieren.«

Anhang

Protokolle der Weltdiktatur: Das neue Testament Satans

Alle Redensarten wollen wir beiseite lassen, dafür aber die Bedeutung jedes Gedankens besprechen und die Lage durch Vergleiche und Schlußfolgerungen beleuchten. Auf diese Weise kennzeichnen wir unser System. Man muß dabei stets berücksichtigen, daß die Menschen mit bösen Trieben zahlreicher sind als die mit guten Eigenschaften. Deshalb wird in der Staatsverwaltung weit mehr durch Gewalt und Rücksichtslosigkeit erreicht, als durch wissenschaftliche Erörterungen. Jeder Mensch strebt nach Macht, jeder möchte »Selbstherrscher« – Diktator – werden, wenn er nur könnte. Dabei sind nur die Wenigsten bereit, das Allgemeinwohl dem eigenen Vorteil nicht zu opfern.

Was hat die Raubtiere, die man Menschen nennt, in Schranken gehalten? Wer hat sie bisher geleitet? Zu Beginn der gesellschaftlichen Ordnung fügten sie sich der rohen und blinden Gewalt, dann dem Gesetz, das nichts Anderes ist als die gleiche Gewalt in verschleierter Form. Daraus folgere ich: Nach den Naturgesetzen liegt das Recht in der Macht!

Diese Aufgabe wird wesentlich leichter, wenn der Gegner selbst von dem falschen Begriff »Freiheit«, dem sogenannten Liberalismus, angesteckt wird und sich diesem Begriff zuliebe seiner Macht begibt. Hier gelangt unsere Lehre zum offenkundigen Siege: Wenn die Zügel der Verwaltung am Boden schleifen, dann erfaßt nach den Naturgesetzen eine neue Hand die Zügel und zieht sie an. Denn die blinde Masse des Volkes kann nicht einen Tag ohne Führer sein. Die neue Macht tritt an die Stelle der alten, die der Liberalismus zermürbt hat.

In unserer Zeit ersetzt die Macht des Goldes den Liberalismus. Es gab eine Zeit, da herrschte der Gottesglaube. Der Begriff der Freiheit läßt sich nicht verwirklichen. Niemand versteht es, vernünftigen Gebrauch davon zu machen. Überläßt man ein Volk auf kurze Zeit der Selbstverwaltung, so verwandelt sich diese in Zügellosigkeit. Von diesem Augenblick an entstehen Zwistigkeiten, die sehr bald in Wirtschaftskämpfe ausarten. Die Staaten geraten in Brand, und ihr Ansehen versinkt in Asche.

Mag nun ein Staat durch innere Umwälzungen erschöpft oder durch Bürgerkrieg in die Gewalt äußerer Feinde geraten sein, so ist er auf jeden Fall dem Untergang geweiht; dann ist er in unserer Gewalt. Die Herrschaft des

So sah Albrecht Dürer in seiner Holzschnittfolge »Die Apokalypse« die babylonische Hure, die noch heute regiert.

Geldes, über das wir ganz allein verfügen, reicht ihm einen Strohhalm hin, an dem sich die Regierung wohl oder übel anklammern muß, will sie nicht rettungslos in den Abgrund versinken.

Ich frage denjenigen, der vom freisinnigen Standpunkt aus solche Erwägungen für unsittlich hält: »Wenn jedes Reich zwei Feinde hat, und wenn es dem äußeren Feind gegenüber erlaubt ist und nicht als unsittlich gilt, jegliches Kampfmittel anzuwenden, zum Beispiel den Feind nicht mit den Verteidigungs- und Angriffsplänen bekannt zu machen, ihn nachts und mit überlegenen Streitkräften anzugreifen, weshalb sollten solche Maßnahmen gegenüber dem schlimmeren Feind, der die gesellschaftliche Ordnung und den Wohlstand zerstört, unmoralisch genannt werden?«

Wie kann ein gesund und folgerichtig denkender Geist hoffen, die Volksmassen mit Erfolg durch Vernunftsgründe und gütliches Zureden zu regieren, wenn dem Volk die Möglichkeit des Widerspruchs zusteht, der zwar unsinnig erscheinen mag, dem oberflächlich urteilenden Volk aber angenehm dünkt?

Der große Haufe, der sich ausschließlich von seichten Leidenschaften, Aberglauben, Gewohnheiten, Überlieferungen und gefühlsvollen Lehrsätzen leiten läßt, verstrickt sich in den Parteigeist, der jede Möglichkeit einer Verständigung ausschließt, wenn sie auf Grund gesunder Vorschläge angebahnt wird. Jede Entscheidung der Masse hängt von einer zufälligen oder künstlich zusammengebrachten Mehrheit ab, die sich, in Unkenntnis der Schliche in der Staatskunst, zu den törichtsten Entschlüssen hinreißen läßt und so den Keim der Gesetzlosigkeit in die Staatsverwaltung legt.

Die Staatskunst hat mit dem Sittengesetz nichts gemein. Ein Herrscher, der an der Hand des Sittengesetzes regieren will, versteht nichts von der Staatskunst und ist daher keinen Augenblick auf seinem Thron sicher. Wer regieren will, muß mit List und Heuchelei arbeiten. Hohe völkische Eigenschaften – Ehrbarkeit und Offenheit – sind Klippen für die Staatskunst, denn sie stürzen besser und sicherer vom Thron als der stärkste Feind. Diese Eigenschaften mögen die Kennzeichen der nicht illuminierten Reiche sein. Wir dürfen uns niemals von ihnen leiten lassen.

Unser Recht liegt in der Stärke. Das Wort »Recht« ist ein künstlich gebildeter und durch nichts bewiesener Begriff. Es bedeutet nicht mehr als: »Gebt mir, was ich wünsche, damit ich einen Beweis dafür habe, daß ich stärker bin als ihr.«

Der Zweck heiligt die Mittel

Wo fängt das Recht an? Wo hört es auf? In einem Staat, in dem die Macht schlecht geregelt ist, in dem die Gesetze und der

Herrscher durch zahlreiche Rechte des Freisinnes machtlos geworden sind, schöpfe ich ein neues Recht: mich nach dem Recht des Stärkeren auf die Verwaltung zu stürzen, meine Hand auf die Gesetze zu legen, alle Einrichtungen umzubilden und der Herr derer zu werden, die uns ihre Macht freiwillig aus »Liberalismus« überlassen haben.

Unsere Macht wird, da gegenwärtig alle Mächte ins Wanken geraten, unüberwindlicher sein als jede andere, weil sie so lange unsichtbar sein wird, bis sie so weit gekräftigt ist, daß sie keine List mehr untergraben kann.

Aus dem vorübergehenden Unheil, das wir jetzt anrichten müssen, wird die Wohltat einer unerschütterlichen Regierung hervorgehen, die den vom Freisinne gestörten regelmäßigen Gang des völkischen Daseins wiederherstellen wird. Der Zweck heiligt die Mittel. So wollen wir denn in unseren Plänen die Aufmerksamkeit weniger auf das Gute und Sittliche als auf das Nötige und Nützliche lenken.

Wenn wir einen erfolgreichen Plan für unsere Tätigkeit ausarbeiten wollen, dann müssen wir die Gemeinheit, die Unbeständigkeit, den Wankelmut der Masse begreifen lernen. Wir müssen ihre Unfähigkeit zum Verständnis und zur Würdigung der Bedingungen des eigenen Lebens, der eigenen Wohlfahrt berücksichtigen. Wir müssen in Rechnung ziehen, daß die Macht der Masse blind, unvernünftig und urteilslos ist, daß sie bald nach rechts, bald nach links horcht. Ein Blinder kann Blinde nicht leiten, ohne daß er sie an den Abgrund führt. Folglich können die Angehörigen der Masse, Emporkömmlinge aus dem Volk, mögen sie auch hochbegabt sein, in der Staatskunst nicht mitreden oder als Führer auftreten, ohne das ganze Volk zu verderben.

Ein Volk, das sich selbst, das heißt den Emporkömmlingen aus der Masse überlassen bleibt, zerstört sein eigenes Gefüge durch Parteikämpfe, die durch die Jagd nach Macht und Ehren hervorgerufen werden, und durch die daraus entspringenden Unruhen. Ist es möglich, daß die Massen ruhig und ohne Eifersucht urteilen und das Geschick des Landes leiten können, das sich nicht mit persönlichen Interessen vermengen läßt? Können sie es gegen äußere Feinde verteidigen? Das ist undenkbar: Ein Feldzugplan, der in so viele Teile zerfällt, wie die Menge Köpfe zählt, verliert seine Einheitlichkeit; er wird deshalb unverständlich und unausführbar.

Die Masse besteht aus Barbaren

Nur eine selbstherrschende Persönlichkeit kann die Pläne der Staatsleitung in voller Klarheit in einer Ordnung ausarbeiten, die alles im Mechanismus der Staatsmaschine richtig verteilt. Hieraus folgt, daß die geeignetste Staatsform eines Landes dort gefunden ist, wo die Leitung in der Hand einer verantwortlichen Persönlichkeit liegt. Ohne unbedingte Gewalt kann keine Zivilisation bestehen; diese ruht nicht auf den Massen, sondern auf ihrem Führer, mag er sein, wie er will. Die Masse besteht aus Barbaren, die ihr Barbarentum bei jeder Gelegenheit zeigt. Sobald die Masse die Freiheit an sich reißt, verwandelt sie diese in Gesetzlosigkeit, die den höchsten Grad der Barbarei bildet.

Sehen Sie sich die vom Weingeist durchseuchten Tiere an, die vom Wein betäubt sind. Das Recht auf den unmäßigen Weingenuß wird zugleich mit der Freiheit verliehen. Lassen Sie unser Volk nicht so weit geraten. Die nicht illuminierten Völker sind vom Weingeist benebelt, ihre Jugend ist durch übertriebene Durchforschung der Klassiker ebenso verdummt wie durch frühe Laster, zu denen sie von unseren Beauftragten, den Hauslehrern, Dienern, Erzieherinnen in den reichen Häuser, Handlungs-Gehilfen, ferner von unseren Weibern an Vergnügungsorten der Nicht-Illuminierten verleitet werden. Zu diesen zähle ich auch die sogenannten »Damen der Gesellschaft«, die das Beispiel des Lasters und der Prunksucht freiwillig nachahmen.

Unsere Lösung ist: Gewalt und Heuchelei! Nur die Macht erringt den Sieg in staatsrechtlichen Fragen, namentlich wenn sie in den Talenten verborgen ist, die notwendig sind, um ein Volk zu lenken. Die Gewalt bildet die Grundlage, aber List und Verschlagenheit wirken als Machtmittel für solche Regierungen, die nicht gewillt sind, ihre Krone den Vertretern irgendeiner neuen Macht zu Füßen zu legen. Dieses Übel ist das einzige Mittel, um zum guten Ziel zu gelangen. Daher dürfen wir nicht zurückschrecken vor Bestechung, Betrug, Verrat, sobald sie zur Erreichung unserer Pläne dienen. In der Staatskunst muß man fremdes Eigentum ohne Zögern nehmen, wenn hierdurch nur Unterwürfigkeit und Macht erlangt werden.

Freiheit, Gleichheit, Brüderlichkeit

Unsere Regierung, die den Weg friedlicher Eroberung geht, darf die Schrecken des Krieges durch weniger bemerkbare, aber um so wirksamere Hinrichtungen ersetzen, mit denen die Schrekkensherrschaft aufrecht erhalten werden muß, um blinden und unbedingten Gehorsam zu erzwingen. Gerechte, aber unerbittliche Strenge bildet die beste Stütze der Staatsgewalt. Nicht allein des Vorteiles wegen, sondern vor allem auch im Namen der Pflicht, des Sieges halber, müssen wir festhalten an der Anwendung von Gewalt und Heuchelei. Die Lehre, die auf kühler Berechnung beruht, ist so stark, wie die von ihr angewandten Mittel sind. Deshalb werden wir nicht so sehr durch diese Mittel selbst wie durch die Unerbittlichkeit unserer Lehre triumphieren und damit alle Regie-

Die Engel mit dem Schlüssel zum Abgrund. Der Zweck heiligt die Mittel der Illuminaten und ihrer Organisationen.

rungen unserer Oberregierung unterwerfen. Es genügt zu wissen, daß wir unerbittlich sind, um jeden Ungehorsam zu beseitigen.

Schon im Altertum ließen wir unter den Völkern den Ruf erschallen: »Freiheit, Gleichheit, Brüderlichkeit!« Diese Worte haben gedankenlose Papageien, die auf solchen Lockruf von allen Seiten herbeiflogen, oft wiederholt. Diese Worte haben die Wohlfahrt der Welt, die wahre persönliche Freiheit, die früher vor dem Druck der Masse geschützt war, zerstört. Selbst die verständigen und klugen Nicht-Illuminierten verstanden den eigentlichen Sinn dieser Worte nicht, sie erkannten nicht ihren inneren Widerspruch. Sie sagten sich nicht, daß die Natur keine Gleichheit kennt, daß sie keine Freiheit geben kann.

Die Natur selbst hat die Ungleichheit des Verstandes, des Charakters, der Fähigkeiten und die Unterwerfung unter ihre Gesetze eingerichtet. Die Nicht-Illuminierten überlegen nicht, daß die Volksmasse eine blinde Gewalt ist, daß aber auch die von ihr gewählten Emporkömmlinge ebenso blind sind wie die Masse selbst, daß der Eingeweihte, selbst wenn er ein Tor ist, regieren kann, während der Uneingeweihte, auch wenn er ein Hochgeist ist, nichts von der Staatskunst versteht. Alle diese Dinge haben sie übersehen.

Darauf beruhen aber die fürstlichen Regierungen: Der Vater übertrug seine Kenntnis auf den Sohn, so daß sie nur den Mitgliedern des Herrscherhauses bekannt wurde und ihre Geheimnisse dem regierten Volk von niemandem verraten werden konnten. Mit der Zeit ging der Sinn solcher Übertragung des wahren Inhaltes der Staatskunst verloren, und das trug zum Erfolg unserer Sache ebenfalls bei.

Unersättlichkeit menschlicher Bedürfnisse

An allen Ecken der Welt führten die Worte »Freiheit, Gleichheit, Brüderlichkeit« mit Hilfe unserer geheimen Vertreter unseren Reihen Riesenmengen zu, die unsere Fahnen mit Begeisterung trugen. Indessen wirkten jene Worte wie Würmer, die am Wohlbefinden der Nicht-Illuminierten saugen, indem sie überall den Frieden, die Ruhe, den Gemeinsinn der Nicht-Illuminierten unterwühlten und dadurch die Grundlagen ihrer Herrschaft zerstörten. Sie sehen, meine Herren, die Folgen, die zum Triumph unserer Sache gedient haben. Sie gaben uns die Möglichkeit, den höchsten Triumph zu erhaschen: die Vernichtung der Adelsvorrechte oder, besser gesagt, des eigentlichen Wesens der nicht-illuminierten Adelsherrschaft, die das einzige Schutzmittel der nicht-illuminierten Völker und Staaten gegen uns bildete.

Auf den Trümmern des alten Bluts- und Geschlechtsadels errichteten wir den Adel unserer Gebildeten, den Geldadel. Wir haben diesen neuen Adel geschaffen nach dem Maßstab des Reichtums, der von uns abhängig ist und der Wissenschaft, die von unseren weisen Männern geleitet wird.

Unser Triumph wurde noch dadurch erleichtert, daß wir im Verkehr mit den Leuten, die wir brauchen konnten, immer auf die empfänglichsten Seiten des menschlichen Geistes hingewirkt haben: auf die Rechnung mit dem Geld, auf die Habgier, auf die Unersättlichkeit der menschlichen Bedürfnisse. Jede dieser menschlichen Schwächen ist an sich geeignet, die Entschlußkraft zu töten, indem sie den Willen der Menschen dem Käufer ihrer Tätigkeit zur Verfügung stellt.

stürzen? Dieser Charakter kennzeichnet nämlich unsere Macht! Die äußerliche (profane) Tätigkeit der Freimaurer dient dazu, unsere Macht und ihr Ziel zu verschleiern: unser Kriegsplan, ja selbst der Sitz unserer Macht werden dem Volk stets verborgen bleiben.

Auch die Freiheit könnte unschädlich sein. Sie könnte im Staatsleben ohne Nachteil für die Wohlfahrt der Völker wirksam werden, wenn sie sich auf den Glauben an Gott und auf die Nächstenliebe stützte, wenn sie sich von allen Gedanken der Gleichheit fernhielte, mit welcher die auf Unterordnung beruhenden Gesetze der Schöpfung im Widerspruch stehen. Bei solchem Gottesglauben würde sich das Volk von der Geistlichkeit leiten lassen. Es würde friedlich und bescheiden der Hand seiner Seelenhirten einherschreiten und sich der von Gott gewollten Verteilung der irdischen Glücksgüter ruhig unterwerfen. Aus diesem Grund müssen wir unbedingt den Gottesglauben zerstören, jeden Gedanken an Gott und den Heiligen Geist aus der Seele der Gläubigen herausreißen und ihn durch zahlenmäßige Berechnungen und körperliche Bedürfnisse ersetzen.

Der Götzendienst des Goldes

Wir Illuminaten lassen allen anderen keine Zeit zum Denken und Beobachten; wir lenken ihre Gedanken auf Handel und Gewerbe. So werden alle Völker ihren Vorteil suchen und dabei ihren gemeinsamen Feind übersehen. Damit die Freiheit endgültig die noch nicht illuminierte Gesellschaft zerfetzt und auflöst, muß das Gewerbe auf dem Spielgeschäft aufgebaut werden. Das wird dahinführen, daß die Schätze, die die Industrie dem Boden entrissen hat, aus den Händen unserer Gegner in die Taschen der Spieler, das heißt in unsere Kassen übergehen.

Der auf das Äußerste angespannte Kampf um die Vorherrschaft im Wirtschaftsleben und die Erschütterungen des Marktes müssen eine enttäuschte, kalte und herzlose Gesellschaft ins Leben rufen; das ist sogar bereits geschehen. Diese Gesellschaft wird eine vollkommene Abneigung gegen die hohe Staatskunst und gegen die Religion empfinden. Ihr einziger Berater wird die Rechenkunst, das heißt: das Gold sein! Mit ihm werden sie einen förmlichen Götzendienst treiben im Hinblick auf die Genüsse, die es bieten kann.

Wenn es so weit gekommen ist, dann werden die unteren Schichten weder um etwas Gutes zu leisten, noch um Reichtümer zu sammeln, sondern lediglich aus Haß gegen die bevorzugten Gesellschaftsklassen uns gegen unsere Mitbewerber um die Macht, nämlich gegen alle Nicht-Illuminierten folgen.

Welche Form der Staatsverfassung kann man einer Gesellschaft geben, in der die Bestech-

kühner Herrschsucht ausgehende Vergewaltigung ertragen. Sie dulden Mißbräuche von den Diktatoren der Gegenwart, den Minister- oder Kammer-Präsidenten, für deren kleinsten sie zwanzig Könige enthauptet hätten.

Woraus erklärt sich diese merkwürdige Erscheinung, dieses nicht folgerichtige Verhalten der Massen gegenüber scheinbar gleichartigen Vorgängen? Sie erkärt sich daraus, daß diese Diktatoren den Völkern durch ihre Vertreter einflüstern lassen, sie schädigten die Staaten absichtlich, und zwar zu einem höheren Zweck. Das Ziel sei die allgemeine Wohlfahrt der Völker, ihre Verbrüderung, gegenseitige Verpflichtung (Solidarität) und Gleichheit.

Das Volk verurteilt die Gerechten

Natürlich wird ihnen nicht gesagt, daß diese Vereinigung sich nur unter unserer Herrschaft bilden soll. So verurteilt das Volk die Gerechten und läßt die Schuldigen straflos. Es läßt sich mehr und mehr davon überzeugen, daß es alles fertig bringen könne, was es nur will. Unter solchen Umständen zerstört das Volk jede ruhige Entwicklung und ruft bei jedem Schritt nur neue Unordnung hervor.

Das Wort »Freiheit« stürzt die menschliche Gesellschaft in den Kampf gegen alle Gewalten, gegen die Macht Gottes und der Natur. Wenn wir erst auf dem Thron sitzen werden, dann werden wir dieses Wort aus dem Wortschatz der Menschheit vertilgen, weil es der Inbegriff der tierischen Gewalt ist, die die Massen in blutgierige Raubtiere verwandelt. Allerdings fallen diese Tiere in Schlaf, wenn sie Blut genossen haben; dann lassen sie sich leicht in Ketten legen. Gibt man ihnen aber kein Blut zu saufen, so schlafen sie nicht, sondern kämpfen.

Jeder Volksstaat macht eine ganze Reihe von Entwicklungsstufen durch. Der erste Abschnitt gleicht den ersten Tagen der wahnsinnigen Handlungen eines Blinden, der von rechts nach links taumelt. Der zweite Abschnitt ist die Zeit der Volksverhetzung (Demagogie), aus der die Gesetzlosigkeit (Anarchie) entspringt. Diese führt unvermeidlich zur Gewaltherrschaft (Despotismus), die aber nicht mehr öffentlich und gesetzmäßig anerkannt ist und deshalb keine Verantwortung mehr trägt. Es handelt sich dabei vielmehr um eine unsichtbare und unbekannte Macht, um einen Geheimbund, der im Verborgenen arbeitet, und sich deshalb in der Wahl seiner Mittel keinerlei Schranken aufzuerlegen braucht, der seine Vertreter überall vorschiebt und aus ihrem häufigen Wechsel nicht Schaden, sondern Vorteile zieht; diese äußern sich unter anderem schon darin, daß er sein Geld nicht zur Entlohnung für langjährige treue Dienste verwenden muß.

Wer und was wäre wohl imstande, diese unsichtbare Macht zu

einen ständigen Lohn rechnen; er ist abhängig von Aussperrungen durch die Fabrikherren und von Streiks seiner Arbeitsgenossen.

Das Volk hat unter unserem Einfluß die Herrschaft des Adels zerstört. Dieser war schon aus eigenem Vorteil, der unzertrennlich mit den Grundlagen der Volkswohlfahrt verbunden ist, der natürliche Verteidiger und Ernährer des Volkes. Mit der Vernichtung des Adels geriet das Volk unter die Herrschaft reich gewordener Emporkömmlinge, die den Arbeitern das Joch unbarmherziger Knechtung auferlegten.

Wir erscheinen gewissermaßen als die Retter der Arbeiter aus dieser Knechtschaft, indem wir sie einladen, in die Reihen unseres Heeres von Sozialisten, Anarchisten und Kommunisten einzutreten. Diese Richtungen unterstützen wir grundsätzlich, angeblich auf Grund der Regeln unserer Bruderschaft, die durch die allgemein-menschliche Verpflichtung unseres sozialen Freimaurertums bedingt werden. Der Adel, der von Rechts wegen die Leistungen der Arbeiter in Anspruch nahm, hatte ein natürliches Interesse daran, daß die Arbeiter satt, gesund und kräftig waren.

Wir aber wollen gerade das Gegenteil – nämlich die Entartung aller, die nicht zu dem Kreis der Illuminierten zählen. Unsere Macht beruht auf der dauernden Unterernährung und der Schwäche des Arbeiters. In diesem Zustand muß er sich unserem Willen unterordnen, da er weder die Kraft noch den Willen findet, um uns Widerstand zu leisten.

Krönung unserer Weltherrschaft

Hunger verschafft der Geldmacht weit sicherere Gewalt über die Arbeiter, als sie dem Adel von der gesetzlichen Macht des Königs verliehen wurde. Durch die Not und den aus ihr entspringenden Haß bewegen wir die Massen. Wir beseitigen mit ihrer Hilfe jeden, der uns auf unserem Weg hinderlich ist.

Alle außer den Illuminaten haben es verlernt, ohne unsere wissenschaftlichen Ratschläge zu denken. Deshalb erkennen sie die dringende Notwendigkeit dessen nicht, woran wir, wenn unsere Herrschaft errichtet ist, unverrückbar festhalten werden: In den Volksschulen muß die einzige wahre Wissenschaft, die wichtigste von allen, nämlich die Lehre vom gesellschaftlichen Bau des Lebens gepredigt werden, der die Arbeitsteilung und folglich auch die Einteilung der Menschen in Klassen und Stände erfordert.

Es muß unbedingt allen zum Bewußtsein gebracht werden, daß eine Gleichheit der Menschen infolge der ungleichen Wichtigkeit verschiedenartiger Tätigkeiten ausgeschlossen ist. Es muß eine verschiedene Verantwortung vor dem Gesetz bestehen; denn man kann nicht die gleiche

dem Terror – der in die Paläste eindrang. Da die Herrschenden nicht zum Herzen des Volkes gelangen können, so vermögen sie auch nicht, sich mit diesem zu verständigen und gegen die Machthungrigen zu wappnen. Da wir die sichtbare Gewalt der Herrscher und die unsichtbare Macht der Massen getrennt haben, so haben beide ihre Bedeutung verloren; denn jede für sich allein ist hilflos wie der Blinde ohne Stock.

Um die Machthaber zum Mißbrauch ihrer Gewalt zu veranlassen, haben wir alle Kräfte gegeneinander ausgespielt, indem wir ihr liberales Streben nach Unabhängigkeit entwickelten. Wir suchten in diesem Sinn jegliche Unternehmungslust zu beleben, wir rüsteten alle Parteien aus, wir machten die herrschende Macht zur Zielscheibe allen Ehrgeizes. Aus den Staaten machten wir Kampfplätze, auf denen sich Aufstände abspielen; nur noch ein wenig Geduld, und die Aufstände und Zusammenbrüche werden eine allgemeine Erscheinung bilden.

Unermüdliche Schwätzer haben die Sitzungen der Volksvertretungen und der Staatsverwaltungen in Schauplätze für Rednerturniere verwandelt. Freche Zeitungsschreiber, gewissenlose Schmähschriftsteller fallen täglich über die Vertreter der Regierung her. Der Mißbrauch der Macht lockert schließlich die Grundstützen des Staates und bereitet ihren Zusammenbruch vor. Alles wird unter den Schlägen einer aufgepeitschten Masse zertrümmert werden.

Rechte sind für die Armen Hohn

Die Völker werden durch ihre Armut, die stärker wirkt als Sklaverei und Leibeigenschaft, zu schwerer Arbeit verurteilt. Von Sklaverei und Leibeigenschaft konnten sie sich auf dem einen oder anderen Weg befreien, aber dem Elend können sie nicht entrinnen. Wir fügten in die Verfassungen solche Rechte ein, die für die Massen eine eingebildete Bedeutung haben, aber keine wirklichen Rechte sind. Alle sogenannten »Volksrechte« bestehen nur in der Einbildung, sie können niemals in die Wirklichkeit übertragen werden.

Was kann es der werktätigen Arbeiterschaft, die ihr Leben in harter Arbeit fristet, nützen, daß einige Schwätzer das Recht zum Reden erhalten haben, und daß die Zeitungsschreiber neben wahren Nachrichten auch jeden Blödsinn zusammenschreiben dürfen. Tatsächlich bietet ihr die Verfassung keine anderen Vorteile als die armseligen Brocken, die wir ihr von unerem Tisch aus dafür zuwerfen, daß sie für uns und unsere Vertreter stimmt. Rechte im Volksstaat sind für den Armen in der Tat nur bitterer Hohn. Er kann sie gar nicht richtig ausüben, weil er täglich in der Tretmühle der Arbeit steht, die ihm kaum den nötigen Lebensunterhalt bewahrt. Kein Arbeiter kann mit Sicherheit auf

uns notwendigen Geistesrichtung zu erziehen.

Mit dem Zeitgeist der Völker rechnen

Glauben Sie nicht, daß unsere Behauptung nur leere Worte seien. Blicken Sie auf die von uns ausgegebenen Erfolge der Lehren von Darwin, Marx und Nietzsche. Ihre zersetzende Wirkung auf nicht-illuminierte Köpfe sollte uns wenigstens klar sein.

Wir müssen mit dem Zeitgeist, mit den Charakteren und Stimmungen der Völker rechnen, um in der Staatskunst und Verwaltung keine Fehler zu begehen.

Unser Lehrgebäude, das der Gemütsart der Völker, mit denen wir in Berührung kommen, angepaßt werden muß, hat nur dauernden Erfolg, wenn es bei der Anwendung im Leben die Lehren der Vergangenheit mit den Forderungen der Gegenwart verbindet.

In den Händen der gegenwärtigen Regierung befindet sich eine große Macht, die die Gedankenbewegungen im Volk hervorruft: die Presse. Sie hat die Aufgabe, auf angeblich notwendige Forderungen hinzuweisen, die Klagen des Volkes zum Ausdruck zu bringen, Unzufriedenheit zu äußern und zu erwecken. In der Presse verkörpert sich der Triumph des Geredes von der Freiheit. Aber die Regierungen verstanden es nicht, diese Macht zu benutzen, und so fiel sie in unsere Hände. Durch die Presse kamen wir zu Einfluß und blieben doch selbst im Schatten. Dank ihr haben wir Berge von Gold in unsere Hände gebracht, ohne uns darum zu kümmern, daß wir es aus Strömen von Blut und Tränen schöpfen mußten.

In den Schraubstöcken der Illuminaten

Das Ziel, das wir uns gesteckt haben, liegt, wie ich Ihnen heute schon mitteilen kann, nur noch wenige Schritte entfernt. Wir brauchen nur noch einen kleinen Weg zurückzulegen, dann ist der Kreis der symbolischen Schlange – des Sinnbildes unseres Illuminaten-Ordens – geschlossen. Wenn dieser Ring erst geschlossen sein wird, dann preßt er alle europäischen Reiche mit kräftigen Schraubstöcken zusammen.

Die Waagschalen der Verfassungen unserer Zeit werden bald umkippen; denn wir haben sie ungenau eingestellt, damit sie nicht zur Ruhe kommen. Wir sorgen dafür, daß sie nicht aufhören, zu schwanken, bis ihr Hebel durchgerieben ist. Die nicht zu den Illuminierten Gehörenden glaubten zwar, sie hätten den Waagebalken hart genug geschmiedet, und sie erwarteten immer, die Waage würde ins Gleichgewicht kommen. Doch der Waagebalken, der die Waagschalen trägt, wird in Unruhe gehalten durch die Vertreter des Volkes, die sich durch ihre unbeschränkte und verantwortliche Macht zu allerlei Dummheiten hinreißen lassen. Diese Macht verdanken sie dem Schrecken –

Der Begriff der Freiheit gab die Möglichkeit, die Masse zu überzeugen, daß die Regierung nichts anderes sei wie der Beauftragte des Eigentümers des Landes, nämlich des Volkes, daß aber dieser Verwalter gewechselt werden könne, wie man abgetragene Handschuhe wechselt.

Die Absetzbarkeit der Volksvertreter gab diese in unsere Gewalt und machte ihre Ernennung gleichsam von uns abhängig.

Macht unserer Vorherrschaft

Für unsere Zwecke ist es unbedingt erforderlich, daß Kriege, soweit es möglich ist, keine Landgewinne bringen; dann werden sie auf das wirtschaftliche Gebiet übertragen, wo wir den Völkern die Macht unserer Vorherrschaft zum Bewußtsein bringen werden. Solche Lage liefert beide kriegsführenden Parteien unseren über den ganzen Erdball verteilten Vertretern aus, die über Millionen von Augen verfügen und durch keine Landesgrenzen eingeengt werden. Dann werden unsere Rechte die Rechte der Völker wegwischen und diese ebenso regieren, wie die Macht der Regierungen jetzt die Beziehungen der Staatsangehörigen zueinander regelt.

Die von uns nach ihren sklavischen Fähigkeiten aus der Bürgerschaft auserwählten Verwaltungsbeamten werden für die Verwaltungstätigkeit nicht vorbereitet sein. Sie werden daher leicht zu Bauern in unserem Schachspiel herabsinken und sich ganz in den Händen unserer geschulten und begabten Ratgeber befinden, die von Jugend auf zur Herrschaft über die ganze Welt erzogen wurden.

Wie Ihnen bekannt ist, haben diese Sachverständigen ihre Kenntnis der Regierungskunst aus unseren staatsmännischen Plänen, aus den Lehren der Geschichte und den Beobachtungen der Gegenwart geschöpft.

Die Nicht-Illuminierten kennen nicht die Übung leidenschaftsloser, auf die Geschichte begründeter Beobachtungen, sie lassen sich von einer wissenschaftlichen Gewandtheit leiten, die ohne prüfenden Vergleich mit den Ergebnissen arbeitet. Es hat darum für uns keinen Sinn, sich um sie zu kümmern – mögen sie bis die Zeit reif ist in der Hoffnung auf neue Freuden oder in der Erinnerung an vergangene leben.

Die Hauptsache ist, daß sie fest an das glauben, was wir ihnen als Gebote der Wissenschaft eingeträufelt haben. Darum erwecken wir fortwährend durch unsere Presse ein blindes Zutrauen zu diesen Geboten. Die klugen Köpfe der Nicht-Illuminierten werden sich mit ihrem Wissen brüsten und die »aus der Wissenschaft« gewonnenen Kenntnisse geschickt zu verwirklichen suchen, ohne dieselben folgerichtig zu prüfen und ohne zu ahnen, daß sie von unseren Vertretern zusammengestellt wurden, um die Menschen in der für

lichkeit überall vorherrscht, wo man nur durch geschickte Kniffe, durch halbbetrügerische Schiebungen zu Reichtum gelangen kann, wo die Zuchtlosigkeit herrscht, wo die Sittlichkeit nur durch Strafverfügungen und strenge Gesetze aufrecht erhalten werden kann, keineswegs aber durch freiwillig befolgte Grundsätze, wo Vaterlandsliebe und Gottesglaube von weltbürgerlichen Überzeugungen erstickt werden?

Die Massen nach unserem Willen leiten

Die Verfassung solcher Gesellschaft kann nur auf einer Gewaltherrschaft beruhen, die ich Ihnen später schildern werde. Wir werden eine größere Vereinheitlichung der Verwaltung schaffen, um mit ihrer Hilfe alle Gewalt in unseren Händen zu vereinigen. Alle Zweige des staatlichen Lebens unserer Untertanen werden wir wie den Gang einer Maschine durch neue Gesetze regeln. Diese Gesetze werden nach und nach alle Abschwächungen und Freiheiten beseitigen, die andere zugelassen haben.

Unser Reich soll durch eine grenzenlose Gewaltherrschaft gekennzeichnet werden, daß es zu jeder Zeit und an allen Orten im Stande sein muß, den Widerstand unzufriedener Menschen im Keime zu ersticken. Man könnte einwenden, daß sich die Gewaltherrschaft, von der ich rede, mit dem Fortschritt unserer Zeit nicht vereinigen ließe, ich werde Ihnen jedoch das Gegenteil beweisen.

Solange die Völker noch zu ihren Fürsten wie zu einer Offenbarung des göttlichen Willens aufschauten, beugten sie sich willig unter die Selbstherrschaft der Könige. Als wir ihnen aber den Gedanken von ihren eigenen Rechten zuflüsterten, begannen sie, in den Königen nur noch gewöhnlich Sterbliche zu sehen. Das Gottesgnadentum verlor in den Augen des Volkes jede Bedeutung. Als wir ihm den Glauben an Gott geraubt hatten, sank die Macht der Krone auf die Straße. Hier haben wir sie als öffentliches Eigentum aufgegriffen.

Wir sind außerdem Meister der Kunst, die Massen und einzelne Persönlichkeiten durch geschickte Bearbeitung in Wort und Schrift, durch gewandte Umgangsformen und allerlei Mittelchen, von denen die nicht Illuminierten keine Ahnung haben, nach unserem Willen zu leiten. Unsere Verwaltungskunst beruht auf schärfster Beobachtung und Zergliederung, auf solchen Feinheiten der Schlußfolgerung, daß niemand mit uns in Wettbewerb treten kann.

Mit uns muß man rechnen

Auch in der Anlage unserer staatsmännischen Pläne und in der Geschlossenheit und Macht unserer Geheimbünde kann sich niemand mit uns messen. Nur

Einer der vier apokalyptischen Reiter von Albrecht Dürer: »Für die Menschen ist es gleichgültig, wer sie beherrscht: die katholische Kirche oder wir Illuminaten.«

die Jesuiten könnten allenfalls mit uns verglichen werden; doch wir verstanden es, sie in den Augen der gedankenlosen Masse herab zu setzen, weil sie eine sichtbare Körperschaft bilden, wir selbst aber mit unserer geheimen Körperschaft im Schatten blieben. Ist es übrigens für die Welt nicht gleichgültig, wer sie beherrscht: das Haupt der katholischen Kirche oder wir Illuminaten? Für uns, die Erleuchteten, ist das freilich durchaus nicht gleichgültig.

Zeitweilig könnte ein allgemeines Bündnis aller nicht Illuminierten über uns obsiegen. Gegen die Gefahr sind wir aber durch den tief eingewurzelten, unüberbrückbaren Zwiespalt unter den nicht Illuminierten geschützt. Im Laufe von zwanzig Jahrhunderten haben wir bei ihnen die persönlichen und völkischen Gegensätze, den Rassen- und Glaubenshaß eifrig geschürt. Dank diesem Umstand wird kein christlicher Staat Unterstützung finden, weil jeder andere Staat glauben muß, daß ein Bündnis gegen uns für ihn nicht vorteilhaft sei. Wir sind eben zu stark, mit uns muß man rechnen! Heute können die Mächte nicht einmal das kleinste Übereinkommen untereinander abschließen, ohne daß wir im Geheimen unsere Hand dabei im Spiel haben.

»Per me reges regnant – durch mich herrschen die Könige.« Die Propheten haben uns gelehrt, daß wir von Gott selbst zur Herrschaft über die ganze Welt auserwählt wurden. Gott selbst hat uns die nötige Begabung verliehen, damit wir uns dieser großen Aufgabe gewachsen zeigen. Selbst wenn im gegnerischen Lager ein Geistesheld erstände, der sich mit uns in einen Kampf einließe, so müßte er dennoch unterliegen, da der Neuling sich mit dem erprobten Krieger nicht messen kann. Der Kampf zwischen uns wäre so schonungslos geworden, wie ihn die Welt noch nicht gesehen hat; auch wäre der Geistesheld zu spät gekommen.

Alle Räder der Staatsmaschine werden durch eine Kraft getrieben, die ganz in unseren Händen ruht: das Gold! Die von unseren Gelehrten erdachte Volkswirtschaftslehre hat schon längst dem Geld eine überlegene Machtstellung zugewiesen.

Die öffentliche Meinung beherrschen

Um unbeschränkt herrschen zu können, muß sich die Geldmacht die Alleinherrschaft in Handel und Gewerbe erringen. Unsichtbare Hände sind schon am Werk, um diesen Plan in der ganzen Welt zu verwirklichen. Solches Vorrecht gibt den Industriellen eine politische Macht; diese dient aber zur Unterdrückung des Volkes. Heute ist es wichtiger, die Völker zu entwaffnen, als in den Krieg zu führen; es ist wichtiger, die entflammten Leidenschaften zu unseren Gunsten zu benutzen, als sie zu löschen; es ist wichtiger, auf fremde Gedanken einzugehen und sie zu benutzen, als sie zu bekämpfen.

Die Hauptaufgabe unserer Verwaltung besteht darin, die öffentliche Meinung durch eine zersetzende Beurteilung aller Vorgänge in ihrer Widerstandskraft zu lähmen, den Menschen das eigene Denken, das sich gegen uns aufbäumen könnte, abzugewöhnen; und die vorhandenen Geisteskräfte auf bloße Spiegelfechtereien einer hohlen Redekunst abzulenken.

Zu allen Zeiten hielten die Völker und die einzelnen Persönlichkeiten das Wort für die Tat; sie begnügten sich mit dem Schein, ohne zu merken, ob im öffentlichen Leben auf Versprechungen auch die Erfüllung folgt. Darum werden wir dem Volk Ausstellungen veranstalten, auf welchen mit großer Beredsamkeit klar gemacht werden soll, was wir für den allgemeinen Fortschritt geleistet haben.

Wir werden uns jeden freiheitlichen Gedanken aller Parteien und Richtungen aneignen und unsere Redner beauftragen, ihn so lange breitzutreten, bis wir die Menschen mit den schönen Reden ermüdet und in ihnen einen Abscheu vor den Rednern aller Richtungen erzeugt haben.

Um die öffentliche Meinung zu beherrschen, müssen wir Zweifel und Zwietracht säen, indem wir von den verschiedensten Seiten so lange einander widersprechende Ansichten äußern lassen, bis die nicht Illuminierten sich in dem Wirrsal nicht mehr zurechtfinden und zu der Überzeugung kommen, daß es am besten sei, in staatsrechtlichen Fragen überhaupt keine Meinung zu haben, da dem Volk in diesen Dingen der nötige Überblick fehlt, und nur derjenige sie wirklich überschauen könne, der das Volk selbst leitet. Das ist unser erstes Geheimnis!

Das zweite, für den Erfolg unserer Sache nicht minder wichtige Geheimnis besteht darin, die Fehler und Gebrechen des Volkes möglichst zu vermehren. Alle schlechten Gewohnheiten, Leidenschaften, alle Regeln des geselligen Verkehrs müssen derart auf die Spitze getrieben werden, daß sich niemand in dem tollen Durcheinander mehr zurechtfinden kann, und die Menschen aufhören, einander zu verstehen. Auf diese Weise wird es uns leicht sein, Zwietracht in allen Parteien zu säen, jede Sammlung von Kräften, die sich uns noch nicht unterwerfen wollen, zu verhindern und jede persönliche Tatkraft, die unsere Sache irgendwie stören könnte, von vornherein zu entmutigen.

Alle Völker beugen sich unserer Herrschaft

Es gibt nichts Gefährlicheres, als die Macht der Persönlichkeit. Ist sie mit schöpferischen Geisteskräften ausgestattet, so vermag sie mehr auszurichten als Millionen von Menschen, die wir miteinander entzweit haben. Darum müssen wir die Erziehung der nicht illuminierten Gesellschaft dahin lenken, daß sie vor jeder Aufgabe, die Tatkraft und Entschlußfähigkeit erfordert, in hoffnungsloser Schwäche die Hände sinken läßt. Die Anspannung, die durch die Freiheit des Handelns hervorgerufen wird, erschlafft die Kräfte, sobald sie auf fremde Freiheit stößt. Daraus entwickeln sich schwere sittliche Zusammenstöße, Enttäuschungen und Mißerfolge.

Durch alle diese Mittel werden die nicht Illuminierten derart ermüden, daß sie gezwungen sein werden, uns die Weltherrschaft anzubieten. Wir sind nach unserer ganzen Veranlagung sehr wohl imstande, alle staatlichen Kräfte der Welt ohne schroffen Übergang in uns einzusaugen und eine Oberherrschaft zu bilden. An die Stelle der jetzigen Herrscher werden wir ein Schreckgespenst setzen, das sich überstaatliche Verwaltung nennen wird. Wie Zangen werden seine Arme nach allen Richtungen ausgestreckt sein und eine so gewaltige Einrichtung darstellen, daß sich alle Völker unserer Herrschaft beugen werden.

Sehr bald werden wir uns riesige Alleinrechte (Monopole) sichern, die jeden fremden Wettbewerb ausschließen und für uns eine Quelle gewaltigen Reichtums bilden. Von diesen illuminierten Alleinrechten werden selbst die großen Vermögen der nicht Illuminierten in einer Weise abhängen, daß sie am ersten Tag nach dem Zusammenbruch der alten Regierung eben verschwinden werden, wie das in die Zahlungsfähigkeit der Staaten gesetzte Vertrauen (Staatskredite). Ich bitte die Volkswirte, die Bedeutung dieses Gedankens richtig abzuschätzen.

Mit allen Mitteln müssen wir die Macht unserer Oberherrschaft entwickeln; sie muß allen als die Schirmherrin und Wohltäterin derer erscheinen, die sich uns freiwillig unterwerfen.

Der Adel, der nicht zum Kreis der Illuminaten gehört, hat als staatliche Macht ausgespielt. Wir brauchen mit ihm in dieser Hinsicht nicht mehr zu rechnen. Als Grundbesitzer wirkt er aber deshalb schädlich für uns, weil er dank den Quellen seiner Lebenshaltung unabhängig bleiben kann. Daher gilt es, ihn um jeden Preis seines Grundbesitzes zu berauben. Das beste Mittel hierzu ist die Erhöhung der Bodenbesteuerung zur Verschuldung des Landbesitzes. Diese Maßnahme wird den Grundbesitz in einem Zustand unbedingter Abhängigkeit erhalten. Infolge seiner ererbten Eigenschaften versteht der Adel, der nicht zu uns gehört, es nicht, sich mit Geringem zu begnügen und deshalb muß er bald zugrunde gehen.

Unterstützung des Verlangens nach Pracht

Gleichzeitig müssen wir Handel und Gewerbe einen verstärkten Schutz angedeihen lassen, und vor allem das Spielgeschäft fördern. Dieses dient uns als Gegengewicht gegen die zunehmende Macht der Industrie. Ohne Spielgeschäft würde die Industrie das bürgerliche Kapital vermehren und zur Hebung der Landwirtschaft beitragen, da sie den Grundbesitz aus der Schuldknechtschaft der Landbanken befreien könnte. Wir müssen es dazu bringen, daß die Industrie sowohl die Arbeitskräfte als auch das Geld aus der Landwirtschaft aufsaugt und durch das Spielgeschäft alle Schätze der Welt in unsere Hände ausliefert. Dann sind alle nicht illuminierten Menschen arme Teufel, dann werden sie sich vor uns beugen, um nur ihr Leben fristen zu können!

Um alle Industrie zu zerstören, die nicht zu dem Kreis der Insider gehört, werden wir uns neben dem Spielgeschäft noch eines anderen Mittels bedienen: es ist die Entwicklung eines starken Verlangens bei nicht Illuminierten nach Pracht, nach einem alles verschlingenden Aufwand.

Wir werden den Arbeitslohn steigern; das wird aber den Arbeitern keinen Nutzen bringen, weil wir gleichzeitig eine Preissteigerung bei allen Gegenständen des täglichen Bedarfs herbeiführen. Als Vorwand werden wir dabei den Notstand der Landwirtschaft und der Viehzucht benutzen.

Wir werden die Quellen der Erzeugung in Landwirtschaft und Gewerbe künstlich und tief unterwühlen, indem wir die Arbeiter an Gesetzlosigkeit und Trunksucht gewöhnen und alle geistig hochstehenden Kräfte, die keine Illuminaten sind, vom Land entfernen.

Damit die nicht Illuminierten den wahren Stand der Dinge nicht vor der Zeit erkennen, werden wir ihn sorgfältig verschleiern. Als Mittel dazu dienen unsere volkswirtschaftlichen Lehren, aus denen scheinbar ein ernstes Streben spricht, für die Arbeiterklasse und die weltbewegenden Grundsätze mit aller Kraft einzutreten.

Die starken Rüstungen, die Ausgestaltung des Polizeiwesens, das alles dient nur zur Verwirklichung unserer bereits entwickelten Pläne. Wir müssen dafür sorgen, daß es neben uns in allen Staaten nur noch Besitzlose und einige von uns abhängige Millionäre gibt, außerdem Polizei und Soldaten.

Wir müssen in ganz Europa und durch die Beziehungen von dort aus auch in anderen Erdteilen Gärung, Streit und Feindschaft erregen. Damit erreichen wir einen doppelten Vorteil: Erstens werden uns alle Staaten fürchten, weil sie genau wissen, daß wir jederzeit imstande sind, nach Belieben Unruhen hervorzurufen oder die alte Ordnung wieder herzustellen. Alle diese Länder sind gewohnt, uns als notwendiges Übel zu betrachten.

Geheimhaltung aller Unternehmungen

Zweitens werden wir durch unsere Umtriebe alle Fäden verwirren, die wir mit Hilfe staatsrechtlicher oder wirtschaftlicher Verträge und Schuldverschreibungen nach allen Staatsleitungen gesponnen haben. Um dieses Ziel restlos zu erreichen, müssen wir bei den mündlichen Verhandlungen mit großer Verschlagenheit und Verschmitztheit vorgehen; äußerlich dagegen, in dem sogenannten amtlichen Schriftwechsel, werden wir ein entgegengesetztes Verfahren einschlagen und stets ehrbar und entgegenkommend erscheinen. Befolgen wir diese Grundsätze, so werden die nicht illuminierten Staatsleitungen und Völker, die wir daran gewöhnt haben, den Schein für bare Münze zu nehmen, uns einst noch für die Wohltäter und Retter des Menschengeschlechtes halten.

Das Sonnenweib und der siebenköpfige Drache: »Mit uns muß man rechnen, überall haben wir die Hand im Spiel.«

Sobald ein Staat, der noch von nicht Illuminatien regiert wird, es wagt, uns Widerstand zu leisten, müssen wir in der Lage sein, seine Nachbarn zum Krieg gegen ihn zu veranlassen. Wollen aber auch die Nachbarn gemeinsame Sachen mit ihm machen und gegen uns vorgehen, so müssen wir den Weltkrieg entfesseln.

Der oberste Grundsatz jeder erfolgreichen Staatskunst ist die strengste Geheimhaltung aller Unternehmungen. Was der Staatsmann sagt, braucht keineswegs mit dem übereinzustimmen, was er tut.

Wir müssen die nicht von uns beherrschten Staatsleitungen zwingen, unseren breit angelegten Plan, der sich schon der erwünschten Vollendung nähert, tatkräftig zu unterstützen. Als Mittel werden wir die öffentliche Meinung vorschützen, die wir insgeheim durch die sogenannte achte Großmacht – die Presse – in unserem Sinn bearbeitet haben. Mit ganz wenigen Ausnahmen, die überhaupt nicht in Frage kommen, liegt die ganze Presse in unseren Händen.

Wir wollen unseren Plan zur Niederzwingung der nicht illuminierten Staaten in Europa in wenige Worte zusammenfassen: Einem von ihnen werden wir unsere Macht durch Mordanschläge, also durch die Schreckensmänner, den Terror, beweisen. Sollte es zu einer gemeinsamen Erhebung aller europäischen Staate wider uns kommen, so werden ihnen amerikanische, chinesische oder japanische Geschütze in unserem Namen antworten.

Wir müssen uns mit allen Kampfmitteln, deren sich unsere Gegner gegen uns bedienen könnten, auch ausrüsten. Wir müssen uns deshalb mit allen Feinheiten und mit allen Kniffen der Gesetzbücher vertraut machen für den Fall, daß wir Entscheidungen fällen müssen, die übermäßig kühn und ungerecht scheinen können; denn es ist wichtig, diese Entscheidungen so zu fassen, daß sie als Ausfluß der höchsten sittlichen Rechtsordnung erscheinen.

Sie dienen teils aus Ehrgeiz, teils aus Eigennutz

Unsere Leitung muß sich mit allen Hilfskräften der Zivilisation umgeben, in deren Mitte sie wirken soll. Dazu gehören vor allem Tagesschriftsteller, Rechtsgelehrte, Verwaltungsbeamte, Staatsmänner und schließlich solche Persönlichkeiten, die in unseren Fachschulen eine besondere Vorbildung genossen haben.

Diese Leute werden von uns in alle Geheimnisse des gesellschaftlichen Lebens eingeweiht. Sie erlernen jene Sprache, die aus politischen Buchstaben und Worten zusammengesetzt ist. Sie werden mit allen tieferen Gründen der menschlichen Natur bekannt gemacht und mit allen ihren empfindlichen Saiten, deren

Anschlag sie verstehen müssen. Zu diesen Saiten gehören die besondere Geistesrichtung der Menschen, die nicht zu den Insidern gehören, ihre Bestrebungen, Fehler, Laster und Tugenden, sowie die besonderen Eigenschaften der einzelnen Klassen und Stände.

Selbstverständlich dürfen die geisteskräftigen Mitarbeiter unserer Regierung, von denen ich spreche, nicht aus den Reihen der nicht Illuminierten entnommen werden, die durchaus gewohnt sind, ihre amtlichen Pflichten auszuüben, ohne daran zu denken, was damit erreicht werden soll, ohne zu überlegen, weshalb sie notwendig sind. Nicht illuminierte Beamte unterzeichnen häufig Schriftstücke, ohne sie überhaupt zu lesen. Sie dienen dem Staat teils aus Ehrgeiz, teils aus Eigennutz, aber ohne eigentliches Ziel.

Wir werden unsere Leitung mit unzähligen Volkswirten umgeben. Der volkswirtschaftliche Unterricht ist nämlich der wichtigste Gegenstand bei der Ausbildung zum Illuminaten. Wir ziehen uns eine gewaltige Menge von Bankleuten, Fabrikherren, Geldmännern und, was die Hauptsache ist, von Millionären heran; denn in der Wirklichkeit wird doch alles durch die Zahl der Figuren entschieden.

Solange es noch gefährlich erscheint, verantwortliche Staatsstellen unseren illuminierten Brüdern zu übergeben, werden wir sie nur solchen Persönlichkeiten anvertrauen, deren Vergangenheit und Charakter für sie bürgt. Hierzu gehört, daß zwischen ihnen und dem Volk ein Abgrund klafft. Wir dürfen diese Stellen nur solchen Persönlichkeiten anvertrauen, die das Todesurteil oder die Verbannung gewärtigen müssen, falls sie unseren Weisungen nicht gehorchen. Sie müssen bereit und gewillt sein, unsere Interessen bis zum letzten Atemzug zu vertreten.

Sie müssen bei der Anwendung unserer Grundsätze die Eigenart des Volkes berücksichtigen, in dessen Gebiet Sie sich aufhalten und wirken werden. Die gleichmäßige Anwendung unserer Grundsätze kann keinen Erfolg bringen, solange ein Volk nicht auf unsere Weise erzogen ist. Wenn Sie aber vorsichtig zu Werke gehen, werden Sie sehen, daß schon ein Jahrzehnt genügt, um selbst den festesten Charakter zu verändern. Dann können wir ein neues Volk unter diejenigen Völker einreihen, die sich uns schon unterworfen haben.

Pflicht der Gleichheit

Sobald wir zur Herrschaft gelangen, werden wir das alte freisinnige Feldgeschrei: »Freiheit, Gleichheit, Brüderlichkeit!« das im Grunde genommen von unseren Logen in die Welt gesetzt wurde, durch Gruppen von Wörtern ersetzen, die nur Gedanken ausdrücken. Wir werden sagen: »Recht auf Freiheit,

Pflicht der Gleichheit, Vorbild der Brüderlichkeit!« und damit werden wir den Bock bei den Hörnern packen.

In der Tat haben wir außer unserer eigenen schon jede Herrschergewalt beseitigt, obgleich rechtlich noch viel davon vorhanden ist. Wenn heute irgendein Staat gegen uns Einspruch erhebt, so geschieht es nur der Form halber, sogar mit unserem Wissen und Wollen. Wir brauchen ihren Antisemitismus, um unsere Brüder aus den unteren Schichten zusammenzuhalten. Ich will dies nicht näher ausführen, da wir über diesen Gegenstand schon wiederholt gesprochen haben.

Tatsächlich gibt es für uns keine Hindernisse. Wir üben unsere Oberherrschaft in jener ganz außergesetzlichen Form aus, die man mit dem Wort Gewaltherrschaft (Diktatur) zu bezeichnen pflegt. Ich kann es mit voller Überzeugung sagen, daß wir zur Zeit die Gesetzgeber sind; wir sprechen Recht und üben die vollziehende Gewalt aus, wir strafen und begnadigen, wir sitzen als Führer aller unserer Heere hoch zu Roß. Uns leitet ein fester Wille, da wir die Erbschaft einer einst mächtigen Partei angetreten haben, die jetzt ganz von uns abhängt. Wir verfügen über einen unbändigen Ehrgeiz, brennende Habgier, schonungslose Rachsucht und unerbittlichen Haß.

Von uns geht das Schreckgespenst, der umfassende Terror aus.

In unserem Dienste stehen Leuter aller Anschauungen und Richtungen: Männer, die eine königliche Regierung wieder einführen wollen, Volksverführer (Demagogen), Sozialisten, Kommunisten und allerlei Wolkenkuckucksheimer (Utopisten). Wir haben sie alle für uns in das Joch gespannt. Jeder von ihnen untergräbt an seiner Stelle die letzten Stützen der Staatsgewalt und sucht die bestehende Rechtsordnung umzustoßen. Durch solche Maßnahmen werden alle Regierungen gepeinigt. Jeder sehnt sich nach Ruhe und ist bereit, um des lieben Friedens willen alles zu opfern. Wir aber lassen sie nicht zur Ruhe kommen, bis sie unsere Welt-Oberherrschaft offen und bedingungslos anerkannt haben. Das Volk stöhnt und verlangt nach einer Lösung der gesellschaftlichen (sozialen) Frage im Wege einer allgemeinen zwischenstaatlichen Verständigung. Da aber alle Völker in Parteien zerspalten sind und der Parteikampf große Mittel erfordert, so hängen alle Parteien und Völker von uns ab; denn das Geld haben wir allein.

Erziehung auf falschen Grundsätzen und Lehren

Wir könnten befürchten, daß außerhalb der Insider die sehenden Kräfte der Herrschenden sich mit den blinden Kräften der Völker vereinigen. Allein wir haben alle Vorsichtsmaßregeln getroffen, um solche Möglichkeiten zu verhindern. Zwischen beiden Kräften haben wir eine Mauer in Gestalt einer gegenseitigen Schreckensherrschaft errichtet. Auf diese Weise bleibt die blinde Masse des Volkes unsere Stütze. Wir und nur wir allein werden ihr als Führer dienen und sie schließlich ganz unseren Zielen zuführen.

Damit der Blinde seine Hand nicht unserer Leitung entzieht, müssen wir von Zeit zu Zeit in engste Gemeinschaft mit dem Volk treten. Läßt sich das persönlich nicht bewerkstelligen, so muß es durch unsere zuverlässigen Brüder geschehen. Sind wir als Macht erst anerkannt, so werden wir persönlich mit dem Volk auf den Straßen und Plätzen reden und es lehren, sich in staatsrechtlichen Fragen diejenige Auffassung zu eigen zu machen, die wir gerade brauchen.

Niemand kann nachprüfen, was dem Volk in den Dorfschulen gelehrt wird. Was aber der Beauftragte der Regierung oder Herrscher selbst dem Volk sagt, das geht wie ein Lauffeuer über das ganze Land, denn es wird schnell durch die Stimme des Volkes in alle Winde getragen.

Um die Einrichtungen der nicht Illuminierten nicht vorzeitig zu zerstören, gingen wir mit größter Umsicht zu Werke und ergriffen zunächst nur die Enden der Triebfedern, durch die alles in Gang gehalten wird. Diese Triebkräfte waren früher streng, aber gerecht verteilt, wir aber ersetzten sie durch die freisinnige Willkür. Auf diese Weise untergruben wir die Rechtsprechung, die Wahlordnung, die Presse, die Freiheit der Person und vor allem die Erziehung und Bildung des Volkes als Eckpfeiler jeder wirklichen Freiheit.

Wir haben die nicht illuminierte Jugend verdummt, verführt und verdorben. Dieses Ziel wurde von uns dadurch erreicht, daß wir ihre Erziehung auf falschen Grundsätzen und Lehren aufbauten, deren Lügenhaftigkeit uns sehr wohl bekannt war, die wir aber anwenden ließen.

Wir haben zwar die bestehenden Gesetze nicht plötzlich geändert,

Michaels Kampf mit dem Drachen: »**Unser Reich wird durch eine grenzenlose Gewaltherrschaft gekennzeichnet sein. Wir werden die Menschen nach unserem Willen leiten, und sie geschickt mit Wort und Schrift beeinflussen.**«

haben aber ihren Sinn durch widerspruchsvolle Deutungen vollkommen entstellt. Auf diesem Weg erzielten wir über Erwarten große Erfolge. Zunächst wurden die Gesetze durch viele Deutungen verdunkelt und dann allmählich in ihr Gegenteil verwandelt. Die Staatsleitung verlor jede Übersicht und konnte sich schließlich selbst in der äußerst verworrenen und widerspruchsvollen Gesetzgebung nicht mehr zurecht finden. Daraus entwikkelte sich die Theorie einer Rechtsprechung nach bestem Gewissen statt nach dem Gesetzbuch.

Sie können einwenden, daß die, die nicht zum Kreis der Illuminaten oder Insider gehören, mit der Waffe in der Hand über uns herfallen werden, sobald sie vor der Zeit entdecken, wie alles zusammen hängt. Für diesen Fall haben wir ein letztes, furchbares Mittel in der Hand, vor dem selbst die tapfersten Herzen erzittern sollen. Bald werden alle Hauptstädte der Welt von Untergrundbahnen durchzogen sein. Von ihren Stollen aus werden wir im Falle der Gefahr für uns die ganzen Hauptstädte mit allen Einrichtungen und Urkunden in die Luft sprengen.

Sie werden uns auf Händen tragen

Ich bitte Sie, sich daran zu erinnern, daß sich die Regierungen und Völker in der Staatskunst mit dem Schein begnügen. Wie sollten sie auch den wahren Stand der Dinge erkennen, da ihren Vertretern doch das Vergnügen über alles geht?

Für uns ist die Kenntnis dieses Umstandes von der allergrößten Bedeutung. Sie wird uns zustatten kommen bei den Verhandlungen über die Verteilung der Staatsgewalt, die Freiheit des Wortes, der Presse und des Glaubens, das Recht des Zusammenschlusses, die Gleichheit vor dem Gesetz, die Unverletzlichkeit des Eigentums und der Wohnung, die indirekte Besteuerung und die rückwirkende Kraft der Gesetze. Über alle diese Fragen darf man mit dem Volk niemals offen und rückhaltlos sprechen.

Ist es unumgänglich notwendig, sie zu berühren, so dürfen wir uns nicht auf Einzelheiten einlassen, sondern nur in allgemeinen Redensarten die Grundsätze einer neuzeitigen (modernen) Gesetzgebung anerkennen. Die Bedeutung dieser Zurückhaltung liegt auf der Hand: Solange wir uns nicht offen fest gelegt haben, bleibt uns immer die Möglichkeit, den einen oder anderen Punkt auszuschließen; sind die Volksrechte aber erst einmal aufgezählt, dann scheinen sie auch schon bewilligt zu sein.

Das Volk liebt und verehrt die Hochgeister unter den Staatsmännern; es beurteilt ihre Vergewaltigungen in folgender Weise: »Das war niederträchtig, aber sehr geschickt! Ein Gaunerstreich aber großartig ausgeführt! Mit welcher Frechheit!«

Wir rechnen darauf, alle Völker für die Errichtung eines völlig neuen Staatsgebäudes zu gewinnen, das uns schon lange vorschwebt. Deshalb müssen wir vor allem dafür sorgen, daß unsere Führer Persönlichkeiten sind, die mit einer beispiellosen Kühnheit und Geisteskraft auf ihr Ziel losgehen. Dann werden wir auf unserem Weg jeden Widerstand brechen.

Wenn wir die von uns geplante Staatsumwälzung vollzogen haben, werden wir den Völkern sagen: »Es ist alles schrecklich schlecht gegangen, Ihr alle seid vor Leid und Gram erschöpft.

Seht, wir beseitigen die Ursachen eurer Leiden: die völkische Abgeschlossenheit, die Landesgrenzen, die Verschiedenartigkeit der Währungen. Natürlich könnt Ihr über uns richten, aber kann Euer Urteil gerecht sein, wenn Ihr es fällt, ehe Ihr das erprobt habt, was wir Euch geben wollen?«

Dann werden sie uns zujubeln und uns in heller Begeisterung auf den Händen tragen. Die Form der Abstimmung, mit deren Hilfe wir zur Herrschaft gelangt sind, und an welche wir die am niedrigsten stehenden Mitglieder der Menschheit gewöhnt haben, weil wir Versammlungen veranstalteten und Vereinbarungen treffen ließen, wird ihren letzten Dienst leisten; sie wird zum letzten Mal in Erscheinung treten und dabei den einstimmigen Wunsch zum Ausdruck bringen, mit uns in nähere Berührung zu treten, ehe ein Urteil über uns abgegeben wird.

Unsere Pläne müssen stark und zweckmäßig sein

Um dieses Ziel zu erreichen, müssen wir vorher das allgemeine Wahlrecht ohne Unterschied von Stand und Vermögen einführen, um die Alleinherrschaft (Absolutismus) der Mehrheit zu schaffen, die wir von den gebildeten Schichten der Gesellschaft allein niemals erhalten würden.

Nachdem wir so alle an den Gedanken der Selbstbestimmung gewöhnt haben, werden wir die Bedeutung der Familie und ihre erzieherischen Werte vernichten. Wir werden es zu verhindern wissen, daß hochbegabte Persönlichkeiten erstehen, denen die von uns geleiteten Massen den Aufstieg, ja sogar die Aussprache nicht gestatten wird. Ist sie doch gewöhnt, nur uns zu folgen, da wir ihren Gehorsam und ihre Aufmerksamkeit gut bezahlen. Auf diese Weise werden wir uns eine blindgefügige Macht schaffen, die gar nicht imstande sein wird, etwas gegen den Willen unserer Vertreter zu unternehmen, wir die Leitung der Massen anvertraut haben. Das Volk wird sich ihrer Herrschaft willig unterwerfen; denn es wird wissen, daß von ihnen Arbeit, Zuwendungen aller Art und jegliche Vorteile abhängig sind.

Der Plan unserer Leitung muß fertig aus einem Kopf hervorgehen; denn er kann niemals feste Gestalt annehmen, wenn unzählige Köpfe daran arbeiten wollen. Deshalb ist es uns wohl erlaubt zu wissen, was ausgeführt werden soll, wir dürfen die Vorschriften aber niemals einer Beurteilung unterziehen. Sonst könnten wir die einzig dastehende Größe des Gesamtplanes, den Zusammenhang seiner einzelnen Teile, die Wirkung eines jeden Punktes, dessen geheimer Sinn verborgen bleibt, zerstören.

Unterwerfen wir ein derartiges Werk der Beurteilung und Abstimmung zahlreicher Gesinnungsgenossen, so wird es unvermeidlich die Spuren zahlreicher Mißverständnisse in sich tragen; denn nicht jeder ist imstande, den tieferen Sinn und Zusammenhang des Ganzen zu ergründen. Unsere Pläne müssen stark und zweckmäßig erdacht sein. Darum dürfen wir die geistesstarke Arbeit unseres Leiters nicht vor die Säue werfen und auch im engeren Kreis nicht bekritteln lassen.

Wir warten auf den letzten Todeskampf

Diese Pläne werden die bestehenden Einrichtungen vorläufig nicht umstürzen. Sie werden nur ihre wirtschaftliche Grundlage und, im Zusammenhang damit, den ganzen Plan ihrer Entwicklung ändern, die auf diese Weise schließlich den in unseren Plänen vorgesehenen Weg einschlagen wird.

In allen Staaten gibt es unter den verschiedensten Bezeichnungen annähernd die gleichen Einrichtungen: Volksvertretung, Ministerien, Staatsrat, Höchster Gerichtshof, gesetzgebende und vollziehende Körperschaften. Ich brauche Ihnen die Beziehungen dieser Staatseinrichtungen zueinander nicht zu erläutern. Das alles ist Ihnen gut bekannt.

Ich bitte Sie nur, daran festzuhalten, daß jede dieser Staatseinrichtungen irgendeine wichtige Aufgabe im Staatsleben erfüllen muß. Das Wort »wichtig« beziehe ich dabei nicht auf das Amt, sondern auf die Aufgabe; folglich sind nicht die Ämter wichtig, sondern die Aufgaben, die sie zu erfüllen haben. Die Ämter haben unter sich alle wichtigen Zweige des Staatslebens verteilt: die Verwaltung, die Gesetzgebung und die vollziehende Gewalt. Sie üben darum im Staatskörper dieselbe Wirkung aus, wie die Glieder im menschlichen Körper. Sobald wir ein wichtiges Glied der Staatsmaschine beschädigt haben, wird der Staat wie ein menschlicher Körper erkranken und sterben.

Nachdem wir dem Staatskörper das Gift des Freisinnes eingeflößt haben, hat sich sein ganzer staatsrechtlicher Zusammenhang verändert. Heute sind alle Staaten von einer tödlichen Krankheit, der Zersetzung des Blutes, befallen. Wir brauchen nur noch auf den letzten Todeskampf zu warten.

Der Freisinn ersetzte die Selbstregierungen, in welchen die

Nicht-Illuminierten ihr Ziel erblickt hatten, durch Verfassungs-Staaten. Jede Verfassung ist, wie Sie wohl wissen, die hohe Schule für Haß, Streit und unfruchtbaren Parteihader, der die Kraft des Staates lähmt und seine Lebensäußerungen jeden Persönlichkeitswertes entkleidet. Die Rednerbühne hat ebenso wie die Presse die Herrscher zur Taten- und Machtlosigkeit verurteilt und sie dadurch unnütz und überflüssig gemacht. Deswegen wurden sie schon in vielen Ländern gestürzt. Seitdem begann das Zeitalter der Volksherrschaft, in welchem wir die angestammten Könige durch Strohpuppen ersetzen, die wir aus der Masse des Volkes unter den uns sklavisch ergebenen Günstlingen als »Präsidenten« aussuchten. Das war der Sprengkörper, den wir unter die Grundmauern nicht nur eines, sondern – glauben Sie mir – aller noch nicht-illuminierten Völker gelegt haben.

Strohpuppen als Politiker

Bald werden wir den Grundsatz einführen, daß die Präsidenten für ihre Handlungen verantwortlich sind. Dann brauchen wir uns in der Durchführung unserer Maßnahmen keinerlei Schranken mehr aufzuerlegen, da die Verantwortung ganz auf unsere Strohpuppen fallen wird. Uns kann es ja nur recht sein, daß sich dadurch die Reihen derer lichten werden, die nach Macht streben. Es ist sogar vorauszusehen, daß es vielfach unmöglich sein wird, geeignete Persönlichkeiten für den Präsidentenposten zu finden. Daraus können Unruhen entstehen, die die Staaten endgültig zerrütten werden.

Um dieses von uns gewünschte Ergebnis zu erreichen, werden wir für die Wahl solcher Präsidenten sorgen, deren Vergangenheit irgendeinen dunklen Punkt, irgendein »Panama« aufweist. Dann werden sie getreue Vollstrecker unserer Weisungen. Einerseits müssen sie stets fürchten, daß wir mit Enthüllungen kommen, die sie unmöglich machen; andererseits werden sie, wie jeder Mensch, das begreifliche Bestreben haben, sich in der einmal erlangten Machtstellung zu behaupten und die einem Präsidenten zustehenden Vorrechte und Ehren möglichst lange zu genießen.

Das Abgeordnetenhaus wird ihn wählen, decken und verteidigen, doch wir werden der Kammer das Recht nehmen, Gesetze vorzuschlagen oder abzuändern. Dieses Recht werden wir vielmehr dem verantwortlichen Präsidenten übertragen, der eine Strohpuppe in unseren Händen ist. Damit wird die Macht des Präsidenten allerdings zur Zielscheibe unzähliger Angriffe werden. Wir aber wollen ihm als Mittel der Selbstverteidigung das Recht verleihen, das Abgeordnetenhaus aufzulösen und in der Form von Neuwahlen eine abermalige Entscheidung des Volkes anzurufen, desselben

Volkes, dessen Mehrheit blindlings unseren Weisungen folgt!

Unabhängig davon werden wir dem Präsidenten das Recht verleihen, den Kriegszustand zu verhängen. Wir werden dieses Recht damit begründen, daß der Präsident als Haupt der gesamten Wehrmacht des Landes jederzeit in der Lage sein muß, über dieselbe zu verfügen, da er als verantwortlicher Vertreter des Staates die Pflicht habe, die neue Verfassung vor Angriffen zu schützen und die junge Freiheit des Volksstaates zu verteidigen.

Es ist ohne weiteres klar, daß der Schlüssel zum Heiligtum unter solchen Umständen sich in unseren Händen befinden und niemand außer uns die Gesetzgebung leiten wird.

Mit der Einführung der neuen Verfassung des Volksstaates werden wir dem Abgeordnetenhaus unter dem Vorwand der Wahrung des Staatsgeheimnisses das Recht nehmen, Anfragen über staatsrechtliche Maßnahmen der Regierung zu stellen. Außerdem werden wir die Zahl der Volksvertreter in der neuen Verfassung auf ein Mindestmaß beschränken. Damit erreichen wir gleichzeitig eine wesentliche Abkühlung der politischen Leidenschaften und des Dranges zur Ausübung der Staatskunst. Sollte sich wider Erwarten bei der kleinen Minderheit Widerstand zeigen, so werden wir ihn durch einen Aufruf an das Volk brechen.

Wir geben den Völkern keine Atempause

Dem Reichspräsidenten wird die Aufgabe zufallen, die Präsidenten des Abgeordnetenhauses und des Senates sowie ihre Stellvertreter zu ernennen. Wir werden Tagungen der Volksvertreter abschaffen und an ihrer Stelle soll dem Präsidenten als Träger der vollziehenden Gewalt das Recht zustehen, die Volksvertretung einzuberufen oder aufzulösen. Im Fall der Auflösung kann er den Beginn der neuen Tagung nach Belieben hinaus schieben.

Um den Präsidenten davor zu schützen, daß er vor der Erfüllung unserer Pläne wegen solcher im Grunde genommen ungesetzlichen Handlungsweise zur Rechenschaft gezogen wird, lassen wir den Ministern und den anderen hohen Verwaltungsbeamten aus seiner Umgebung den Rat geben, die Verfügungen des Präsidenten durch selbständige Maßnahmen zu umgehen, dafür aber auch selbst die Verantwortung zu tragen. Solche Vollmachten empfehlen wir, besonders dem höchsten Gerichtshof, dem Staatsrat und dem Ministerrat zu geben, aber nicht einzelnen Persönlichkeiten.

Der Präsident wird die bestehenden Gesetze, die eine verschiedene Deutung zulassen, stets in unserem Sinn auslegen; er wird sie außer Kraft setzen, wenn wir ihn auf die Notwendigkeit solcher Maßnahmen verweisen. Außerdem wird er das Recht haben, neue Gesetze von kurzer Dauer, ja selbst Änderungen der Verfassung vorzuschlagen. Zur Begründung braucht er ja nur zu sagen, diese Maßnahmen seien für das Wohl des Staates erforderlich.

Auf solche Weise können wir allmählich, Schritt für Schritt, alles vernichten, was wir ursprünglich, zu Beginn unserer Herrschaft, in die Verfassungen der Volksstaaten aufnehmen mußten. Unmerklich werden die letzten Spuren jedes verfassungsmäßigen Rechts verschwinden, bis schließlich die Zeit gekommen sein wird, in der wir offen jede Regierungsgewalt im Namen unserer Selbstherrschaft an uns reißen.

Die Anerkennung unseres Weltherrschers kann schon vor der endgültigen Beseitigung aller Verfassungen erfolgen. Der günstige Augenblick dafür wird dann gekommen sein, wenn die von langen Unruhen geplagten Völker angesichts der von uns herbeigeführten Ohnmacht ihrer Herrscher den Ruf ausstoßen werden: »Beseitigt sie und gebt uns einen einzigen Weltherrscher, der uns alle vereint und die Ursachen des ewigen Haders – die staatlichen Grenzen, die Religion und die Staatsschulden – beseitigt, der uns endlich Frieden und Ruhe bringt, die wir vergeblich von unseren Herrschern und Volksvertretungen erhofften.«

Sie wissen selbst genau, daß es einer langen und unermüdlichen Arbeit bedarf, um alle Völker zu solchem Ausruf zu bewegen. Wir müssen ohne Unterlaß in allen Ländern die Beziehungen der Völker und Staaten zu einander vergiften; wir müssen alle Völker durch Neid und Haß, durch Streit und Krieg, ja selbst durch Entbehrungen, Hunger und Verbreitung von Seuchen derart zermürben, daß die nicht Illuminierten keinen anderen Ausweg finden, als sich unserer Geldmacht und vollständigen Herrschaft zu unterwerfen.

Geben wir den Völkern eine Atempause, so dürfte der ersehnte Augenblick wohl niemals eintreten.

Der Staatsrat wird die Macht des Herrschers unterstreichen; als sichtbaren Teil der gesetzgebenden Gewalt fällt ihm die Aufgabe zu, den Wortlaut der Gesetze und Verordnungen im einzelnen auszuarbeiten. Die Grundsätze der neuen Verfassung bestehen also darin, daß wir die Gesetze schaffen und Recht sprechen.

Das wird geschehen: durch Beschlüsse der gesetzgebenden Körperschaften, denen wir in der Form von »Vorschlägen« die nötigen Weisungen erteilen werden. Zweitens durch allgemeine Erlasse des Präsidenten, Verfügungen des Senats und des Staatsrates, letztere in Gestalt von Ministererlassen. Und drittens durch Auswahl des geeigneten Zeitpunktes für einen Staatsstreich.

Wir sind stark und unverwundbar

Nachdem wir die Art unseres Vorgehens in großen Zügen geschildert haben, wollen wir noch auf einige Einzelheiten eingehen, die uns zu einem völligen Sieg verhelfen sollen. Unter diesen Einzelheiten verstehe ich die Freiheit der Presse, das Recht des Zusammenschlusses, die Gewissensfreiheit, das allgemeine gleiche Wahlrecht und vieles anderes, was unmittelbar nach dem Staatsstreich aus der geistigen Rüstkammer der Menschheit verschwinden oder doch von Grund aus umgestaltet werden muß.

Der Staatsstreich bietet uns die einzige Möglichkeit, mit einem Schlag die von uns gewünschte Verfassung einzuführen. Jede spätere merkliche Veränderung birgt große Gefahren in sich. Bringt sie neue Beschränkungen und wird sie mit großer Strenge durchgeführt, so kann sie die Menschen aus Furcht vor einer weiteren Verschlechterung ihrer Lage zur Verzweiflung treiben. Enthält sie dagegen Milderungen der bisherigen Bestimmungen, so wird man sagen, daß wir unser Unrecht eingesehen hätten, und dann ist das Vertrauen in unsere Unfehlbarkeit für immer verloren. Oder es wird heißen, daß wir uns fürchten und darum Entgegenkommen zeigen müßten.

Dankbar wird uns niemand dafür sein; denn jeder wird die Milderungen für unsere selbstverständliche Pflicht halten. Jede Veränderung der neuen Verfassung kann uns also nur schaden. Wir müssen sie vielmehr als ein in sich geschlossenes Ganzes den nicht illuminierten Völkern in dem Augenblick aufzwingen, in dem sie von dem eben vollzogenen Staatsstreich noch betäubt sind und ihre Kräfte noch nicht gesammelt haben. Sie müssen erkennen: Wir sind so stark, so unverwundbar, so mächtig, daß wir uns um sie nicht zu kümmern brauchen, daß wir nicht nur ihre Wünsche nicht beachten werden, sondern bereit und fähig sind, Gefühlsausbrüche in jedem Augenblick und an jedem Ort mit unerschütterlicher Macht zu unterdrücken.

Sind diejenigen, die nicht zu den Illuminaten gehören, erst zur Erkenntnis gelangt, daß wir die ganze Macht an uns gerissen haben und es rundweg ablehnen, sie mit ihnen zu teilen, so werden sie vor Schrecken die Augen schließen und untätig der Dinge harren, die da kommen sollen.

Das Ziel wird nur auf Umwegen erreicht

Die nicht illuminierten Menschen, die in keiner Weise zu der großen Gruppe der Insider gerechnet werden können, sind eine Hammelherde. Wir Illuminaten aber sind die Wölfe. Wissen Sie, was aus den Schafen wird, wenn die Wölfe in ihre Herde einbrechen? Sie werden die Augen schließen und schon deshalb stillhalten, weil wir ihnen die

Baphomet. Pantheistisches und magisches Bild des Absoluten. Auf der Stirn und unter der Fackel das Zeichen des Makrokosmos oder das Pentagramm mit Spitze nach oben als Symbol der menschlichen Intelligenz.

Rückgabe aller geraubten Freiheiten versprechen werden, wenn erst alle Friedensfeinde niedergerungen und alle Parteien überwältigt sind. Brauche ich Ihnen zu sagen, wie lange die nicht zu uns Gehörigen auf die Wiedereinsetzung in ihre Rechte warten werden?

Wir haben uns eine Staatslehre erdacht und sie unermüdlich den Bürgern eingeflößt, ohne ihnen Zeit zur Besinnung zu lassen. Das geschah, weil wir unser Ziel nur auf Umwegen erreichen können, da der gerade Weg über die Kraft unser zerstreuten Organisationen geht. Zu diesem Zweck haben wir weltweit die Freimaurerlogen gegründet. Niemand kennt sie und ihre Ziele, am allerwenigsten die Ochsen von Nicht-Illuminierten, die wir zur Teilnahme an den offenen Freimaurerlogen bewogen haben, um ihnen Sand in die Augen zu streuen.

Gott hat uns, seinen Erleuchteten, die Gnade verliehen, uns über die ganze Welt zu zerstreuen. In dieser scheinbaren Schwäche liegt unsere ganze Kraft, die uns schon an die Schwelle der Weltherrschaft geführt hat. Der Grundstein ist schon gelegt, es gilt nur noch den Bau zu vollenden.

Niemand darf unsere Unfehlbarkeit antasten

Das Wort »Freiheit«, das man auf verschiedene Weise deuten kann, legen wir uns so aus: Freiheit ist das Recht, das zu tun, was das Gesetz erlaubt. Solche Auslegung des Begriffes gibt die Freiheit vollständig in unsere Hand, weil die Gesetze nur das zerstören oder aufrichten, was wir nach den oben entwickelten Richtlinien wünschen.

Mit der Presse werden wir in folgender Weise verfahren. Welche Rolle spielt jetzt die Presse? Sie dient dazu, die Volksleidenschaften in dem von uns gewünschten Sinn zu entflammen oder selbstsüchtige Parteizwecke zu fördern. Sie ist hohl, ungerecht und verlogen. Wir werden ihr einen Zaum anlegen und die Zügel straff führen. Auf gleiche Weise werden wir mit anderen Druckerzeugnissen verfahren; denn was kann es helfen, wenn wir die Angriffe der Presse unterbinden, aber in Streitschriften und Lügen angepöbelt werden?

Wir werden die Versorgung der öffentlichen Meinung, die schon viel Geld kostet, durch die Zensur zu einer Einnahme-Quelle für den Staat machen. Wir werden eine Zeitungs-Stempelsteuer einführen und die Bürgschaftssummen bei der Gründung von Zeitungen und Druckereien erheben, die unsere Regierung gegen alle Angriffe der Presse sichern müssen. Erfolgen sie trotzdem, dann werden wir rücksichtslos Geldstrafen verhängen.

Solche Maßnahmen wie Stempelsteuer, Bürgschaften und Geldstrafen werden der Regierung große Einnahmen verschaffen. Parteiblätter mögen vielleicht keine Angst vor Geldstrafen haben, bei einem zweiten Angriff werden wir sie aber verbieten. Niemand darf ungestraft unsere Vormacht-Stellung oder unsere Unfehlbarkeit antasten.

Als Vorwand für die Unterdrükkung einer Zeitung oder Zeitschrift werden wir stets behaupten, sie hätte die öffentliche Meinung ohne Grund aufgewiegelt. Ich bitte Sie übrigens zu beachten, daß Angriffe auf uns auch von solchen Zeitungen erfolgen werden, die wir selbst gegründet haben. Solche Angriffe werden sich aber stets auf diejenigen Punkte beschränken, die wir selbst zur Abänderung vorgemerkt haben.

Keine Nachricht wird ohne unsere Prüfung in die Öffentlichkeit gelangen. Dieses Ziel erreichen wir teilweise schon jetzt dadurch, daß die Neuigkeiten aus aller Welt in wenigen Nachrichtenämtern zusammenströmen, dort bearbeitet und erst dann den einzelnen Schriftleitungen, Behörden und anderen übermittelt werden. Diese Nachrichtenämter sollen allmählich ganz in unsere Hände übergehen und nur das veröffentlichen, was wir ihnen vorschreiben.

Erziehung mit dem gedruckten Wort

Es ist uns schon jetzt gelungen, die Gedankenwelt der Nicht-Illuminierten in einer Weise zu beherrschen, daß fast alle anderen Bürger, die keine Insider sind, die Weltereignisse durch die bunten Gläser der Brillen ansehen, die wir ihnen aufgesetzt haben. Schon jetzt ist kein Staat auf der ganzen Welt imstande, sich davor zu schützen, daß uns alles bekannt wird, was die nichtilluminierten Menschen ein Staatsgeheimnis nennen. Kein Schloß, kein Riegel ist stark genug, um uns den Zutritt zu verwehren, kein Geheimfach ist vor unseren Nachforschungen sicher. Wie mag es erst werden, wenn unsere Herrschaft über die ganze Welt in der Person eines Weltherrschers allgemein anerkannt sein wird?

Wir wollen nochmals auf die Zukunft der Presse zurückkommen. Jeder Verleger, Drucker oder Buchhändler wird genötigt sein, einen besonderen Erlaubnisschein für die Ausübung seines Berufes zu erwerben, den wir bei dem geringsten Verstoß gegen unsere Weisungen sofort einziehen werden. Auf diese Weise wird das gedruckte Wort ein Erziehungsmittel in der Hand der Insider sein, die es nicht mehr zulassen werden, daß das Volk sich in fruchtlosen Träumen über die angeblichen Wohltaten des Fortschritts verliert.

Jeder von Ihnen weiß, daß mit den nebelhaften Versprechungen des Freisinnes der Weg zu den unsinnigen Träumen gepflastert ist, die jede Zucht und Ordnung in den Beziehungen der Menschen zueinander und zum Staat aufheben wollen. Der Fortschritt oder, richtiger gesagt, die Gedanken des Fortschrittes führten zu den verschiedenen

Formen der Verselbständigung (Emanzipation), bei denen keine Grenzen gesteckt wurden. Alle sogenannten Fortschrittler sind Umstürzler, wenn auch nicht immer in ihren Taten, so doch mindestens ihren Anschauungen nach. Jeder von ihnen jagt irgendwelchen Trugbildern der Freiheit nach und verfällt schließlich in Willkür, das heißt in grundsätzliche Verneinung der bestehenden Einrichtungen nur um der lieben Verneinung willen.

Wir kommen nochmals auf die Presse zurück. Die Zeitungen und überhaupt Drucksachen aller Art werden wir – neben den Bürgschaftssummen – mit Stempelsteuern nach der Zahl der Seiten belegen. Für Schriften unter 30 Seiten werden wir die Steuer verdoppeln und ein besonderes Verzeichnis einführen. Damit hoffen wir schon die Zahl der Zeitschriften einzuschränken, die von allen Drucksachen das schlimmste Gift verbreiten.

Die Schriftsteller werden ferner gezwungen sein, so umfangreiche Abhandlungen zu schreiben, daß diese schon wegen der hohen Preise nur wenige Leser finden dürften.

Was wir aber selbst herausgeben werden, um die Menschen in der von uns gewünschten Geistesrichtung zu erziehen, das wird so billig sein, daß es reißenden Absatz finden muß. Die Steuer wird die Schreibwut der Leute besänftigen, während die Schriftsteller durch die Strafen in Abhängigkeit von uns gebracht werden. Sollten trotzdem einige von ihnen gegen uns schreiben wollen, so werden sie keinen Verleger für ihre Arbeiten finden; denn jeder Verleger oder Drucker wird verpflichtet sein, vor der Annahme einer Arbeit die Druckerlaubnis der von uns eingesetzten Behörde einzuholen. Auf diese Weise können wir rechtzeitig die auf uns geplanten Angriffe erfahren und ihnen jede Stoßkraft nehmen, indem wir ihnen mit Veröffentlichungen über den gleichen Gegenstand zuvorkommen.

Zeitungen für jede politische Richtung

Bücher und Zeitungen sind zwei der wichtigsten Erziehungsmittel. Aus diesem Grund wird unsere Regierung das Eigentumsrecht der meisten Zeitungen und Zeitschriften erwerben. Sie wird damit vor allem den schädlichen Einfluß der nichtamtlichen Presse ausschalten, und auf den Geist und die Stimmung des Volkes in nachhaltigster Weise einwirken. Auf je zehn Zeitungen oder Zeitschriften, die uns fernstehen, werden dreißig kommen, die wir selbst gegründet haben. Das darf natürlich in der Öffentlichkeit nicht bekannt werden. Unsere Zeitungen und Zeitschriften sollen daher äußerlich den verschiedensten Richtungen angehören, um das Vertrauen der ahnungslosen Nicht-Illuminierten zu erwerben, sie alle in die Falle zu locken um sie unschädlich zu machen.

An erster Stelle werden die amtlichen Zeitschriften und Zeitungen stehen, denen die Aufgabe zufallen wird, unsere Interessen in allen Fällen und zu jeder Zeit zu vertreten; ihr Einfluß wird deshalb verhältnismäßig klein sein.

An zweiter Stelle werden die halbamtlichen Blätter kommen, die die Gleichgültigen und Lauen für uns gewinnen sollen.

An die dritte Stelle werden wir unsere scheinbare Gegnerschaft setzen, die mindestens ein Blatt unterhalten muß, das äußerlich in schärfsten Gegensatz zu uns treten wird. Unsere wirklichen Gegner werden diesen scheinbaren Widerspruch für echt halten; sie werden in den Leuten, von denen er ausgeht, ihre Gesinnungsgenossen sehen und uns ihre Karten aufdecken.

Wir werden Zeitungen der verschiedensten Richtungen herausgeben: aristokratische, republikanische, ja selbst anarchistische unterstützen, natürlich nur so lange die Verfassung besteht. Sie werden, wie das indische Götze Witschnu, hundert Hände haben, von denen jede den Pulsschlag irgendeiner Geistesrichtung fühlen wird. Sobald ein Pulsschlag schneller geht, werden die unsichtbaren Hände die Anhänger dieser Richtung auf unsere Ziele hinlenken; denn nichts ist leichter zu beeinflussen als der aufgeregte Mensch, der nicht mehr richtig überlegt.

Jene Dummköpfe, die die Meinung ihres Parteiblattes zu vertreten glauben, werden in Wirklichkeit unsere Meinung nachsprechen oder doch wenigstens diejenige Meinung, die uns gerade paßt. Sie bilden sich ein, die Richtlinien ihrer Partei zu verfolgen, und merken nicht, daß sie hinter der Flagge marschieren, die wir vor ihnen flattern lassen.

Enger Zusammenschluß mit dem Freimaurertum

Um unser Zeitungsheer in diesem Sinne zu leiten, müssen wir diesem Unternehmen besondere Sorgfalt widmen. Unter dem Namen »Hauptpresseverband« werden wir zahlreiche, meist von uns begründete Schriftstellervereine zusammenfassen, in denen unsere Leute unmerklich die Losung ausgeben werden. In der Beurteilung unserer Bestrebungen werden unsere Blätter immer oberflächlich sein, den Dingen niemals auf den Grund gehen; sie werden mit den amtlichen Blättern einen bloßen Wortkampf führen, um uns zu näheren Ausführungen zu veranlassen, deren sofortige Mitteilung in der ersten amtlichen Bekanntmachung unzweckmäßig erschien. Natürlich soll das nur dann geschehen, wenn es für uns vorteilhaft sein wird.

Die scheinbaren Angriffe auf uns verfolgen noch den Nebenzweck, dem Volk glaubhaft zu machen, daß es die volle Redefreiheit besitzt. Werden wir dann in der uns feindlichen Presse wegen der Unterdrückung des freien Wortes wirklich angegriffen, so haben unsere Vertrauensleute leichtes Spiel. Sie werden sagen, daß diese Blätter unsinnige Behauptungen aufstellen, weil es ihnen an sachlichen Gründen gegen uns und unsere Maßnahmen fehlt.

Da die wirklichen Vorgänge nicht in die Öffentlichkeit dringen, so werden wir durch solches Verhalten das Vertrauen des Volkes gewinnen. Gestützt auf dieses Vertrauen, werden wir die öffentliche Meinung in allen

»Wir werden unseren Erfolg auf die geheimnisvolle Kraft unserer Lehre zurückführen, von der alle erzieherischen Wirkungen auf die Menschheit ausgehen. Unsere Leute werden sich hüten, ihre Geheimnisse zu enthüllen.«

staatsrechtlichen Fragen je nach Bedarf erregen oder beruhigen, überzeugen oder verwirren. Wir wollen bald die Wahrheit, bald die Lüge, bald Tatsachen, bald Berichtigungen abdrucken, je nachdem, wie die Nachricht aufgenommen wird. Es gehört zu unseren Grundsätzen, den Boden stets vorsichtig abzutasten, bevor wir unseren Fuß auf ihn setzen. Infolge dieser Maßnahmen gegen die Presse werden wir unsere Feinde sicher besiegen, da ihnen keine Blätter zur Verfügung stehen, in denen sie ihre Meinung voll zum Ausdruck bringen können. Wir werden sogar der Mühe enthoben sein, sie endgültig zu widerlegen.

Unsere tastenden Vorstöße in den an dritter Stelle stehenden Zeitungen (scheinbare Gegnerschaft) werden wir in den Amtsblättern nötigenfalls kräftig zurückweisen.

Die Quelle ist stets unsere Wühlarbeit

Schon jetzt besteht etwa in der Art der französischen Tagesschriftstellerei ein enger Zusammenschluß des Freimaurertums.

Er gipfelt in der Losung: alle Glieder der Presse sind gegenseitig zur Wahrung des Berufsgeheimnisses verpflichtet. Wie bei den alten Wahrsagern darf auch hier kein Glied das Geheimnis seines Berufes preisgeben, bevor ein allgemeiner Beschluß zur Veröffentlichung vorliegt.

Kein Tagesschriftsteller wird es wagen, gegen diese Bestimmung zu verstoßen, da nur solche Personen zum Beruf zugelassen werden, deren Vergangenheit irgendeinen dunklen Punkt aufweist. Dieses Schandmal würde vor aller Öffentlichkeit enthüllt werden, sobald ein Verstoß gegen das Berufsgeheimnis vorliegt. So lange das Schandmal nur wenige Beteiligten bekannt ist, hat der glänzende Ruf des Schriftstellers die Mehrheit des Landes hinter sich, die ihm begeistert folgt.

Wir rechnen besonders stark auf die Hilfe der Provinzen. Hier müssen wir Hoffnungen und Bestrebungen erwecken, die wir stets gegen die Hauptstadt anwenden können, indem wir sie als Hoffnungen und Wünsche der Provinzen auf Unabhängigkeit ausgeben. Es ist klar, daß die Quelle immer die gleiche ist, nämlich unsere Wühlarbeit.

So lange wir die nötige Machtfülle noch nicht erlangt haben, brauchen wir manchmal einen Zustand, bei dem die Hauptstädte sich von der von unseren Vertretern aufgehetzten Volksmeinung in den Provinzen umbrandet sehen. Ist der entscheidende Augenblick gekommen, so dürfen die Hauptstädte schon deshalb nicht zur Erörterung der vollzogenen Tatsachen gelangen, weil sie von der Mehrheit in den Provinzen gut geheißen wurden.

In dem Zeitabschnitt der neuen Herrschaft, der unserer Krönung vorangeht, werden wir verhindern müssen, daß die Presse die Ehrlosigkeit im öffentlichen Dienst brandmarkt. Es soll vielmehr der Glaube erweckt werden, die neue Herrschaft hätte alle derart befriedigt, daß keine Veranlassung zu neuen Verbrechen vorläge. Wo Verbrechen hervortreten, da sollen sie nur den Opfern und zufälligen Zeugen bekannt werden, sonst aber niemandem.

Die ewige Sucht nach Neuem

Die Sorge um das täglich Brot zwingt alle Nicht-Illuminierten, zu schweigen und unsere gehorsamen Diener zu sein. Aus ihrer Zahl suchen wir uns für unsere Presse die geeigneten Leute aus. Ihre Aufgabe besteht darin, alles das nach unseren Weisungen zu erörtern, was wir in den amtlichen Blättern nicht unmittelbar bringen können. Ist die Streitfrage erst aufgerollt, so können wir die von uns gewünschten Maßnahmen ruhig durchführen und dem Volk als fertige Tatsachen vorsetzen. Niemand wird es wagen, eine Aufhebung oder Abänderung dieser Maßnahmen zu verlangen, da sie als eine Verbesserung des bisherigen Zustandes dargestellt werden. Die Presse wird die öffentliche Meinung schnell auf neue Fragen ablenken. Haben wir Insider die Menschen doch gelehrt, sich in der ewigen Sucht nach etwas Neuem zu erschöpfen!

Auf diese Erörterung dieser neuen Fragen werden sich die hirnlosen Leiter der Völkergeschicke stürzen. Sie können noch immer nicht begreifen, daß sie keine Ahnung von den Dingen haben, die sie entscheiden müssen. Die Fragen der Staatskunst sind nur denjenigen verständlich, die sie schon seit vielen Jahrhunderten veranlaßt oder überwacht haben.

Aus allem Gesagten werden Sie ersehen, daß wir nach dem Vertrauen des Volkes nur haschen, um unsere Staatsmaschine leichter in Gang zu bringen. Es kann Ihnen nicht entgangen sein, daß wir nur dann die Zustimmung der öffentlichen Meinung suchen, wenn es sich um bloße Worte handelt, um Fragen, die wir selbst in die Welt gesetzt haben. Tatsächlich tun wir aber, was wir wollen. Selbstverständlich verkünden wir stets, daß wir uns bei allen unseren Maßnahmen von der Hoffnung und Überzeugung leiten ließen, dem Allgemeinwohl nach Kräften zu dienen.

Um die allzu unruhigen Leute von der Erörterung der Fragen über die Staatskunst abzulenken, rücken wir gleichsam neue Fragen der Staatskunst in den Vordergrund: die Fragen der Industrie. Mögen sie sich auf diesem Arbeitsgebiet austoben. Die Massen willigen ein, untätig zu bleiben, von einer »politischen« Tätigkeit auszuruhen – zu der wir sie erzogen hatten, um mit ihrer Hilfe die noch nicht illuminierten Regierungen zu bekämpfen –, nur unter der Bedingung einer neuen Beschäftigung, in der wir ihnen gleichsam die halbe politische Richtung weisen.

Damit die Massen nicht selbst den Dingen auf die Spur kommen, lenken wir sie noch durch allerhand Vergnügungen, Spiele, Leidenschaften und Volkshäuser ab. Bald werden in unserer Presse Preisausschreiben auf den verschiedensten Gebieten der Kunst und der Kraftspiele, des Sports, erscheinen. Solche Fülle von Zerstreuungen wird die Gedanken der Masse endgültig von den Fragen ablenken, für deren Verwirklichung wir sonst hart mit ihr kämpfen müßten. Haben die Menschen allmählich immer mehr die Fähigkeit zum selbständigen Denken verloren, so werden sie uns alles nachsprechen. Wir werden dann allein neue Gedankenrichtungen hervorbringen, natürlich nur durch solche Persönlichkeiten, die nicht im Verdacht einer Verbindung mit uns stehen.

Sobald unsere Herrschaft anerkannt ist, wird die Rolle der freisinnigen Schwärmer endgültig vorbei sein. Bis dahin werden sie uns die besten Dienste leisten. Deshalb wollen wir auch fernerhin die Gedanken der Masse auf allerhand Ereignisse abenteuerlicher Lehren lenken, die neu und scheinbar auch fortschrittlich sind. Haben wir doch durch den Fortschritt mit vollem Erfolg die hirnlosen Köpfe nichtilluminierter Menschen verdreht. Es gibt unter ihnen keinen Verstand, der es zu fassen vermöchte, daß dieses Wort in allen Fällen die Wahrheit verdunkelt, wo es sich nicht um wirtschaftliche Erfindungen handelt; denn es gibt nur eine Wahrheit, die keinen Raum für Fortschritt läßt.

Wie jeder falsche Gedanke, so dient auch der Fortschritt nur zur Verdunklung der Wahrheit, damit sie von niemandem außer uns, den Erleuchteten, den Hütern der Wahrheit, erkannt werde.

Unsere Erfolge beruhen auf unserer Lehre

Wenn wir die Macht ganz in Händen haben, werden unsere Redner von den großen Fragen der Menschheit sprechen, die die Welt in Aufruhr gebracht haben, bis sie schließlich unter unsere wohltätige Leitung kam.

Wer wird auf den Verdacht kommen, daß alle diese Fragen von uns nach einem politischen Plan angeregt wurden, hinter den nach so vielen Jahrhunderten noch kein nicht Eingeweihter gekommen ist?

Sobald wir die Weltherrschaft erlangt haben, werden wir keinen anderen Glauben dulden, als allein unseren Glauben an den einzigen Gott, mit dem wir verbunden sind als Eingeweihte und Erleuchtete, und durch den unser Schicksal mit dem Schicksal der ganzen Welt verwoben ist. Aus diesem Grund müssen wir jeden anderen Gottesglauben zerstören. Sollte dadurch die Zahl der Gottlosen vorübergehend zunehmen, so kann das unsere Absichten nicht stören, soll vielmehr als warnendes Beispiel für die Menschen dienen, die unsere Lehre hören wollen, deren starker und tief durchdachter Aufbau vielleicht zur Unterwerfung aller Völker unter unsere Herrschaft führen wird.

Wir werden unseren Erfolg auf die geheimnisvolle Kraft unserer Lehre zurückführen, von der, wie wir sagen werden, alle erzieherischen Wirkungen auf die Menschheit ausgehen.

Wir werden bei jeder Gelegenheit Aufsätze veröffentlichen, in denen wir Vergleiche zwischen den Segnungen unserer Herrschaft und den Mißständen der Vergangenheit aufstellen. Die Wohltaten des Friedens werden, wenn sie auch durch Jahrhunderte voll Unruhen erkämpft wurden, einen Beweis für den segensreichen Geist unserer Gesetzgebung liefern.

Wir wollen dabei alle Fehler der nicht-illuminierten Regierungen in den grellsten Farben malen und solche Abneigung gegen sie erzeugen, daß die Völker tausendmal lieber die Leibeigenschaft ertragen, die ihnen Ruhe und Ordnung verbürgt, als länger die viel gerühmte Freiheit genießen, die sie unendlich gequält und die Quellen des menschlichen Daseins erschöpft hat, weil sie von einer Schar von Glücksrittern ausgebeutet wurden, die nicht wußten, was sie damit beginnen.

Unsere Geheimnisse werden wir nicht enthüllen

Die zwecklosen Staatsumwälzungen, zu denen wir alle außer uns Illuminaten veranlaßt haben, um die Grundlagen ihres staatlichen Lebens zu unterwühlen, werden bis dahin allen Völkern derart zuwider sein, daß sie von uns jede Knechtschaft erdulden werden, um nur nicht von Neuem in die Greuel des Krieges und des Aufruhrs zu geraten. Dann werden wir Illuminaten besonders die geschichtlichen Fehler der anderen Regierungen unterstreichen. Wir werden darauf hinweisen, daß sie die Völker Jahrhunderte lang gequält haben, weil ihnen jedes Verständnis dafür abging, was den Menschen frommt und ihrem wahren Wohl dient. Sie haben allerhand abenteuerlichen Plänen einer ausgleichenden gesellschaftlichen Gerechtigkeit nachgejagt und dabei vollkommen übersehen, daß die Beziehungen der einzelnen Gesellschaftsschichten zueinander dadurch nicht besser, sondern schlechter wurden. Die ganze Kraft unserer Grundsätze und Maßnahmen wird dadurch zur Geltung gelangen, daß wir sie als scharfen Gegensatz zu den verfaulten alten Gesellschaftsordnungen hinstellen.

Unser Denken wird alle Fehler und Unzulänglichkeiten des nichterleuchteten Glaubensbekenntnisses aufdecken, aber niemand kann unsere Religion nach ihren wahren Grundzügen beurteilen, weil er sie nicht genügend kennenlernt. Unsere Leute dagegen, die in ihre Tiefen eingedrungen sind, werden sich schwer hüten, ihre Geheimnisse zu enthüllen.

In den »fortgeschrittenen« Ländern haben wir ein geistloses, schmutziges und widerwärtiges Schrifttum geschaffen. Wir werden diese Richtung noch einige Zeit nach der Erlangung der Weltherrschaft begünstigen. Um so schärfer wird dann der Gegensatz unserer erhabenen staatsrechtlichen Pläne und Reden hervortreten. Unsere weisen Männer, die wir zur Leitung der Nicht-Illuminierten herangebildet haben, werden Reden und Flugschriften verbreiten, durch die sie die Geister auf die Wissenschaft und Gedanken hinlenken, die wir für sie vorgesehen haben.

Es wird noch viel Zeit, vielleicht sogar ein ganzes Jahrhundert vergehen, bis der von uns in allen Staaten für ein und denselben Tag vorbereitete Umsturz zum Ziel führt und die völlige Unfähigkeit der bestehenden Regierungen allgemein anerkannt wird. Haben wir endlich die volle Herrschaft erlangt, so werden wir dafür zu sorgen wissen, daß gegen uns keinerlei Verschwörungen stattfinden können.

Wahrung der Geheimnisse unserer Logen

Wir werden jeden unbarmherzig hinrichten lassen, der sich mit der Waffe in der Hand gegen uns und unsere Herrschaft auflehnt. Jede Gründung irgendeines neuen Geheimbundes wird ebenfalls mit dem Tod bestraft werden. Die jetzt bestehenden Geheimbünde, die uns alle wohl bekannt sind und uns gute Dienste geleistet haben und noch leisten, werden wir sämtlich auflösen. Ihre Mitglieder sollen in weit von Europa entfernte Erdteile verbannt werden.

So werden wir vor allem mit denjenigen nicht illuminierten Freimaurern verfahren, die zu tief in die Geheimnisse unserer Logen eingedrungen sind. Wer aber aus irgendeinem Grund von uns begnadigt wird, muß in ständiger Angst vor der Ausweisung leben. Wir werden ein Gesetz erlassen, nach dem alle früheren Mitglieder geheimer Gesellschaften aus Europa – dem Hauptsitz unserer Regierung – ausgewiesen werden. Alle Entscheidungen unserer Regierung werden endgültig sein. Eine Berufung werden wir nicht zulassen.

Die nicht Eingeweihten der Gesellschaft, in der wir die Mächte der Zwietracht und des Widerspruches groß gezogen haben, können nur durch schonungslose Maßnahmen wieder zur Ruhe und Ordnung gebracht werden. Es darf kein Zweifel darüber bestehen, daß die Regierung jederzeit imstande ist, ihren Willen mit eiserner Hand durchzuführen. Dann kommt es auf die Opfer, die das künftige Wohl erfordert, überhaupt nicht an.

Überall Logen gründen

Es ist vielmehr verdammte Pflicht und Schuldigkeit jeder Regierung, das allgemeine Wohl nötigenfalls auch durch Opfer zu sichern. Denn nicht in den Vorrechten, sondern in den Pflichten beruht die Daseinsberechtigung jeder Regierung. Je mehr eine Regierung es versteht, sich mit dem Strahlenkranz einer vollkommen gefestigten Machtstellung zu umgeben, um so unerschütterlicher steht sie da.

Das höchste Maß eines hehren und unerschütterlichen Machtbewußtseins kann aber nur erreicht werden, wenn sein Ursprung auf das Walten geheimnisvoller Kräfte, wie die durch Gott Auserwählten, zurückgeführt wird. Solche Macht stellte bis in die letzte Zeit die Selbstherrschaft der russischen Zaren dar, die, abgesehen vom Papsttum – unser einziger ernsthafter Feind in der Welt ist.

Gedenken Sie, meine Herren, des Beispieles eines Sulla, dem das von Blut triefende Italien kein Haar krümmte, obwohl er eine ungeheure Blutschuld auf sich geladen hatte. Sulla wurde von dem selben Volk vergöttert, das er auf das Schwerste gepeinigt hatte, weil er eine Machtvollkommenheit sondergleichen zu entwickeln verstand. Seine Rückkehr nach Italien machte ihn unverletzlich. Kein Volk vergreift sich an dem, der es durch Tapferkeit und Geisteskraft in seinen Bann zu schlagen weiß.

So lange wir noch nicht zur Herrschaft gelangt sind, müssen wir vorläufig, im Gegensatz zu den vorhin entwickelten Grundsätzen, in der ganzen Welt die Zahl der Freimaurerlogen möglichst vermehren. Wir werden den Einfluß der Logen dadurch verstärken, daß wir ihnen alle Persönlichkeiten zuführen, die in der Öffentlichkeit eine hervorragende Rolle spielen oder doch wenigstens spielen könnten; denn diese Logen werden eine Hauptauskunftsstelle bilden und von ihnen wird ein großer Einfluß ausströmen.

Alle Agenten sind Mitglieder der Logen

Alle Logen fassen wir unter einer Hauptleitung zusammen, die nur uns bekannt ist, allen anderen aber verborgen bleibt, nämlich unter der Hauptleitung unserer Weisen. Die Logen werden ihren Vorsitzenden haben, der es verstehen muß, die geheimen Weisungen der Hauptleitung durch seine Person zu decken. In diesen Logen werden die Fäden aller umstürzlerischen und freisinnigen Bestrebungen zusammenlaufen. Die Logenmitglieder werden den verschiedensten Gesellschaftskreisen angehören. Die geheimsten Pläne der Staatskunst werden uns am Tag ihrer Entstehung bekannt werden und sofort unserer Leitung verfallen.

Zu den Mitgliedern der Logen werden fast alle Polizeispitzel der Welt gehören, deren Tätigkeit für uns ganz unentbehrlich ist. Die Polizei ist vielfach nicht nur in der Lage, willkürlich gegen diejenigen vorzugehen, die sich uns nicht unterwerfen wollen; sie kann auch die Spuren unserer Handlungen verwischen und Vorwände zur Unzufriedenheit bieten.

In die Geheimbünde treten mit besonderer Vorliebe Abenteurer, Schwindler, Streber und überhaupt Leute ein, die von Natur leichtsinnig veranlagt sind. Es kann uns nicht schwer fallen, diese Kreise für uns zu gewinnen und unserem Zweck dienstbar zu machen.

Wenn die Welt von Unruhen geplagt wird, so heißt das, daß wir diese Unruhe hervorrufen mußten, um das allzu feste Gefüge der Staaten, die noch von Nicht-Illuminierten geleitet werden, zu zerstören. Kommt es irgendwo zu einer Verschwörung, so steht an der Spitze derselben sicher kein anderer als einer unserer treuesten Diener.

Es versteht sich von selbst, daß wir Illuminati allein und sonst niemand die Tätigkeit der Freimaurerlogen leiten. Wir allein wissen, welchem Ziel sie zusteuern, wir allein kennen den Endzweck jeder Handlung. Die nicht Eingeweihten dagegen haben keine Ahnung von diesen Dingen, sie sehen nicht einmal das Nächstliegende, Unmittelbare, und sind gewöhnlich mit der augenblicklichen Befriedigung ihrer Eigenliebe bei der Ausführung eines Vorhabens zufrieden. Um die Wirkungen kümmern sie sich meist nicht. Ebensowenig merken sie, daß der Gedanke zur Tat nicht von ihnen selbst stammt, sondern auf unsere Einflüsterungen zurückzuführen ist.

Nicht Eingeweihte treten gewöhnlich aus Neugier in die Logen ein. Viele hoffen auch, mit Hilfe der Logen einflußreiche Stellungen zu erlangen. Einzelne treibt das Verlangen, vor einem größeren Zuhörerkreis ihre unerfüllbaren und haltlosen Träume auszusprechen. Sie lechzen nach Beifall und Händeklatschen, womit wir natürlich sehr freigiebig sind. Wir gönnen und gewähren ihnen gern solche Erfolge, um die aus ihnen entspringende Selbstüberhebung für unsere Zwecke auszunutzen.

Tiger mit lammfrommen Seelen

Dann nehmen die Leute ahnungslos und ohne Prüfung unsere Einflüsterungen auf, ja sie sind sogar noch felsenfest davon überzeugt, selber die leitenden Gedanken hervorgebracht zu haben. Sie können es sich gar nicht vorstellen, wie leicht es ist, selbst die Klügsten der Nicht-Illuminierten an der Nase herumzuführen, wenn sie sich in dem Zustand der Selbstüberhebung befinden; sie sind dann von einer so kindischen Einfalt, daß schon der geringste Mißerfolg, etwa das Aussetzen des Beifallklatschens, genügt, um sie zu einem knechtischen Gehorsam gegen jeden zu bewegen, der ihnen neuen Erfolg verspricht.

Während wir Eingeweihten den äußeren Erfolg verachten und all unser Sinnen und Trachten darauf einstellen, unsere Pläne durchzuführen, sind die Nicht-Illuminierten im Gegenteil bereit, alle Pläne zu opfern, wenn sie nur den geringsten äußeren Erfolg einheimsen können. Diese seelische Veranlagung der nicht Eingeweihten erleichtert uns ungemein die Aufgabe, sie nach unseren Zwecken zu lenken. Diese Tiger von Gestalt haben lammfromme Seelen; in ihren Köpfen aber weht der Zugwind. Wir haben sie auf ein Steckenpferd gesetzt und ihnen vorgemacht, daß die einzelne Persönlichkeit aufgehen müsse im Begriff der Gesamtheit, dem sogenannten Kommunismus.

Nicht-Illuminierten geht offenbar die Fähigkeit ab, zu erkennen, daß dieser Traum der allgemeinen Gleichmacherei gegen das oberste Gesetz der Natur verstößt, die seit der Schöpfung der Welt verschieden geartete Wesen hervorbringt und der Persönlichkeit eine entscheidende Rolle zuspricht. Wenn es uns gelungen ist, die nicht Eingeweihten derart zu verblenden, so zeigt das doch mit überraschender Deutlichkeit, daß ihr Verstand sich in keiner Weise mit dem unsrigen messen kann. Das ist die beste Bürgschaft für unseren Erfolg.

Wie scharfsinnig ist doch der Ausspruch unserer alten Weisen, daß ein großes Ziel nur dann erreicht werden kann, wenn man in der Wahl der Mittel nicht wählerisch ist und die Opfer nicht zählt, die zur Strecke gebracht werden. Wir haben die Opfer vom viehischen Samen Nicht-Illuminierter niemals gezählt, mußten freilich auch viele der unsrigen opfern. Dafür haben wir unseren Leuten schon jetzt eine Stellung in der Welt gegeben, auf die sie in ihren kühnsten Träumen nicht zu hoffen wagten. Mit verhältnismäßig geringen Opfern aus der Zahl der unsrigen habe wir die Eingeweihten stets vor einem Untergang bewahrt.

Von unserer Stirn strahlt hohe Geisteskraft

Der Tod ist das unvermeidliche Ende aller Menschen. Daher ist es besser, dieses Ende für diejenigen zu beschleunigen, die unserer Sache schaden, als zu warten, bis es auch uns, die Schöpfer des Werkes, trifft. In den Freimaurerlogen vollziehen wir die Todesstrafe in einer Weise, daß niemand außer den Logenbrüdern Verdacht schöpfen kann, nicht einmal die Todesopfer selber: sie alle sterben, sobald es nötig ist, scheinbar eines natürlichen Todes. Da das den Logenbrüdern bekannt ist, so wagen sie es nicht, irgendwelchen Einspruch zu erheben. Mit solchen unerbittlichen Strafen habe wir innerhalb der Logen jeden Widerspruch gegen unsere Anordnungen im Keim erstickt. Während wir den nicht Eingeweihten den Freisinn predigen, halten wir gleichzeitig den Kreis der Illuminati und unserer Vertrauensmänner im strengsten Gehorsam.

Wir haben es verstanden, die Durchführung der Gesetze, die nicht von Eingeweihten gestaltet sind, auf ein Mindestmaß zu beschränken. Infolge unserer freisinnigen Auslegung der Gesetze haben diese an Ansehen verloren. In den wichtigsten staatsrechtlichen Fragen und sonstigen Streitfällen von grundsätzlicher Bedeutung entschieden die Gerichte so, wie wir es ihnen vorschreiben. Sie sehen die Dinge in derselben Beleuchtung, in der wir sie der Verwaltung, die nicht von Illuminaten geleitet wird, darstellen, natürlich nur durch Mittelspersonen, mit denen wir scheinbar nicht die geringsten Berührungspunkte haben, durch Presseäußerungen oder auf sonstigen Wegen.

Selbst Mitglieder des Senates und höhere Verwaltungsbeamte folgen blindlings unseren Ratschlägen. Der viehische Verstand der Nicht-Eingeweihten ist zur Zergliederung eines Begriffes und zur Beobachtung überhaupt nicht fähig; um so weniger können sie voraussehen, welche weitgehenden Schlußfolgerungen sich an gewisse Entscheidungen anknüpfen lassen.

Die tiefgreifenden Unterschiede in der geistigen Veranlagung der Illuminierten und der Nicht-Illuminierten zeigen deutlich, daß wir Eingeweihten die Auserwählten und die wahren Menschen sind. Von unseren Stirnen strahlt hohe Geisteskraft, währen die Nicht-Eingeweihten nur einen triebmäßigen, viehischen Verstand haben. Sie können wohl sehen, aber nicht vorausschauen; sie sind unfähig, etwas zu erfinden, ausgenommen rein körperliche Dinge. Daraus geht klar hervor, daß die Natur selbst uns zur Herrschaft über die ganze Welt vorausbestimmt hat.

Sobald die Zeit gekommen ist, in der wir offen die Weltherrschaft ergreifen, wird die wohltätige Wirkung unserer Regierung durch eine völlige Umgestaltung der Gesetze sich erweisen; unsere Gesetze werden kurz, klar und unabänderlich sein. Wir werden keine Deutungen zulassen, so daß jeder imstande sein wird, sie seinem Gedächtnis fest einzuprägen.

Keine Milde in der Rechtsprechung

Der hervorstechende Zug unserer Gesetze wir das Verlangen eines unbedingten Gehorsams gegenüber der Obrigkeit sein, den wir bis zum höchsten Grade steigern werden. Damit werden alle Mißbräuche infolge der Verantwortlichkeit aller vor dem Vertreter der höchsten Staatsgewalt aufhören.

Der Mißbrauch der Amtsgewalt durch die mittleren und niederen Beamten wird mit einer so unnachsichtigen Strenge bestraft werden, daß jedem die Lust vergehen soll, seine Machtbefugnisse zu überschreiten. Wir werden die Tätigkeit der Verwaltungsbeamten, die den geregelten Gang der Staatsmaschine aufrechtzuerhalten haben, mit der größten Aufmerksamkeit verfolgen; wenn hier Zuchtlosigkeit um sich gegriffen hat, so muß sie bald zu einer allgemeinen Erscheinung werden; daher werden wir jeden Fall von Gesetzwidrigkeit oder Mißbrauch der Amtsgewalt mit vorbildlicher Strenge bestrafen.

Jede Versuchung, jede gegenseitige Duldung von Amtsvergehen durch Verwaltungsbeamte wird sofort aufhören, sobald die ersten Beispiele einer harten Bestrafung der Schuldigen vorliegen. Das Ansehen unserer Macht verlangt zweckmäßige, das heißt also härteste Strafen für das geringste Amtsvergehen, dessen Triebfeder persönliche Vorteile waren.

Wenn auch der einzelne vielleicht härter bestraft werden wird, als er es verdient, so ist er doch dem Soldaten zu vergleichen, der auf dem Feld der inneren Verwaltung für das Ansehen von Gesetz und Macht gefallen ist. Denn beide können von den Lenkern des Staatswagens, den Beamten, nicht die geringste Abweichung vom geraden Weg des öffentlichen Wohles in die krummen Seitengassen der persönlichen Vorteile dulden.

Ein Beispiel: Unsere Richter werden wissen, daß sie den obersten Grundsatz der Gerechtigkeit verletzen, wenn sie in ihren Urteilen eine allzugroße Milde walten lassen; die Rechtsprechung soll die Menschen lehren, auf dem rechten Weg zu bleiben, indem sie für jedes Vergehen als abschreckendes Beispiel die nötige Strafe findet; sie ist nicht dazu da, das weiche Gemüt des Richters zu offenbaren. Diese Eigenschaften mögen im häuslichen Leben am Platz sein, bei der Ausübung eines öffentlichen Dienstes dürfen sie nicht hervorgekehrt werden, sonst gehen die erzieherischen Wirkungen des öffentlichen Lebens verloren.

Unsere Richter werden nur bis zum 55. Lebensjahr im Amt bleiben und dann zur Ruhe gesetzt werden. Das wollen wir aus zwei Gründen durchführen: erstens, weil alte Leute hartnäckiger an vorgefaßten Meinungen festhalten und minder fähig sind, sich neuen Anordnungen zu fügen, als junge Menschen; zweitens, weil wir durch eine solche Maßnahme in die Lage versetzt werden, die Stellen häufiger neu zu besetzen und die Richter in einer größeren Abhängigkeit von uns zu halten; wer auf seinem Posten bleiben will, der muß uns blind gehorchen.

Keine Vorstellungen von Pflichten

Wir werden überhaupt nur solche Richter zulassen, die genau wissen, daß ihre Aufgabe darin besteht, die Gesetze anzuwenden und zu strafen, nicht aber ihre freisinnigen Anschauungen auf Kosten der erzieherischen Wirkung der Staatshoheit zur Anwendung zu bringen, wie es jetzt nichtilluminierte Richter tun. Der häufige Stellenwechsel der Beamten wird für uns auch den Vorteil haben, daß die Geschlossenheit des Beamtentums gesprengt wird. Der Beamte der Zukunft wird sich wieder mehr als Vertreter des Staates, denn als Vertreter eines bestimmten Standes fühlen, da sein Geschick ganz von der Staatsleitung abhängen wird. Der junge Nachwuchs des Richterstandes wird von uns in der Anschauung erzogen werden, daß Mißbräuche nicht geduldet werden dürfen, die die festgesetzten Abhängigkeits-Verhältnisse unserer Untertanen zueinander stören könnten.

Die jetzt nicht eingeweihten Richter beurteilen die meisten Verbrechen viel zu nachsichtig, weil sie keine richtige Vorstellung von ihren Pflichten haben. Die jetzigen Staatsleiter geben sich bei der Bestallung der Richter nicht die Mühe, diesen das Gefühl der Pflicht und Verantwortlichkeit einzuprägen und die Erkenntnis der Aufgaben zu erschließen, die sie tatsächlich erfüllen sollen. Wie das Tier seine Jungen auf Beute ausschickt, so geben auch die nicht Eingeweihten ihren Anhängern einträgliche Stellungen, ohne sie darüber aufzuklären, wozu diese eigentlich geschaffen sind. Daher wird die Stellung der nichtilluminierten Regierungen durch die Tätigkeit ihrer eigenen Beamten untergraben. Wir wollen uns die Folgen dieses Verhaltens als warnendes Beispiel für unsere eigene Regierung einprägen!

Wir werden den Freisinn grundsätzlich aus allen wichtigen Verwaltungsstellen vertreiben, deren Inhaber die Massen im Gehorsam gegen uns und unsere Gesellschaftsordnung erziehen sollen. Auf solche Stellen werden wir nur noch unsere zuverlässigen Anhänger berufen, die wir selbst für den höheren Verwaltungsdienst ausgebildet haben.

Auf den immerhin möglichen Einwand, daß die Versetzung der alten Beamten in den Ruhestand dem Staat allzu große Kosten verursachen wird, erwidere ich zweierlei: Erstens soll versucht werden, ihnen als Ersatz für das verlorene Amt vorläufig eine nichtöffentliche Tätigkeit zu erschließen. Zweitens werden wir über alles Geld der Welt verfügen, unsere Regierung braucht deshalb keine Ausgaben zu scheuen, wenn es sich um die Durchführung wichtiger Maßnahmen handelt, die uns dem Hauptziel näherbringen.

Schein altväterlicher Sorge

Wir werden eine unbedingt selbstherrliche Gewalt ausüben, die in allen ihren Äußerungen eine strenge Folgerichtigkeit aufweisen soll. Darum wird unser erhabener Wille in jedem einzelnen Fall geachtet und unweigerlich durchgeführt werden. Über jedes Murren, jede Unzufriedenheit können wir uns ruhig hinwegsetzen; wer sich aber zu Handlungen gegen uns hinreißen läßt, den soll die Strenge des Gesetzes treffen.

Wir werden das Berufungsrecht aufheben, um es ausschließlich unserem Herrscher vorzubehalten, da beim Volk nicht die Meinung aufkommen darf, daß die von uns bestellten Richter falsche oder unrichtige Urteile fällen können. Sollte derartiges vorkommen, so werden wir selbst das Urteil aufheben, gleichzeitig aber den Richter für die Verletzung seiner Amtspflichten so hart bestrafen, daß der Fall sich nicht wiederholen dürfte. Ich wiederhole, daß wir jeden Schritt unserer Beamten überwachen werden, damit das Volk mit unserer Verwaltung zufrieden ist; es hat ja schließlich das Recht, von einer guten Verwaltung auch gute Beamte zu verlangen.

Unsere Regierung wird in der Person unseres künftigen Weltherrschers den Schein altväterlicher Sorge um das Wohl und Wehe unserer Untertanen annehmen. Unser Volk und unsere Untertanen werden in ihm einen Vater sehen, der sich um alles kümmert, über alles unterrichtet ist, jede Notlage zu verbessern sucht und die Beziehungen der Untertanen zueinander und zu ihm selbst, dem höchsten Herrscher, mit liebevoller Sorge überwacht.

Dann werden sie von dem Gedanken durchdrungen sein, daß sie ohne die väterliche Obhut und Sorge nicht auskommen können, wenn sie in Ruhe und Frieden selbst leben wollen; sie werden die unumschränkte Gewalt unseres Selbstherrschers anerkennen und mit einer Verehrung zu ihm aufblicken, die an Vergötterung grenzt; besonders, wenn sie merken, daß unsere Beamten ihre Gewalt nicht mißbrauchen können, sondern blindlings seinen Befehlen gehorchen müssen. Sie werden froh sein, daß wir ihr Leben so geregelt haben, wie es kluge Eltern tun, die ihre Kinder zu Pflicht und Gehorsam erziehen.

Bleiben doch die Völker und ihre Regierungen gegenüber den Geheimnissen unserer Staatskunst ewig in der Rolle unmündiger Kinder.

Wie Sie sehen, meine Herren, begründe ich unsere unumschränkte Gewalt auf Recht und Pflicht. Dieses Recht, die Erfüllung der Pflicht zu erzwingen, ist eine Hauptaufgabe der Regierung, die ihren Untertanen gegenüber diese Stellung einnimmt, wie der Vater gegenüber seinen Kindern. Ihr wurde das Recht des Stärkeren verliehen, damit sie die Menschheit zu ihrem eigenen Besten dem von der Natur gewollten Zustand der gegenseitigen Unterordnung zuführe. Alles in der Welt ist von irgend etwas abhängig: wenn nicht von den Menschen, so doch von den Umständen oder den eigenen Trieben, auf jeden Fall aber vom Stärkeren. So wollen wir denn zum Wohl des Ganzen die Stärkeren sein.

Vorsicht bei der Ernennung von Hochschullehrern

Wir sind verpflichtet, einzelne Persönlichkeiten, die die festgesetzte Weltordnung stören, unbedenklich zu opfern. In der vorbildlichen Bestrafung des Bösen liegt eine große erzieherische Aufgabe, die wir unbedingt erfüllen müssen.

Wenn der König der Illuminati auf sein geheiligtes Haupt die Krone setzen wird, die Europa ihm anbieten muß, dann wird er der Stammvater, der Patriarch der ganzen Welt sein. Das wird natürlich Opfer kosten, aber ihre Zahl wird niemals an die schweren Blutopfer heranreichen, die Großmannssucht und Wettbewerb unter den nichteingeweihten Regierungen den Menschen im Laufe vieler Jahrhunderte auferlegt haben.

Unser König wird in ständiger Berührung mit dem Volk stehen. Er wird vor dasselbe hintreten

Die Könige der Erde verehren den »Vollkommenen Roten König«, oder das Sulphur der Adepten den »Leuchtenden Herrn der drei Reiche«.

und ihm Reden halten, deren Ruhm sich blitzschnell von Mund zu Mund über die ganze Welt ausbreiten soll.

Da wir jeden Zusammenschluß der Kräfte außer den unsrigen zerstören wollen, so müssen wir vor allem die Hochschulen, diese erste Stufe des Zusammenschlusses unmöglich machen, indem wir ihnen neue Richtlinie anweisen. Die Verwaltung und die Professoren werden nach ausführlichen, geheimen Vorschriften für ihre Tätigkeit vorbereitet werden, von denen sie bei Strafe nicht abweichen dürfen. Bei der Ernennung der Hochschullehrer werden wir die größte Vorsicht walten lassen, wir werden sie in völliger Abhängigkeit von der Regierung halten.

Aus dem Lehrplan werden wir das Staatsrecht und überhaupt alles, was staatsrechtliche Fragen betrifft, ausschließen. Diese Fächer sollen nur von einem kleinen Kreis besonders befähigter Personen gelehrt werden, die wir aus der Zahl der Eingeweihten aussuchen werden. Die Hochschulen sollen nicht Gelbschnäbel entlassen, die eine Verfassung wie ein Trauer- oder Lustspiel zusammenbrauen, und die sich mit Fragen der Staatskunst beschäftigen, von denen schon ihre Väter nichts verstanden.

Die oberflächliche Beschäftigung eines großen Zuhörerkreises mit politischen Fragen kann nur Erbauer von Luftschlössern und schlechte Untertanen erzielen. Die schlimmen Folgen erkennt man an den Nicht-Eingeweihten, die in dieser Richtung erzogen werden. Wir mußten diesen Keim des Umsturzes in ihre Erziehung hineintragen, und wir haben damit glänzende Erfolge erzielt. Sobald wir aber zur Herrschaft gelangt sind, werden wir aus dem Lehrplan alles streichen, was irgendwie zersetzend wirken kann, und werden die Jugend zu gehorsamen Kindern der Obrigkeit erziehen, die die Regierenden als Bürgschaft und Hoffnung auf Frieden und Ruhe lieben.

Alle Tatsachen der Geschichte streichen

An Stelle des Humanismus und der Erlernung der alten Geschichte, die weit mehr schlechte als gute Beispiele bietet, werden wir die Beschäftigung mit den Richtlinien der Zukunft in den Vordergrund rücken. Wir werden aus dem Gedächtnis der Menschheit alle Tatsachen der Geschichte streichen, die uns unbequem sind, und nur diejenigen übrig lassen, bei denen die Fehler der nichtilluminierten Regierungen besonders hervortreten.

Die Fragen des täglichen Lebens, der gesellschaftlichen Ordnungen, der Beziehungen der Völker untereinander, die Bekämpfung übler Selbstsucht, die die Wurzel vieler Übel ist, und ähnliche Fragen der Erziehung werden an der Spitze unseres

Erziehungsplanes stehen. Dieser Plan wird für jeden Beruf verschieden sein, weil der Unterricht auf keinen Fall verallgemeinert werden soll. Diese Regelung des Unterrichtswesens ist von besonderer Wichtigkeit.

Jeder Stand muß entsprechend seiner Bedeutung und Berufsarbeit eine streng abgeschlossene Erziehung und Bildung erhalten. Hervorragend begabte Menschen haben es immer verstanden und werden es auch in Zukunft verstehen, sich in einen höheren Stand oder Beruf emporzuschwingen, es ist aber Torheit, wegen dieser vereinzelten Ausnahmen die höheren Berufe mit minderbegabten Personen überschwemmen zu lassen, und denjenigen die Plätze fortzunehmen, die nach Geburt und Bildung darauf Anspruch haben. Sie wissen selbst, welche schlimmen Folgen diese himmelschreiende Sinnlosigkeit für die Nicht-Eingeweihten gehabt hat.

Damit der Weltherrscher sich die Herzen und Sinne seiner Untertanen erobert, müssen wir während seiner Tätigkeit in den Schulen wie in der Öffentlichkeit sowohl über seine Bedeutung und Leistungen wie über seine Wohltaten predigen.

Wir werden jede Lehrfreiheit beseitigen. Die Schüler sollen das Recht haben, sich mit ihren Verwandten in den Schulen, wie in Vereinshäusern, zu versammeln. Während dieser Versammlungen, die zweckmäßig an den Feiertagen stattfinden, werden die Lehrer scheinbar freie Vorlesungen halten über die Gesetze von den Folgen des Beispieles, über die Störungen, die aus unbewußten Beziehungen entstehen und schließlich über die Philosophie der neuen Lehre, die in der Welt noch nicht verkündet war.

Allmählich werden die Vorlesungen auf ihren eigentlichen Gegenstand, die großen, der Menschheit bisher noch nicht enthüllten Lehren der neuen Zeit übergehen. Diese Lehren werden wir zu Glaubenssätzen erheben, die die Übergangsstufen zu unserer Religion bilden sollen. Nach Beendigung meiner Ausführungen über unsere Richtlinien für Gegenwart und Zukunft werde ich Ihnen die Begründung dieser Glaubenssätze vorlesen.

Verhinderung einer selbständigen Meinung

Eine jahrhundertelange Erfahrung hat uns gelehrt, daß die Menschen sich in ihren Handlungen von gewissen Grundsätzen und Gedanken leiten lassen, die ihnen durch die Erziehung vermittelt werden. Wir haben ferner erkannt, daß diese Erziehung sich auf alle Altersstufen ausdehnen läßt, wenn man es nur versteht, bei jedem Alter das entsprechende Verfahren anzuwenden. Aus dieser reichen Lebenserfahrung heraus wird es uns sicher gelingen, auch das letzte Aufflackern einer selbständigen Meinung zu ersticken, nachdem wir schon lange die öffentliche Meinung in der für uns nötigen Richtung erzogen haben.

Die Knechtung des Denkvermögens kommt bei dem sogenannten Anschauungsunterricht schon zur Anwendung. Seine Hauptaufgabe besteht darin, die Nicht-Eingeweihten in eine Herde denkfauler, gehorsamer Tiere zu verwandeln, die eine Sache erst verstehen können, wenn man sie ihnen im Bild vorführt. In Frankreich hat einer unserer besten Vertrauensmänner, Bourgeois, sich schon nachdrücklichst für den Anschauungsunterricht verwandt, auf dem er einen ganz neuen Lehrplan aufbauen will.

Der Beruf der Rechtsanwälte schafft kaltherzige, grausame, hartnäckige Menschen, die keine Grundsätze haben. Sie stellen sich in allen Fragen auf einen unpersönlichen, rein geschäftsmäßigen Standpunkt. Sie haben gelernt, alles dem Vorteil der Verteidigung unterzuordnen, statt zu bedenken, welcher Einfluß ihre Verteidigung auf das öffentliche Wohl ausübt. Sie weisen in der Regel keinen Auftrag ab, streben um jeden Preis eine Freisprechung an und kämpfen mit kleinen Winkelzügen der Rechtswissenschaft. Damit untergraben sie das Ansehen der Gerichtshöfe.

Wir werden der Tätigkeit der Rechtsanwälte die engsten Schranken ziehen: sie sollen nur noch ausführende Beamte des Staates sein. Die Rechtsanwälte sollen den Richtern gleichgestellt werden, indem sie das Recht verlieren, mit den Parteien Fühlung zu nehmen. Sie sollen ihre Aufträge nur vom Gericht erhalten, sollen sie nach Schriftsätzen und Urkunden bearbeiten und sollen schließlich ihre Rechtsmündel nach den Ergebnissen verteidigen, die beim Verhör vor Gericht festgestellt wurden.

Die Anwälte werden ihre Gebühren ohne Rücksicht auf den Erfolg ihrer Verteidigung erhalten. Auf diese Weise üben sie ihre Tätigkeit lediglich als gesetzliche Vertreter des Gerichts und als Gegengewicht zum Staatsanwalt aus, der die Anklage vertritt. Auf diese Weise wird das Gerichtsverfahren abgekürzt und eine ehrliche, selbstlose Verteidigung geführt, die auf Überzeugung und nicht auf der Jagd nach Gelderwerb beruht. Damit wird auch die gegenwärtig übliche Bestechung der Gegenanwälte aufhören, wobei die Seite bisher gewann, die am meisten bezahlte.

Hundert Hände halten die Federn der sozialen Maschine

Die Gewissensfreiheit ist jetzt überall öffentlich anerkannt. Wir folgern daraus, daß uns nur noch Jahre von dem Zeitpunkt trennen, wo die christliche Weltanschauung vollständig zusammenstürzen wird; mit den anderen Glaubenslehren werden wir noch schneller fertig werden, doch ist es verfrüht, davon jetzt zu sprechen. Sind wir erst zur Herrschaft gelangt, so werden wir die nichteingeweihte Geistlichkeit derart einschnüren, daß ihr Einfluß im umgekehrten Verhältnis zu ihrer früheren Macht stehen wird.

Wenn die Zeit reif ist, die Macht des Papstes endgültig zu zerstören, wird der Finger einer unsichtbaren Hand die Völker auf den päpstlichen Hof hinweisen. Wenn sie dahin stürzen, wollen wir als angebliche Beschützer des Papstes auftreten und ein größeres Blutvergießen verhindern. Durch diesen Kunstgriff werden wir in seine innersten Gemächer gelangen und diese nicht eher verlassen, bis wir die Macht des Papsttums völlig untergraben haben.

Der König der Illuminati wird der wahre Papst und Patriarch der Weltkirche der Eingeweihten sein. So lange wir jedoch die Jugend noch in den Grundsätzen der Übergangsstufe erziehen müssen, die erst allmählich in unseren Glauben einmünden soll, können wir die bestehenden nichteingeweihten Glaubensbekenntnisse nicht offen bekämpfen, wir werden dagegen scharfe Kritik üben und dadurch die Zersetzung herbeiführen.

Unsere heutige Presse hat die Aufgabe, die Unfähigkeit der Nicht-Eingeweihten auf allen Gebieten des staatlichen und religiösen Lebens zu erweisen; sie wird das in den gewissenlosesten Ausdrücken tun, um sie so weit herabzusetzen, wie das nur unsere schlauen Insider verstehen.

Unsere Herrschaft wird an den Gott Wischnu erinnern, der von ihr versinnbildlicht wird: Hundert Hände halten die Federn der sozialen Maschine. Wir werden alles ohne Hilfe der beamteten Polizei erfahren; denn diese haben wir für die Nicht-Eingeweihten eingerichtet und deshalb rechtlich so gestellt, daß sie die Regierungen am Sehen hindert.

Nach unseren Richtlinien wird ein Drittel unserer Untertanen aus Pflichtgefühl nach dem Grundsatz freiwilligen Staatsdienstes die übrigen zwei Drittel überwachen. Es wird dann nicht mehr schimpflich sein und ehrenrührig, sondern im Gegenteil höchst lobenswert sein, dem Staat Späher- und Angeberdienste zu leisten. Falsche Beschuldigungen sollen jedoch streng bestraft werden, damit kein Mißbrauch mit der Einrichtung getrieben wird.

Spitzeldienste als Ehrenpflicht

Unsere Helfershelfer werden den höchsten und niedrigsten Gesellschaftsschichten angehören: vergnügungssüchtige Verwaltungsbeamte, Verleger, Druckereibesitzer, Buchhändler, Kaufleute, Arbeiter, Dienstboten und viele andere Personen werden sich unter ihnen befinden. Diese recht- und machtlose Polizei darf keinerlei Amtshandlungen vornehmen, die sich auf die Vollstreckung irgendwelcher Befehle beziehen. Sie soll ausschließlich zu Späher- und Angeberdiensten benutzt werden, die die volle Verantwortung tragen, wenn sie daraufhin irgendwelche Verhaftungen anordnen. Die eigentliche Vollzugsgewalt wird der Gendarmerie und der städtischen Polizei übertragen. Wer nachweislich eine wichtige Aussage auf politischem Gebiet unterläßt, wird wegen geistiger Hehlerei zur Verantwortung gezogen.

Wie unsere Glaubensbrüder schon jetzt verpflichtet sind, ihrer Gemeinde jeden Verstoß gegen die Glaubens- und Sittenvorschriften und jeden Abfall von der gemeinsamen Sache der Erleuchteten anzuzeigen, so wird es in unserem künftigen Weltreich als Ehrenpflicht aller treuen Untertanen gelten, die Pflicht des Staatsdienstes auf diesem Gebiet auszuüben.

Mit Hilfe dieses Späher- und Angeberdienstes werden wir den Mißbrauch der Amtsgewalt, die Bestechlichkeit, kurz alle diejenigen Mißstände beseitigen, die wir selbst absichtlich unter den Nicht-Illuminierten großgezogen haben. Das waren und sind die wirksamsten Mittel, um Unzufriedenheit und Aufruhr unter den nichteingeweihten Völkern zu erzeugen. Eines der wichtigsten Mittel bilden die Hüter der Ordnung, da ihnen die Möglichkeit geboten wird, bei der Ausübung ihrer zerstörenden Tätigkeit ihren bösen Neigungen: Willkür, Eigenmächtigkeit und vor allem ihrer Bestechlichkeit zu frönen.

Strenge Schutzmaßnahmen wirken wie ätzendes Gift auf das Ansehen jeder Regierung. Müssen wir zu solchen Maßnahmen greifen, so werden wir künstlich Unruhen hervorrufen und die Unzufriedenheit des Volkes durch gutgeschulte Redner aufstacheln lassen. Diese Redner werden massenhaften Zulauf haben, so daß der Schein von Aufruhr und Empörung vollkommen erreicht ist. Das wird uns den Vorwand bieten, um Hausdurchsuchungen vorzunehmen und mißliebige Personen durch unsere Vertrauensleute überwachen zu lassen, die wir unter die nicht von den Illuminaten kontrollierte Polizei gesteckt haben.

Da die meisten Umstürzler aus Liebe zu Abenteurerei und zur Prahlerei handeln, so werden wir sie so lange in Ruhe lassen, wie sie nicht zu verbrecherischen Taten übergehen. Um jedoch über alle Vorgänge unterrichtet zu sein, werden wir in alle Geheimbünde Spitzel hinzubringen wissen, die uns auf dem laufenden halten. Sie dürfen nicht vergessen, daß das Ansehen der Regierung schwindet, wenn sie allzu häufig Verschwörungen gegen sich entdeckt. Das kann zu dem Verdacht führen, daß sie ihre eigene Ohnmacht oder, noch schlimmer, ihre eigene Unrechtmäßigkeit eingesteht.

Sie wissen, daß wir das Ansehen der nichteingeweihten, gekrönten Häupter dadurch untergraben haben, daß wir durch unsere

Helfer häufig Mordanschläge gegen sie ausführen ließen. Die Täter waren blinde Hammel der uns zur Verfügung stehenden Herde, die man leicht durch einige freisinnige Redewendungen zu Verbrechen verleiten kann, wenn man diesen einen Schein der Berechtigung gibt. Wir werden die nichteingeweihten Regierungen noch zwingen, ihre eigene Ohnmacht dadurch einzugestehen, daß sie offene Schutzmnaßnahmen für sich treffen. Dann ist ihr Ansehen endgültig dahin.

Unser König wird in ganz unauffälliger Weise geschützt werden. Wir dürfen nicht einmal den Gedanken aufkommen lassen, daß er nicht imstande sei, Umtriebe schnell zu beseitigen, und daß er sich vor ihnen verbergen müsse. Wollten wir diesen Gedanken nach dem Beispiel der Nicht-Ein-

> DEPARTMENT OF PRINTED BOOKS,
> BRITISH MUSEUM,
> LONDON, W.C.1.
>
> 23:6:28
>
> Geehrter Herr!
>
> In Beantwortung Ihrer Anfrage, welche gestern in meinen Besitz kam, teile ich Ihnen ergebenst mit, daß sich Professor Nilus' „Protokolle von Zion" in obiger Bibliothek befinden. Die Herausgabe erfolgte 1905 und wir erwarben eine Kopie 1906. Zwei englische Übersetzungen derselben befinden sich in unserer Bibliothek. Das Original ist in russisch geschrieben. Es ist wahrscheinlich vergriffen und Sie werden Schwierigkeiten haben, eine Kopie desselben noch zu erwerben. Über dies Buch wurden viele Betrachtungen angestellt und zu jener Zeit wurde viel in den englischen Zeitungen darüber geschrieben.
>
> Ihr ergebener
>
> R. J. Sharp
> Bibliothekar.
>
> Herrn Pastor a. D. L. Münchmeyer
> Oldenburg

Die Protokolle wurden in der heutigen Form in Rußland 1905 veröffentlicht, ins Britische Museum kamen sie 1906.

geweihten zulassen, so hätten wir, wenn nicht für den König selbst, so doch sicher für seine Nachkommen das Todesurteil unterschrieben.

Unsere Macht ist Ruhe und Ordnung

Unser König wird den Schein streng zu wahren wissen, daß er seine Macht nur zum Besten des Volkes und nicht zu seinem eigenen Vorteil oder zu Gunsten seiner Hausmacht ausnutzt. Darum wird seine Macht vom Volk geachtet und geschützt werden. Das Volk wird ihn vergöttern, weil es fest davon überzeugt sein wird, daß die Macht des Königs die Ruhe und Ordnung im Land und damit auch das Wohl jedes einzelnen Staatsbürgers verbürgt. Wer den König durch äußere Machtmittel schützen will, der erkennt die Schwäche des Königs an.

Unser König wird, sobald er sich in der Öffentlichkeit zeigt, immer von einer Menge scheinbar neugieriger Männer und Frauen umgeben sein. Wie zufällig werden sie immer die ersten Reihen um ihn einnehmen und die Nachdrängenden scheinbar aus Liebe zur Ordnung von einer zu nahen Annäherung zurückhalten. Das gute Beispiel wird auch die anderen zur Ruhe und Besonnenheit mahnen.

Drängt sich jemand aus dem Volk vor, um dem König eine Botschaft abzugeben, so sind die ersten Reihen verpflichtet, sie in Empfang zu nehmen und vor den Augen des ganzen Volkes dem König zu überreichen. Dann werden alle wissen, daß die Bittschriften wirklich in die Hände des Königs gelangen und von ihm selbst geprüft werden. Das Ansehen der Macht läßt sich nur dann aufrechterhalten, wenn das Volk mit Überzeugung sprechen kann: »Wüßte der König davon« oder »Der König wird davon erfahren«.

Mit der Einführung offener Schutzmaßnahmen geht der geheimnisvolle Ursprung des Ansehens der Macht verloren. Jeder, der über die nötige Frechheit verfügt, hält sich für berechtigt, sie vor aller Öffentlichkeit anzutasten. Der Umstürzler erkennt seine Macht und erspäht den günstigsten Augenblick für einen Mordanschlag. Den nicht Eingeweihten haben wir etwas anderes weisgemacht; jetzt können wir an ihrem Beispiel ersehen, welche schlimmen Folgen die offenen Schutzmaßnahmen für sie gehabt haben.

So wenig wir es dulden werden, daß die Masse sich mit staatsrechtlichen Fragen beschäftigt, so sehr werden wir es dennoch begrüßen, wenn das Volk der Regierung allerhand Eingaben und Vorschläge macht, die eine Verbesserung seiner wirtschaftlichen Lage bezwecken. Auf diese Weise kommen uns möglicherweise wirkliche Mißstände zu Ohren, deren Abänderung uns selbst erwünscht sein muß. Handelt es sich aber um bloße Hirngespinste, so werden wir sie sachlich widerlegen und die

Kurzsichtigkeit des Antragstellers einwandfrei beweisen.

Die Möpse werden das Bellen lassen

Für eine Regierung, die sich nicht nur auf die Polizei verläßt, sondern die Wurzeln ihrer Kraft im Volk selbst verankert hat, sind Unruhen und Aufstände nichts anderes, wie das Bellen des Mopses vor dem Elefanten. Der Mops bellt den Elefanten an, weil er seine Größe und Kraft verkennt. Es genügt, die verschiedenartige Bedeutung beider an einem lehrreichen Beispiel zu erweisen, und die Möpse werden das Bellen lassen und mit dem Schweife wedeln, sobald sie den Elefanten erblicken.

Um dem politischen Verbrecher den Schein des Helden zu nehmen, der sich für andere aufopfert, werden wir ihn auf dieselbe Bank mit gewöhnlichen Dieben, Mördern und anderen gemeinen Verbrechern setzen. Dann wird die öffentliche Meinung beide Arten von Verbrechen in einen Topf werfen und den politischen Verbrecher mit derselben Verachtung strafen, die sie vor dem gemeinen Verbrecher schon jetzt empfindet.

Wir haben uns erfolgreich darum bemüht, die nicht Illuminierten von solchem Vorgehen gegen politische Verbrecher abzuhalten. Wir haben das angebliche Heldentum solcher Umstürzler in Zeitungsaufsätzen und öffentlichen Reden wie auch unmittelbar, in klug zusammengestellten Lehrbüchern der Geschichte, verherrlicht, weil sie sich für das, wie wir sagen, allgemeine Wohl aufopferten. Auf diese Weise gelang es uns, dem Freisinn zahlreiche Anhänger zuzuführen und Tausende von Nichterleuchteten in die Reihe der uns auf Leben und Tod ergebenen Hammelherde einzustellen.

Geld- und Steuerwirtschaft

Die heutige Sitzung betrifft unsere Grundsätze auf dem Gebiet der Geld- und Steuerwirtschaft. Ich habe diese außerordentlich schwierigen Fragen absichtlich am Schluß meines Vortrages gesetzt, weil sie den Kern unseres ganzen Planes bilden und über sein Gelingen entscheiden. Bevor ich auf Einzelheiten eingehe, bitte ich Sie, sich dessen zu erinnern, was ich schon früher angedeutet habe: Wir sind des Erfolges unserer Sache ganz sicher, weil wir nahezu alle Geldmittel besitzen.

Sobald wir zur Herrschaft gelangt sind, wird unsere selbstherrliche Regierung es vermeiden, die Massen des Volkes allzu fühlbar mit Steuern zu belasten, da wir dem Volk gegenüber stets den Schein eines väterlichen Beraters und Beschützers wahren müssen. Freilich kostet die Staatsverwaltung viel Geld, das irgendwie beschafft werden muß. Es ist daher von besonderer Wichtigkeit, ein Verfahren ausfindig zu machen, das die

Steuern möglichst nach der Leistungsfähigkeit verteilt.

Unsere Gesetze sollen von der Annahme ausgehen, daß dem König alles gehört, was sich innerhalb des Staatsgebietes befindet. Unsere Regierung wird daher in der Lage sein, jede Art von Besitz zu treffen. Nötigenfalls kann sie sogar alle Umlaufmittel einziehen, um eine neue Verteilung derselben vorzunehmen. Der beste Weg zur Deckung des Staatsbedarfs ist eine stufenweise ansteigende Besitzsteuer. Bei einer solchen Regelung können die Steuern in einem der Größe des Vermögens entsprechenden Hundertteil bezahlt werden. Der Besitzer ist imstande die Steuer zu tragen, ohne sich Einschränkungen aufzuerlegen oder gar seine wirtschaftliche Lage zu gefährden.

Die Reichen müssen einsehen, daß sie verpflichtet sind, einen Teil ihres Überflusses dem Staat zur Verfügung zu stellen, weil der Staat ihnen den ungefährdeten Besitz ihres sonstigen Vermögens und das Recht des ehrlichen Erwerbs verbürgt. Ich sage ausdrücklich des ehrlichen Erwerbs; denn die Überwachung der Vermögensbildung wird den Raub unter dem Schein des Rechtes verhindern.

Alle großen Vermögen in unserer Hand

Die Besteuerung der Armen ruft dagegen Unzufriedenheit und Empörung hervor; sie schädigt den Staat; denn er verliert in der Jagd nach ein paar Pfennigen das Vertrauen und die Zuneigung der Volksmassen. Unabhängig davon trägt die Vermögensteuer dazu bei, das Wachstum von Vermögen in der Hand einzelner Personen zu verringern. Augenblicklich haben wir fast alle großen Vermögen in unseren Händen vereinigt, um gegenüber der großen Macht der noch nicht von Illuminaten beherrschten Staaten ein Gegengewicht auf dem wichtigsten Gebiet der staatlichen Geldwirtschaft zu haben.

Eine Steuer, die mit der Größe der Vermögen ansteigt, wird weit höhere Erträge liefern als die noch übliche Kopf- oder Grundsteuer, die uns nur nützt, um Unzufriedenheit und Unruhen unter den nicht Erleuchteten hervorzurufen.

Die Macht, auf die unser König sich stützen kann, besteht im Gleichgewicht und in der Friedensbürgschaft, deretwegen es nötig ist, daß die Besitzenden dem Staat einen Teil ihrer Einnahme überlassen, um den Gang der Staatsmaschine zu sichern. Der Geldbedarf des Staates soll von denjenigen getragen werden, die im Überfluß leben und von denen etwas zu holen ist.

Solche Verteilung der Steuerlasten wird den Neid der Armen gegen den Reichen beseitigen, weil er sieht, daß die Besitzenden fast die gesamten Staatslasten tragen und dadurch Frieden und Wohlfahrt fördern. Wenn die besitzlosen Klassen sehen, daß fast die gesamten Staatslasten von den Besitzenden getragen werden, die dadurch die Aufrechterhaltung geordneter Zustände ermöglichen und jedem einzelnen einen Dienst erweisen, so werden sie ihnen die Daseinsberechtigung nicht aberkennen.

Damit die Steuerzahler aus den gebildeten Kreisen über die neuen Steuerlasten nicht allzusehr klagen, werden wir ihnen genaue Rechenschaft über die Verwendung der Staatsgelder ablegen.

Ausgenommen sind dagegen natürlich diejenigen Summen, die wir für unseren König und für unsere Verwaltungsämter brauchen werden.

Unser König wird kein eigenes Vermögen haben, da grundsätzlich alles, was sich im Staat befindet, ihm gehören soll; sonst entständen Widersprüche. Das Vorhandensein eines eigenen Vermögens würde den rechtlichen Anspruch auf das gesamte Volksvermögen beseitigen.

Von der königlichen Familie wird nur der Thronfolger auf Staatskosten unterhalten werden. Alle übrigen müssen entweder in den Staatsdienst treten oder einen anderen Beruf ergreifen. Das Blut der königlichen Familie gibt kein Anrecht auf eine Beraubung der Staatskasse.

Das Geld ist für den Umlauf bestimmt

Jeder Kauf, jede Bescheinigung über empfangene Geldsummen und jede Erbschaft werden mit einer stufenweise ansteigenden Stempelsteuer belegt werden. Wer es unterläßt, eine namentliche Übertragung des Eigentumsrechts an Geld oder sonstigen Werten auf diese Weise anzuzeigen, wird mit einer besonderen Strafe belegt, die in einem bestimmten Satz vom Hundert der entzogenen Summe für die Zeit von der Eigentumsübertragung bis zur Entdeckung der Steuerhinterziehung berechnet wird.

Für diese namentliche Übertragungen des Eigentumsrechts werden besondere Geschäftsbücher eingeführt werden, die Namen und Wohnung des alten und neuen Besitzers angeben müssen und der örtlichen Steuerbehörde allwöchentlich vorzulegen sind. Selbstverständlich wird die Feststellung des Käufers erst von einer bestimmten Kaufsumme ab verlangt werden. Die gewöhnlichen Kaufgeschäfte in Gegenständen des täglichen Bedarfs werden nur einer Stempelsteuer in einem festen Satz vom Hundert unterliegen.

Berechnen Sie, um wie viel mal die Erträge solcher Steuern die Einnahmen der nicht von Illuminaten beherrschten Staaten übertreffen werden.

Die Staatskasse muß immer einen bestimmten Bestand an

Rücklagen enthalten. Alles, was über diesen Bestand hinaus geht, wird wieder in Umlauf gesetzt. Wir werden für diese überschüssigen Summen öffentliche Arbeiten ausführen lassen. Die Tatsache, daß der Staat von sich aus solche Arbeiten unternimmt, wird ihm und den Herrschenden das Zutrauen der Arbeiterklasse eintragen. Aus den genannten Summen werden wir auch Preise für Entdeckungen und besondere Leistungen auf dem Gebiet des Gewerbefleißes zahlen.

Außer den genau bestimmten und weitsichtig berechneten Summen sollte kein Pfennig unnütz in der Staatskasse zurück gehalten werden. Das Geld ist für den Umlauf bestimmt; jede Stockung des Geldverkehrs kann den Staat empfindlich schädigen. Das Geld ist das Öl der Staatsmaschine; bleibt die Ölung aus, so muß die Maschine still stehen.

Der Ersatz eines Teils der Umlaufmittel durch festverzinsliche Wertpapiere hat solche Stokkung des Geldverkehrs verursacht. Die Folgen dieses Umstandes sind zur Genüge bekannt.

Wir werden einen Rechnungshof gründen, in welchem der Herrscher jederzeit eine vollständige Übersicht der Einnahmen und Ausgaben des Staats finden wird. Ausgenommen soll nur der laufende Monat sein, für den ein Abschluß noch nicht vorliegen kann, und der vorhergehende Monat, für den die Abrechnungen noch nicht vollständig eingelaufen sein dürften.

Die einzige Persönlichkeit, die keinen Vorteil von der Beraubung der Staatskassen haben wird, ist das Staatsoberhaupt selbst, dem grundsätzlich alles gehören soll. Darum wird gerade seine persönliche Überwachung der Rechnungslegung die Möglichkeit einer Unterschlagung oder Vergeudung von Staatsmitteln ausschließen.

Abhängigkeit durch Zinsverpflichtungen

Der höfische Brauch legt dem Herrscher eine Unmenge von Empfangs- und Vertretungspflichten auf, bei denen kostbare Zeit verloren geht. Wir werden diese höfischen Verpflichtungen fast ganz beseitigen, damit der Herrscher genügend Zeit zur Erledigung seiner eigentlichen Aufgaben behält: die Überwachung der Staatsverwaltung und der Anregung und Erwägung neuer Maßnahmen. Dann wird der Herrscher nicht mehr von Günstlingen umgeben sein, die sich an ihn bloß herandrängen, um am Glanz und Prunk des Hofes teilzunehmen und eigene Vorteile zu verfolgen, für das Wohl des Staates aber nichts übrig haben.

Um die Nicht-Illuminierten zu schädigen, haben wir umfangreiche Krisen im Wirtschaftsleben hervorgerufen. Wir bedienten uns dabei des einfachen Mittels, alles erreichbare Geld aus dem Verkehr zu ziehen. Riesige Summen wurden in unseren Händen aufgespeichert, während die nicht von uns beherrschten Staaten mittellos da saßen und schließlich gezwungen waren, uns um Gewährung von Anleihen zu bitten. Mit diesen Anleihen übernahmen die nichtilluminierten Staaten bedeutende Zinsverpflichtungen, die ihren Staatshaushalt wesentlich belasteten und sie schließlich in völlige Abhängigkeit von den großen Geldgebern brachten. – Der Übergang der handwerksmäßigen und mittleren Betriebe zur Großindustrie sog alle gesunden Volkskräfte und schließlich auch die Staatskräfte auf.

Der Staat setzt heute so wenig Geld in Umlauf, daß es dem Bedarf nach der Kopfzahl nicht genügt und daher nicht allen Anforderungen der arbeitenden Klassen entspricht. Die Ausgabe neuen Geldes muß mit dem Wachstum der Bevölkerung Schritt halten, wobei auch die Kinder mitzuzählen sind, da sie vom Tag ihrer Geburt an einen erheblichen Geldverkehr verursachen. Die Neuregelung des Geldumlaufes ist eine wichtige Frage für die ganze Welt.

Sie wissen, daß die Goldwährung ein Verderb für alle Staaten war, die sie angenommen haben. Sie konnte den großen Geldbedarf der Völker um so weniger befriedigen, als wir das Gold nach Möglichkeit aus dem Verkehr gezogen haben.

In unserem Staat muß eine Währung eingeführt werden, die sich auf den Kosten der Arbeitskraft aufbaut, mögen die Umlaufmittel nun aus Papier oder Holz bestehen. Wir werden den Geldbedarf aller Staatsbürger berechnen, indem wir die Umlaufmittel für jeden Neugeborenen vermehren und für jeden Toten vermindern. Jede Provinz und jeder Kreis muß die Berechnungen vornehmen.

Damit die geldlichen Verpflichtungen für Staatsbedürfnisse keinen Aufschub erleiden, werden die Summen und die Zeit ihrer Verausgabung durch einen Erlaß des Herrschers festgesetzt werden; auf diese Weise wird die Bevorzugung einer Behörde durch den Minister zum Schaden einer anderen beseitigt.

Äußere Anleihen sind wie ein Blutegel

Die Voranschläge der Staatseinnahmen und Ausgaben werden unmittelbar nebeneinander geführt werden, so daß eine Verdunklung des Staatshaushaltes durch ein Auseinanderreißen dieser zusammen gehörenden

Teile künftig nicht stattfinden kann.

Wir müssen die Geldwirtschaft der nicht von den Illuminaten regierten Staaten von Grund aus umgestalten und dabei so vorgehen, daß niemand Ursache zu irgend welchen Besorgnissen haben kann. Die Begründung der Neuerungen wird uns angesichts der völlig zerfahrenen Zustände, in die der Haushalt dieser Staaten geraten ist, sicher nicht schwerfallen. Wir werden vor allem auf das Hauptübel der staatlichen Geldwirtschaft aller nichtilluminierten Staaten verweisen: Jedes Rechnungsjahr beginnen diese mit der Aufstellung eines ordentlichen Voranschlages, obgleich er von Jahr zu Jahr in erschreckendem Maß zunimmt.

Das hat natürlich seine besondere Ursache: der für das ganze Jahr geltende Voranschlag reicht gewöhnlich nur bis zur Mitte des Rechnungsjahres; dann wird der erste Nachtrag verlangt, der meist in einem Vierteljahr verausgabt ist; darauf folgt ein zweiter und dritter Nachtrag, und das ganze Verfahren endet mit einer Nachtragsforderung. Da der Voranschlag für das neue Rechnungsjahr immer nach der Gesamtabrechnung für das verflossene Rechnungsjahr aufgestellt wird, so kann man als Regel annehmen, daß er mindestens um 50 Prozent überschritten wird, und der Voranschlag wird erst nach zehn Jahren geregelt.

Infolge dieser Angewohnheit, die die nichtilluminierten Staaten leichtfertig einreißen ließen, sind ihre Kassen immer leer. Die

dann folgende Zeit der Anleihe-Wirtschaft gab ihnen völlig den Rest. Heute sind alle nichtilluminierten Staaten derart verschuldet, daß man ruhig von einem allgemeinen Zusammenbruch ihrer Geldwirtschaft sprechen kann.

Sie werden es vollkommen verstehen, daß wir uns hüten werden, solche Wirtschaft, wie wir sie den Nicht-Illuminierten gelehrt haben, bei uns einzuführen.

Jede Staatsanleihe liefert den deutlichen Beweis dafür, daß der betreffende Staat schlecht verwaltet wird und seine Hoheitsrechte nicht richtig anzuwenden weiß. Die Anleihen schweben wie ein Damoklesschwert über dem Haupt der nichterleuchteten Herrscher; statt ihren Bedarf im Wege einer zeitweiligen Steuer bei ihren Untertanen zu decken, betteln sie mit flehend empor gehobenen Händen unsere illuminierten Geldgeber an.

Äußere Anleihen sind wie die Blutegel am Körper des Staates, die man nicht entfernen kann, bis sie von selbst abfallen, oder bis der Staat sich ihrer mit Gewalt entäußert. Dazu fehlt es den nichtilluminierten Staaten aber an der nötigen Kraft. Sie legen im Gegenteil immer mehr Blutegel an ihren siechen Körper an, so daß sie schließlich an der freiwillig hervorgerufenen Blutentziehung zu Grunde gehen müssen.

Eine weltweite Schuldknechtschaft

Eine Staatsanleihe und noch dazu eine äußere ist in der Tat nichts anderes wie ein freiwilliges Abzapfen von Blut aus dem Staatskörper. Die Anleihe besteht aus Schuldverschreibungen des Staates, die ein Zinsversprechen enthalten. Der Zinsfuß schwankt je nach der Höhe der benötigten Geldsumme. Beträgt er 5 Prozent, so muß der Staat unnötig im Lauf von 20 Jahren in der Form von Zinsen die ganze entliehene Summe aufbringen; in 40 Jahren hat er allein an Zinsen die doppelte, in 60 Jahren die dreifache Schuldsumme bezahlt, haftet aber trotzdem für die ganze ursprüngliche Schuld.

Aus dieser Berechnung ergibt sich, daß der Staat bei der von jedem Kopf erhobenen Steuer die letzten Groschen der Armen unter den Steuerzahlern nimmt, um ausländische Reiche zu bezahlen, bei denen er Geld entliehen hat, statt die Groschen ohne Zinsen für seine Bedürfnisse zu sammeln.

Solange die Anleihen sich auf das Inland beschränkten, ließen die Nicht-Illuminierten mit ihrer Anleihewirtschaft das Geld aus den Taschen der Armen in die Taschen der Reichen fließen. Nachdem wir jedoch die maßgebenden Persönlichkeiten bestochen hatten, um die Aufnahme auswärtiger Anleihen durchzusetzen, flossen alle staatlichen Reichtümer unfehlbar in unsere Taschen. Seitdem sind uns alle Nicht-Illuminierten zins- und abgabepflichtig geworden.

Leichtsinn und Kurzsichtigkeit der nichtilluminierten Herrscher in allen Fragen der staatlichen Geld- und Steuerwirtschaft, Käuflichkeit und Unfähigkeit der höchsten Staatsbeamten haben alle nicht erleuchteten Staaten uns gegenüber in eine derartige Schuldknechtschaft gestürzt, daß sie sich niemals davon befreien können. Sie dürfen aber nicht vergessen, welche Mühe und Geldopfer uns das gekostet hat.

Wir werden daher keine Stockung des Geldverkehrs dulden und darum alle langfristigen festverzinslichen Staatsanleihen abschaffen. Die einzig zulässige Form der Staatsanleihen werden kurzfristige mit ein Prozent verzinsliche Schuldverschreibungen des Schatzamtes sein. Eine so geringfügige Verzinsung wird die staatlichen Kräfte nicht mehr den Blutsaugern, das heißt den großen Geldgebern, ausliefern. Das Recht der Ausgabe langfristiger, festverzinslicher Schuldverschreibungen werden wir ausschließlich den großen gewerblichen Unternehmen gewähren. Diese können die Zinsen mit Leichtigkeit aus den Gewinnen bezahlen. Der Staat erzielt dagegen mit dem entliehenen Geld in der Regel keine Gewinne, weil er es für notwendige Ausgaben und nicht zur Erzeugung wirtschaftlicher Güter verwendet.

Beseitigung des Schmarotzertums

Unter unserer Herrschaft wird der Staat auch Industriepapiere kaufen. Damit nimmt er an ihren Gewinnen teil, während er früher von der Last seiner Schuldverpflichtungen nahezu erdrückt wurde. Diese Maßregel wird die Stockungen des Geldverkehrs, das Schmarotzertum und die Faulheit des Rentnertums beseitigen. Solche Mißstände waren für uns nützlich, solange die Nicht-Illuminierten am Ruder waren; unter unserer Herrschaft können wir sie nicht länger dulden.

Gibt es einen besseren Beweis für die völlige Unfähigkeit des rein tierischen Verstandes der Nicht-Erleuchteten als die Tatsache, daß sie bei uns Anleihen gegen hohe Zinsverpflichtungen aufgenommen haben, ohne zu bedenken, daß sie die gleichen Summen mit hohem Zinsaufschlag schließlich zurück vergüten müssen? Wäre es nicht wesentlich einfacher gewesen, die nötigen Summen gleich von ihren eigenen Untertanen zu nehmen und die Zinsen zu sparen?

Darin zeigt sich eben die hervorragende Geistesschärfe unserer erwählten Leitung; wir haben es verstanden, den Nicht-Eingeweihten die Frage der Staatsanleihen in einem solchen Licht darzustellen, daß sie in der Aufnahme derselben sogar Vorteile für sich zu sehen glaubten.

Wenn die Zeit gekommen sein wird, in der wir selbst die Voranschläge für den Staatshaushalt machen, dann können wir uns auf eine Jahrhunderte lange Erfahrung stützen, die wir bei den nichteingeweihten Staaten gesammelt haben. Unsere Vorschläge werden klar und bestimmt sein und die Vorteile unserer Neuerungen außer Zweifel stellen. Sie werden die Mißstände beseitigen, mit deren Hilfe wir die Nicht-Illuminierten beherrscht haben, die wir jedoch in unserem Königreich nicht dulden können.

Das Abrechnung- und Prüfungsverfahren wollen wir derart ausbauen, daß weder der Herrscher, noch der geringste Beamte imstande sein werden, den kleinsten Betrag aus der Staatskasse für andere Zwecke zu verwenden oder in andere Kanäle zu leiten, als wir in unserem Haushaltsplan vorgesehen hatten. Man kann nicht ohne jeden festen Plan regieren. Selbst Helden gehen unter solchen Umständen zu Grunde.

Die nichteingeweihten Herrscher haben wir absichtlich von einer eingehenden Beschäftigung mit der Staatsverwaltung durch höfische Empfangs- und Vertretungspflichten und glänzende Feste abzulenken gewußt.

Sie waren nur der Deckmantel für unsere Herrschaft. Ihre Günstlinge, denen die eigentliche Staatsverwaltung oblag, verstanden auch nichts von der Sache. Sie ließen ihre Berichte von den Vertrauensmännern unserer Freimaurerlogen anfertigen.

Wir verstanden es, das leichtgläubige Gemüt der Nicht-Illuminierten in diesen Bericht mit Versprechungen auf künftige Ersparnisse und Verbesserungen einzufangen. Woraus sollten diese Ersparnisse erzielt werden? Etwa aus neuen Steuern? So hätte jeder fragen können, der unsere Abrechnungen und Entwürfe las. Von den Nicht-Eingeweihten verfiel aber niemand auf diese naheliegenden Einwände.

Sie wissen, wohin die Sorglosigkeit dieser Menschen geführt hat: trotz des bewunderungswerten Fleißes ihrer Völker stehen diese Staaten vor dem Zusammenbruch ihrer Geld- und Steuerwirtschaft.

Steuern reichen gerade für die Zinsen

Bisher haben wir die Käuflichkeit der höchsten Staatsbeamten und die Sorglosigkeit der Herrscher dazu benutzt, um den nichterleuchteten Regierungen Geld aufzudrängen, das sie nicht nötig hatten, und das sich verdoppelte, verdreifachte, ja manchmal vervielfachte. Es ist ausgeschlossen, daß sich jemand uns gegenüber so etwas herausnehmen könnte. Ich werde mich daher in meinen weiteren Ausführungen auf die Einzelheiten der inneren Anleihen beschränken.

Wenn ein Staat eine innere Anleihe begeben will, so legt er in der Regel Zeichnungs-Listen auf seine Wechsel oder Schuldverschreibungen aus. Der Nennwert wird auf 100 bis 1000 festgesetzt, damit sie der Allgemeinheit zugängig sind. Den ersten Zeichnern wird meistens ein Nachlaß gewährt. Am Tag nach der öffentlichen Auslage wird der Preis künstlich gesteigert, weil angeblich eine übergroße Nachfrage herrscht. Nach einigen Tagen heißt es, die Kassen des Schatzamtes seien so überfüllt, daß das Geld gar nicht untergebracht werden könne. Weshalb wurde dann das Geld angenommen? Es heißt, die Anleihe sei mehrfach überzeichnet worden. Darin liegt der große Erfolg: es hat sich gezeigt, welches Vertrauen zu den Schuldverschreibungen der Regierung besteht.

Sobald das Anleihespiel vorbei ist, steht der Staat vor der Tatsache einer empfindlichen Vermehrung seiner Staatsschuld. Um die Zinsen für diese Schuld aufzubringen, nimmt er seine Zuflucht meist zu neuen Anleihen. Dadurch wächst die Schuld- und Zinslast immer mehr. Hat der Staat das ihm entgegengebrachte Vertrauen bis zur Neige ausgenutzt, so muß er durch neue Steuern nicht etwa die Schuld, sondern nur die Zinsenlast decken. Diese Steuern sind aber lediglich Schulden, mit de-

nen andere Schulden bezahlt werden.

In solcher Lage pflegt der Staat den Zinsfuß seiner Anleihen herabzusetzen. Damit ermäßigt er aber nur die Zinslast, nicht die Schuld. Außerdem kann solche Maßregel nur mit Einwilligung der Staatsgläubiger vorgenommen werden. Wer damit nicht einverstanden ist, dem muß der

Staat den Nennwert seiner Anleihestücke zurückzahlen. Wollten alle Einspruch erheben und ihr Geld zurückverlangen, so hätten die Regierungen sich an ihrem eigenen Angelhaken gefangen; sie wären nicht imstande, die geforderten Summen zurückzuzahlen.

Da jedoch die meisten Untertanen der nichtilluminierten Staaten in Geldangelegenheiten zum Glück völlig unbewandert sind, so haben sie stets Kursverluste und Herabsetzungen des Zinses dem Wagnis einer neuen Anlage vorgezogen. Sie gaben dadurch ihren Regierungen die Möglichkeit, den jährlichen Schuldendienst wiederholt um mehrere Millionen zu entlasten.

Bei der heutigen Höhe der Staatsschulden, die vorwiegend durch äußere Anleihen entstanden sind, können die nichtilluminierten Regierungen solche Schritte nicht mehr wagen: sie wissen ganz genau, daß wir im Fall einer Herabsetzung des Zinses alles Geld zurückverlangen würden.

Die Erklärung der Zahlungsunfähigkeit wird in allen Ländern den besten Beweis dafür liefern, daß zwischen den Regierungen und ihren Völkern eine tiefe Kluft besteht.

Ich lenke Ihre Aufmerksamkeit sowohl auf diese Tatsache wie auf die folgende: Alle inneren Anleihen wurden in schwebende Schulden umgewandelt, deren Zahlungsfristen näher oder ferner liegen. Diese Schulden bestehen aus Geldsummen, die in Staatsbanken oder Sparkassen hinterlegt sind. Wenn diese Gelder lange genug zur Verfügung der Regierung gestanden haben, verschwinden sie bei der Bezahlung der Zinsen für die äußeren Anleihen; dann werden an ihrer Stelle Regierungs-Schuldscheine hinterlegt. Mit solchen Rentenbriefen werden alle Fehlbeträge in den Staatskassen gedeckt.

Sobald wir die Weltherrschaft angetreten haben, werden solche Machenschaften auf dem Gebiet der Geldwirtschaft restlos verschwinden, weil sie nicht zu unserem Vorteil dienen. Wir werden auch die Wertpapier-Börsen beseitigen, da wir nicht zulassen können, daß die Achtung vor unserer Macht durch ein ständiges Schwanken unserer eigenen Staatspapiere erschüttert wird. Wir werden ihnen einen gesetzlichen Zwangskurs, nämlich den Nennwert, verleihen und jede Ermäßigung oder Erhöhung desselben bestrafen. Auch die Erhöhung kann nicht geduldet werden, da sie den Keim zur späteren Herabsetzung legt. Hoher Stand der Wertpapiere gibt den Vorwand dafür, die Preise herabzudrücken, womit wir bei den Werten der Nicht-Eingeweihten begonnen haben.

Wir werden die Wertpapier-Börsen durch mächtige staatliche Kredit-Anstalten ersetzen, deren Aufgabe darin bestehen wird, die Industriepapiere entsprechend den Wünschen des Staates abzuschätzen und zu beleihen. Diese Anstalten werden imstande sein, an einem einzigen Tag für fünfhundert Millionen Industriepapiere auf den Markt zu werfen oder eben so viele aufzukaufen. Auf diese Weise werden alle gewerblichen Unternehmungen von uns abhängig. Sie können sich vorstellen, welche ungeheure Macht unser Staat dadurch im Wirtschaftsleben gewinnt.

Wir sind die Wohltäter der Menschen

In unseren Händen befindet sich die größte Kraft der Gegenwart – das Gold. In zwei Tagen können wir es aus unseren geheimen Aufbewahrungsorten in beliebiger Menge heranschaffen.

Brauche ich wirklich noch zu beweisen, daß unsere Herrschaft von Gott vorgesehen ist? Sollten wir tatsächlich nicht imstande sein, mit Hilfe unseres Reichtums den Nachweis zu führen, daß alles Übel, das wir im Laufe vieler Jahrhunderte anstiften mußten, schließlich doch zur wahren Wohlfahrt und allseitigen Ordnung geführt hat?

Wir werden die Ordnung durchführen, wenn es dabei auch nicht ganz ohne Gewalttätigkeit abgeht. Wir werden beweisen, daß wir die Wohltäter der Menschen sind, die der zerrissenen Erde das wahre Glück und die Freiheit der Persönlichkeit wiedergegeben haben. Jeder, der unsere Gesetze achtet, kann sich der Segnungen des Friedens und der Ordnung erfreuen.

Gleichzeitig werden wir alle darüber aufklären, daß die Freiheit nicht in der schrankenlosen Willkür des einzelnen besteht, daß des Menschen Kraft und Würde niemals in der Verkündigung umstürzlerischer Grundsätze, wie zum Beispiel der Gewissensfreiheit, der allgemeinen Gleichheit, gesucht werden kann, daß die Freiheit der Persönlichkeit niemanden dazu berechtigt, sich und andere durch wilde Reden vor zusammengelaufenen Menschen in Aufruhr zu versetzen.

Die wahre Freiheit besteht in der Unantastbarkeit der Person, aber nur unter der Voraussetzung, daß sie ehrlich und redlich alle Regeln des menschlichen Gemeinschaftslebens einhält. Die wahre Würde des Menschen besteht in der Erkenntnis seiner Rechte und der Grenzen dieses Rechts, nicht aber in Schwärmereien über das liebe Ich.

Unsere Macht muß herrlich werden, weil sie stark sein wird. Sie wird regieren und leiten, aber nicht hinter den Parteiführern und Rednern herlaufen, die mit törichten Worten, die sie ihre großen Grundsätze nennen, unerfüllbare Träumereien verkünden. Unsere Macht wird die Ordnung erhalten, worin überhaupt das ganze Glück der Menschen besteht. Vor dem Strahlenkreuz unserer Macht wird das Volk auf die Knie sinken und in scheuer Ehrfurcht zu ihr aufblikken. Wahres Herrschertum begibt sich keines einzigen Rechts, nicht einmal des göttlichen. Niemand wird es wagen, ihm zu nahe zu treten und ihm auch nur um Haaresbreite die Machtfülle zu kürzen.

Fester Wille und unbeugsame Macht

Wir müssen die Völker zur Bescheidenheit erziehen, damit sie sich daran gewöhnen, uns zu gehorchen. Wir werden daher die gewerbliche Erzeugung von Prunkgeständen möglichst einschränken. Damit dürften sich auch die Sitten verbessern, die gegenwärtig unter der Prunksucht und dem Streben einander durch einen möglichst großen Aufwand zu überbieten, stark gelitten haben.

Wir werden die Hausindustrie wieder herstellen und dadurch die Macht der Großindustrie erschüttern. Das ist schon deshalb notwendig, weil die Fabrikherren oft, vielleicht unbewußt, die Massen gegen die Regierung hetzen.

Der Heimatarbeiter kennt keine Arbeitslosigkeit. Er ist darum mit der bestehenden Gesellschaftsordnung verwachsen und wünscht die Regierung nicht zu schwächen. Bei der jetzt vorherrschenden Großindustrie schwebt die Regierung in ständiger Gefahr einer überhand nehmenden Arbeitslosigkeit und der daraus entstehenden Unruhen. Sobald die Macht in unsere Hände übergegangen ist, wird auch die Arbeitslosigkeit verschwinden.

Die Trunksucht wird unter unserer Herrschaft gesetzlich verboten und streng bestraft werden.

Sie ist ein Verbrechen gegen die Würde des Menschen, der sich unter dem Einfluß berauschender Getränke in ein wildes Tier verwandelt.

Ich wiederhole: die Masse gehorcht nur einer starken, von ihr völlig unabhängigen Macht, zu der sie mit blindem Vertrauen empor sehen kann, und von der sie Schutz und Schirm gegen die Schläge der sozialen Geißeln empfindet. Was nützt ihr die engelsgute Seele des Herrschers? Sie muß in ihm die Verkörperung eines festen Willens und einer unbeugsamen Macht erblicken.

Die nicht von Illuminaten beherrschten Regierungen können sich nur mühsam am Ruder behaupten. Sie sind von einer Gesellschaft umgeben, die wir so weit entsittlichten, daß sie jeden Glauben an Gott verloren hat, und aus ihrer Mitte ständig die Flamme des Aufruhrs emporsteigen läßt. Der Weltherrscher, der die jetzt bestehenden Regierungen ablösen wird, muß zunächst dieses gewaltig um sich greifende Feuer löschen. Er hat darum die Pflicht, solche Gesellschaft zu beseitigen, selbst wenn er sie in ihrem eigenen Blut ersticken müßte, um sie in Gestalt eines richtig organisierten Heeres neu erstehen zu lassen, das bewußt jede den Staatskörper bedrohende Ansteckung bekämpft.

Der von Gott auserwählte Weltherrscher hat die Aufgabe, die sinnlosen Kräfte des Umsturzes zu brechen, die von tierischen Naturtrieben und nicht von menschlichem Verstand geleitet werden. Diese Kräfte feiern jetzt ihre Siege, indem sie unter dem Schein des Rechts und der Freiheit Raub und Gewalttaten ausüben. Sie haben jede Gesellschaftsordnung zerstört, um auf ihren Trümmern den Thron des Königs der Illuminati zu errichten. Ihre Aufgabe ist aber gelöst sobald der König der Illuminati die Herrschaft antritt. Dann müssen sie von seinem Weg hinweggefegt werden, damit dieser nicht das geringste Hindernis mehr bietet.

Dann werden wir den Völkern sagen können: Lobet alle Gott und beuget eure Knie vor dem Auserwählten Gottes, von dessem hehren Antlitz die Vorausbestimmung der Geschicke der Menschheit erstrahlt. Gott selbst gab ihm einen Leitfaden, damit niemand außer ihm uns von den genannten Geißeln der Menschheit erlösen könne.

Unsere Weisen kennen alle Geheimnisse

Zum Schluß will ich Ihnen eine Vorstellung davon geben, mit welchen Mitteln wir die Herrschaft des Königs aus dem Hause David über die ganze Welt für alle Zeiten fest verankern wollen.

In erster Linie werden wir uns desselben Mittels bedienen, das schon unseren Weisen von Zion die Leitung der Weltgeschichte verbürgt hat, nämlich der planmäßigen Erziehung der Menschheit in der von uns gewünschten Richtung.

Einige Glieder des Hauses David werden die Könige und ihre Nachfolger auf ihr Amt vorbereiten. Sie werden die Auswahl nicht auf der Grundlage des Erbrechtes, sondern nach den besonderen Fähigkeiten des einzelnen treffen. Die Auserwählten sollen in alle Geheimnisse der Staatskunst und der Verwaltung eingeweiht werden. Grundbedingung ist, daß niemand, außer ihnen, etwas von diesen Geheimnissen erfährt. Unter dieser Voraussetzung wird sich die Überzeugung Bahn brechen, daß die Regierung denjenigen anvertraut werden kann, die in die Staatskunst eingeweiht sind.

Nur diese Auserwählten sollen unsere Grundsätze verwirklichen. Jahrhunderte lange Beobachtungen und Erfahrungen, die wir auf staatsrechtlichem und volkswirtschaftlichem Gebiet sammelten, werden ihnen dabei zur Verfügung stehen. Sie werden den Geist jener Gesetze einatmen, die die Natur selbst für die Beziehungen der Menschen zu einander erlassen hat.

Die unmittelbaren Abkömmlinge des Königs werden häufig von der Thronfolge ausgeschlossen werden, wenn sie während der Lehrzeit Leichtsinn, Weichlichkeit und sonstige Eigenschaften zeigen, die nicht nur die persönliche Unfähigkeit zur Regierung erweisen, sondern das Ansehen der Macht schwer schädigen.

Unsere Weisen werden die Zügel der Regierung nur denjenigen anvertrauen, die unbedingt befähigt sind, eine tatkräftige und feste Herrschaft zu verkörpern, selbst auf die Gefahr hin, daß diese in Grausamkeit ausartet.

Sobald der König an Willensschwäche erkrankt oder sonstige Anzeichen von Unfähigkeit an den Tag legt, wird er gesetzlich verpflichtet, die Zügel der Regierung in andere, tatkräftige Hände zu legen.

Niemand wagt Widerspruch zu erheben

Im König, der sich selbst und die Menschheit mit unerschütterlicher Willenskraft leitet, werden alle die Verkörperung des Schicksals mit seinen unbekannten Pfaden sehen. Niemand wird wissen, welche Ziele der König mit seinen Erlassen verfolgt. Darum wird auch niemand wagen, Widerspruch zu erheben und sich ihm in den Weg zu stellen.

Selbstverständlich muß die geistige Höhe der Könige den großen Zielen entsprechen, zu deren Verwirklichung sie berufen sind. Darum wird kein König den Thron besteigen, bevor unsere Weisen seine geistigen Fähigkeiten erprobt haben.

Damit das Volk seinen König kennt und liebt, muß sich dieser dem Volk häufig zeigen und auf den öffentlichen Plätzen mit ihm reden. Das muß zur notwendigen Verbindung beider Kräfte führen, die wir jetzt durch die Schreckensherrschaft, den Terror, getrennt haben. Bisher brauchen wir diesen Terror, um die getrennten Kräfte des Volkes und des Königs jede für sich allein unter unsere Herrschaft zu bringen.

Der König der Illuminati darf sich nicht von seinen Leidenschaften treiben lassen. Ganz besonders muß er die Sinnlichkeit bekämpfen. Niemals dürfen tierische Triebkräfte die Herrschaft über seinen Verstand und sein Gemüt gewinnen. Die Sinnlichkeit ist der schlimmste Feind aller geistigen Fähigkeiten, sie trübt den klarsten Blick und erniedrigt den größten Geisteshelden zum Tier, das keinen anderen Zweck des Daseins kennt, als die Befriedigung der rohesten natürlichen Triebkräfte.

Der Weltherrscher vom heiligen Samen Davids muß alle persönlichen Freuden dem Wohl seines Volkes und der Menschheit zum Opfer bringen.

Unser Weltherrscher darf sich in sittlicher Hinsicht keine Blößen geben. Er muß ein leuchtendes Beispiel für alle sein.

Weiterführende Bücher zu diesem Thema

Illuminaten und Freimaurerei

Manfred Adler: »Die Söhne der Finsternis«, Miriam Verlag, Jestetten, 1975
Manfred Adler: »Die Antichristliche Revolution der Freimaurerei«, Miriam Verlag, Jestetten, 1976
Heinz Pfeiffer: »Brüder des Schattens«; Roland Uebersax Verlag, Zürich, 1984
Juan Maler: »Die Sieben Säulen der Hölle«, Eigenverlag, Buenos Aires, 1974
Juan Maler: »Der Sieg der Vernunft«, Eigenverlag, Buenos Aires, 1978
Juan Maler: »Verschwörung«, Eigenverlag, Buenos Aires, 1980
Adolf Rossberg: »Freimaurerei und Politik im Zeitalter der Französischen Revolution«, Verlag für Ganzheitliche Forschung, Strukum, 1984
Friedrich Wichtl: »Weltfreimaurerei, Weltrevolution, Weltrepublik«, Verlag für Ganzheitliche Forschung, Strukum, 1982

Insider und Internationalisten

Gary Allen: »Die Insider – Wohltäter oder Diktatoren?«, VAP-Verlag, Wiesbaden, 1983
Gary Allen: »Die Rockefeller-Papiere«, VAP-Verlag, Wiesbaden, 1978
Gary Allen: »Kissinger – Dunkelmann im weißen Haus«, VAP-Verlag, Wiesbaden, 1976
Curtis B. Dall: »Amerikas Kriegspolitik – Roosevelt und seine Hintermänner«, Grabert-Verlag, Tübingen, 1975
Hamilton Fish: »Der zerbrochene Mythos – F. D. Roosevelts Kriegspolitik 1933 bis 1945«, Grabert-Verlag, Tübingen, 1982
Des Griffin: »Die Absteiger – Planet der Sklaven«, VAP-Verlag, Wiesbaden, 1981
David L. Hoggan: »Der erzwungene Krieg – Die Ursachen und Urheber des Zweiten Weltkrieges«, Grabert-Verlag, Tübingen, 1976
David L. Hoggan: »Der unnötige Krieg – Germany must perish«, Grabert-Verlag, Tübingen, 1977
David L. Hoggan: »Das blinde Jahrhundert«, Grabert-Verlag, Tübingen, 1979

Die hintergrundausleuchtenden Geschichtsbücher und zeitkritischen Werke über die Konstruktion der Macht und die Ausbeutung der Menschen in Vergangenheit und Gegenwart - Jeder Titel in sich abgeschlossen, zusammen eine Universalgeschichte, insbesondere des Deutschen Volkes:

Rolf Carsjens, Macht und Wahn - Panorama der Weltgeschichte
232 Seiten, farbig kartoniert, DM 32,00
ISBN 3-88686-006-X

Rolf Carsjens, Menschen und Unmenschen - Geschichte ohne Maske
208 Seiten, farbig kartoniert, DM 32,00
ISBN 3-88686-018-3

Rolf Carsjens, ELITE im Schatten des Bösen - Die Vernichtung des Germanentums
176 Seiten, farbig kartoniert, DM 29,80
ISBN 3-88686-019-1

Rolf Carsjens, Der programmierte Untergang der europäischen Nationen
104 Seiten, kartoniert, DM 19,80
ISBN 3-88686-036-1

Rolf Carsjens, Die natürliche Ordnung und ihre Feinde
120 Seiten, farbig kartoniert, DM 26,80
ISBN 3-88686-039-6

Rolf Carsjens schreibt voller Dynamik, Warhaftigkeit und Klarheit, verbunden mit hoher Aussagekraft. Er vermittelt dem Leser, meisterhaft formuliert, nicht nur Erkenntnisse über das gewöhnliche Alltagswissen hinaus, sondern vielmehr eine fast universelle Wissensgrundlage und Geschichtskenntnis.

Seine wesentlichsten Aussagen haben zum Inhalt:

Kultur als Ergebnis vernunfttragender Teamarbeit der mittelständischen Intelligenz. Geistige Evolution und wahres Menschentum als Folge kulturellen Schaffens.

Macht als Versuchung, durch Privilegien die Früchte der Kulturarbeit unentgeltlich zu genießen zu Lasten der schaffenden und letztendlich zur Verelendung kommenden Massen.

Gewalt und Täuschung zur Begründung von Vorrechten auf Kosten und mit Hilfe der arbeitenden Bevölkerung. Aufstieg und Untergang von Völkern und Institutionen.

Aufstieg durch Einsicht und Vernunft der Mehrheit. Abstieg und Chaos durch Selbstsucht und trügerische Illusionen von verantwortungslosen Minderheiten.

Mit anderen Worten: Rolf Carsjens vermittelt in jedem seiner in sich abgeschlossenen Werke (man sollte sie alle besitzen, da kaum Überschneidungen!) lebendige Geschichte. Gegenwartsbezogen und deshalb von hoher Aktualität. Klar und spannend zeigt er den "roten Faden" durch die Geschichte.

Mit einer Fülle von exakt belegten Einzelheiten, fesselnd und informativ!

Obige Bücher von Rolf Carsjens sind erschienen im Verlag Mehr Wissen - Düsseldorf